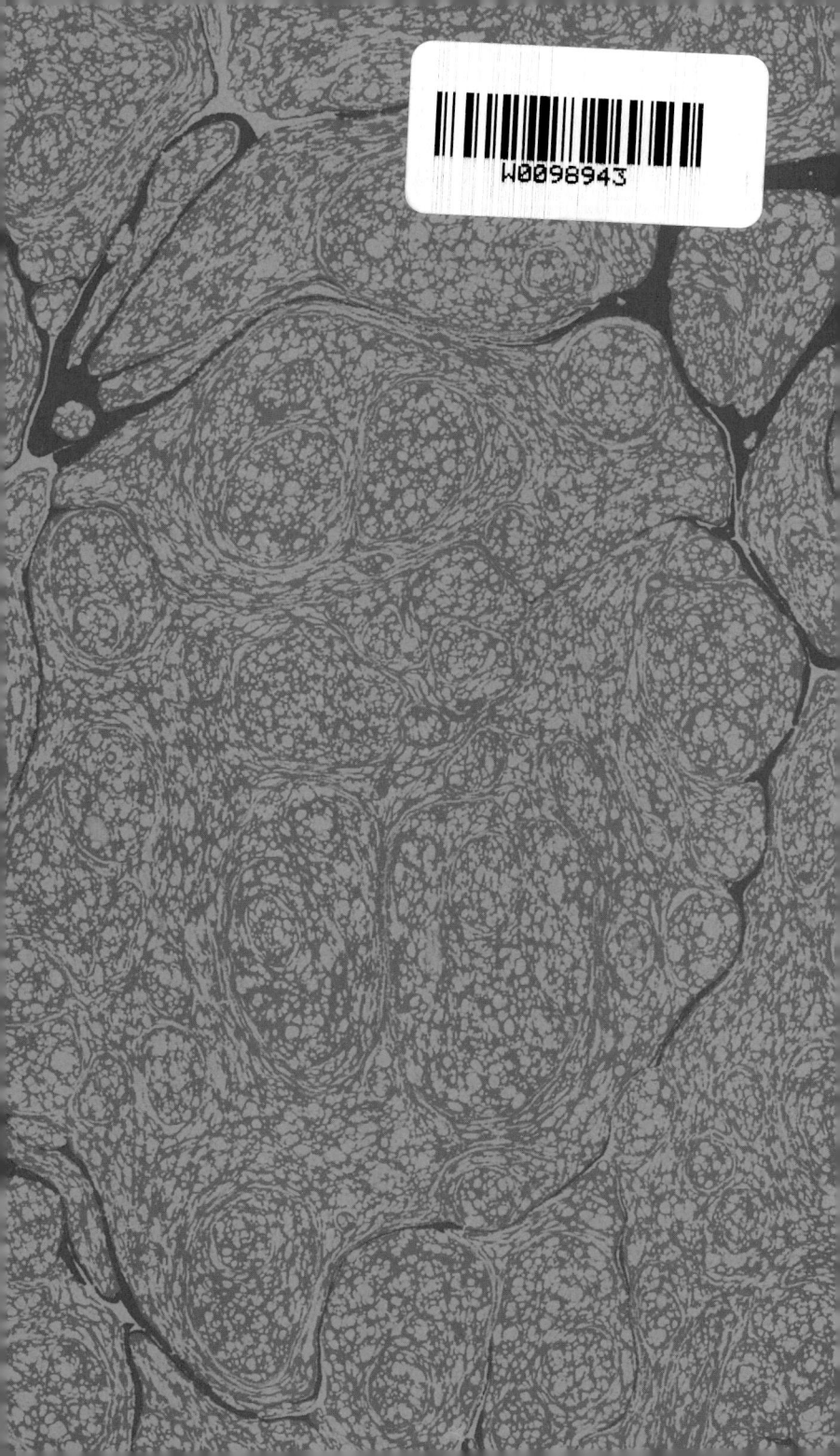

Léon Bloy   AUSLEGUNG
           DER GEMEINPLÄTZE

DIE ANDERE BIBLIOTHEK
Herausgegeben
von Hans Magnus Enzensberger

Léon Bloy AUSLEGUNG
DER
GEMEINPLÄTZE

*Aus dem Französischen
übersetzt und kommentiert
von
Hans-Horst Henschen*

Eichborn Verlag
Frankfurt am Main
1995

© für die deutschsprachige Ausgabe:
Vito von Eichborn GmbH & Co. Verlag KG,
Frankfurt am Main, 1995.

INHALTSVERZEICHNIS

Auslegung der Gemeinplätze *Erste Folge*

I. Gott verlangt ja so wenig!	24
II. Nichts ist absolut	25
III. Das Bessere ist des Guten Feind	26
IV. Das Krankenhaus ist doch nicht für die Hunde da	28
V. Armut schändet nicht	29
VI. Niemand ist vollkommen	30
VII. Wer's Licht scheut, hat nichts Gutes im Sinn	34
VIII. Die Kinder reißen sich ja nicht darum, zur Welt zu kommen	35
IX. Essen und Trinken muß sein, und wären alle Bäume Galgen	37
X. Ohne Geld lebt sich's schlecht	38
XI. Das Geld arbeiten lassen	39
XII. Geschäft ist Geschäft	39
XIII. Das Gesetz steht auf meiner Seite	41
XIV. Man kann nicht alles haben	43
XV. Nicht jeder kann reich sein	44
XVI. Sterben muß man reich	45
XVII. Wenn man im Geschäftsleben steht	46
XVIII. Man ändert sich eben nicht	48
XIX. Der Arztberuf ist ein heiliges Amt	49
XX. Alle Meinungen sind gleich achtbar	50
XXI. Ich bin wie der heilige Thomas	53
XXII. Wie Pilatus wasche ich meine Hände in Unschuld	54
XXIII. Wie Johannes der Täufer in der Wüste predigen	56
XXIV. In höheren Regionen schweben	57
XXV. Wie es sich gehört	59
XXVI. Praktisch sein	59
XXVII. Als Prinzipienreiter daherkommen	60
XXVIII. Gelegenheitsdichter sein	61

XXIX. In anderen Umständen sein 62
XXX. Man muß zeitgemäß sein 63
XXXI. Man soll nicht päpstlicher sein als der Papst . . 65
XXXII. In der Natur gibt es alle Geschmäcker 66
XXXIII. Manche Wahrheiten bleiben besser
  unausgesprochen 66
XXXIV. Schwierigkeiten sehen, wo keine sind 67
XXXV. Manche Grenzen dürfen nicht überschritten
  werden 68
XXXVI. Allzuviel ist ungesund 69
XXXVII. Man muß mit den Wölfen heulen 73
XXXVIII. Nur die Wahrheit erregt Anstoß 74
XXXIX. Die großen Männer richtet der Ehrgeiz
  zugrunde 75
XL. Man lebt doch nicht, um sich zu amüsieren . . . 76
XLI. Ich bin doch kein Heiliger 77
XLII. Ich will mich nicht besser machen, als ich bin . . 79
XLIII. Reden ist Silber, Schweigen ist Gold 79
XLIV. Genug verdient haben, um sich zur Ruhe
  zu setzen 80
XLV. Geld macht nicht glücklich, aber 82
XLVI. Wieder zu seinem Geld kommen 83
XLVII. Leben und leben lassen 84
XLVIII. Alle Wege führen nach Rom 85
XLIX. Paris ist nicht an einem Tage erbaut worden . . 85
L. Auf Regen folgt Sonnenschein 86
LI. Die Achtbarsten der Achtbaren 87
LII. Die Familienehre 91
LIII. Die Pflichten dieser Welt 92
LIV. Die Gewohnheit ist eine zweite Natur 92
LV. Wo es gezwungen zugeht, ist kein Wohlfühlen . . 93
LVI. Ohne Schweiß kein Preis 94
LVII. Wo gehobelt wird, fallen Späne 95
LVIII. Ich habe kein Kleingeld 96
LIX. Ich könnte Euer Vater sein 98
LX. Man stirbt nur einmal 99
LXI. Er ist glückselig, er leidet nicht mehr 100

LXII. Er hat den Tod nicht gespürt 101
LXIII. Man möchte meinen, er schläft 101
LXIV. Sie ist gestorben wie eine Heilige 103
LXV. Den Toten schuldet man Achtung 105
LXVI. Die Toten können sich nicht mehr wehren . . 106
LXVII. Ich bin doch kein Dienstbote *oder* Wenn man stillt 106
LXVIII. Ich brauche niemanden 110
LXIX. Die großen Schmerzen machen stumm 110
LXX. »Quo vadis?« 111
LXXI. Auch das schönste Mädchen der Welt kann nicht mehr geben, als es hat 112
LXXII. Unmögliches kann man von niemandem verlangen 114
LXXIII. Gebranntes Kind scheut das Feuer 115
LXXIV. Was wollen Sie! Mensch ist Mensch . . . 116
LXXV. Sich mit dem Himmel abfinden 116
LXXVI. Im Himmel erkennt man sich wieder 117
LXXVII. Priester sind Menschen wie andere auch . . . 118
LXXVIII. Jeder für sich und Gott für uns alle 119
LXXIX. Gemächlich seines Weges ziehen 121
LXXX. Den Teufel taugen 122
LXXXI. Der Unzufriedene hat oft zuviel, aber nie genug 122
LXXXII. Die Zeit totschlagen 123
LXXXIII. Immer zu Scherzen aufgelegt sein 123
LXXXIV. Die Zukunft seiner Kinder sichern . . . 124
LXXXV. Seinen Verpflichtungen nachkommen . . . 125
LXXXVI. Es zu etwas bringen, seinen Schnitt machen 126
LXXXVII. Die Kerze an beiden Enden anzünden *oder* Sein Geld zum Fenster hinauswerfen 127
LXXXVIII. Das Fell des Bären verkaufen 129
LXXXIX. Alle Illusionen verlieren 129
XC. Das Martyrium erleiden 130
XCI. Sich im Kloster vergraben 131
XCII. In Kleinigkeiten kramen 131
XCIII. Die Hand ausstrecken 132

XCIV. Den Anstand wahren 135
XCV. Guten Glaubens sein 135
XCVI. Nicht der Erstbeste sein 135
XCVII. Sich die Hörner abstoßen *oder* Die Jugend muß
    sich austoben *oder* Man ist ja nicht aus Holz 136
XCVIII. Eine gute Partie machen 137
XCIX. Ein Ende machen, in den Hafen der Ehe
    einlaufen 137
C. Sich schicken, vernünftig sein 138
CI. Ein Geschäft einfädeln 140
CII. Die schönen Künste fördern 140
CIII. Erst das Gespräch bringt Klarheit 141
CIV. Eines Mannes Rede ist keines Mannes Rede . . . 142
CV. Die Sonne scheint auf Gerechte und Ungerechte . 143
CVI. Alle Welt hat mehr Verstand als Voltaire 144
CVII. Wer zu viel beweisen will, beweist gar nichts . . 144
CVIII. Es ist nie zu spät, Gutes zu tun 145
CIX. Nach und nach baut der Vogel sein Nest 146
CX. Die kleinen Bächlein laufen in die großen 149
CXI. Man kann nicht sein, ohne gewesen zu sein . . . 149
CXII. Jugend weiß nicht, Alter kann nicht 150
CXIII. Wenn man alles wüßte! 150
CXIV. Man kann nicht an alles denken 151
CXV. Man kann nicht zwei Dinge gleichzeitig tun . . 151
CXVI. Alles zu seiner Zeit 152
CXVII. Zeit ist Geld 154
CXVIII. Geld stinkt nicht 154
CXIX. Je toller, je besser 155
CXX. Es ist nicht alles Gold, was glänzt 161
CXXI. Mit dem Feuer spielt man nicht 162
CXXII. Der liebe Gott 162
CXXIII. Die Natur 163
CXXIV. Die Wissenschaft 165
CXXV. Die Vernunft 166
CXXVI. Der Zufall 167
CXXVII. Die Nacht des Mittelalters 168
CXXVIII. Die Inquisition 169

CXXIX. Die Bartholomäusnacht 171
CXXX. Alle Religionen haben ihr Gutes 172
CXXXI. Beschränkten Geistes sein, übertreiben . . . 174
CXXXII. Man darf die Dinge nicht allzu schwarz sehen 174
CXXXIII. Auch das Unglück hat sein Gutes 176
CXXXIV. Wer warten kann, dem kommt alles zur rechten Zeit 177
CXXV. Vor allem Gesundheit 177
CXXXVI. Gott wirkt keine Wunder mehr 178
CXXXVII. Ich bin auch nicht dümmer als andere . . 179
CXXXVIII. Der Zweck heiligt die Mittel *und* Es gibt keine kleinen Ersparnisse 180
CXXXIX. Sich nicht unterkriegen lassen 182
CXL. Herz haben, ein gutes Herz haben 183
CXLI. Selbstachtung haben 183
CXLII. Eine leichte Hand haben, sich leicht tun . . . 183
CXLIII. Glück haben 184
CXLIV. Brot auf dem Brett, etwas auf der hohen Kante haben 185
CXLV. Tänzerinnen aushalten 185
CXLVI. Die Abwesenden haben immer unrecht . . . 186
CXLVII. Das Geld versteckt sich 187
CXLVIII. Ich möchte ruhig schlafen können 187
CXLIX. Ich will nicht sterben wie ein Hund 189
CL. Die Freunde unserer Freunde sind auch unsere Freunde 190
CLI. Ich spreche zu Ihnen als Freund 190
CLII. Ein Kopfkissenbuch 190
CLIII. Das Herz in der Hand und die Krokodilstränen 192
CLIV. Sich alles selbst verdanken 193
CLV. Cherchez la femme! 193
CLVI. Die ehrbare Frau 193
CLVII. Die Zivilcourage 194
CLVIII. Nicht alles im Leben ist rosig 197
CLIX. Die schönen Jahre der Jugend 198
CLX. Die guten alten Zeiten 198

CLXI. Gott schützt die Trunkenbolde 198
CLXII. Der Appetit kommt beim Essen 199
CLXIII. Leihen tut man nur Reichen 200
CLXIV. Kein Handwerk ist schlecht, aber viele treiben's nicht recht 200
CLXV. Die Nacht ist zum Schlafen da 201
CLXVI. Gelegenheit macht Diebe 202
CLXVII. Ohne Rauch kein Feuer 203
CLXVIII. Von zwei Übeln das kleinere wählen 203
CLXIX. Man ist doch kein Louis d'Or *oder* Was jungen Mädchen frommt 203
CLXX. Kritik ist leicht, schwer ist die Kunst 206
CLXXI. Ich bin Philosoph *oder* Das Jahr vierzig . . . 206
CLXXII. Einmal ist keinmal 207
CLXXIII. Das hat mir gerade noch gefehlt! 207
CLXXIV. Die Kinder sind das, wozu man sie macht . 209
CLXXV. Man muß sich einen Namen machen 210
CLXXVI. Man tut, was man kann 210
CLXXVII. Man 212
CLXXVIII. Alle Menschen sind Brüder 212
CLXXIX. Alles oder nichts 212
CLXXX. Was die Frau will, das fürchtet Gott 212
CLXXXI. Schulden zahlen macht Hauptgeld 213
CLXXXII. Wenn der Teufel alt wird, will er Mönch werden 214
CLXXXIII. Was haben Sie denn 1870 gemacht? . . . 215
Epilog 219

Auslegung der Gemeinplätze *Zweite Folge*

Widmung 225
Vorspiel: Man muß sich für jedermann verständlich ausdrücken 227
I. Essen, was die Kelle hergibt *oder* Was für zwei langt, langt auch für drei 229
II. Die Wahl einer Laufbahn 230

III. Ein hergelaufener Mensch 231
IV. Ein gewichtiger Mensch 233
V. Mehr Butter als Brot versprechen *oder* Jemandem das Maul schmieren 233
VI. Zuerst sein Weißbrot essen *oder* Das Gute vorweg genießen 234
VII. In allen Ehren 235
VIII. Wer zahlt, gilt 236
IX. Der erste Schritt zählt *oder* Aller Anfang ist schwer 237
X. Die Ochsen hinter dem Pflug anschirren *oder* Das Pferd am Schwanze aufzäumen 239
XI. Richtige Rechnung macht gute Freunde 239
XII. Glück bringen. Unglück bringen 240
XIII. Ein Loch zustopfen 242
XIV. Eine böse Affäre am Hals haben 242
XV. Auf heißen Kohlen sitzen 244
XVI. Verantwortung tragen 245
XVII. Seinen Weg machen 245
XVIII. Umstände machen 246
XIX. Sich nicht lumpen lassen 247
XX. Jemandem herzliche Grüße ausrichten lassen . . . 249
XXI. Rund um sich herum Gutes tun 250
XXII. Sein Bestes tun 251
XXIII. Ein liederliches Leben führen 252
XXIV. Sein Glück machen 253
XXV. Regen und Schönwetter machen *oder* Herr im Haus sein 254
XXVI. Barmherzigkeit üben 255
XXVII. Liebe machen 257
XXVIII. Besser Neider als Mitleider 257
XXIX. Etwas Toilette machen 259
XXX. Tun Sie, als wenn Sie zu Hause wären 259
XXXI. Sich etwas zugute tun 260
XXXII. Alle guten Dinge gibt's nur einmal 260
XXXIII. Ein Glücksfall kommt selten allein 261
XXXIV. Auch die beste Gesellschaft muß man verlassen 262

XXXV. Ordnungsliebend sein 263
XXXVI. Haare auf den Zähnen haben 265
XXXVII. Sich bewährt haben 267
XXXVIII. Mehrere Eisen im Feuer haben 269
XXXIX. Heu in den Stiefeln, Geld wie Heu haben . . 270
XL. Ein Herz aus Gold haben 270
XLI. Sein Gewissen als Zeugen anrufen 271
XLII. Fürs Solide sein 275
XLIII. Man muß sofort vor die rechte Schmiede gehen. 277
XLIV. Die Religion ist ja so tröstlich 278
XLV. Die Hintergedanken 281
XLVI. Zwischen den Zeilen lesen 282
XLVII. In Ruhe lesen, mit zurückgelegtem Kopf . . . 283
XLVIII. Gott und dem Teufel schulden 283
XLIX. Wie man sich bettet, so liegt man 284
L. Wasser in seinen Wein gießen 285

Zwischenspiel: Tue recht und scheue niemanden 286

LI. Das Küchenlatein 291
LII. Das Lateinische spottet allen Anstands 292
LIII. Das Lateinische ist eine tote Sprache 293
LIV. Mit seinem Latein am Ende sein 294
LV. Die Ehe ist ein Lotteriespiel 294
LVI. Seinen Gatten betrügen 295
LVII. Nichts macht so schmutzig wie der Schmutz . . 297
LVIII. Das Feuer reinigt alles 297
LIX. Dem Feuer überlassen, was nicht zu retten ist . . 298
LX. Das heilige Feuer, das rauchende Feuer, das
    Strohfeuer 299
LXI. Öl ins Feuer gießen 299
LXII. Mit dem Feuer spielen 300
LXIII. Zwischen zwei Feuern oder Stühlen sitzen . . . 301
LXIV. Für jemanden durchs Feuer gehen 302
LXV. Die Feuertaufe 303
LXVI. Woher nehmen Sie nur die schönen Dinge,
    die Sie sagen? 304
LXVII. Sie sind ein Original 304

LXVIII. Die Ehre 306
LXIX. Die Ehrbarkeit 307
LXX. Tauben Ohren ist schlecht predigen 308
LXXI. Wo nichts ist, hat der Kaiser sein Recht
  verloren 309
LXXII. Viel Feind, viel Ehr 310
LXXIII. Begütert sein 311
LXXIV. Krieg ist Krieg 312
LXXV. Es ist noch kein Meister vom Himmel
  gefallen 313
LXXVI. Nichts währt ewig 315
LXXVII. Guter Durchschnitt 315
LXXVIII. Die Extreme berühren einander 316
LXXIX. Wohltäter sein *oder* Alles Zögern hilft nichts . 317
LXXX. Seine religiösen Pflichten erfüllen 318
LXXXI. Arbeiten heißt beten 319
LXXXII. Der Fanatismus 320
LXXXIII. Das Wort Gottes 321
LXXXIV. Ein erbauliches Leben 322
LXXXV. Nicht ein noch aus wissen 324
LXXXVI. Der Mensch denkt, Gott lenkt 325
LXXXVII. Erwartet wie der Messias 325
LXXXVIII. Wer den Armen leiht, leiht Gott 326
LXXXIX. Die besten Neuigkeiten sind gar keine
  Neuigkeiten 326
XC. Die aufgeklärte Religion 328
XCI. Zwei Fliegen mit einer Klappe schlagen 329
XCII. Anteil an jemandes Trauer nehmen 330
XCIII. Ihnen von Herzen alles Gute! 331
XCIV. Versprechen und Halten ist zweierlei 332
XCV. Sich Hoffnungen machen 332
XCVI. Eines schönen Todes sterben 333
XCVII. Sich in Vermutungen ergehen 334
XCVIII. Große Übel erfordern große Mittel 335
XCIX. Die Wissenschaft hat ihr letztes Wort noch
  nicht gesprochen 336
C. Ich rede ja nicht aufs Geratewohl 337

CI. Ich bin doch nicht von gestern 338
CII. Verlorene Zeit kehrt nie zurück 338
CIII. Seit Anbeginn der Welt 340
CIV. Wohin gehen wir? 341
CV. Geld haben 342
CVI. Ich kenne nur das Geld 343
CVII. Ich spucke nicht aufs Geld 344
CVIII. Etwas Geld beiseite legen 345
CIX. Man nimmt ja doch nichts mit hinüber, wenn man stirbt 346
CX. Der liebe Gott ist das Geld 346
CXI. Die Farbe seines Geldes ist nicht bekannt 347
CXII. Kredit geben, einen Kredit eröffnen 348
CXIII. Bis über beide Ohren in Schulden stecken . . . 349
CXIV. Das Geld zum Fenster hinauswerfen 350
CXV. Sich kümmerlich durchschlagen 352
CXVI. Ein Heidengeld kosten 353
CXVII. Die Art des Gebens wiegt mehr als das, was man gibt 353
CXVIII. Guter Ruf geht über Reichtum 355
CXIX. Ich habe noch nicht abgerechnet, Kassensturz gemacht 356
CXX. Irrtum vorbehalten 357
CXXI. Sich aus der Schlinge ziehen 358
CXXII. Sich aus dem Geschäftsleben zurückziehen . . 359
CXXIII. Kopfüber in den Graben. Nach uns die Sintflut 361
CXXIV. Der schönste Tag des Lebens 362
CXXV. Sein eigenes Leben leben 362
CXXVI. Dem Tod ins Angesicht sehen 363
CXXVII. Und sonst noch manches andere 365
Schluß 367
Bio-bibliographische Notiz 375

Erste Folge

. . . die Pest, . . . sie überlädt den Acheron mit Fracht,
zwang auch die Tiere unter ihre Macht.
Nicht alle starben, und was überdauert,
das kümmert sich ums nackte Leben kaum.

Jean de La Fontaine, *Fabeln,* VII, 1

FÜR RENÉ MARTINEAU

ERINNERN SIE SICH, lieber Freund, unserer kleinen Kapelle der heiligen Anna und des heiligen Renatus, wie sie, so schlicht und so ärmlich, da unten ganz nahe am Meer lag? Zum Gedenken an diese kleine Kapelle und an die Gastfreundschaft von Ker Saint-Roch bitte ich Sie, die Widmung dieses Buches anzunehmen, eines Buches, das gewichtiger und schmerzlicher ist, als es den Anschein hat, und in dem ich, *nach eigenem Gutdünken,* das Übel gezeigt habe, an dem man stirbt. Daß ich Ihren Namen gleich zu Beginn dem meinen zur Seite stelle, verurteilt Sie dazu, meine Plumpheiten zu teilen. Und wie sollten Sie Ihrem Schicksal entgehen, als Freund des übel beleumundeten Schriftstellers, den Sie einen *Lebenden** zu nennen wagten?

Unsere Begegnung war ein vom Schmerz herbeigewehtes Wunder, und man wird Ihnen gewiß auch sagen, daß die Dauerhaftigkeit unserer Freundschaft ein weiteres ist. Das erstaunlichste Wunder aber ist doch wohl, daß ein begeisterungsfähiger Mensch den Gemeinplätzen, in denen alle Welt schwelgt, entkommen ist, um mit mir in der Einsamkeit an den Schädeln von Schwachköpfen zu nagen?

Lagny, am 31. Dezember 1901.

LÉON BLOY.

---

* *Un Vivant et deux morts* ist der Titel einer L. Bloy, Villiers de L'Isle-Adam und Ernest Hello gewidmeten Broschüre, die R. Martineau geschrieben hatte (dessen Bekanntschaft Bloy im März 1901 gemacht hatte; ihr Briefwechsel — *Lettres à René Martineau* — wurde 1933 publiziert).

ICH BEGINNE HEUTE, am 30. September*, unter Anrufung des heiligen Hieronymus, des Autors der Vulgata, des Gehilfen aller Propheten, des glorreichen Sammlers ewiger Gemeinplätze.

Bedeutet das, ich ließe es diesem erstaunlichen Kirchenlehrer gegenüber an Respekt fehlen, den die Kirche mit dem Titel Maximus ehrt und den das Konzil von Trient implizit zum Notar des Heiligen Geistes erklärt hat? Ich glaube es nicht.

Worum handelt es sich nämlich, wenn nicht darum, den Schwachköpfen, den schrecklichen und entschiedenen Idioten dieses Jahrhunderts die Sprache zu entreißen, so wie der heilige Hieronymus die Pelagianer oder Luziferisten seiner Zeit zum Stillschweigen verurteilte?

Den BÜRGER endlich und für immer zum Schweigen bringen — was für ein Traum!

Das Unterfangen muß, ich weiß das wohl, unsinnig erscheinen. Gleichwohl verzweifle ich nicht daran, sondern will es mit leichter und sogar gefälliger Hand in Angriff nehmen.

Der wahre BÜRGER, das heißt — in einem so modernen und allgemeinen Sinne wie möglich — der Mensch, der keinerlei Gebrauch von seiner Denkfähigkeit macht und der lebt oder zu leben scheint, ohne auch nur einen einzigen Tag lang von dem Bedürfnis heimgesucht worden zu sein, etwas zu verstehen, gleichgültig, was, der authentische und unbestreitbare BÜRGER ist in seiner Sprache zwangsläufig auf eine sehr kleine Zahl von Formeln beschränkt.

Das Repertoire der ererbten Redewendungen, die ihm genügen, ist äußerst gering und geht kaum über einige hundert hinaus. Ach, wenn man doch vom Glück so gesegnet

---

* Es handelt sich um den 30. September des Jahres 1897. Nach etwa dreißig Manuskriptseiten ließ Léon Bloy das Projekt liegen, um es erst im Juni 1901 wieder aufzugreifen.

wäre, ihm diesen schlichten Schatz entreißen zu können, welch paradiesisches Schweigen verbreitete sich alsbald auf unserem getrösteten Globus!

Wenn ein Kontorist oder ein Stoffabrikant darauf aufmerksam macht, daß »man eben nicht aus seiner Haut kann«, daß »man nicht alles haben kann«, daß »Geschäft Geschäft ist«, daß »der Arztberuf ein heiliges Amt ist«, daß »Paris nicht an einem Tage erbaut wurde«, daß »die Kinder sich ja nicht darum reißen, zur Welt zu kommen« usw. usw., was geschähe denn, wenn man ihm auf der Stelle bewiese, daß das eine oder andere seiner mehr als hundert Jahre alten Klischees einer göttlichen Realität entspricht und die Macht hat, die Welten ins Wanken zu bringen und gnadenlose Katastrophen zu entfesseln?

Wie groß wäre das Entsetzen eines Restaurantbesitzers oder Eisenwarenhändlers, welcher Schrecken befiele den Apotheker und den Beamten, wenn ihnen urplötzlich klar würde, daß sie, ohne es zu wollen, ganz überschwengliche Dinge zum Ausdruck bringen? Daß die Redensart, die sie eben nach Hunderten von Millionen anderer Kopfloser ausgesprochen haben, in Wirklichkeit der schöpferischen Allmacht entwendet ist und daß sie, wenn die Stunde gekommen ist, sehr wohl eine Welt entspringen lassen könnte?

Überdies hat es den Anschein, daß eine tiefe Ahnung sie davor warnt. Wer hat nicht die Vorsicht, die feierliche Diskretion, das *morituri sumus* dieser Biedermänner bemerkt, wenn sie die abgedroschenen Sentenzen aussprechen, die ihnen über die Jahrhunderte hinweg vermacht wurden und die sie ihrerseits ihren Kindern weitervererben werden?

Wenn die Hebamme äußert, daß »Geld nicht glücklich macht«, und der Kaldaunenhändler ihr verschlagen antwortet, es trage »aber doch gehörig dazu bei«, haben diese beiden Auguren die untrügliche Ahnung, auf diese Weise kostbare *Geheimnisse* auszutauschen, einander Arkana des ewigen Lebens zu enthüllen, und ihre Einstellungen entsprechen der unbeschreiblichen Bedeutung dieses Gewerbes.

Nur allzu leicht sagt man etwas, was ein Gemeinplatz zu sein *scheint*. Aber wer kann sagen, was es in Wirklichkeit *ist*?

Warum habe ich mich andererseits auf den heiligen Hieronymus berufen? Diese große Persönlichkeit war nicht nur der immerwährende Bewahrer des unwandelbaren Wortes, der Gemeinplätze voller Blitze der Heiligen Dreifaltigkeit. Er war vor allem ihr Interpret, ihr inspirierter Kommentator.

Mit weitaus höherer als menschlicher Autorität lehrte er, daß Gott, in symbolischen, parabolischen oder ähnlichen Formen der Enthüllung durch die Schrift, immer ausschließlich von *Sich-Selbst* gesprochen und auf tausend Weisen immer nur *Dasselbe* gesagt hat.

Ich hoffe, daß dieser Doctor sublimis die Güte haben wird, mit seinem Beistand einen Pamphletisten guten Willens zu ermutigen, der, einmal mehr, so glücklich wäre, den Pöbel von Ninive zu verdrießen, »solcher großen Stadt, in welcher sind mehr denn hundert und zwanzig tausend Menschen, die nicht wissen Unterschied, was recht oder link ist, dazu auch viel Tiere«* — und ihn in solchem Maße zu verdrießen, daß sich daraus beispiellose Verheerungen ergäben.

Zu diesem Resultat wäre es zweifellos gekommen, wenn die himmlische Güte es mir nicht verweigert hätte, mit der unwiderleglichen Argumentation einer erzenen Dialektik zu behaupten, daß die nichtigen BÜRGER gegen ihren Willen schreckliche Propheten seien, daß sie den Mund nicht öffnen könnten, ohne die Sterne zu erschüttern, und daß die Tiefen des Lichtes unmittelbar heraufbeschworen würden durch die Abgründe ihrer Dummheit.

* Jona, IV, 11.

I. GOTT VERLANGT JA SO WENIG! Welch ein Epigraph für einen Kommentar zum Bürgerlichen Gesetzbuch! Ein allzu leichter Scherz, den man aus Barmherzigkeit den Herren Journalisten oder Gerichtsvollziehern überlassen sollte. Der Fall ist schwerwiegend.

Ist es nicht ein Anlaß für starres Erstaunen, sich vorzustellen, daß diese Weisheit Tag für Tag millionenfach einem Gott ins verhöhnte Angesicht gespien wird, der doch vor allem »verlangt«, daß sein Leib *gegessen* wird! Der ewigliche Kuhhandel, der mit diesem Gemeinplatz vorausgesetzt wird, hat etwas Beunruhigendes, weil er nämlich die Appetitlosigkeit einer Welt sichtbar macht, die gleichwohl von Hungersnöten heimgesucht wird und darauf angewiesen bleibt, sich von ihrem Unrat zu ernähren.

Es wäre kindisch, darauf aufmerksam zu machen, daß bei dieser Formel, die sehr viel geheimnisvoller ist, als man glauben möchte, alles von dem Wort *wenig* abhängt, dessen abstrakter Wert stets der Willkür eines unverbindlichen, niemals preisgegebenen Maßes anheimgestellt bleibt. Das hängt natürlich vom Rang der Seelen ab.

Da aber jede Negation dem Nichts entgegenstrebt, ist es nicht vermessen, den Schluß zu ziehen, daß das ungenaue *verlangt* keinen Gegenwert hat und daß dieser Gott mit seinem Wesen oder seiner Substanz nichts mehr auszurichten hat und sich zwangsläufig verflüchtigen muß, weil der letztlich nichts mehr zu verlangen hat von Anbetern, die ihren Eifer ins Unendliche schrumpfen lassen können. Es kommt so gut wie überhaupt nicht mehr darauf an, ob man diese oder jene Vorstellung von Gott hat. Er selbst verlangt ja so wenig, und das ist das Wesentliche.

Wenn ich meine Wäscherin, Mme Alaric, ermahne, ihre jüngste Tochter nicht genauso auf den Strich zu schicken, wie sie es schon mit ihren vier älteren getan hat, oder meinem

Vermieter, M. Dubaiser, zaghaft das Beispiel einiger Heiliger zu bedenken gebe, die es nicht für unerläßlich für das soziale Gleichgewicht hielten, die kleinen Kinder zum Tode zu verurteilen, und diese ehrenwerten Personen mir antworten: »Wir sind ebenso religiös wie Sie, aber Gott verlangt ja so wenig...«, dann muß ich anerkennen, daß sie schon sehr liebenswürdig sind, wenn sie nicht noch hinzufügen: im Gegenteil! — obwohl das natürlich und notgedrungen der eigentliche Kern ihres Denkens ist.

Sie haben zweifellos recht, denn die Logik der Gemeinplätze kennt kein Pardon. Wenn Gott so wenig verlangt, ist er, mit unerschütterlicher Konsequenz, gezwungen, immer weniger zu verlangen, ich wiederhole es, und schließlich auf alles zu verzichten. Was sage ich? Vorausgesetzt, daß ihm dann noch ein wenig Existenz bleibt, wird er sich alsbald der dringlichsten Notwendigkeit ausgesetzt sehen, schließlich sogar zu wollen, daß wir leben wie die Schweine, und den letzten Rest seines Grolls auf die Reinen und die Märtyrer zu schleudern.

Überdies sind die BÜRGER nur allzu anbetungswürdig, weil sie nicht selbst Götter geworden sind. Sie allein haben das Recht, etwas zu verlangen. Alle Imperative gehören ihnen, und man darf sicher sein, daß der Tag, da sie zuviel verlangen, eben der Tag sein wird, an dem sie gewahr werden, daß sie nicht genug verlangen...

»Ich verlange eure Bälge, schmutzige Kanaillen!« wird ihnen eines Tages JEMAND sagen.

II. NICHTS IST ABSOLUT. Folgerung aus dem Vorhergehenden. Die Mehrzahl der Menschen meiner Generation hat das ihre ganze Kindheit hindurch gehört. Jedes Mal, wenn wir, trunken vor Abscheu, nach einem Sprungbrett suchten, um uns berstend und speiend einen Ausweg zu verschaffen, trat uns der BÜRGER, mit diesem Bannstrahl bewaffnet, entgegen.

Zwangsläufig mußten wir dann das gewinnbringende *Relative* und den heiligen Unrat wieder in ihre Rechte einsetzen.

Nahezu alle fanden sich glücklicherweise damit ab, indem sie ihrerseits Olympier wurden.

Wissen sie gleichwohl, diese Trinker unreinen Nektars, daß es nichts so Kühnes gibt, wie das Unwiderrufliche außer Kraft zu setzen, und daß dies die Verpflichtung einschließt, selbst so etwas zu sein wie der Schöpfer einer neuen Erde und neuer Himmel?

Wenn man auf seine Ehre versichert, daß »nichts absolut ist«, wird die Arithmetik für Bitten empfänglich, und um die unanfechtbarsten Axiome der darstellenden Geometrie kreist die Unsicherheit. Auf der Stelle wird es wichtig, zu wissen, ob es besser ist, seinen Vater zu erwürgen oder nicht, fünfundzwanzig Centimes zu besitzen oder vierundsiebzig Millionen, Tritte in den Hintern zu bekommen oder eine Dynastie zu gründen.

Schließlich brechen alle Identitäten zusammen. Es ist durchaus nicht »absolut« gesichert, daß dieser Uhrmacher, der 1859 als der Stolz seiner Familie geboren wurde, heute nur dreiundvierzig Jahre alt und nicht der Großvater jenes Doyens unserer Schwindler ist, der während der Cent-Jours* gezeugt wurde — ebenso wie es vermessen wäre, darauf zu beharren, daß eine Wanze ausschließlich eine Wanze ist und keinen Anspruch auf Wappenschilder erheben darf.

Unter solchen Umständen ergibt sich eingestandenermaßen die Pflicht, die Welt neu zu schaffen.

III. DAS BESSERE IST DES GUTEN FEIND. Hier — ich gebe es zu — stört mich einmal mein eigener Titel, und ich bin versucht, wutentbrannt von meinem Lehrstuhl herabzusteigen. Auslegung bedeutet leider auch Erklärung, und damit erhebt ein Monstrum von Gemeinplatz sein Haupt, das mir auf der Straße nach Theben entgegentritt. Zweifellos wurde keinem Ödipus je ein schwierigeres Rätsel vorgelegt.

Sehen wir dennoch zu.

* Die »Hundert Tage« zwischen Napoleons Einzug aus Elba in Paris und der Wiedereinsetzung Ludwigs XVIII. (20.3.–28.6. 1815).

Wenn das Bessere des Guten Feind ist, muß zwangsläufig auch gelten, daß das Gute der Feind des Besseren ist, denn die philosophischen Abstraktionen kennen so wenig Pardon wie Selbsterniedrigung. Ein Mensch kann auf Haß mit Liebe reagieren, eine Idee niemals, und je glanzvoller diese Idee ist, um so störrischer ist sie.

Man behauptet also implizit, daß das Gute das Bessere verabscheut und daß ein wilder Haß sie entzweit. Davon zehrt das jeweils andere, in Ewigkeit. Was aber ist das Gute und das Bessere, und worin liegt der Ursprung ihres Konfliktes? Was will dieser grammatikalische Manichäismus besagen?

Ist es beispielsweise gut, ein Dummkopf zu sein, und besser, Genie zu haben? Wenn man sagt, daß Gott alles zum Besten geschaffen hat, muß ich dann darunter verstehen, daß er nichts zum Guten gewendet hat? In welcher metaphysischen Höhle haben sich dieser Komparativ und dieser Positiv den Krieg erklärt? Es ist zum Verrücktwerden.

Ich stütze den Kopf in beide Hände und gebe mir selbst zärtliche Kosenamen: — Sehen wir zu! Noch einmal, mein lieber Freund, mein Schatz, mein kleiner blauer Hase! Nur ruhig, wir werden den roten Faden schon finden. Wir haben gesagt oder sagen hören, daß das Bessere des Guten Feind ist, nicht wahr? Was aber ist der Feind des Guten, wenn nicht das Böse? Das Bessere und das Böse sind mithin identisch. Da haben wir also bereits etwas Aufklärung, wie es scheint ...

Ja, aber wenn das Bessere wirklich das Böse ist, werden wir anzuerkennen gezwungen sein, daß auch das Gute wiederum das Böse ist, und zwar auf ganz unbestreitbare Weise, weil alle Menschen ja zugeben, daß es selbst besser ist als das Böse, welches das Bessere ist, und daß es folglich besser ist als das Bessere, welches dann das Schlechteste wäre !!!???

Mist! Ariadne läßt mich los, und ich höre den Minotaurus schnauben.

IV. DAS KRANKENHAUS IST DOCH NICHT FÜR DIE HUNDE DA*.

Das ist — muß ich das eigens sagen? — eine Antiphrase. Der immer sanfte und erheiternde BÜRGER benutzt diese griechische Form der konfabulatorischen Glosse nur zu gern. Wir werden mehr als einmal Gelegenheit haben, das zu bemerken.

Man muß also standhaft lesen: Das Krankenhaus *ist* für die Hunde da. In diesem Sinne, der hier der richtige ist, spricht der BÜRGER wie ein Gott. Einfache Menschen könnten das nicht so gut ausdrücken.

Ich öffne die *Sylva allegoriarum* von Bruder Hieronymus Lauretus, einen gelehrten, 1622 in Lyon bei Barthélemy Vincent gedruckten, gedankenschweren Folianten, und finde dort unter dem Stichwort *canis* folgendes: »Der Hund ist ein Tier im Dienste des Menschen, den er mit seiner Begleitung und seinen Zärtlichkeiten erfreut. Gegenüber Fremden macht er sich durch Bellen bemerkbar. Er ist unsauber, neigt zu Wutanfällen und ist von äußerster Geilheit. Er ist der Hüter der Herden und der Jäger der Wölfe. Er ist unersättlich und ein Fleischfresser, der sogar seinen eigenen Kot nicht verschmäht.«

Die moderne Wissenschaft, der die menschliche Rasse für so viele nützliche Entdeckungen zu Dank verpflichtet ist, hält es überdies für gesichert, daß der Hund ein Vierfüßler ist und ihm die artikulierte Sprache fehlt. Aber es besteht kein Anlaß, sich bei diesen Hypothesen aufzuhalten. Überdies gibt es solche Hunde und solche, das ist sattsam bekannt.

Der Hund, für den das Krankenhaus da ist, ist der Fleischfresser, der unsaubere Fleischfresser, alt oder bettlägerig geworden, dessen Gesellschaft keinerlei Reiz mehr hat, der fortan zu jeder Art von Wutanfall unfähig ist und nicht mehr die Kraft hat zu bellen, den die Herde ihrerseits zu *hüten* gezwungen ist und den der Zahn der Wölfe bedroht.

Welchem anderen, frage ich, stünden diese bewundernswerten Asyle offen, in denen man bei so viel Tröstungen in den

---

* Frz. *L'Hôpital n'est pas fait pour les chiens* — hier in seiner wörtlichen *und* bildhaften Bedeutung, d.h. »zum Benutzen da, nicht nur zum Anschauen«.

Armen der öffentlichen Fürsorge krepiert? Der wahre, der einzige, der authentische Hund ist derjenige — wie groß auch die Anzahl seiner Pfoten oder die Lautstärke seines Gebells sein mag —, der nicht mehr *gewinnbringend* zu agieren vermag. Für ihn, ausschließlich für ihn, funktioniert die Verwaltung mit den gierigen Zitzen, die sich selbst vom Blut der Sterbenden nährt. Der gerechte BÜRGER hat es so gewollt.

Ist er nicht der Herr? Ist er nicht der Gott der Lebenden und der Gott der Toten? Seit der Code Napoléon ihn an die Stelle Jehovahs gesetzt hat, richtet ihn niemand mehr, und er tut genau das, was ihm gefällt. Es gefällt ihm nun aber einmal, der Liebe Gott der Hunde zu sein.

V. ARMUT SCHÄNDET NICHT. Eine weitere Antiphrase. Würden Sie mir sagen, mein gütiger Hausbesitzer, was *Schande* oder Verbrechen sein kann, wenn nicht Armut?

Ich glaube, ich habe es andernorts bereits ausführlich gesagt: Die Armut ist die einzige Schande, die alleinige Sünde, die ausschließliche Verworfenheit, die unverzeihliche und ganz besondere Pflichtvergessenheit. In ebendiesem Sinne versteht ihr sie doch, nicht wahr, ihr hochwohllöbliches Lumpenpack, das über die Welt zu Gericht sitzt?

Und mag man es auch wieder und wieder beteuern: Die Armut ist doch so infam, daß es der letzte Exzeß von Zynismus, der schrillste Aufschrei eines verzweifelten Bewußtseins wäre, sie einzugestehen, und keine Strafe vermöchte sie zu sühnen.

Es ist die Pflicht des Menschen, *reich* zu sein, so sehr, daß die Existenz eines einzigen Armen zum Himmel schreit wie die Verderbnis Sodoms und Gott selbst bloßstellt, indem sie ihn zwingt, Fleisch zu werden und anstößigerweise auf Erden zu wandeln, gekleidet einzig in die Lumpen seiner Prophezeiungen.

Die Bedürftigkeit ist eine Ruchlosigkeit, eine wilde Blasphemie, deren Grauenhaftigkeit unmöglich auszudrücken ist und die miteins die Gestirne und das Wörterbuch zurückweichen läßt.

Ach! Wie ist das Evangelium doch falsch verstanden worden! Wenn man liest, es sei leichter, »daß ein Kamel gehe durch ein Nadelöhr, denn daß ein Reicher in das Reich Gottes komme«, muß man schon blind sein, um nicht zu sehen, daß dieses Bibelwort in Wirklichkeit das Kamel ausschließt, weil mit Sicherheit alle Reichen, ausnahmslos alle Reichen, auf goldenen Stühlen im Paradies sitzen und es ihnen folglich ganz unmöglich ist, Zugang zu einem Ort zu suchen und zu finden, an dem sie von jeher schon sind. Es bleibt den Kamelen überlassen, vor der Himmelspforte Nadeln einzufädeln und sich, so gut sie können, selbst zu helfen. Es gibt keinen Grund, anders zu verfahren.

Dieser Gemeinplatz bezeugt mehr als jeder andere die erhabene Scham des BÜRGERS. Er ist ein Schleier, den er ganz einfach mit dem göttlichen Lächeln eines Hörsaalpedells über das schrecklichste Krebsgeschwür der Menschheit breitet.

nach dem L'Hôpital, komisch, also geht's auch zu der Arzt

VI. NIEMAND IST VOLLKOMMEN. Nachdem Esculape Nuptial sich vergewissert hatte, daß der Greis eine hinreichende Zahl von Messerstichen erhalten und mit Sicherheit den, wie man gemeinhin sagt, letzten Seufzer getan hatte, dachte er zunächst daran, sich etwas Unterhaltung zu verschaffen.

Dieser gescheite Mann glaubte, das Seil müsse durchaus nicht immer straff gespannt sein; manchmal muß man eben auch mal verschnaufen, und jede Mühe ist ihres Lohnes wert.

Er hatte das Glück gehabt, ein hübsches Stück Geld in die Hände zu bekommen. Lebensfroh und zartbesaiteten Gewissens ging er unter den Kastanien und Platanen auf und ab, um genußvoll die würzigen Düfte des Abends einzusaugen.

Es war Frühling, nicht der zweideutige und rheumatische Frühling der Tagundnachtgleiche, sondern die berauschende Aufwallung des Juni-Anfangs, wenn die verschlungenen Sternbilder der Zwillinge dem des Krebses weichen.

Esculape, von süßen Empfindungen überschwemmt und mit tränenumflorten Augen, fühlte sich als Apostel.

Er wünschte sich das Glück des Menschengeschlechts, die Brüderlichkeit der wilden Tiere, den Schutz der Unterdrückten und die Tröstung derer, die da Leid tragen.

Sein Herz, von Vergebung voll, neigte sich den Bedürftigen zu. Er verstreute mit vollen Händen das Münzgeld, mit dem seine Taschen überreichlich vollgestopft waren.

Er trat sogar in eine Kirche ein und nahm an einem gemeinschaftlichen Gebet teil, das eine fromme Herde rezitierte. Er betete zu Gott und gelobte, seinen Nächsten zu lieben wie sich selbst. Er sagte Dank für die Güter, die er erhalten hatte, wobei er sich dem Nichts entrissen fühlte.

Er bat darum, es möchten die Finsternisse zerstreut werden, die ihm die Häßlichkeit und die Arglist der Sünde verbargen, unterzog sich einer genauen Gewissensprüfung, entdeckte in sich tiefverwurzelte Unzulänglichkeiten, dauerhafte Mängel: Regungen von Eitelkeit, Spannungen, Unterlassungen, vermessene und wenig barmherzige Urteile usw., vor allem aber Faulheit und Nachlässigkeit in der Ausübung der *Pflichten seines Standes.*

Er schloß mit dem Gelöbnis, fortan weniger unbeständig zu sein, erflehte den Beistand des Himmels für die Sterbenden und die Reisenden, bat, wie es sich gehört, um nächtlichen Schutz und eilte, von diesen Empfindungen durchdrungen, ins nächste Bordell.

Denn er war den ehrbaren Freuden zugetan. Er war keiner von denen, die sich nur allzu bereitwillig den frivolen Zerstreuungen überlassen. Er hatte vielmehr einen Hang zur Strenge und konnte sich nur mit Mühe einer lächerlichen Feierlichkeit erwehren.

Er tötete, um zu leben — wie die Mehrzahl der ehrbaren Menschen —, weil das Handwerk eben goldenen Boden hat. Er hätte, wie so viele andere auch, stolz sein können angesichts der Gefahren eines so heiklen Berufes. Aber er zog die Verschwiegenheit vor. Wie bei den Windengewächsen entfalteten sich die Blüten seiner Seele nur im Halbschatten.

Er tötete frei Haus, sanft, diskret und so ordentlich wie überhaupt nur denkbar. Er lieferte, wie man sagen kann, saubere Arbeit.

Er versprach nichts, was er nicht auch halten konnte. Er versprach sogar überhaupt nichts. Aber seine Kunden hatten nie Grund zur Klage.

Was die boshaften Zungen anging, so kümmerte er sich nicht darum. *Tue recht und scheue niemanden,* war seine Devise. Seine Gewissensruhe genügte ihm.

Zurückgezogen, wie er lebte, begegnete man ihm nur sehr selten in den Cafés; sogar Böswillige waren gezwungen, ihm Gerechtigkeit widerfahren zu lassen und einzugestehen, daß er, außerhalb seines Bordells, kaum jemanden sah.

In dieser gastfreundlichen Bleibe hatte er sein Augenmerk auf ein leichtgekleidetes junges Mädchen geworfen, das dem Etablissement zur Blüte verhalf und dem sein frühreifes Virtuosentum die Begeisterung der Kunden eintrug. Kaum der Kindheit entwachsen, war sie bereits in vielen Salons bewundert worden.

Der glückliche Esculape hatte es verstanden, ihr Herz zu gewinnen, und die Zeit schien »ihren Lauf anzuhalten«, wenn diese beiden einander auf dem mystischen See in die Arme sanken.

Die hinreißende Loulou wollte nichts mehr hören und sehen, wenn ihr kleiner Cucu auftauchte, und der war häufig gezwungen, sie mit fester Hand in den professionellen Dunstkreis ihrer Kunst zurückzuführen, wenn die älteren Herren ungeduldig wurden. Sie gab ihm dafür wertvolle Fingerzeige ...

Schließlich legten sie mit aller Umsicht recht hübsche Summen zurück. Loulou brauchte beinahe nichts; für ihre tägliche Toilette, die sehr einfach und von vollkommenem Geschmack war, genügten Luft und Licht.

Ebenso hatten sie bereits die Belohnung vor Augen, die glückliche Zukunft, die sie auf dem Lande erwartete, in irgendeiner unter Rosen und Lilien versunkenen Strohhütte, die sie eines Tages kaufen würden, und das friedliche Alter, mit dem die Vorsehung diejenigen belohnt, die sich tapfer geschlagen haben.

Ja, zweifellos; aber wer vermag zu sagen, wie nichtig und eitel die Gedanken der Menschen sind?

Was jetzt folgt, ist außerordentlich schmerzlich. In dieser Nacht kam Esculape nicht. Das ganze Haus litt darunter — mehr, als sich sagen läßt. Die arme Loulou, anfangs fiebrig, dann stürmisch erregt, schließlich völlig verstört, hörte auf, das Wohlgefallen der Gäste zu erregen.

Ein belgischer Notar, der die Gelder seiner Klienten bei sich hatte und verpraßte, erhielt ein paar schallende Ohrfeigen, über die sich die Vorübergehenden wunderten.

Der Skandal war gewaltig, und es schien sich schon der Verruf des Hauses abzuzeichnen. Aber Loulou wollte »auf nichts und niemanden« hören. Ihre Unruhe steigerte sich bis zum Delirium, sie trieb die Verachtung der Gesetze so weit, daß sie ein Fenster aufriß, das seit dem vergangenen 14. Juli nicht mehr geöffnet worden war, und mit schrecklicher Stimme in der tiefen nächtlichen Stille nach ihrem Cucu rief.

Einige protestantische Pastoren suchten das Weite, nicht ohne zuvor ihrer Empörung Ausdruck gegeben zu haben, und am folgenden Tage verkündeten die seriösen Zeitungen traurig das Ende der Welt.

Muß ich das alles erklären? Esculape ließ die Puppen tanzen, Esculape war einer Natter begegnet.

Als er ganz brav in sein Liebesnest zurückkehren wollte, war er von einem Jugendfreund angesprochen worden, den er seit zehn Jahren nicht mehr gesehen hatte und dem es gelang, ihn zum ersten Mal in seinem Leben zu Ausschweifungen zu verleiten.

Ich kenne die Sophismen nicht, die dieser unheimliche Freund aushectke, um ihn vom Pfad der Tugend abzulenken, der zum Himmel führt, aber sie betranken sich maßlos, so sehr, daß der völlig aus der Bahn geratene Geliebte der schmachtenden Loulou gegen Morgen einen Wagen nahm, um einen *Combat spirituel* zu holen, den er am Vorabend bei seinem

Opfer liegenlassen zu haben sich erinnerte und der ihm für seine Selbstfindung völlig unerläßlich schien.

Der getreue Gefährte seiner Nacht führte ihn, gleichsam an der Hand, in das Zimmer des Toten, wo ihn zwangsläufig und unvermeidlich bereits der Polizeikommissar erwartete.

Und so zerstörte ein einziger Augenblick der Schwäche zwei hoffnungsvolle Laufbahnen.

Niemand ist vollkommen*.

VII. WER'S LICHT SCHEUT, HAT NICHTS GUTES IM SINN. Und die ehrlichen Leute! Glaubt denn jemand, daß das Licht sie beruhigt? Ach! Wenn es denn so wäre, weiß ich nicht, was die Spitzbuben anstellten, aber ich weiß sehr wohl, was die ehrbaren Leute täten.

Man sieht nicht besonders deutlich auf unserem Planeten, wo selbst die Scharfsichtigsten blind umhertappen. Gleichwohl hat es den Anschein, daß es immer noch zu hell ist, weil sich jedermann verbirgt. Was passierte wohl, wenn die von Zola so bewunderte und der Bewunderung eines solchen Gehirns so würdige Wissenschaft einen neuen *Strahl* ausschickte, der die Höhlen der Herzen erleuchtete?

Liegt es nicht auf der Hand, daß jedes Geschäft auf der Stelle undurchführbar, ja unmöglich würde? Kein Handel mehr, keine Industrie, keine politischen Bündnisse, keine Medizin, keine Pharmazie, keine Küche, keine Prozesse, keine Eheschließungen, keine Beisetzungen, keine Testamente und auch keine »guten Werke« irgendwelcher Art. Schließlich auch keine Liebe mehr. *Die ehrbaren Leute würden gar nicht mehr geboren* . . . Es blieben also, um sich des menschlichen Gewimmels anzunehmen, nur die Elemente übrig, die »das Licht

---

* Der vorstehende Bericht ist bedauerlicherweise nicht völlig unveröffentlicht. Er war bereits Bestandteil meiner *Histoires désobligeantes,* die 1894 bei Dentu erschienen. Aber der Mißerfolg dieses nahezu unbeachtet gebliebenen Buches war so groß, daß man, abgesehen von einigen Besessenen, die alles bis auf den letzten Schnipsel von mir sammeln, sicher sein darf, daß diese Seiten noch keinerlei Leser gefunden haben. Warum übrigens eine so gelungene Sache umarbeiten, und welche erhellendere Paraphrase hätte ich schreiben können? [Anm. d. Autors]

scheuen« und die man die Übeltäter nennt. Welch merkwürdige Verkehrung!

Allerdings würden sie ihrerseits bald untergehen, weil sie im Laufe der Zeit selbst ehrbare Leute geworden wären, um die Nachfolge der Verschwundenen anzutreten, und die beiden Arten, die gemeinsam die Gattung bilden, würden verschwinden, nacheinander vom Licht vertilgt — wie jene frischen und glänzenden Farben, die die Sonne, wie man sagt, zum Frühstück verspeist.

Hoffen wir, daß ein solches Unglück nicht eintrifft und daß die unehrlichen Leute ebenso wie die ehrbaren, diejenigen, die »das Licht scheuen«, nicht weniger als diejenigen, die das Licht bloß indiskret finden, sich weiterhin unter freiem Himmel *abstoßen,* sich weiterhin gegenseitig im poetischen Rahmen der Gerichtsvollzieher, Gendarmen und Grüngürtel ins rechte Licht setzen. Die Harmonie des Universums verlangt es.

VIII. DIE KINDER REISSEN SICH JA NICHT DARUM, ZUR WELT ZU KOMMEN. M. Paul Bourget, Eunuch aus Berufung* und einer der erlauchtesten Adepten des Gemeinplatzes, hat sich die Mühe gemacht, diesen hier zu empfehlen. Ich will meinen Lesern das Ärgernis ersparen, ihnen den Titel des durch diese Formulierung gestützten machtvollen Buches in Erinnerung zu rufen.

Es erscheint nämlich sicher, daß die Kinder ja *so wenig verlangen.* Das ist ihre Weise der Annäherung an den göttlichen Zustand, und zweifellos können sie damit manchmal die religiöse Seele des BÜRGERS rühren, der es über alles bewundert, wenn man nichts von ihm verlangt.

Ich gestehe, daß die bloße Vorstellung eines Kindes, das geboren zu werden verlangt, etwas Beunruhigendes hat, und ich verstehe den Propheten Jeremia besser, wenn er sich inbrünstig wünscht, daß seiner Mutter »Leib ewig schwanger geblieben wäre«, und den Tag verflucht, »darin ich geboren

---

* Léon Bloy hatte Paul Bourget (1852–1935) in einem Artikel mit dem Titel »L'Eunuque« wegen dessen Buch *La Terre promise* (1892) angegriffen.

bin«*. Dennoch handelt es sich darum, als BÜRGER geboren zu werden ... oder als Psychologe**, die Ungeduld läßt sich notfalls vorstellen.

Dieser Gemeinplatz scheint mir also als Axiom unannehmbar, und ich fürchte, daß Paul sich weiter hat mitreißen lassen, als es etwa auf der Spur eines Steuereinnehmers oder eines allzu verwegenen Bürochefs des bürgerlichen Staates nötig gewesen wäre. Ich bin sogar mit dem widerwärtigen Schopenhauer zu glauben geneigt, daß alle Kinder ohne Ausnahme geboren werden *wollen* und sich auf eben diese Weise die törichten Aufwallungen der Liebe erklären lassen.

Es versteht sich von selbst, daß ich mir bei dieser Gelegenheit absolut die religiöse Idee versage, die solche Dinge ins Spiel bringt wie die Göttliche Vorsehung oder die Prädestination, die der mißtrauische BÜRGER verachtet. Der heilige Kolomban, sagt man, hörte die Schreie der kleinen Kinder, die ihm aus den Leibern ihrer Mütter zuriefen. Mein Friseur hat dergleichen nie gehört, und dieses ganze übernatürliche Zeug wird überreichlich durch das Fahrrad widerlegt.

[margin: Humor]

Um mich an die hypothetische Angabe des oben zitierten Schulfuchses zu halten, erscheint es mir angemessen, zu vermuten, daß die Kinder, selbst die von BÜRGERN, wenn sie auch nicht positiv geboren werden wollen, ihren Eltern doch immerhin den instinktiven Schrecken einer Virginität oder einer Enthaltsamkeit einjagen, der sich ihrem Eintritt ins Leben widersetzt ... Ich weiß nicht, ob ich mich deutlich verständlich mache. Jedenfalls genügt das, um die Formel außer Kraft zu setzen.

Wenn aber ein Notar, begleitet von zweiseitiger Gestikulation, behauptet, daß »die Kinder sich ja gar nicht darum reißen, zur Welt zu kommen«, hat das praktisch nur zweierlei zu bedeuten: Entweder muß man darauf verzichten, welche zu machen, oder man muß sie töten, bevor sie geboren werden, im Interesse der Familien und im wohlverstandenen Interesse der Erben. Nie, niemals dürfen die Himmel einstürzen, und es

---

* Jeremia, XX, 14 und 17.
** Spitzname von Paul Bourget im Kreis von Barbey.

darf beispielsweise nie vorkommen, daß ein kleiner, dem Bauch eines Bettelweibes entfallener Schwätzer irgendwelche Rechte auf das Mitleid eines Erzeugers hat, den ausfindig zu machen ihm stets verboten ist. Und damit genug, wirklich genug.

Versuchen Sie sich nach alledem vorzustellen, daß diese schöne Welt vor neunzehn Jahrhunderten von einem Kind erlöst worden ist, das geboren werden wollte, von Ewigkeit an!

IX. ESSEN UND TRINKEN MUSS SEIN, UND WÄREN ALLE BÄUME GALGEN.

Ich verlange ja nicht mehr, als zu essen, sagt ein armer Teufel, obwohl das Leben kein Zuckerlecken ist; aber ich muß doch wenigstens etwas zu beißen haben. Alle Hunde fressen und leben. Diejenigen, die nicht das Glück haben, von einem Herrn versorgt zu werden, nähren sich immerhin von ausgezeichneten Abfällen, die ihnen für ihr Hundeleben genügen. Ich dagegen kann das nicht. Ich habe das Unglück, der menschlichen Rasse anzugehören und mit einer erhabenen Stirn ausgestattet zu sein, die unaufhörlich zu den Sternen aufblicken muß. Ich habe keine feine Witterung, und jede Art von Aas schlägt mir auf den Magen ...

Ich habe sagen hören, daß es früher ein Fleisch für die Armen gab und die Hungers Sterbenden über das Mittel verfügten, Gott zu essen, um das ewige Leben zu erlangen. In diesen unvordenklich alten Zeiten schleppte man sich, die Tränen des Paradieses vergießend, von einer Beichtkapelle zur nächsten Märtyrerkrypta und von einem wundertätigen Altar zur nächsten glorreichen Basilika, auf Pfaden, auf denen es von Pilgern wimmelte, die sich den Leib des Erlösers erbettelten. Diese einzige Speise *genügte* manchen Erwählten, deren Schwäche die Kraft in sich barg, alle Mattigkeiten zu heilen und manchmal sogar die Toten aufzuerwecken. Das alles liegt fern, in weiter Ferne ...

Heute ist der BÜRGER an die Stelle von Jesus getreten, und vor seinem Leib würden sogar die Säue zurückschrecken.

X. OHNE GELD LEBT SICH'S SCHLECHT. Un-bestreit-bar. Und das ist so wahr, daß man, wenn es einem ausgeht, gezwungen ist, sich das der anderen anzueignen. Das kann übrigens in aller Loyalität vor sich gehen.

Ich zwinge niemanden, gibt leutselig ein Geldverleiher zu verstehen, der hundertfünfzig für hundert verlangt, aber auch ich habe Risiken, und schließlich muß *Geld arbeiten.* Ohne Geld zu leben ist für diesen Gerechten ebenso unschicklich, wie es für einen Eremiten in der Einöde unschicklich ist, ohne Gott zu leben. Und diese beiden Lebemänner haben recht, weil ihr Gegenstand *identisch* ist, unbeschreiblich IDENTISCH*.

Nachdem bereits schlagend bewiesen worden ist, daß man ohne Geld nicht leben kann, ist es nahezu müßig, den Nachweis der vitalen Notwendigkeit des Geldes zu führen. *Geld verzehren,* heulen im Chor die Familienväter. Welch ein Lichtstrahl, den diese metonymische Redensart wirft!

Was denn! Was könnte man essen, sagen Sie's mir, wenn man kein Geld zu verzehren hätte? Gibt es auf Erden anderes, das eßbar wäre?

Ist es nicht sonnenklar, daß das Geld ebenderselbe Gott ist, der verlangt, daß man ihn verspeist, und der allein am Leben erhält, das lebendige Brot, der errettende Laib, der Weizen der Erwählten, die Speise der Engel, aber gleichzeitig auch das verborgene Manna, nach dem die Armen vergeblich suchen?

Richtig ist, daß dem BÜRGER, der doch beinahe alles weiß, dieses Mysterium verschlossen bleibt. Richtig ist auch, daß ihm die Bedeutung des Wortes »Leben« nicht klar ist, weil das Geld, ohne das man, wie er freimütig verficht, nicht leben kann, für ihn dennoch eine FRAGE *von Leben und Tod* ist ...

Einerlei, er besitzt welches, und darauf kommt es an. Wenn er es nicht selbst verzehrt, werden andere nach ihm es verzehren, das steht fest.

Wenn er aber diese schrecklichen Worte ausspricht, wage ich nicht in Abrede zu stellen, daß er sehr wohl einem wahren

* Vgl. Léon Bloys *Das Heil durch die Juden,* Kap. IX; ebenso *Das Blut des Armen.*

Propheten ähneln und Gott mit unendlicher Kraft bekennen kann. *Trahitur sapientia de occultis**.

XI. DAS GELD ARBEITEN LASSEN. Wie ersichtlich, folgt dieser Gemeinplatz aus dem vorhergehenden und »entfliegt« ihm, wie die Biene der Blume entfliegt. Das ständig wiedergekäute Gebot, das Geld arbeiten zu lassen, ist im Grunde eher *theologisch* als ökonomisch, und zwar aufgrund einer notwendigen Folge der Identität, die ich gerade dargelegt habe.

Arbeiten, im Sinne des lateinischen *laborare,* heißt LEIDEN. Man läßt also das Geld leiden, das Gott ist. Man läßt es natürlich mit der ausgiebigsten Niedertracht leiden. Von Bespeiungen abgesehen — denn der BÜRGER »spuckt nicht aufs Geld« — bleibt ihm keine Schande erspart. Man läßt es sogar *schwitzen.* Man läßt es das Blut der Armen in der Agonie des Todeskampfes ausschwitzen**.

Es gibt Leute, die in den Fabriken oder schwarzen Katakomben verrecken, um die Fressen von Jungfrauen zu verschönern, die von extrafeinen Kapitalisten gezeugt wurden, damit ihnen überdies auch »das geheimnisvolle Lächeln der Mona Lisa« nicht versagt bleibt. Ebendas heißt *das Geld arbeiten lassen!* ... Und das BLEICHE ANTLITZ Christi ist noch bleicher auf dem Grunde der Schächte und an den Hochöfen.

XII. GESCHÄFT IST GESCHÄFT. Von allen gewöhnlich so respektablen und sachlichen Gemeinplätzen halte ich diesen hier für den gewichtigsten, für den erhabensten. Er ist der Nabel aller Gemeinplätze, er ist der Schlüsselsatz des Jahrhunderts. Aber man muß ihn verstehen, und das ist nicht allen Menschen unterschiedslos gegeben. Die Dichter bei-

---

* Hiob, XXVIII, 12: »Wo will man aber die Weisheit finden? und wo ist die Stätte des Verstandes? Niemand weiß, wo sie liegt, und sie wird nicht gefunden im Lande der Lebenden...«
** Vgl. *Das Heil durch die Juden,* Kap. IX: »Was sie mit dem Geld tun, will ich euch sagen: Sie *kreuzigen* es« (dt. Heidelberg: Kerle, 1953, S. 319).

spielsweise oder die bildenden Künstler verstehen ihn schlecht. Diejenigen, die man archaischerweise Helden oder gar Heilige nennt, verstehen ihn überhaupt nicht.

Das Heilsgeschäft, die spirituellen Geschäfte, die Ehrensachen bzw. -geschäfte, die Staatsgeschäfte, ja sogar die zivilen Geschäfte sind Geschäfte, die auch etwas anderes sein können, aber nicht *die* Geschäfte sind, die eben nur die GESCHÄFTE sein können, ohne Attribut oder Epitheton.

Geschäftlich tätig sein — das heißt im Absoluten sein. Ein Mensch, der durch und durch Geschäftsmann ist, ist ein Stylit, der niemals von seiner Säule heruntersteigt. Er darf keine Gedanken haben, keine Gefühle, keine Augen, keine Ohren, keine Nase, keinen Geschmack, keinen Takt und kein Herz, es sei denn fürs Geschäft. Der Geschäftsmann kennt weder Vater noch Mutter, weder Onkel noch Tante, weder Frau noch Kinder, weder Schön noch Häßlich, weder Sauber noch Schmutzig, weder Heiß noch Kalt, weder Gott noch Teufel. Mit verbissener Hartnäckigkeit ignoriert er die Literatur, die Künste, die Wissenschaften, die Geschichtswerke, die Gesetze. Er darf nichts anderes wissen und kennen als die Geschäfte.

»Ihr in Paris habt die Sainte-Chapelle und das Louvre-Museum, schon möglich, aber wir in Chicago, wir schlachten achtzigtausend Schweine pro Tag ...« Derjenige, der das sagt, ist wirklich ein Geschäftsmann. Gleichwohl gibt es noch einen anderen, der über dem Geschäftsmann steht, derjenige, der dieses Schweinefleisch verkauft, der seinerseits wieder vom Großhändler übertroffen wird, der damit alle europäischen Märkte überschwemmt und vergiftet.

Es ist unmöglich, haargenau zu sagen, was das ist — das Geschäft. Es ist die geheimnisumwobene Gottheit, etwas wie die Isis der Großschnauzen, von der alle anderen Götter verdrängt werden. Es hieße nur den Schleier zerreißen, wenn man, hier oder andernorts, von Geld, von Spiel, von Ehrgeiz usw. spräche. Geschäft ist Geschäft, wie Gott Gott ist, das heißt jenseits aller Erklärungen. Das Geschäft ist das Unerklärliche, das Unbeweisbare, das Unbeschreibliche, und zwar so weitgehend, daß es genügt, diesen Gemeinplatz auszusprechen, um auf der Stelle alle Vorwürfe, alle Wutausbrüche, alle Klagen, alle Bitten, alle Entrüstungen und alle Gegenanklagen zum Verstummen zu bringen. Wenn man diese Fünf Silben ausgesprochen hat, ist alles gesagt; man hat auf alles Erdenkliche geantwortet, und es besteht keinerlei Hoffnung mehr auf fernere Offenbarung.

Diejenigen schließlich, die dieses Arkanum zu durchdringen suchen, sind zu einer Art mystischer Uneigennützigkeit aufgefordert, und zweifellos ist die Zeit nicht mehr fern, da die Menschen die Eitelkeiten dieser Welt und all ihre Lüste fliehen und sich in der Abgeschiedenheit verbergen werden, um sich ganz und ausschließlich dem GESCHÄFT widmen zu können*.

XIII. DAS GESETZ STEHT AUF MEINER SEITE.
Es war einmal eine christliche Familie alten Schlages. Der Vater, ein ausgezeichneter Arbeiter und ungemein rechtschaffener Mann, brachte seinen Lohn ohne jeden Rest nach Hause. Die beherzte Mutter verdingte sich als Putzfrau. Das älteste der Kinder, ein hübscher, vierzehnjähriger Junge, hatte gerade seine Lehrzeit begonnen, und die beiden kleinen Mädchen, deren jüngeres sich auf die Erstkommunion vorbereitete, gingen in die Schwesternschule. Sie waren schlichte, einfache Leute von äußerster Offenherzigkeit, die Heilige werden wollten. Ein Stecknadelkopf, auf ihre guten Absichten gelegt, wäre nicht zu Boden gefallen.

Gemeinsam verrichtete man jeden Tag das Morgen- und das Abendgebet. Gemeinsam besuchte man an Sonn- und Feiertagen den Gottesdienst und so oft wie möglich während der Woche die Frühmesse. Sehr häufig wurde die Geschichte der Märtyrer oder irgendein anderes jener seltenen lebensspendenden Bücher gelesen. Einige fromme Bilder, abscheulich und rührend, hingen an den Wänden: eine *Sitzende Jungfrau,* unter fünfzehnhundert Litho-Steindruckplatten erstickt, ein *Ecce*

---

* Die vorstehenden zwölf Paragraphen wurden im Januar 1898 im *Mercure de France* vorabgedruckt.

Homo von Guido, aber von barbarischen Glasern mit Farben ergänzt, ein halbwegs annehmbares *Golgatha* und eine ihrer Ruhe beraubte *Heilige Familie* — das alles auf Trödelmärkten erworben.

Das Geachtetste aber, das am meisten Verehrte war eine Darstellung des berittenen Leo XIII. als Schutzengel*. Diese grelle Karikatur bedeutete für diese Armen zwar nicht die leibhaftige Präsenz des Gottessohnes, wohl aber die seines Stellvertreters auf Erden. Daneben hatten sie ein ständig brennendes, rosafarbenes Ewiges Licht aufgehängt und sich zur Regel gemacht, nie daran vorbeizugehen, ohne ein Gebet zu sprechen.

Nie hat man frommere Christen gesehen. Ihre Verehrung des Papstes — in ihren Augen der Vater aller Väter — war einzigartig, ganz und gar schlicht, nahezu erhaben. Sie hätten ihr Leben auf Erden und mehrere Jahrhunderte ihrer ewigen Ruhe, kurz: alles gegeben, was man nur geben kann, um dem Obersten Pontifex die geringste Sorge, das unschuldigste Ärgernis zu ersparen.

Plötzlich kam Unglück über sie, und sie wurden wie Verdammte fallengelassen. Der Vater wurde von einer Maschine überrollt, unter den Augen eines Vorgesetzten, der sich selbst keinerlei Schuld gab. Der Verwalter des *unbekannten* Hausbesitzers schritt zur Zwangsräumung, nicht ohne das gesamte Mobiliar einzubehalten, sogar das besagte Bildnis des Nachfolgers des heiligen Petrus. Die Mutter starb ihrerseits an gebrochenem Herzen und Überarbeitung. Vier Jahre später konnte man dem jungen Burschen als Richter seines Jahrhunderts wiederbegegnen: Er war Zuhälter seiner beiden Schwestern geworden.

Er wußte damals bereits, daß der Hausbesitzer, der ihren Schiffbruch besiegelt hatte, indem er sie legal aus ihrer Woh-

---

* Leo XIII. (1878–1903), vorher Giovacchino Vincenzo Graf Pecci, über den Léon Bloy am 21. Juli 1903 in seinem *Journal* schreibt: »Gestern, um vier Uhr nachmittags, ist Leo XIII. gestorben. Ich erwarte seinen Nachfolger seit zwanzig Jahren.« Vgl. darüber hinaus Bloys Kritik an Leos angeblicher »Arbeiterfürsorge« und seiner Lauheit bei der derzeitigen Ordensverfolgung (*Journal*, III, 355f.).

nung vertrieb, ein Ausländer namens Pecci war und auf dem Stuhl Petri in Rom saß, ganz zu schweigen von dem in Antiochia*, der in den Händen der Ungläubigen ist und wo die Jünger Jesu zum ersten Mal Christen genannt wurden.

Ja, sehr Heiliger Vater, Ihr habt das GESETZ auf Eurer Seite gehabt.

Post-scriptum. — Da keinerlei Gesetz, nicht einmal ein gottesfürchtiges, mich bis auf den heutigen Tag zwingt, an den Schwachen Anstoß zu nehmen, bringe ich, ein für allemal, zur Kenntnis, daß ich neben anderen die Neigung habe, mich in *Parabeln* auszudrücken, und daß dies hier offensichtlich der Fall ist. Ganz sicher könnte ich keine Adresse eines Mietshauses angeben, das Leo XIII. gehört, aber ich könnte *alle* Pfarrkirchen in Frankreich nennen, die ein Innozenz III. oder ein Gregor IX. seit langem mit dem großen Kirchenbann belegt hat, aus dem bloßen ungeheuerlichen Grund, der den Stellvertreter des Gottes der Armen auf schreckliche Weise bloßstellt, daß die Barfüßigen daraus unwiderruflich und mit Schimpf und Schande *vertrieben* worden sind.

XIV. MAN KANN NICHT ALLES HABEN. Gewiß, vor allem dann nicht, wenn man bereits das Gesetz auf seiner Seite hat, wie eben ausgeführt. Auch noch alles übrige zu verlangen — das hieße die ganze Welt verschlingen wollen. Der BÜRGER aber ist wie Gott, *er verlangt ja so wenig.* Als Verächter des Unendlichen und des Absoluten weiß er sich zu beschränken. Wer verstünde das besser als er? Ist seine einzige Sorge, die Mühsal aller seiner Stunden seit der Kindheit nicht darauf gerichtet, überall Grenzen aufzurichten?

Und man beachte die Mäßigung dieses Gemeinplatzes. Er sagt nicht: Man *darf* nicht, sondern man *kann* nicht. Der BÜRGER müßte alles haben, weil ihm alles gehört, aber er

---

* Antiochia in Syrien: »Barnabas aber zog aus gen Tarsus, Saulus wieder zu suchen; und da er ihn fand, führte er ihn gen Antiochia. Und sie blieben bei der Gemeinde ein ganzes Jahr und lehrten viel Volks; daher die Jünger am ersten zu Antiochia Christen genannt wurden« (*Apostelgeschichte,* XI, 25, 26).

kann nicht alles ergreifen, nicht alles an sich reißen, weil er zu kurze Arme hat. »Alles dieses Elend«, sagt Pascal, »beweist seine Größe, es ist das Elend eines großen Herrn, das Elend eines entthronten Königs*.«

Wenn mir mein Krämer auf ein ungewöhnliches Verlangen hin mit biederem Lächeln antwortet, man könne eben nicht alles haben, glaubt der würdige Mann vielleicht nur ein bescheidenes Rülpsen von sich gegeben zu haben. Ich aber meine die maßlose Klage des Prometheus zu vernehmen...

Nicht alles haben! Welches Unglück! Und ich frage mich, warum diese Sentenz, die einer übernatürlichen Gegenanklage ähnelt und ohne Unterlaß aus Millionen gen Himmel gerichteter erhabener Kehlen erklingt, nicht irgend etwas am Firmament zertrümmert!

XV. NICHT JEDER KANN REICH SEIN. Scheinbar weniger absolut als der vorhergehende, hat dieser Gemeinplatz den Vorteil größerer Präzision. Im Grunde vollkommene Identität. Es wäre also angemessen, die beiden einander anzunähern, sie miteinander in Kontakt zu bringen, indem man darauf aufmerksam macht, daß beide dieselben Gefühle wecken, zu denselben Gedanken anregen.

Denn es ist an der Zeit, es auszusprechen: Die Sprache der Gemeinplätze, die erstaunlichste aller Sprachen, hat die wunderbare Eigentümlichkeit, daß sie immer dasselbe sagt, wie die Sprache der Propheten. Die BÜRGER, deren Privileg diese Sprache ist, weil ihnen nur eine sehr beschränkte Zahl von Ideen zu Diensten steht, ähnlich wie es Weisen angemessen ist, die die Funktionsweise des Intellekts auf ein Minimum reduziert haben, begegnen jeder dieser Ideen zwangsläufig bei allen Überschneidungen ihres Repertoires, bei jeder Drehung ihrer Spule. Ich beklage alle, denen diese Schönheit verschlossen bleibt. Wenn eine BÜRGERIN beispielsweise sagt: »Ich schwebe ja nicht in höheren Regionen«, dann seien Sie sicher,

---

* Pascal, *Pensées,* ed. E. Wasmuth, Nr. 398 (Heidelberg: L. Schneider, [8]1978, S. 182).

daß dies alles bedeuten soll, daß es alles sagt und daß sie alles gesagt hat, absolut und für immer.

Diese fünf Worte — »Nicht jeder kann reich sein« — sehen nach nichts aus, nicht wahr? Und sie sind in Wirklichkeit auch nichts, aber versuchen Sie einmal, sie zu ersetzen! Sie wollen diese starke Idee auf neue Weise zum Ausdruck bringen, diese starke Idee, daß nicht jedermann in seinen Taschen eine große Zahl von Talerstücken mit sich herumtragen, das heißt nicht zur bürgerlichen Klasse gehören kann, welche zwar nicht alles haben kann — das versteht sich —, aber gleichwohl über das Geld verfügt. Sie wollen den Ruin dieses Gemeinplatzes durch den Fund einer unabgedroschenen Form herbeiführen? Nun gut! Suchen Sie, schürfen Sie, graben Sie, kehren Sie das Unterste zuoberst. Sie stoßen dabei vielleicht auf die *Ilias,* aber das Gesuchte werden Sie nicht finden! Man könnte weinen vor lauter Bewunderung.

XVI. STERBEN MUSS MAN REICH. Dieser Gemeinplatz ist eher belgisch*, aber wie schön doch! Er ist überdies dazu auserschen, französisch zu werden, an jenem glückseligen Tag, da Frankreich endlich diesem spirituellen Volk einverleibt sein wird.

Reich sterben! Heroischer Wunsch! Wunderbares Desideratum! Was sind im Vergleich dazu die Gebote Gottes und die Gebote der Kirche, die Leiden des Erlösers und das Mitleid Marias, das Blut der achtzehn Millionen Märtyrer und die Ekstasen der Heiligen? Das Paradies — das ist, wenn man in der Schwarte einer Sau verreckt, und selbst der heilige Paulus wäre gezwungen gewesen, das anzuerkennen, wenn er die Belgier gekannt hätte.

Nach diesem grandiosen Gemeinplatz, in dem die Seele eines ganzen Volkes so deutlich zum Ausdruck kommt, schäme ich mich nahezu und habe gleichsam Angst, meine Auslegung

---

* Eine der bei französischen Schriftstellern häufigen Abwertungen, namentlich in der zweiten Hälfte des 19. Jahrhunderts und namentlich bei Baudelaire und Barbey d'Aurevilly.

fortzusetzen. Arm wie eine Kirchenmaus und aller Wahrscheinlichkeit nach dazu ausersehen, auch so zu sterben — wer bin ich denn, so schreckliche Geheimnisse in Angriff zu nehmen, und woher nehme ich die Kühnheit, noch länger an diese bedrohlichen Gegenstände zu rühren, die sich immer so ausnehmen, als seien sie im Begriff, einen Bannstrahl zu schleudern? Mir scheint, ich setze die gefährlichsten Explosionsmotoren in Gang. Wer sind sie also, diese schrecklichen BÜRGER, die gewohnheitsmäßig, ausschließlich, von morgens bis abends solche Sprüche im Munde führen können, ohne vor Schrecken zu erbleichen?

Post-scriptum. — Der BÜRGER ist unerschütterlich davon überzeugt, daß die Trappisten, *deren Ordensregel jegliches Sprechen verbietet,* einander nie begegnen, ohne dabei zu sagen: »Bruder, wir müssen sterben.« Das ist eine der Ideen, an denen er am meisten hängt. Sie ist wie das berühmte Grab, das jeder Mönch tagtäglich auszuheben gehalten ist, zur persönlichen Benutzung, bei acht Stunden täglicher Arbeit, während der gesamten Dauer seines Ordenslebens, das manchmal fünfzig Jahre währen kann. Der BÜRGER ist der Kynegeiros* dieser beiden Schiffe. Er läßt sie nicht los.

Um aber zum Anfang zurückzukehren: Ich wollte lediglich sagen, daß es in Belgien zweifellos einen Zusatz zum französischen Text gibt. Die belgischen Trappisten müssen wahrscheinlich murmeln: »Bruder, man muß *reich* sterben.«

XVII. WENN MAN IM GESCHÄFTSLEBEN STEHT.

... Ich habe mich geradezu danach gesehnt, bei dem hier anzulangen. Dieser häufig benutzte Gemeinplatz empfiehlt sich vor allem durch seine äußerste Vornehmheit. Im Geschäftsleben stehen — das bedeutet bei den BÜRGERN, auf hohen Goldthronen zu sitzen und über die Welt zu richten. Eine Aristokratie, neben der alle anderen Aristokratien wenig

---

* Griechischer Krieger, dem in der Schlacht von Marathon, als er sich mit der rechten Hand an einem Schiff festhielt, der Arm abgeschlagen wurde; die Legende erzählt, daß er sich daraufhin mit der linken Hand festhielt und, als ihm auch die abgeschlagen wurde, sich mit den Zähnen anklammerte (Herodot, *Historien,* VI, 114).

mehr sind als Dreck. Die Inhaber von Pairswürden und Bischofsämtern müßten es sich als Ehre anrechnen, ihr in aller Bescheidenheit zu dienen, wenn es mit rechten Dingen zuginge. Was die Künstler und die letzten Elenden angeht, die noch von der Fähigkeit des Denkens Gebrauch machen: Wer vermöchte die niedrigen Ränge zu benennen, auf die man sie einstufen müßte? Aber gemach.

Im Geschäftsleben stehen! Eben das, was auf alles eine Antwort hat, eben das, was alle Privilegien umfaßt, alle verfügbaren Vergünstigungen, alle vorstellbaren Bewilligungen, alle Straffreiheiten. Was niemandem und in keinem Fall erlaubt ist, wird hier statthaft und sogar professionell, wenn man im Geschäftsleben steht. Das berühmte Wort der großen Königin Esther — »Und ihr Gesetz [i. e. des zerstreuten Volkes] ist anders denn aller Völker, und thun nicht nach des Königs Gesetzen«* — scheint auf Betreiben der Personen ausgesprochen worden zu sein, die im Geschäftsleben stehen, unterschiedslos.

Es kommt kaum darauf an, was verkauft wird. Ob es sich um Käse handelt oder um Wein, um Pferde, Schmuck, Haushaltswaren, Hochzeitskränze, um Aas oder Schnipsel von wer weiß was, es genügt, daß es sich verkauft oder daß es einfach nur zum Verkauf steht, ohne jede Chance, auch wirklich verkauft zu werden, und daß im Hintergrund Geschäftsbücher geführt werden, in einem von einer kleinen, wie gedrechselten Galerie umrundeten Kontor.

Betrug, Diebstahl und Verleumdung, Zuhälterei und Hurerei, Verrat, Gotteslästerung und Apostasie sind ehrbar, wenn man im Geschäftsleben steht. »Vor einem Kunden auf dem Bauch kriechen«, sagte eines Tages in meiner Gegenwart die Chefin eines Cafés zu einem ihrer Kellner, »immer auf dem Bauch kriechen, wenn man im Geschäftsleben steht.« Diese Empfehlung — was sage ich? — diese Vorschrift, die unter anderen Umständen die tiefste Stufe der Schande bedeutet, hatte in diesem Falle etwas Augurenhaftes an sich und ähnelte einer mantischen Wahrsagung. Ich habe kaum je eine ähnlich

* Das Buch Esther, III, 8.

majestätische Gebärde gesehen wie bei dieser von Enthusiasmus geschwellten Kassiererin, die, hochnäsig, mit ausgestrecktem Zeigefinger gebieterisch auf den Boden wies, in der malerischen Haltung einer Elisabeth Tudor, wie sie Maria Stuart auf den Block schickt. An diesem Tage wurde ich geradezu blitzartig der geheimnisvollen und unerklärbaren Schönheit des Geschäftslebens ansichtig.

Um nicht falsch verstanden zu werden: Eine Sache verkauft sich oder kann verkauft werden, je nachdem, ob es einen Abnehmer oder keinen unmittelbaren Abnehmer gibt. Diese Sache ist ein Salat, ein Medikament, ein Küchenmesser oder eine Soldatenhure, darauf kommt es nicht an. Der Verkäufer ist immer ein wundertätiger Mensch, ein Thaumaturg, der über die Macht verfügt, Gottvater zu geben, was dem Heiligen Geist gehört, das heißt die Liebe durch den Glauben und das Feuer durchs Wasser gehen zu lassen, was sich nur mit Mühe begreifen läßt.

Und doch ist das alles ganz einfach. Das Geld, durch das sich diese Umwandlung vollzieht, ist der Erlöser oder, wenn man so will, das Abbild des Erlösers*. Aber siehe da! Die Händler, ihrem Wesen nach hermetisch, scheren sich einen Dreck um den Erlöser, die Erlösung, die theologischen Drei Tugenden oder die Göttliche Dreieinigkeit und im allgemeinen genausowenig um alles, was vom menschlichen Verstand entwickelt werden kann.

Wie oft habe ich nicht den Rat erhalten, »ins Geschäft einzusteigen«, das heißt wie eine Sau zu schreiben, um reich zu werden — leider!

XVIII. MAN ÄNDERT SICH EBEN NICHT**. Das ist ein Ausspruch des entmutigten Phönix. Auch die Spieler benutzen ihn manchmal, wenn auch ohne Überzeugung. Hier gestehe ich meine Verlegenheit ein.

---

* Vgl. S. 79 und 83 des vorliegenden Bandes.
** Frz. *on ne se refait pas* mit der Nebenbedeutung »nicht wieder auf die Beine kommen«.

Glaubt der BÜRGER wirklich, daß man sich eben nicht ändert, daß man nur die anderen ändert, oder müssen wir das für Ironie halten? Ironie ist wenig wahrscheinlich. Sie ist der Gewichtigkeit dieses Bonzen nicht angemessen. Er muß schon wirklich glauben, daß man sich eben nicht ändert, was hart anmutet. Aber wie versteht er dann den Satz? Genau das ist die Frage. Bei ihm muß man stets auf irgendeine Überraschung gefaßt sein, auf irgendeine unvorhergesehene Offenbarung, die alles umstürzt, die überwältigt und von der man sich nur schwer wieder erholt.

Scheiden wir auf der Stelle die Hypothese der negativen Wiederherstellung der alten Gerippe von Notaren oder Maßschneidern aus. Der BÜRGER ist zu aufgeklärt, um den Fortschritt der Wissenschaft zu verkennen, deren erwähltester Mäzen er ist. Er weiß, daß die Wissenschaft nicht innehält, daß sie nie innehält und daß sie vielleicht schon morgen den endlich wiedergefundenen Topf des alten Aison erneut aufs Herdfeuer setzt*. Sicherlich ist es nicht das, was er zu leugnen nie die Kühnheit hätte.

Was bleibt also, und von der Unmöglichkeit welcher Erneuerung möchte er sprechen? Ach! Daß der BÜRGER doch so undurchschaubar sein muß! Ich habe einen Teil meines Lebens, zweifellos den schönsten, darauf verwendet, nach dem Sinn dieses Gemeinplatzes zu suchen. Ich habe überhaupt nichts gefunden, und meiner Treu, ich erkläre Ihnen lieber in aller Offenheit, daß ich darauf verzichte.

XIX. DER ARZTBERUF IST EIN HEILIGES AMT**.

Ach, die heiligen Ämter! Wer vermöchte sie allesamt aufzuzählen! Das heilige Amt der Landwirtschaft, der Magistratur, der Arzneikunde, des Spezereihandels, der Bürokratie, der

---

* Vater des Iason. Als der von der Suche nach dem Goldenen Vlies zurückkehrt, läßt er Aison durch Medeia aufkochen und verjüngen.
** Vgl. den sehr viel heftigeren Ausfall in Bloys *Journal* (I, S. 212 der hier und im folgenden zitierten dt. Übersetzung): »Der Priester, sagt ein sehr elender Gemeinplatz, ist der Arzt der Seele ... Strenge Konsequenz. Die Ärzte sind die Priester des Teufels ...«

Politik, des Bildungswesens; das heilige Amt des Schwertes, das heilige Amt des Journalismus usw.; schließlich das antike heilige Amt der Prostitution, das in jüngster Zeit wieder zu Ehren gebracht worden ist. Es gibt höchstens noch das religiöse heilige Amt, das aber kein heiliges Amt mehr ist, nachdem der BÜRGER es förmlich und derart sinnvollerweise von der Liste gestrichen hat — und der kennt sich damit aus, denn er selbst hat alle zeitgenössischen heiligen Ämter gestiftet.

Ich habe wahllos den Arztberuf herausgegriffen, weil sich dieses heilige Amt als erstes meiner Erinnerung aufgedrängt hat, und Sie werden zugeben, daß er sakrisch schön ist.

Ein Doktor, der an dreißig oder vierzig Nachttöpfen von BÜRGERN schnuppert und der jeden Morgen vor dem Frühstück ihre intimsten Körperteile abtastet, hat doch eine gänzlich andere Einstellung, wie man anerkennen muß, als ein Missionar, der das Wort des Herrn schlechterzogenen Götzendienern zu verkünden hat, die ihn nach seiner Predigt vielleicht verspeisen werden, und ein Rezeptblock ist doch — nicht wahr? — etwas ganz anderes als ein bischöflicher Hirtenbrief!

Neben den abtastenden, betätschelnden und auskultierenden Gebärden der Ärzte oder im Vergleich zu ihren gleichzeitig und stereotyp ausgesprochenen Formeln, die aus derartiger Höhe fallen und die man immer zu verstehen sicher ist — was wird da, frage ich mich, aus den Kanones und Liturgien?

Wenn man Ihnen versichert, daß der Arztberuf ein heiliges Amt ist, sagen Sie dann in frommer Scheu, daß es zwangsläufig einen unaussprechlichen und allmächtigen Gott hinter diesem weltlichen Stand geben muß und daß es Ihnen obliegt, ihn, so gut Sie können, von all den anderen nicht weniger unaussprechlichen und nicht weniger allmächtigen Göttern zu scheiden, die ebenfalls hinter anderen zahllosen Priesterreihen verschanzt sind? Ach, die heiligen Ämter!

XX. ALLE MEINUNGEN SIND GLEICH ACHTBAR. »Vorausgesetzt, sie sind aufrichtig«, fügte feinsinnig der Fischhändler hinzu.

»Das versteht sich«, erwiderte in aller Biederkeit die Wirtin des *Goldenen Horns,* die gerade ein paar halbverfaulte Meeresfrüchte für ihre Gäste gekauft hatte. »Sehen Sie, ich bin für die Freiheit. Jeder für sich und Gott für uns alle.«

»Recht so! Gut gesprochen. Wie steht's denn, wollen Sie nicht ein paar von meinen Muscheln nehmen? Ich gebe sie Ihnen beinahe umsonst, es geht nur darum, reinen Tisch zu machen.«

»Nein, nein, danke, ich muß nach meiner Suppe schauen, die ich auf dem Herd stehengelassen habe.«

Und die würdige Wirtin, die allem Anschein nach wirklich darauf brannte, nach Hause zu kommen, setzte sich so rasch in Marsch, wie es ihre Körperfülle und ein gewaltiger, mit Einkäufen gefüllter Korb erlaubten.

Mme Zola betrieb seit zwanzig Jahren eine siebzehntklassige Pension, mit der ein furchteinflößendes Restaurant verbunden war. Das *Goldene Horn,* in der Nachbarschaft des Val-de-Grâce gelegen, hatte vordergründig einen Kundenkreis, der aus unbemittelten jungen Leuten bestand. Aber die stundenweise und sogar im Laufschritt betriebene Vermietung nahezu aller Zimmer ernährte die Inhaberin auf einträgliche Weise, und sie wäre empört und verblüfft gewesen, wenn man ihr bedeutet hätte, ihr Haus sei ein Bordell.

Früher, zur Jugendzeit des verstorbenen Vallès*, war sie eine Art Schönheit gewesen, die, wie man sagte, dem Gewehrfeuer entgangen war, indem sie vor den verblüfften Soldaten ihre Röcke freizügig aufschürzte. Allem Anschein nach hatte sie in den linden Mainächten, nicht ohne Virtuosität, unter einigen Balkons mit der Petroleumkanne und brennendem Werg gezündelt. Aus ebendiesem Grunde trat sie zweifellos auch dafür ein, daß alle Meinungen die gleiche Achtung verdienten. Daran hielt sie unerschütterlich fest.

»Wo ist das kleine Schwein?« fragte sie beim Hereinkommen.

---

* Jules Vallès (1832–1885), Schriftsteller und 1871 Mitglied der Kommune, Gründer der Zeitschrift *Le Cri du Peuple,* später auch von *La Rue* (vgl. S. 116 des vorliegenden Bandes).

»Man hat ihn in der Nähe der Kirche herumstreichen sehen, wie gewöhnlich, vor mehr als einer Stunde, und er ist noch nicht nach Hause gekommen«, antwortete Ferdinand, der Laufbursche.

»Was! Das habe ich mir denken können; immer die Kirche, immer die Messe, immer sein Lieber Gott! Ach! Zum Teufel damit! Ich habe nicht übel Lust, ihn hinauszuwerfen, wenn er wiederkommt.«

Das kleine Schwein war ein langer Lulatsch von fünfunddreißig Jahren. Durch leichtfertige Spekulationen ruiniert, lebte er von einer bescheidenen Anstellung und glaubte, von dem mäßigen Preis verführt, gut daran getan zu haben, sich im *Goldenen Horn* einzumieten. Er war ein durchaus gebildeter Mensch, eine Art Monster, wie es die neueren Generationen beinahe nicht mehr kennen und das bald nur noch bei einigen angelsächsischen Tierbändigern anzutreffen sein wird. Er war sogar fromm, etwas, was alle Begriffe von Mme Zola überstieg und sie vollständig verblüffte.

Sie hätte durchaus ruhig bleiben und sich in Gleichmut üben können, wird man sagen. Aber was denn! Nein, sie konnte es einfach nicht. Sie war heißen, stürmischen Blutes. Diese Fünfzigerin hatte davon geträumt, ihr Leben in den Armen ihres Mieters zu beschließen. Die Heldin von 1871 hatte sich diese letzte Liebe als Pökelfaß für ihr verwelktes Fleisch auserkoren.

Als sie diesen armen, stummen und traurigen Menschen sah und an sich selbst die Eigenschaften einer erstklassigen Trösterin wahrnahm, hatte sie sich gesagt, es werde ihr zweifellos leichtfallen, sich eines Unglücklichen zu bemächtigen. Später dann kam diese gottverdammte Religion dazwischen; denn er hatte keinerlei denkbare Illusion mehr. Sie vermochte nie mit dem lieben Gott ins reine zu kommen, ihr Geschäft auch nicht, und dieser Jesuit machte sich auf der Stelle aus dem Staube, wenn er sich von einer hübschen Frau geliebt sah.

An ebendiesem Morgen hatte sie den Entschluß gefaßt, eine abschließende Maßnahme zu versuchen, wahrscheinlich vergleichbar derjenigen, die seinerzeit MacMahons Rothosen entwaffnet hatte. Und da war dieser Unglückselige doch seine Andacht verrichten gegangen, ohne jeden Anschein, sich irgend etwas Bösen zu versehen. Er hatte also nichts wahrgenommen, nichts verstanden! Ach! Bei Gott! Sie hatte sich ihm nicht an den Hals geworfen, sie hatte sich ihm nicht auf die Knie gesetzt, was ausschlaggebend gewesen hätte sein können, zumindest bei den alten Stühlen des *Goldenen Horns,* weil Mme Zola knapp dreihundert Kilo wog. Aber die kleinen Aufmerksamkeiten, die ihm galten, die Schmeicheleien, die Liebkosungen, die kaum verhohlenen ständigen und unaufhörlich erneuerten Avancen, so viele Blicke und so viele Seufzer — hätte ihm das alles nicht die Augen öffnen müssen? Leider nicht. Von diesen schmerzlichen Gedanken erfüllt, öffnete sie mechanisch einen Brief, den ihr ein Dienstmann überbrachte.

»Teuerste Dame«, lautete die Botschaft, »wollen Sie dem Dienstmann freundlicherweise den Koffer übergeben, den Sie in meinem Zimmer finden werden. Ich verlasse Sie in äußerstem Schmerz, der glücklicherweise durch die Hoffnung gelindert wird, Ihrer Seele den Frieden zurückzugeben, wenn ich Ihren engelreinen Augen die aufreizende Schönheit meines Gesichts entziehe. O allzu zärtliche und allzu leicht entflammbare Zola, ich achte Sie ebensosehr wie eine Meinung, wie eine jener unzähligen, stets so neuen Meinungen, die Sie derart häufig zu achten empfohlen. Lebe wohl also, teure Emilie, deren Bildnis unauslöschlich in meinem Herzen verankert ist. ALPHONSE ALLAIS, *Exapotheker erster Klasse*.*«

»Schmutziger Pfaffenknecht!« geiferte die süße Wirtin, die solchem wohlgesetzten Gerede nicht glaubte. Es gibt kein Beispiel, daß eine BÜRGERIN sich je getäuscht hätte.

XXI. ICH BIN WIE DER HEILIGE THOMAS... Sie haben ihn alle gekannt, diesen Sikamber des Suppentopfes, der damit seine Unabhängigkeit beteuerte. Er ist wie der heilige

---

* Alphonse Allais (1854-1905), humoristischer Schriftsteller und Mitbegründer des literarischen Kabaretts *Le Chat noir.* Von Bloy ebensowenig geschätzt wie Jules Vallès (s. o.).

Thomas. Um glauben zu können, muß er sehen und berühren. Denn es versteht sich doch von selbst, daß der Apostel Thomas, vom Heiligen Geist mit dem Zunamen *Zweifacher Abgrund* belegt*, nach zeitgenössischem Verstande beurteilt und, mit letzter Genauigkeit, nach den unanfechtbaren Methoden psychologischer Testverfahren bewertet werden muß, wie sie die Bourgets für den unwandelbaren Stand des BÜRGERS entwickelt haben.

Kein mit gesundem Menschenverstand begabter Mensch wird zögern anzuerkennen, daß der heilige Thomas der Patriarch der Positivisten ist, das heißt von Menschen ohne Glauben, und daher auch — mit Verlaub — der Patriarch einer recht großen Schar von Schuften, die sich unglücklicherweise in diese glanzvolle Gruppe einschleichen, welche Vorsichtsmaßnahmen man auch ergreift.

Aber da ist etwas sehr Merkwürdiges, von dem kaum die Rede ist. Daß nämlich der Schüler den Lehrmeister übertroffen hat und der BÜRGER ungleich größer ist als der heilige Thomas. Seine bewundernswerte Überlegenheit besteht in der Tat darin, daß er nicht glaubt, selbst *nachdem* er gesehen und berührt hat. Und mehr noch: daß er aufgrund seines Unglaubens unfähig ist, überhaupt zu sehen und zu berühren. Hier stehen wir an der Schwelle zum Unendlichen.

Eine berühmte Seherin hat gesagt, daß der Finger des heiligen Thomas, dieser Finger, der die Wundmale an Christi Händen berührt hat, den Lauf der Welt bestimmt, sie zum Kreisen bringt. Erschreckend der Gedanke, was erst ein Individuum zum Kreisen bringt, das noch größer ist als der heilige Thomas und das sich nur für seinesgleichen hält.

XXII. WIE PILATUS WASCHE ICH MEINE HÄNDE IN UNSCHULD. Eine weitere Reminiszenz ans Evangelium. Wir werden noch mehreren davon begegnen. Der BÜRGER ist nicht eigentlich religiös; nein, aber er ist voll angehäufter, mehr oder weniger deutlicher Spuren davon, wie

---

* So die Übersetzung von Didymos, des Beinamens des heiligen Thomas.

ein geduldiger Fußabstreifer oder eine Strohmatte, die gute Dienste geleistet hat. Nichts erscheint ihm leichter, als wie der heilige Thomas zu sein und sich gleichzeitig von diesem und jenem reinzuwaschen wie Pilatus.

Herkömmlicherweise und ganz instinktiv ist Pilatus der Held seiner Wahl. Pilatus ist von allen Gestalten der Evangelien diejenige, die ihm am meisten aus dem Herzen spricht. In ihm spürt er ja so deutlich seinen Prototyp! Diese Geschichte kannte er vielleicht nicht einmal sonderlich genau, und die Ursache dieser berühmten Waschung ist ihm möglicherweise ganz unklar. Er hat anderes zu tun, aber dennoch...

Die alten, seit langem zu Staub gewordenen BÜRGER, die seine Vorfahren waren, wußten noch genau, daß diese Geste metaphorisch die Unschuld beteuerte. Er dagegen, sehr modern und folglich auch gegen jede Art von Vorstellung besser gewappnet, hat ihren Sinn scharfsinnig erweitert. »Ich wasche meine Hände in Unschuld« besagt für jeden denkbaren Fall ganz einfach folgendes: »Das ist mir schnuppe«, und der Zusatz: »wie Pilatus« ist nicht mehr als eine weltliche Sprachgewohnheit, ein dumpfes Geräusch ähnlich dem eines Körpers, der in einen Abgrund stürzt.

Um noch etwas weiter zu gehen: Der Gemeinplatz, den ich hier ohne allzuviel Hoffnung zu erhellen versuche, entspräche, strenggenommen und *im Absoluten,* der Antwort Kains: »Soll ich meines Bruders Hüter sein?« — so richtig ist es nämlich, daß der BÜRGER kein Wort aussprechen kann, und sei er kahlköpfig, ohne alle Säulen zu erschüttern wie ein Samson!

Aber hier verliere ich den Kopf. Habe ich nicht gerade das Absolute ins Feld geführt, ungeachtet der Tatsache, daß nichts absolut ist und ich mich geradezu in Stücke gerissen habe, um das zu beweisen? In Wirklichkeit fürchte ich manchmal, diese gewaltige Auslegungsarbeit nicht zu Ende führen zu können, so sehr überwältigt mich die Materie, so sehr betäubt mich der Gegenstand.

Post-scriptum. — Ich habe beobachtet, daß sich auf diesen Gemeinplatz normaler- und unerklärlicherweise Leute mit schmutzigen Händen berufen — ebenso wie der mysteriöse

Omnibus der Linie Panthéon-Courcelles stets vor dem schäbigen Bordell in der Rue des Quatre-Vents anhält, ohne daß jemand aus- oder einsteigt, und niemand weiß, warum.

XXIII. WIE JOHANNES DER TÄUFER IN DER WÜSTE PREDIGEN. Noch immer das Evangelium! Welche Monographie ließe sich nicht aus den Überresten der Evangelien verfertigen, wie sie sich in den Eingeweiden des BÜRGERS finden! Aber die Schwierigkeit ist nicht gering, und ich beklage mich erneut.

Mein Gott, ich weiß nur zu gut, was dieser Mathematikprofessor, dieser Kastanienhändler, dieser Akademiker namens François Coppée, wenn man will, oder dieser Hanotaux* sagen wollen, wenn sie behaupten, der oder jener predige in der Wüste ... wie Johannes der Täufer. Ja, zweifellos, ich weiß, was sie sagen wollen, auch ein dreijähriges Kind wüßte es. Aber mir entzieht sich, was sie in Wirklichkeit sagen. Ich weiß es beinahe ebensowenig wie sie selbst.

Welch merkwürdige Situation! Was bedeutet für Kritiker wie sie das Wort »predigen«, und was verstehen sie unter »Wüste«? Was den heiligen Johannes angeht, so sprechen wir besser nicht davon. Wenn ich im Evangelium lese, daß »Johannes der Täufer in der Wüste um den Jordan predigte«, brauche ich meine Lektüre nur bis zum Kapitelende fortzusetzen und weiß, daß ihm eine gewaltige, von überallher zusammengeströmte Menge von Zuhörern in dieser Wüste lauschte, daß eine große Schar sich von ihm taufen ließ und die Getauften seine Schüler wurden und daß er folglich nicht vergebens predigte. Das aber ist das genaue Gegenteil von dem, was François Coppée oder die anderen oben zitierten bürgerlichen Akademiker darunter verstanden zu haben scheinen.

Also was? Wäre es möglich, daß diese offensichtliche Verwirrung von Dativ und Ablativ — eine schlichte und einfache

---

* Albert Auguste Gabriel Hanotaux (1853–1944), Historiker und Außenpolitiker unter (seit 1879) Ferry und Gambetta, Botschaftsrat in Konstantinopel und Außenminister (1894–1898); in der Dreyfus-Affäre gestürzt; vgl. S. 59, 129, 230 und 243 f. dieses Bandes.

Eselei ist keinen Augenblick vorstellbar — irgendein wunderbares Geheimnis verbirgt? Und daß diese Menschen ich weiß nicht welche unerhörte Offenbarung erhalten haben, die den Text der Heiligen Schrift außer Kraft setzt? ... Bei diesem Gedanken, ich gestehe es, wird mir angst und bange, und aus der Tiefe meines Schriftsteller-Elends, meiner Hungerkünstler-Schande danke ich Gott, daß er mich nicht als BÜRGER zur Welt hat kommen lassen — zum Ruhme einer derart schweren Bürde.

XXIV. IN HÖHEREN REGIONEN SCHWEBEN.

Etwas anderes lieben als das Gemeine, Häßliche und Dumme; nach Schönheit, Glanz und Glückseligkeit lechzen; ein Kunstwerk einer Gemeinheit und das *Jüngste Gericht* von Michelangelo einer Jahresabschlußbilanz vorziehen; der Sättigung der Seele mehr bedürfen als der Mästung der Eingeweide; schließlich an die Poesie, ans Heldentum, an die Heiligkeit glauben — das ist es, was der BÜRGER »in höheren Regionen schweben« nennt — »in den Wolken«. Woraus folgt, daß die Wolken eine Art Heimat-für-alle sind, ein Sammelplatz für jedermann, der nicht gerade auf der untersten Sprosse der Leiter steht — was, wohlgemerkt, bei niemandem der Fall ist. Denn es gibt eine Hierarchie der Wolken, die kein Ende nimmt, und ebendas verbirgt mit aller Sorgfalt der Feind der Menschen.

Eine Demonstration, die ebenso leicht wie wichtig ist. Ein armer Kotschaufler, der den Kehricht auf dem Grunde einer Dunggrube zusammenscharrt und dabei an Apfel- oder Akazienbäume in voller Blüte denkt, schwebt unbestreitbar in den Wolken. Ein trauriger Handlungsgehilfe, der die Arbeit an seinen Buchungslisten unterbricht, um ein Feuilleton von Richebourg* zu verschlingen, aus dem ihm der Hauch einer lebensprühenden Literatur entgegenschlägt, schwebt womöglich noch mehr in den Wolken, und man wagt es ihm nicht einmal zu sagen. Ein liebestoller Notar, der seiner Notarin ein

---

* Émile Richebourg (1833–1889), berühmter und überaus produktiver Autor von Feuilleton-Romanen wie *Un ménage à la mode* (1863) oder *La nonne amoureuse* (1882).

viertes Kind macht, ungeachtet der Tatsache, daß er bereits ein wasserköpfiges Monstrum und zwei Fehlgeburten auf dem Gewissen hat, schwebt so hoch in den Wolken, wie man nur schweben kann, soviel ist sicher, und es bedürfte schon der Monstrosität eines verseschmiedenden Apothekers, um dort auf noch beunruhigendere Weise zu schweben. Ich fände gar kein Ende, wenn ich wirklich alles aufzählen wollte.

Kurz, um sich augenblicklich in die Wolken zu erheben, genügt es, irgend etwas Eigenes oder nahezu Eigenes zu tun, zu denken, zu wollen oder zu träumen, und sei es nur für den Bruchteil einer Sekunde.

Auf diese berühmten, vom BÜRGER so energisch verfluchten Wolken kann er also leider auf Schritt und Tritt stoßen. Was er auch tut, er darf nie sicher sein, ihnen zu entgehen, und genau deshalb ist sein so dümmlich beneidetes Los derart schmerzlich! Man hat sich häufig gefragt, warum der BÜRGER so schweinemäßig, so liederlich gemein, so tief in den Latrinen versunken ist! Ganz einfach aufgrund der Wolken.

Ein Wucherer war gerade krepiert. Seine Familie bat den heiligen Antonius von Padua, sein Leichenbegängnis zu übernehmen. Er willigte ein, und seine gänzlich aus den Wolken gehaltene Predigt bezog sich auf folgenden Text: »Da, wo dein Schatz ist, da ist auch dein Herz.«* Gegen Ende seiner Predigt wandte er sich dann an die Angehörigen: »Gehet hin«, sagte er, »und durchwühlt jetzt die Truhen dieses Menschen, der da gestorben ist. Ich will euch sagen, was ihr inmitten der aufgehäuften Gold- und Geldstücke finden werdet. Ihr werdet finden sein *Herz*.«

Sie gingen hin, sie wühlten, und inmitten der Talerstücke fanden sie ein warmes Herz, das noch schlug ... Das jedenfalls war wahrscheinlich den Wolken entkommen.

Wie ärgerlich muß den BÜRGER die Auferstehung anmuten, und wie sehr muß ihn der gen Himmel auffahrende Jesus empören! Ein Gott in den Wolken! ... Dennoch, wer könnte ein besserer Christ sein als der BÜRGER? Man findet ihn an der Spitze aller wohltätigen Bruderschaften unserer

---

* Lukas, XII, 34.

Pfarreien, und er arrangiert sich sogar mit der Verklärung, so bösartig ist er!

XXV. WIE ES SICH GEHÖRT. Eine Regel ohne Ausnahme. Die Menschen, die man nicht unbedingt braucht, können niemals so sein, wie es sich gehört. Folglich Ausschluß und unverzügliche, unterschiedslose Eliminierung aller höheren Menschen. Ein Mensch, der so ist, wie es sich gehört, muß vor allem ein Mensch wie jedermann sein. Je ähnlicher man aller Welt ist, um so mehr ist man, wie es sich gehört. Das ist die Weihe der Großen Zahl.

Gekleidet sein, wie es sich gehört, sprechen, wie es sich gehört, essen, wie es sich gehört, gehen, wie es sich gehört, leben, wie es sich gehört — das ist mir mein ganzes Leben lang vorgehalten worden.

Ich bitte darum, sich in Erinnerung zu rufen, was ich ganz zu Anfang dieser Auslegung gesagt habe, nämlich daß der BÜRGER, unwissentlich, fortwährend und in Gestalt von Gemeinplätzen, ganz schreckliche Behauptungen aufstellt, deren Tragweite ihm verborgen bleibt und die ihn vor Angst sterben ließen, wenn er sich selbst hören könnte.

So bringt der Gemeinplatz, der uns im Augenblick beschäftigt, mit einzigartiger Kraft das evangelische Gebot der absoluten Einheit zum Ausdruck: *Sint unum sicut et nos**. Da dieses substantielle Wort in allen seinen Bedeutungen wahr ist, steht fest, daß der BÜRGER auf seine Weise den Willen erfüllt, den er ignoriert, wenn er fordert, daß das Menschenvieh eine gewaltige, einförmige Herde von Schwachköpfen sein soll — für das Opferfest ... eines fernen Tages.

XXVI. PRAKTISCH SEIN. Wenn man lediglich die Wörterbücher zu Rate zieht, könnte man glauben, daß es sich ganz einfach um eine Sache im Gegensatz zu einer anderen

---

* Johannes, XVII, 22: »[Und ich habe ihnen gegeben die Herrlichkeit, die du mir gegeben hast,] daß sie eines seien, gleich wie wir eines sind.«

handelt, die man dann *theoretisch* nennen müßte und die übrigens nicht weniger schätzenswert wäre.

Von diesem Standpunkt aus wäre ein praktischer Mensch das Instrument zur Verwirklichung einer Idee oder zur Durchführung eines Gesetzes. Der praktische Mensch *par excellence* wäre also der Henker. Aber darum handelt es sich nicht.

In der Sprache des BÜRGERS, einer ganz speziellen Sprache, vor deren verfrühter Bewunderung man sich in acht nehmen muß, bedeutet Praktisch-Sein einen Komplex von moralischen Eigenschaften, einen Seelenzustand. Man sagt von einem Menschen, daß er praktisch ist, wie man sagt, daß er tugendhaft ist — und sogar mit einer Nuance von Geringschätzung für die Tugend.

Im Grunde ist der praktische Mensch der wirkliche bürgerliche Halbgott, der moderne Stellvertreter des Heiligen der Legenden. Die Mehrzahl der zeitgenössischen Denkmäler sind praktischen Menschen errichtet worden, und zwar von anderen praktischen Menschen, die sehr gewitzt und immer sehr früh aufgestanden waren.

Ein Hausbesitzer, der mitten im Winter Kranke und Hungrige auf die Straße werfen läßt, ist ein durchaus praktischer Mensch, vor allem, wenn er Millionär ist, und je mehr er Millionär ist, um so praktischer ist er. Was diesen Menschen so hoch stellt, ist, daß er ein Herz hat, manchmal sogar ein sehr zartfühlendes Herz, und daß er es großzügig zu unterdrücken versteht. Es gibt Aaslieferanten für die Krankenhäuser oder Milchhändler, die jahraus, jahrein fünfzehnhundert Kinder vergiften und damit viel Geld verdienen. Was denn! Alle diese Leute fließen über vor Liebe. Aber das Prinzip bindet sie. Man muß praktisch sein.

Eine weitere Regel ohne Ausnahme. Ein Heiliger ist nie ein praktischer Mensch.

XXVII. ALS PRINZIPIENREITER DAHERKOMMEN. Ein Genre von Reitkunst, das ausschließlich für den Gebrauch des BÜRGERS bestimmt ist. Es ist das sicherste, das wir kennen. Es gibt sogar kein Beispiel, daß der Reiter je abgeworfen worden wäre. Aber was für bewundernswert aufgestellte Prinzipien sind das! Ein Reittier, das um so anziehender ist, als es nichts kostet und sich von selbst seinen Kosaken sucht!

Das Fahrrad und das Automobil sind überholt, denn diese Prinzipien sind noch schneller und wirken sicherer, auf befriedigendere und unwiderruflichere Weise. Sie zerschroten nicht nur die Leiber der aller Fürsprecher beraubten Schwachen und Unschuldigen. Sie zerschroten auch und vor allem ihre Seelen.

Die Prinzipien, die der BÜRGER aufstellt, sind unerreichbare, uneinholbare Mähren des Todes, und er hält sie im Stall seines Herzens.

XXVIII. GELEGENHEITSDICHTER SEIN. Ich wette mit Ihnen, daß Sie keinen BÜRGER finden, der nicht auch Gelegenheitsdichter ist. Sie sind es alle, ausnahmslos. Der BÜRGER, der kein Gelegenheitsdichter ist, wäre dieser Bruderschaft unwürdig und müßte mit Schimpf und Schande zu den Künstlern zurückgeschickt werden, zu jener Art von Sklaven, die Dichter im Sold der anderen sind.

Es ist beispielsweise etwas schwierig zu verstehen und zu erklären, was diese Poesie aus der *Freizeit* der BÜRGER eigentlich ist. Sich einen Augenblick lang vorzustellen, daß ein Gerichtsvollzieher sich von den Mühen seines Ministeriums erholt, indem er die Muse quält, daß er sich über die allzu kleine Zahl seiner Pfändungen hinwegtröstet, indem er Kantaten und Elegien »vollstreckt«, hieße sich offenkundig über etwas mokieren, das Respekt verdient. Es wäre, wenn ich so sagen darf, eine niedrige Idee.

Der BÜRGER ist weder ein Schwachkopf noch ein Taugenichts — denn so und nicht anders müssen bekanntlich die wahren Dichter bezeichnet werden, die nichts als Dichter sind, und das zu jeder Tages- und Nachtzeit. Er dagegen ist Dichter auf eine Weise, wie sie einem soliden Menschen ansteht, das heißt wann und wenn es ihm gefällt, wie es ihm gefällt und ohne alledem den geringsten Wert beizulegen. Dafür hat man ja schließlich Dienstboten. Er braucht dafür nicht einmal einen Finger zu rühren. Völlig sinnlos, irgend etwas — was auch immer — zu lesen, gelesen zu haben oder einfach nur darüber informiert zu sein. Es genügt diesem Menschen, sich zu verströmen. Die Unendlichkeit seiner Seele läßt den Azur erblassen.

Aber dafür gibt es bestimmte Stunden, *seine* Stunden, unter anderen die Stunde der Verdauung. Wenn die Stunde des Geschäfts schlägt, die Schicksalsstunde, wird diesen Torheiten auf der Stelle der Laufpaß gegeben.

»Gelegenheitsdichter sein, zu bestimmten Stunden, *seinen* Stunden, eben darin liegt das Geheimnis der Größe der Nationen«, sagte mir in meiner Kindheit ein BÜRGER der großen Epoche.

XXIX. IN ANDEREN UMSTÄNDEN SEIN. Dieser Gemeinplatz ist ausschließlich für die Damen bestimmt. Ein Herr, sogar ein BÜRGER, wäre nie in anderen Umständen.

Wie ist diese Redensart zu verstehen? Wenn ich eine schwangere BÜRGERIN sehe, kann ich gar nicht umhin, an die bevorstehende Geburt eines kleinen BÜRGERS zu denken, und ich versichere, daß mir das eher beunruhigend vorkommt. Ich sehe nicht einmal genau, wieso die Familie daran interessiert sein kann, es sei denn im unerquicklichsten Sinne. Denn endlich ist der BÜRGER einmal kein Patriarch und muß es auch nicht sein. Die patriarchalischen Tugenden sind das genaue Gegenteil derer, die er sich zur Ehre anrechnet. Er bringt lediglich eine zahllose Nachkommenschaft hervor und sieht sich durchaus nicht Jehovah in seinen Einöden vergöttern, wie er an der Spitze einer Karawane reitet. Selbst wenn er zeugt, steht der BÜRGER im Geschäftsleben. Es könnte also nur von einer Beteiligung zu soundso viel Prozent die Rede sein, höchstens.

Aber diese Reflexionen zünden uns keinerlei Licht an. Die beschönigend-schickliche Formel »in anderen Umständen sein« erscheint als einer der Gemeinplätze, die sich nicht erklären lassen und auf die hinzuweisen genügt — als etwas Schreckliches, das man nicht zu sehr vertiefen sollte.

XXX. MAN MUSS ZEITGEMÄSS SEIN.

M. Culot hatte irgend etwas erfunden — niemand weiß, was, denn er hatte es niemals jemandem verraten. Er wollte lediglich, daß alle denken, er sei doch kein Idiot und neben seinen übrigens glänzend erfüllten Pflichten als Oberrechnungsführer der staatlichen Salinenverwaltung das, was man gemeinhin »jemand« nennt.

Niemand war besser als er über alle Schritte und Fortschritte der Wissenschaft informiert. Als Abonnent aller wissenschaftlichen Zeitschriften und Forschungsberichte, der sie verschlang oder so tat, als verschlänge er sie, wurde er als eine Art lebendes Lexikon konsultiert. — Man muß zeitgemäß sein, sagte er alle naselang, in Anbetracht der Tatsache, daß dieses Jahrhundert, das damals das neunzehnte war, im höchsten Grade alles besaß, was den Wunsch wecken konnte, ihm und nur ihm anzugehören, in dem Maße, daß es sogar den obsoletesten alten Plunder auffrischte und mit neuem Nervenkitzel versah. Es ließ jedenfalls nicht den leisesten Gedanken an Leergut oder Abfall aufkommen, und die früheren Jahrhunderte erschienen ihm im Vergleich dazu ungenießbar.

Er war Erfinder geworden, um diesem Jahrhundert der Erfindungen noch rückhaltloser anzugehören. Aber, ich wiederhole es, man kannte seine Erfindungen nur vom Hörensagen. Es gab bei ihm zu Hause eine stets geschlossene, geheimnisvolle Tür mit der schlichten Aufschrift: LABORATORIUM, und die Vermutungen schossen ins Kraut.

Einige von vagem Lächeln begleitete Anspielungen gaben zu verstehen, er habe den Himmelsraum gezähmt und das Problem der Luftschiffahrt gelöst. Manche vermuteten allen Ernstes, er habe das griechische Feuer oder sogar das Schießpulver noch einmal erfunden. Ein Schlauberger, der jeden Samstag mit Mme Culot schlief, tuschelte, er sei der Erfinder einer Bellmaschine, die dazu bestimmt sei, alle Wachhunde in Stadt und Land zu ersetzen. Kurz, man wußte nichts Genaues und sollte es auch nie erfahren. Aber M. Culot genoß einen hohen Grad von Bekanntheit, und es war die Rede davon, ihn ins Institut de France aufzunehmen, was ohne die üblichen Kabale auch zweifellos zustande gekommen wäre.

Jetzt aber die merkwürdige Entwirrung seines Geschicks, wenn es denn möglich ist, das »Entwirrung« zu nennen. Er hatte eine Tochter ohne Gott noch Schönheit, aber unwidersprochen schlampig, die, obwohl sie den bemühten Umtrieben ihres Vaters keinerlei Aufmerksamkeit schenkte, zeitgemäß sein wollte — nicht weniger energisch als er. Überdies vom Beispiel ihrer Mutter ermutigt, die sich zu allen Zeiten gern ins Gerede gebracht hatte, waren ihr sehr früh die bemerkenswertesten Resultate beschieden.

In diesem Punkt gänzlich verschieden von M. Culot, barg Mlle Barbe Culot seit dem Alter von achtzehn Jahren für niemanden mehr ein Geheimnis. Mit fünfundzwanzig hatte sie bereits — im wissenschaftlichen Sinne — mehrere Kinder entbunden, ein weithin bekannt gewordener Umstand, der ihr, die damals *Hebamme erster Klasse* geworden war, die Glückwünsche des Präsidenten der Republik und das Kreuz der Ehrenlegion eintrug, und zwar am selben Tage, an dem das Denkmal für Ricord* eingeweiht wurde.

Aber jede Medaille hat ihre Kehrseite, sagt ein anderer Gemeinplatz, den ich sobald wie möglich als Numismatiker untersuchen werde, wenn der rechte Zeitpunkt gekommen ist**.

Eines Tages trafen sich gleichsam zufällig zwei zeitgemäße Herren im Schlafzimmer des liebenswerten Kindes, das gerade gänzlich hüllenlos und völlig betrunken war. Es kam, ich weiß nicht, warum, zu derart heftigen Schimpfkanonaden, daß M. Culot sich nicht enthalten konnte herbeizueilen, wobei er die Herren zu etwas Mäßigung aufrief.

---

* Amerikanischer Arzt (1800–1889), Spezialist für Geschlechtskrankheiten, mit einer Statue am Boulevard Port-Royal geehrt.
** Nicht ausgeführtes »Projekt« von Bloy.

»*Aber da sieht man ja, daß Sie durchaus nicht zeitgemäß sind*«, wurde ihm bedeutet.

Die Ungeheuerlichkeit dieser Zurechtweisung brachte den Entschuldigungen stammelnden Greis einige Augenblicke lang zum Verstummen. Er ging sogar so weit, ein paar Erfrischungen anzubieten, und es kehrte wieder Ruhe ein in der Bleibe. Aber der Schlag saß. Angesichts des Verdachts, er sei womöglich nicht zeitgemäß, verfiel M. Culot in düsteres Siechtum und mußte schließlich das Bett hüten. Er glaubte sich verloren, bat um seine Einäscherung auf Staatskosten und verschied sanft, nachdem er die ihm Beistehenden zu Zeugen aufgerufen hatte, daß er als zeitgemäßer Mensch gestorben sei. Die gelehrte Welt betrauerte das Hinscheiden dieses modernen Archimedes.

»*Nolite conformari huic saeculo,* und stellet euch nicht dieser Welt gleich«, ruft der heilige Paulus*, deren Triumph allzu leicht errungen ist und die wahrscheinlich nichts begriffen hätte von der unergründlichen Weisheit des BÜRGERS.

XXXI. MAN SOLL NICHT PÄPSTLICHER SEIN ALS DER PAPST. Auf den ersten Blick möchte man meinen, es sei ein glücklicher Umstand für den Papst, daß es Leute gibt, die päpstlicher sind als er selbst, Mahner, die da zu ihm sagen: Haltet ein, wenn es zu weit geht, das heißt eigentlich immer, nicht wahr? Denn der Papst ist der einzige Mensch, der sich, wenn auch unfehlbar, irrt, und in ebendiesem Sinne muß das Dogma der pontifikalen Unfehlbarkeit aufgefaßt werden. Wenigstens versteht es der BÜRGER in diesem Sinne.

Warum also sagt dieser BÜRGER dann, man solle nicht päpstlicher sein als der Papst? Zweifellos deshalb, weil der Papst es zu sehr ist. Ich höre Sie, BÜRGER, aber dennoch ist das nicht klar.

Wenn der Papst sich irrt und wenn er in seiner Unfehlbarkeitsstarre der einzige ist, der sich immer irrt, folgt daraus, daß

---
* Brief an die Römer, XII, 2.

es unmöglich ist, nicht päpstlicher zu sein als er. Gleichzeitig, sagen Sie, mein lieber BÜRGER, daß das nichts gilt, daß man nicht päpstlicher sein soll, was zwangsläufig einschließt, daß man es weniger sein soll, eine Unmöglichkeit, wie soeben bewiesen worden ist.

In dieser absurden Hypothese findet der Papst wieder auf sein Niveau zurück, wie das Meer mit seinen »wunderbaren Buckeln«, und ich selbst bin auf der Ebene eines Katholizismus, der dem jenes Obersten Pontifex untergeordnet ist, der sich nicht irren kann und deshalb alsbald unwiderleglich auf die niedrigste Stufe zurückfällt. Erneut bitte ich um etwas Aufklärung.

XXXII. IN DER NATUR GIBT ES ALLE GE-SCHMÄCKER. In der Natur des BÜRGERS — das versteht sich von selbst. Versuchen Sie sich eine solche Universalität der Geschmacksrichtungen bei einem Dichter vorzustellen! Und merken Sie wohl, ich bitte Sie, daß hier nicht die Rede ist von unterschiedlichen Geschmacksrichtungen, von vielfältigen Geschmacksrichtungen, sondern von *allen* Geschmacksrichtungen, vom Geschmack an Ambrosia bis zu dem selbstredend eingeschlossenen Geschmack an Scheiße.

So ist der BÜRGER nun mal, er mag alles, und er verschlingt alles. Zumindest möchte der Bösewicht, der er ist, das glauben machen. Ich aber kenne seine Neigungen, und ich sehe ihn nicht viele eigene Dinge schätzen. Eben darin liegt seine unbestreitbare und immerwährende Überlegenheit, die er vergeblich zu verbergen trachtet.

XXXIII. MANCHE WAHRHEITEN BLEIBEN BESSER UNAUSGESPROCHEN. Es gibt andere, die nicht einmal genau zu verstehen sind. Also muß man eine Wahl zwischen diesen und jenen treffen, was wiederum das Unterscheidungsvermögen von Engeln voraussetzt, und zwar welcher Engel!

Eine Wahrheit, die ihren Verbreiter oder ihren Zeugen irgendwelchen Mißhelligkeiten aussetzt, gehört offensichtlich nicht ausgesprochen. Die eigene Haut ist uns am nächsten; Schuster, bleib bei deinem Leisten — der BÜRGER ist nun einmal kein Märtyrer. Aber er ist auch kein Bekenner, kein auf Demütigungen versessener Büßer, und die Wahrheiten, die ihn vor den Kopf stoßen — er zieht es vor, sie außer acht zu lassen.

Das ist weitaus besser, aber da ist etwas Merkwürdiges. Wenn man sowohl die gefährlichen als auch die unangenehmen Wahrheiten unterdrückt, sehe ich einfach keine dritte Gruppe mehr.

Erklären wir also, ohne zu zögern: *Keine Wahrheit eignet sich zum Aussprechen* — das ist die wirkliche Bedeutung des Satzes. Vielleicht gibt es ja gar keine Wahrheit. Pilatus, der SIE von Angesicht zu Angesicht sah, war sich dessen nicht sicher.

XXXIV. SCHWIERIGKEITEN SEHEN, WO KEINE SIND*.

Genau das wird man mir vorzuwerfen nicht verfehlen. Man wird sagen, ich suchte den BÜRGER da, wo er nicht ist, ich unterstellte ihm Absichten, Gefühle, Gedanken, die er nicht hat. Nun gut! Man wird sich täuschen. Weder suche ich, noch unterstelle ich. Der BÜRGER ist zu jeder Stunde anzutreffen, die Uhrmacher wissen das genau, und er ist zu allem fähig, die Armen haben das auf eigene Kosten gelernt. Ich habe lediglich gesagt — und diese Arbeit verfolgt kein anderes Ziel —, daß der BÜRGER ein dummes, aber getreues Echo ist, das Gottes Wort weiterträgt, wenn es in den niederen Regionen nachhallt; ein trüber Spiegel mit dem Widerschein des *verkehrten* Antlitzes dieses Gottes, wenn er sich über die Wasser neigt, in denen der Tod lauert. Ich habe hinzugefügt, daß mir das schrecklich erscheint. Und das ist alles.

---

* Frz. *chercher midi à quatorze heures,* das heißt: »Warum einfach, wenn es auch umständlich geht.«

Was diesen elenden Gegenstand angeht, diesen widerlichen Gassenhauer, der mir mit seiner trüben Banalität meine schmerzerfüllte Kindheit vergällt und nicht einmal die teuflische Entschuldigung hat, sich als den Widerpart eines heiligen Textes zu verstellen, so weiß ich, was davon zu halten ist.

Er ist genau wie das *Nichts ist absolut* der ersten Seiten dieses Buches. Wenn ein armer Schüler etwas gefunden hat oder gefunden zu haben glaubt und darüber vor Freude tanzt, wird ihm unweigerlich dieser Knüppel des »Schwierigkeiten da sehen, wo keine sind« übergezogen.

Ich habe es bereits gesagt und werde gezwungen sein, es wieder und wieder zu sagen: das Vornehme dem Gemeinen vorziehen und das Schöne dem Häßlichen; verstehen wollen; sich an die Eroberung von was auch immer wagen, indem man Grenzen und Einfriedungen überspringt; wirklich leben wollen — das alles fällt unters Anathema.

Ich versuche mir jenen Anwalt beim Tribunal der ersten Instanz vorzustellen, wie er genau zu Mittag krepiert, nach Ablauf eines hundsgemeinen Lebens, und wenn seine schmutzige, leichte Seele von den Tränen der Armen, die er zugrunde gerichtet hat, zur zwölften, zur mittäglichen Station getragen wird, die die letzte des Kreuzweges ist und das Blutgericht Christi.

XXXV. MANCHE GRENZEN DÜRFEN NICHT ÜBERSCHRITTEN WERDEN. Dieser Gemeinplatz ist deutlicher. Man weiß, daß in einer bestimmten, nicht eben großen Entfernung eine Grenze liegt, die kein Pardon gibt. Unglücklicherweise braucht man gute Augen, um sie zu erkennen, denn sie ist nur undeutlich ausgeprägt. Und sie hat den weiteren Nachteil, daß sie instabil ist. Es ist eine lockere Schnur, die nicht genau abgrenzt. Manchmal ist es der BÜRGER selbst, der die Grenzen überschreitet, ohne es zu wissen, und dann tappt er ganz unehrenhaft in ebendie Falle, die er selbst den Dichtern gestellt hat, indem er sie boshafterweise für Maulwürfe hielt.

Um so schlimmer für ihn, letzten Endes. Aber ich gehöre zu denen, die sich wünschen, daß eine Revolution ausbrechen möge und der unerträglichen Tyrannei des BÜRGERS als verschworenen Feindes des Abenteuers die modernen Sturmläufe eines draufgängerischen BÜRGERS entgegenträten, der von keiner Grenze mehr reden hören will. Dieser Kataklysmus würde sicherlich etwas Zustimmung auf unserem Planeten finden.

XXXVI. ALLZUVIEL IST UNGESUND. Es kann sogar vorkommen, daß man zu *sehr* BÜRGER ist, was allerdings paradox erscheint. Zum Beweis hier eine äußerst einfache Geschichte, die sich in meiner Jugend ereignete und in der ich eine wenig ehrenhafte Rolle gespielt habe.

M. Robert, ein kleiner Rentier, der sich aus dem Ölgeschäft zurückgezogen hatte, war nicht sonderlich glücklich. Eigentlich hätte er es aber sein sollen. Die Anstrengungen einer ganzen Laufbahn geschäftlicher Unredlichkeit waren in seiner Person von einem gerechten Geschick mit angemessenem Wohlstand entgolten worden.

Ein Haus, dem Himmel sei Dank ohne jedes architektonische Profil, bezeugte nach außen hin die finanzielle Ansehnlichkeit dieses verdienten Mannes. Die unerbittliche Weiße des Verputzes blendete die Augen und ließ alle Vegetation ersterben.

Durch die Toreinfahrt fiel der Blick auf einen öden, ausgedörrten, düsteren Garten, aus dem der Geschmack des Hausherrn alle Natur verbannt hatte. Alles erging sich da in Rocaillen und Bleiverzierungen. Ein schelmischer Liebesgott aus Bronze-Imitat umfaßte eine dünnfließende Wasserfontäne inmitten eines vom selben Zyklopen ausgeführten Beckens, in dem unglückliche rote Fische zu schwitzen schienen.

Einige wasserscheue Geranien waren hier und da zu Füßen einiger Linden gruppiert, die auf jede Frische verzichtet hatten. Darüber hinaus sah man einige kugelförmige Leuchten in verschiedenen Farben, ein Tonnenspiel aus grünem, schmutziggelb verblaßtem Spargel, eine Wiege aus wildem Wein und vollständig verdorrten Glyzinien, bei denen allein die Vorstellung von lebendig Verbranntem bereits Argwohn hätte wekken können. Schließlich die azurblaue Hütte eines im letzten Stadium räudigen Haarausfalls angelangten Hundes, der mit der Überwachung der Landschaft betraut war. Eine mit abgebrochenen Flaschenhälsen besetzte Gefängnismauer verstellte die Sicht. Diese bezaubernde Bleibe war die Lust von M. Robert.

Zu seinem vollkommenen Wohlbefinden trugen einige weitere, höhere Gesichtspunkte bei. Er war Mitglied des Gemeinderats, hoch geachtet wegen der Fülle und der fließenden Wandelbarkeit seiner Ansichten und von der öffentlichen Meinung, wie man sagte, zu erhabeneren Betätigungen berufen. Um sein Glück voll zu machen, war seine Frau verstorben, die seiner fortan im Himmel harrte, nachdem sie ihm auf Erden dreißig Jahre lang Hörner aufgesetzt hatte.

Warum aber mußte diese schöne Frucht von innen her von einem gnadenlosen Wurm verzehrt werden? M. Robert hatte einen Nachbarn, der sein Leben vergiftete und ihn zur Verzweiflung brachte. Er war Graveur, ein Mensch der Zerrüttung und Sinnlichkeit, dem er nicht begegnen konnte, ohne zu zittern, und dessen bloße Gegenwart ihn aus der Fassung brachte.

Dieser immer schlampige, immer mit einem Panamahut aus Kleinasien bedeckte Graveur, der stets das äußerste Ende eines Schilfrohres in einem Kirschholzstiel von außerordentlichem Gewicht rauchte, gab sich, über die Arbeit mit der Radiernadel hinaus, photographischen Studien der wenigst unschuldigen Art hin, jedenfalls nach seinen gewöhnlichen Schülern zu urteilen, einem stämmigen Gehilfen, dem kein Haus- und Grundbesitzer am Tage der Mieteintreibung gern in einem einsamen Waldwinkel begegnet wäre, und einem Lulatsch von finsterem Kameramann mit stechenden Augen und knorrig wie ein Weinstock, der unter dem schwarzen Tuch seines Apparates einem maskierten Henker ähnelte.

All das, sagte M. Robert, ging durchaus nicht mit rechten Dingen zu.

Nahezu täglich kamen Frauen, wahrscheinlich schamlose. Der Herr weiß, für welche Gottesdienste! Und es war unmöglich, sie zu übersehen, denn M. Roberts Grundstück war nicht überall von Mauern umgeben, und sein Garten war von dem des Graveurs leichtsinnigerweise nur durch einen einfachen Gitterzaun getrennt, der nichts verbarg.

Wie oft hatte seine Haushälterin, eine spitzige und sentimentale junge Ziege, rein wie ein Veilchen, im Vorbeigehen orgiastische Szenen beobachtet, deren bloße Erinnerung sie in Unruhe versetzte! Sie hatte diese abscheulichen Nachbarn, Männlein und Weiblein, sozusagen ohne jede Scham und barbusig gesehen, unterm Vorwand der Kunstausübung, wie sie im Freien Aperitife tranken, wobei sie wilde Schreie ausstießen. Das alles wurde um so unerträglicher, als sie offenbar ihre Verachtung bezeugten, indem sie in Lachen ausbrachen, sobald der Hausherr oder seine Haushälterin in Erscheinung traten.

Hatte dieser abscheuliche Photograph nicht eines Tages sogar die Kühnheit gehabt, sein Objektiv auf sie zu richten und ihnen am folgenden Tag die beiden Porträts mit der zudringlichen Aufforderung zukommen zu lassen, Mlle Armandine zu *Gemeinschafts*-Studien herüberzuschicken! Diese unbeschreibliche Botschaft, die Armandine unglücklicherweise auch noch gelesen hatte, gab Anlaß zu Hypothesen über eine unerhörte Unschicklichkeit ... und das Stärkste war, daß der Anwalt des Exölmüllers, ein nachgerade seriöser Mann, der auf der Stelle konsultiert worden war, mit breitem Lachen die Schultern gezuckt und ihm den Rat gegeben hatte, es dabei bewenden zu lassen und einem dummen Hokuspokus doch keine Bedeutung beizumessen.

Kurz und gut, schließlich war es dem strohhutbedeckten Graveur in seiner Frechheit sogar eingefallen, ihn zu duzen und ihm, M. Robert, der seinem Namen stets Ehre gemacht hatte, der immer auf Heller und Pfennig bezahlt hatte, auf offener Straße auf den Bauch zu klopfen und ihn »mein alter

Macaire«* zu nennen. Der würdige Mann schlief nicht mehr und verlor im Ansturm der Widerwärtigkeiten allen Boden unter den Füßen.

Dieser Graveur war also sein Alptraum, und er hätte einiges gegeben, sich seiner entledigt zu sehen. Es versteht sich von selbst, daß er ihn aufmerksam ausspähte, in der Hoffnung, ihn eines Tages bei irgendwelchen kriminellen Machenschaften zu ertappen. Angenommen, er betrieb in seiner Höhle wirklich das Graveurhandwerk, wie er angab; dennoch konnte diese angebliche Kunst sehr wohl dazu dienen, schreckliche Umtriebe zu verheimlichen. Denn einem Ehrenmann konnte man schließlich nicht weismachen, daß es so vieler Gefährtinnen und Gefährten bedurfte, so vielen Kommens und Gehens und so vieler Ränke, um ein Kupferblech zu gravieren. Da mußte schon noch etwas anderes im Spiel sein.

Eines schönen Morgens wurden seine Zweifel dann bestätigt. Als er gedämpften Schrittes zur Tür schlich, nach seiner Gewohnheit, seit er »auf der Hut« war, ließ sich die sattsam bekannte Stimme des rätselhaften Nachbarn durch die Mauer vernehmen, an die er sich in seiner Angst anzulehnen genötigt sah, und in aller Deutlichkeit bekam er die schreckenerregenden Worte zu hören:

»Der Leichnam beginnt zu erbleichen.«

Es wurden noch weitere Worte gewechselt, die er nicht erhaschen konnte; die hier genügten ihm aber bereits, und er wußte, was er zu tun hatte. Gleichwohl versagten die Beine ihm den Dienst; er verspürte eine Kälte in sich, als wäre er selbst jener Leichnam, und einige Minuten lang mußte er sich den Schweiß von der Stirn wischen und sich seelisch stärken. Endlich! Er hatte sich also nicht getäuscht! Der Nachbar war wirklich ein dunkler Ehrenmann, einer der gefährlichsten Übeltäter, von dem die Justiz der Menschen ihn befreien würde. Zum ersten Mal in seinem Leben dankte er der Vorsehung und setzte sich in Richtung Polizeiwache in Marsch. Der diensthabende Brigadier, von ihm über ein Massaker

---

* Robert Macaire, Gestalt aus B. Antiers *Auberge des Adrets;* Typus des *bandit fanfaron* (prahlerischen Straßenräubers).

informiert, rückte alsbald mit drei Männern aus und eilte an den Ort des Verbrechens. Man trat ohne viel Federlesens beim Graveur ein, trotz des überraschten Gebarens des Gehilfen, den man zuerst aufs Korn nahm.

»Wo ist dein Herr?« fragte ihn mit barscher Stimme der Hüter des Gesetzes.

»Was denn? Er ist in der Dunkelkammer. Sie bekommen ihn in zwei Minuten zu Gesicht. Was wollen Sie denn von ihm? Sie halten uns doch nicht etwa für Straßenräuber?«

»Genug geredet!« sagte der Brigadier. »Du wirst dich vor dem Untersuchungsrichter erklären. Öffne diese Tür.«

»Unsinn!« antwortete der Mann. »Ich kann mich doch nicht mit meinem Chef überwerfen, um Ihnen einen Gefallen zu tun. Wenden Sie sich an ihn selbst, wenn Sie Eile haben. Sie werden schon sehen, was er Ihnen zu sagen hat.«

Der Brigadier näherte sich mit gezogenem Säbel dem Schreckensort.

»Ah! Was denn, sagen Sie mal«, rief die unsichtbare Person, »wollt ihr mich wohl in Ruhe lassen, ihr da? Was soll denn dieser ganze Lärm? Ich sag' euch, der Leichnam wird vorzüglich.«

Das war zuviel. Der brave Soldat drohte, die Tür einzurennen. Also war Fügsamkeit geboten, und der verwirrte M. Robert sah seinen Henker aus dem Dunkel treten, mit dem Panamahut angetan und die Pfeife im Mund, wie er mit den Fingerspitzen das photographische Klischee eines berühmten Bildes hielt, das den Tod Cäsars oder irgendeines andern Tyrannen darstellte.

XXXVII. MAN MUSS MIT DEN WÖLFEN HEULEN. Eine kostbare Maxime, die von einem alten Hund hinterlassen worden sein muß. Heulen — muß ich das eigens sagen? — ist eine Litotes, ein Euphemismus. Es handelt sich darum zu tun, was die Wölfe tun, das heißt Schafe reißen und fressen, selbstredend angefangen mit denen, die man zu hüten hat.

Der bürgerliche Klerus weiß sich einig in der Erkenntnis, daß das eine eher angenehme Praxis ist, weil das Fleisch des Schafes köstlich und bekömmlich für den Magen aller Arten von Hunden ist. Es gibt bei Hesekiel ein bedrohliches Kapitel, das ihnen offenbar Verdauungsbeschwerden voraussagt*. Im bürgerlichen Klerus aber wird Hesekiel kaum gelesen, und besonders nicht in der Diözese Meaux, wo man ihn, wie ich mir vorstelle, etwas zu sehr *Rokoko* finden wird. Ich zitiere die Diözese Meaux, weil ich dort wohne** — übrigens recht und schlecht, weil ich weder Schäfer noch Schäferhund bin — und weil ich Gelegenheit gehabt habe, dort einige Geistliche zu beobachten, die Bossuet*** nicht vorgesehen hatte und die keineswegs *jungen Adlern* gleichen.

Auf diese Diener des Herrn werde ich später mit einem gewissen Überfluß an Details zu sprechen kommen. Einstweilen schlage ich ihnen die ganz und gar ekklesiastische Fabel vom Wachhund vor, der, weil er so laut mit den Wölfen geheult hat, zum »stummen Hund« geworden ist und allmorgendlich insgeheim das Fleisch und das Blut des Lammes verschlingt.

XXXVIII. NUR DIE WAHRHEIT ERREGT ANSTOSS. *Post-scriptum* zum Paragraphen XXXIII. Ich hätte ihn beinahe vergessen. Hatte ich nicht recht? Es gibt nicht nur Wahrheiten, die schwer zu verstehen sind; der unergründliche BÜRGER versichert uns auch, daß nur die Wahrheit Anstoß erregt.

Die Lüge erregt bei ihm keinen Anstoß und wird auch bei ihm nie Anstoß erregen. Sie ist eine Art Onkel, den er fort-

---

* Das Buch Hesekiel, insbesondere Kap. 3 und 4, in denen die Belagerung und Zerstörung Jerusalems vorausgesagt wird.
** Léon Bloy wohnte derzeit in Lagny, das er in seinem Journal auch »Cochons-sur-Marne« [*i.e.* »Sauheim an der Marne«] nennt. Was den Klerus dieser Diözese betrifft, vgl. S. 132 ff. dieses Bandes.
*** Vgl. Jacques Bénigne Bossuets (1627–1704) *Sermon sur l'éminente dignité des pauvres*, gehalten um den 1. November 1659 bei den Filles de la Providence in Paris.

während zu beerben hofft und für den er gar nicht genug Liebesbeweise hat. Wenn die Lüge Fleisch wird, was eines Tages gar nicht ausbleiben kann, braucht sie nur zu sagen: »Laßt alles im Stich und folgt mir nach«, um alsbald nicht ein Dutzend Arme, sondern Millionen von BÜRGERN und BÜRGERINNEN hinter sich zu scharen, die ihr folgen werden, wohin sie auch geht.

Bisher ist nur die Wahrheit Fleisch geworden, *Ego Veritas qui loquor tecum**, und Sie wissen, welcher Empfang ihr bereitet wurde. Ach! Man hat sich auch nicht einen Augenblick lang getäuscht: *Crucificatur!* NUR DIE WAHRHEIT ERREGT ANSTOSS!

Gleichwohl ist es beunruhigend, den BÜRGER solche Sachen sagen zu hören, in aller Ruhe, von morgens bis abends.

XXXIX. DIE GROSSEN MÄNNER RICHTET DER EHRGEIZ ZUGRUNDE. Herauszufinden, was der BÜRGER unter einem großen Mann versteht, ist durchaus keine Kleinigkeit. Jedermann glaubt, daß der große Mann — in seinen Augen — derjenige ist, der das meiste Geld hat. Nun gut! Das ist lediglich eine plausible Erklärung. Aber es ist noch nicht alles.

Noch über dem Menschen, der viel Geld hat, steht derjenige, der Angst einflößt, weil er die Macht hat, das Geld der anderen an sich zu reißen und ihnen, zum Ausgleich dafür, Fußtritte in den Hintern zu verpassen. Der ist unbestreitbar ein größerer Mann.

Gleichwohl gibt es einen dritten, der noch größer ist, wenn ich so sagen darf, bestimmt der größte aller Menschen. Das ist derjenige, der den BÜRGER für diese anstoßerregende Wahrheit rächt, von der gerade die Rede war. Ein solcher Sieger braucht, wie man versteht, weder reich zu sein noch Schrecken zu verbreiten. Unnütz sogar, daß er Renan oder Voltaire heißt. Und wenn er auch ein geschwätziger Schul-

---

* Johannes, IV, 26: »Jesus spricht zu ihr: Ich bin's, der mit dir redet.«

fuchs ist oder ein winzigkleiner vagabundierender Apostat in den verwanztesten Lumpen, er ist der Scipio dieses Licht-Karthagos, das zerstört werden muß. Das genügt. Sein Ehrgeiz, wenn er denn welchen hätte, bestünde darin, den Ruhm jenes unsterblichen Soldaten zu teilen, der bei den Karfreitagsmetten beim großen Pontifex den gefesselten Christus ohrfeigte.

Aber was soll uns denn dieser Gemeinplatz mit seinem verhängnisvollen »Ehrgeiz«? Ebendas frage ich mich. Wenn irgend etwas dem BÜRGER wirklich fehlt, dann die Größe, die er verabscheut. Er kann sich also nicht damit aufhalten, und der Gemeinplatz, der uns stört, muß von drei kleinen Männern in Umlauf gesetzt worden sein, die imponieren wollten.

XL. MAN LEBT DOCH NICHT, UM SICH ZU AMÜSIEREN. Verzeihung, würden Sie mir sagen, wozu man sonst da ist, wenn nicht, um sich zu amüsieren? Etwa, um zu leiden?

Ja und nein, aber hier darf kein Mißverständnis aufkommen.

Der Satz des BÜRGERS ist zweischneidig wie das Schwert von Ehud, dem Sohn von Gera, dem dritten Richter in Israel*. Das Leiden ist für die anderen, und er allein ist auf Erden, um sich zu amüsieren. Sobald man dieses Gebot außer acht läßt, wird alles dunkel.

Im Evangelium steht geschrieben, daß es immer Arme geben wird. Natürlich. Möchte man denn, daß der BÜRGER sich die Mühe macht, selbst zu leiden? Und es ist nicht genug, Diener zu haben; er braucht Sklaven, Unglückselige, deren Leiber er schinden und deren Seelen er aussaugen kann. Und das ist sein Amüsement! Die Seelen entwerten, beschmutzen, zur Verzweiflung bringen ... Wenn der Arme vor Schmerzen aufschreit, wird ihm der folgende Trostspruch dargeboten: »Man lebt doch nicht, um sich zu amüsieren«, und er glaubt sich bei den Teufeln der Hölle.

* Das Buch der Richter, III, 15, 16.

XLI. ICH BIN DOCH KEIN HEILIGER. Der BÜRGER würde nicht zu sagen wagen: »Ich bin doch kein Genie.« Wie also kommt es, daß er zu sagen wagt: »Ich bin doch kein Heiliger.« Beides muß ihm gleich widerwärtig sein, weil beides ja in den Bannkreis des Absoluten fällt. Gleichwohl ist sicher, daß der Verdacht der Heiligkeit für seine Eigenliebe etwas eher Stechendes hat, etwas schwer Erträgliches. Der Mann von Genie hat nämlich bestimmte Möglichkeiten, *nicht* unumstößlich und unwiderruflich im Status des Idioten zu verharren; der Heilige nicht. Das ist bekannt.

Aber man muß sich in Erinnerung rufen, daß die Sprache des BÜRGERS, weil vom Absoluten ausgeschlossen, von Überraschungen wimmelt, von inneren Widersprüchen, von Unsinnigkeiten, von Inkohärenzen und zusammenhanglosem Geschwätz, mit denen er jedoch, wie es scheint, sehr gut zurechtkommt, die aber einen Unvertrauten befremden müssen. Ich selbst, der ich mich bemühe, etwas Licht in dieses Tohuwabohu zu bringen, gestehe, daß ich mich oft genug darin verheddere und bei meinen Nachforschungen in eine Art Koma verfalle, vor dem meine Freunde gewarnt sind.

Beispielsweise das Mittel, das so offenkundige, so bürgerliche und so vernünftige Bedürfnis, kein Heiliger zu sein, mit der gewohnheitsmäßigen Forderung der Heiligkeit der anderen zu versöhnen — denn ebendas ist der Fall bei diesem Gemeinplatz, der dem vorhergehenden genau analog ist. Die Heiligkeit ist *für die anderen,* genau wie das Leiden.

Aber alles kommt ins Lot. Da der BÜRGER kein Heiliger ist und keiner sein will, wird es erforderlich, daß andere es an seiner Stelle sind, damit er seine Ruhe hat, damit er in Frieden verdauen und aufstoßen kann. Das ist die von Voltaire empfohlene Religion zum Nutzen der Dienstboten, die darin besteht, seine Last anderen aufzubürden.

Man wird bemerken, daß ich hier lediglich vom rudimentären BÜRGER, vom — wenn ich so sagen darf — monopetalen, eigenbrötlerischen BÜRGER spreche, von demjenigen, der »nichts gegen Gott« hat und nur an seine Kaldaunen denkt. Der höhnisch Grinsende, der jeden Menschen vorausschauend mit dem Vorwurf der Heuchelei bedenkt, der einen religiösen Akt vollzieht, und sich bemüht, ihn mit diesem Verdacht zu erdolchen, wird Gegenstand eines besonderen Paragraphen sein.

In seinem berühmten *Voyage en Chine* erklärt M. Huc die extreme Häufigkeit des Selbstmordes bei den Chinesen*.

»Will man in anderen Ländern sich an seinem Feinde rächen, so sucht man ihn zu töten, in China tötet man sich selbst. Diese Eigentümlichkeit hat mancherlei Gründe, namentlich sind es folgende. Zunächst macht die chinesische Regierung für einen Selbstmord diejenigen verantwortlich, welche die Veranlassung dazu gegeben haben. Will man sich also an seinem Feinde rächen, so tötet man sich selbst und bringt ihn dadurch in die schrecklichste Lage. Er fällt augenblicklich in die Hände der Gerechtigkeit, die ihn wenigstens foltert und vollständig ruiniert, wenn sie ihm nicht das Leben nimmt. Die Familie des Selbstmörders erhält gewöhnlich in diesem Falle beträchtliche Entschädigungen. Auch kommt es nicht selten vor, daß Unglückliche, durch eine wahrhaft fürchterliche Aufopferung für ihre Familie hingerissen, sich echt stoisch im Hause reicher Leute entleiben.«

Dieser merkwürdige Abschnitt ist mir wieder eingefallen, als ich an meinen BÜRGER dachte. Aus streng religiöser Sicht unterscheidet sich die Ablehnung oder Absenz des Verlangens nach Heiligkeit durchaus nicht vom Selbstmord, weil es außer dem Zustand der Heiligen genaugenommen und letzten Endes nur den Zustand der Toten, der wahren Toten gibt, die ihre Seelen gehaßt haben, der in alle Ewigkeit Toten. Auch sie haben sich in der Absicht getötet, das Band zu ihren Brüdern zu zerreißen. Der Mensch, der *gern* »Ich bin doch kein Heiliger« sagt, vollzieht spirituell den schrecklichen Akt des verzweifelten Chinesen nach. Aber da er im Dunkeln umhertappt, glaubt er nur über eine Schwelle zu treten und überschreitet in Wirklichkeit den Abgrund.

---

* Évariste Régis Huc (1813–1860), seit 1839 Missionar in China und der Mongolei, bereiste als erster Europäer Tibet und Lhasa und schrieb *Souvenirs d'un voyage dans la Tartarie, le Thibet et la Chine pendant les années 1844, 1845 et 1846* (Paris 1850). Das obige Zitat entstammt dem Folgeband *L'Empire chinois* (Paris 1852; Erster Teil, Kap. 7).

XLII. ICH WILL MICH NICHT BESSER MACHEN, ALS ICH BIN. Genug der Dummheiten, BÜRGER! Wenn Du kein Heiliger bist, was ich Dir zubillige, steht Dir auch Demut nicht an. Es handelt sich nicht darum, Dich besser oder schlechter zu machen, sondern ganz einfach das zu sein, was Du bist. Nun bist Du aber sehr gut, ohne Verdienst und Mühe, durch die bloße Vortrefflichkeit Deines Wesens. Etwas mehr noch, und Du wärest zu gut. Wer weiß, vielleicht gäbest Du Dein Geld sogar Dichtern?

Lassen wir das alles. Im allgemeinen kann man, wenn der BÜRGER erklärt, daß er sich nicht besser macht, als er ist, sicher sein, daß er sich gar nicht schlechter machen könnte, selbst wenn er es möchte, und daß er auf der Stelle irgendeine Bosheit aushecht.

»Du bist ein Ochse!« heulte ein zum Tode Verurteilter, sich an den Henker wendend, der Anstalten traf, ihm die Haare abzuschneiden.

»*Ich will mich nicht besser machen, als ich bin*«, antwortete ihm mit sehr sanfter Stimme der Scharfrichter.

XLIII. REDEN IST SILBER, SCHWEIGEN IST GOLD. Ein Gemeinplatz, der unmöglich zu verstehen ist. Der Gipfel des Lächerlichen wäre es, sich auch nur einen Zuhörer zu erhoffen, wenn man beispielsweise sagte, daß im tiefsten Grunde der Heiligen Schrift das Wort und das Silber Synonyme sind und das goldene Schweigen ein Bild des ewigen Lebens ist*.

Es hieße die Zwangsjacke zu verlangen, wenn man davor warnen wollte, daß es gefährlich ist, an reizbare und vielleicht gnadenlose Mächte zu rühren wie den Geist in der deutschen Fabel, der sich mit seiner schrecklichen Macht auf Geheiß eines vorwitzigen Beschwörers einstellt, dann aber nicht mehr bändigen läßt**.

---

* Zur frz. Doppelbedeutung von *argent* (»Silber« und »Geld«) vgl. etwa Psalm XII, 7: »Die Rede des HErrn ist lauter wie durchläutert Silber im irdenen Tiegel, bewähret siebenmal.«
** Der Zauberlehrling.

Ich werde es also nicht versuchen, sondern mich darauf beschränken, zu sagen — wenn auch ohne Hoffnung, gehört zu werden —, daß dieses angebetete Silbergeld, für das der BÜRGER ausschließlich lebt, einen — wie soll ich sagen? — geheimnisvollen Willen bedeutet, dessen expansive Kraft unberechenbar erscheint und gleichwohl lediglich das *Kleingeld* des Unsagbaren ist, das dieses ewiglich erwünschte, allen BÜRGERN so vergeblich ans Herz gelegte goldene Schweigen bezeichnet.

Wenn der schlafende Herr des Propheten-Königs sich auf seinem Jahrhundert-Bett dreht, wird ein übernatürlicher Wandel ähnlich dem zu Beginn des christlichen Zeitalters eintreten. Man wird Jesus beinahe nicht mehr sehen, das Wort scheint zu ersterben, die ehedem apostolische Predigt hört auf; während am anderen Ende des Himmels das wunderbare goldene Antlitz dessen erscheint, was sich, unerforschlicherweise, das Schweigen nennt ...

Ebendas sagt, ohne es zu wissen, der Steuereinnehmer meiner Gegend, wenn er in seinen sturmfesten Schubladen die klingende Münze birgt, die er zusammengerafft hat.

XLIV. GENUG VERDIENT HABEN, UM SICH ZUR RUHE ZU SETZEN. M. Répandu ist Haus- und Grundbesitzer und weiß es. Er weiß sogar, daß er das Gesetz auf seiner Seite hat. Er besteht jedoch darauf, seine Mieter zu ignorieren, weil ihm sein Arzt alle Aufregungen verboten hat, die gewöhnlich aus Schimpfkanonaden resultieren. Er leidet allem Anschein nach am Sympathicus.

Um den Klagen und Beschwerden aus dem Wege zu gehen, hat er sich einen unerschütterlichen Verwalter zugelegt, einen ehemaligen Gerichtsvollzieher oder Anwaltsgehilfen, der das Ganze in- und auswendig kennt und den er mit soundsoviel Prozent beteiligt, damit alles wie am Schnürchen läuft.

Diese Verwaltung ist übrigens keine Sinekure, weil M. Répandu mehrere, beinahe alle von Arbeitern bewohnten Mietshäuser besitzt, in denen jeden Samstag das Geld sozusagen eingetrieben werden muß. In diesen Kasernen gibt es auch eine ganz beträchtliche Zahl von liebenswürdigen Mädchen, deren Einkünfte unsicher und deren Freundschaften unstet sind. Das Eintreiben der Mieteinkünfte ist bei diesen Leuten eine weniger erquickliche als vielmehr gefährliche Angelegenheit.

»Ich bin der Typ von Hausbesitzer, der davon nichts wissen will«, sagte M. Répandu eines Tages nach Überprüfung der eingegangenen Summen, als sein Verwalter mit vier Zähnen weniger im Mund und einem Gesicht zu ihm gekommen war, das einer Waldlandschaft Ende Oktober ähnelte, »*ich hab's durchaus verdient, mich zur Ruhe zu setzen.*«

Ein bewundernswerter Ausspruch! Man hatte ihn sich immer nur zur Ruhe setzen sehen, und zwar seit etwa dreißig Jahren, als der glückselige Tod seiner Eltern ihn in den Besitz ihres Vermögens gebracht hatte, das, wie das Gerücht ging, an allen Ecken und Enden zusammengerafft worden war. Ein Heiratsversuch im besten Alter hatte diesem Jungen, der sehr frühzeitig mit einer Art keuscher Liebe das Geld liebte, den Appetit verdorben.

Als praktischer Mensch, der er geworden ist, sieht er in den Jugend- oder Alterstorheiten und -leidenschaften nur das, was sie dem Philosophen bieten, der daraus Nutzen zu ziehen versteht. Er hat aus seinen Ruinen, wie man sagen darf, sogar ein historisches und jahrhundertealtes Lupanar aus der Zeit der letzten Kapetinger geborgen und glorreich restauriert, dessen Einkünfte einen Sohn Frankreichs apanagiert hätten. Diese Beschäftigung hat ihn aber nicht ausgefüllt, und da er fortgesetzt von seiner wohlverdienten Ruhe spricht, ist man darauf angewiesen, Gott weiß welche *früheren* Strapazen zu vermuten, die das Erinnerungsvermögen der Menschen auf eine harte Probe stellen.

»Ihr Répandu«, sagte mir eines Tages ein Steuerpächter, »ist ganz einfach ein Phantom. Was er Ruhe nennt, ist der Tod. Wie Sie vielleicht wissen, gibt es Leute, die lebendig erscheinen und in Wirklichkeit doch Tote sind. Das gilt für nahezu alle die Vampire, die Sie BÜRGER nennen. Man hält sie für voll auf der Höhe und aktiv. Aber sie liegen flach und regen sich nicht.

Man ist davon überzeugt, daß sie reden oder, wenn Sie wollen, Töne von sich geben, aber die Wahrheit ist, daß sie noch unterhalb der Stille leben, eingelassen in den dicksten Schlamm der unseligsten Stille. Damit sich ihre unzweifelhafte Fäulnis kundtut, ihr schrecklicher Gestank, genügt ein *einfaches* Wort, von einem Lebenden ausgesprochen. Wenn jemand Ihnen von ›wohlverdienter Ruhe‹ erzählt, glauben Sie mir, beschnuppern Sie ihn mit größtmöglicher Aufmerksamkeit.«

Mein Gesprächspartner hatte recht. Noch vor wenigen Tagen hatte ich mit einem dieser Toten zu schaffen, der nicht einmal davon sprach, sich zur Ruhe zu setzen, so sehr hatte er Angst, sich selbst aufzuwecken. Vom ersten Wort an hatte ich vor mir und gegen mich einen Vulkan von Fäule, einen Orinoko von Jauche, in dem ich zugrunde zu gehen glaubte.

XLV. GELD MACHT NICHT GLÜCKLICH ABER

.... Ein Gemeinplatz erster Ordnung, der die Vertrauensperson der antiken Tragödie erfordert. Es bedarf jemandes, der auf der Stelle hinzufügt: »... trägt dazu bei.« Das ist doch wunderschön.

Dieser bescheidene Beitrag, der auf so glückliche Weise die melancholische Herbheit eines Geständnisses mildert, das man für eine Blasphemie halten könnte, muß eine besondere Wirksamkeit haben. Gleichsam wie Zucker auf dem Gewissen oder Pomade auf dem Herzen.

»Ja, sicher«, träumt versonnen der BÜRGER, »Geld macht nicht glücklich, vor allem wenn es einem daran fehlt.« Zweifellos macht es beinahe glücklich, aber eben nicht ganz. Irgend etwas mangelt, das muß jedermann zugeben, und es ist Anlaß zu unendl cher Traur gke t, wenn man Zeuge d eser Ohnmacht des Geldes wird, das die Glückseligkeit derer gewährleisten sollte, die es anbeten, weil es ja wirklich ein Gott ist.

Ich habe mehr als einmal darauf hingewiesen, daß dieses in unseren Zeiten bezeichnenderweise *geringgeschätzte* Metall in der Heiligen Schrift eine sehr deutlich identifizierte Gestalt des leidenden Wortes ist, nämlich der Zweiten Person der

Heiligen Dreifaltigkeit, des Erlösers*. Zu sagen, daß es nicht glücklich macht, ist also für jeden Christen eine bis zur Gottlosigkeit kühne Behauptung, und genau das ist ein Gemeinplatz christlicher Herkunft. Den Beweis dafür sehe ich in der Abschwächung eines so schönen Stils, der Gott zum Steuerpflichtigen des Jubels der Schwachköpfe macht.

Ein Heide würde frank und frei sagen: »Geld macht glücklich«, und hätte damit auf schreckliche Weise recht. Du aber, angeblich christlicher, schäbiger BÜRGER, an dem alle Symbole des Göttlichen Lebens sich zersetzen wie die Perlen an einem Aussätzigen; Du aber, der Du ganz sicher bist, daß ein 100-Sous-Stück beseligend ist, warum lügst Du? Was hättest Du zu fürchten? Deine Einsicht in die prophetischen Gleichungen ist unergründlich, und nicht Du bist es, der Angst hätte, vor lauter Beschwörung des Geldes das blutige Antlitz erscheinen zu sehen!

XLVI. WIEDER ZU SEINEM GELD KOMMEN**.

Nach dem gerade Gesagten hat diese Redensart etwas Verwirrendes. Was soll das heißen — wieder, wenn nicht sogar erneut zu etwas oder zu jemandem kommen, von dem man ausgegangen war? Man kommt wieder, man kehrt in sein Haus oder seine Muschel*** zurück; man kehrt nach einer Sauftour wieder in die Kaserne zurück, was allerdings eher unangenehm ist; man kehrt, eines »medizinischen« Tages, wieder aufs Klo zurück, beinahe unmittelbar nachdem man es verlassen hat, wenn sich das Bedürfnis abermals bemerkbar macht. Kurzum, man kehrt zu allem, was Sie wollen, zurück, wenn auch unter der Bedingung, daß die reziproken und notwendigen Rücksichten, die zwischen Inhalt und Behältnis bestehen, beachtet werden.

Metaphorisch stelle ich mir überdies noch vor, daß man zur Ordnung zurückkehrt, zu seinem Thema, zu seinem Wesen

* Vgl. S. 79 dieses Bandes.
** Frz. *rentrer dans son argent,* auch in der Bedeutung »seine Unkosten hereinbringen«.
*** Frz. *rentrer dans sa coquille,* »die Hörner [Fühler] einziehen«.

usw., weil man ja immer etwas Umschließendes voraussetzt, das den Exodus und die Reintegration erlaubt. Äußerstenfalls vermöchte ich mir sogar die Rückkehr ins Nichts vorzustellen, was allerdings hart erscheint.

Aber »wieder zu seinem Geld kommen« — das übersteigt meine Begriffe. Verrückterweise müßte man sich etwas wie einen Geldfluß oder Geldozean vorstellen, in dem man zu der oder jener Jahreszeit ein Bad nehmen könnte. Man würde dann »die Geld-Saison« sagen, so wie man ja auch »die Trouville-« oder »die Evian-Saison« sagt. In diesem Falle könnte man ebenso zum Geld der anderen kommen wie zu seinem eigenen. Es hat aber den Anschein, daß man das nicht tut und auch nicht sagt.

Warum nicht?

XLVII. LEBEN UND LEBEN LASSEN. Es wäre knäbisch zu fragen, was der BÜRGER wohl unter Leben versteht. Die — naturalistischen oder psychologischen — Romanschriftsteller, die er mit seinem Vertrauen beehrt, haben hinreichend gezeigt, daß »Leben« darin besteht, all die Verdauungs-, Schlaf- und Zeugungsfunktionen zu erfüllen, die den verschiedenen Tierarten zugeschrieben werden, vor allem aber viel Geld zu verdienen — etwas, was die Natur des Menschen essentiell festlegt, indem es sie von der der wilden Tiere scheidet. Lange vor diesen Doktoren galt es sogar als ausgemacht, daß ein Mensch, der gewohnheitsmäßig reichliche Mahlzeiten zu sich nimmt, ein *bon vivant* ist, ein *Lebe*mann.

Aber *jedermann** — das ist viel. Genügt es nicht, daß der BÜRGER lebt, der BÜRGER ganz allein?

In der von der seinen gänzlich verschiedenen religiösen Sprache hat das Wort *leben,* wie er genau weiß, eine andere Bedeutung. Was aber kann ihm diese Anomalie anhaben? Daß Verrückte und Hysteriker sich an dem zu erfreuen versuchen, was sie ihre Seelen nennen, indem sie es vorziehen, Hungers zu sterben, das geht nur sie etwas an; daß sie aber uns

* Frz. *il faut que* tout le monde *vive* (»jeder soll leben«).

Bürger als Aas im letzten Zustand der Fäulnis betrachten, ist nur zu komisch. Damit ihr's ein für allemal wißt, ihr Pfaffenknechte und Kirchendiener, wir sind religiöser als ihr, und der Beweis dafür ist, daß wir uns einen Dreck um das Himmelreich und das Ewige Leben scheren!

XLVIII. ALLE WEGE FÜHREN NACH ROM. Ein unschlagbares Argument zugunsten der Kugelgestalt unseres Planeten. Wenn es einen Weg gäbe, der nicht nach Rom führte, ich glaube, er würde mit Vorliebe gewählt, denn schließlich ist Rom der Papst, nicht wahr? Leider gibt es aber keinen. Alle vorstellbaren Wege weisen nach Rom. Unmöglich, diesem Endpunkt zu entrinnen.

Glücklicherweise ist man nicht gezwungen, bis ans Ende zu gehen. Es gibt auch die Möglichkeit, an einer Kreuzung innezuhalten und einen anderen Weg einzuschlagen, der seinerseits ebenfalls unfehlbar nach Rom führt, aber über die Gesellschaftsinseln oder über den Nordpol, was die Gefahr zunächst in weite Ferne rückt. Auf diese Weise könnte man sogar sein ganzes Leben lang reisen und den Planeten mit dem reglosen Papst im Mittelpunkt kreisförmig umrunden, ohne jede Unannehmlichkeit.

Ich gebe diesen Rat allen Liebhabern alter Möbel und Fachwerkhäuser, die sich und ihren Gattinnen in der toten Jahreszeit etwas Abwechslung verschaffen möchten.

XLIX. PARIS IST NICHT AN EINEM TAG ERBAUT WORDEN. Das ist möglich. Ich weiß nicht, wie viele Tage zum Bau einer so großen Stadt erforderlich waren, halte es jedoch für sehr wahrscheinlich, daß es deren mehrere gewesen sein dürften. Überdies kommt es darauf kaum an.

Was für das moralische und philosophische Studium des Bürgers den Ausschlag gibt, ist sein fortgesetzt in ebendieser

Form zum Ausdruck gebrachter Wunsch, Paris möge nur ja nicht an einem Tag erbaut worden sein. Irgend etwas läßt ihm da keine Ruhe. Man möchte meinen, daß ihm nichts gleichgültiger sein könnte. Aber nein! Wenn Paris an einem einzigen Tag erbaut worden wäre, versänke dieser Mensch in purer Verzweiflung. Er sähe darin ein unsägliches Attentat auf das Stein auf Stein, auf das Nach und Nach, auf die Platitüde, kurz: eine Art Wunder!

Dennoch muß die Wahrheit heraus. Paris in der Form, wie es heute ist, mit seiner Million von Häusern, konnte tatsächlich nicht in vierundzwanzig Stunden erbaut werden, vor allem dann nicht, wenn man die Gambetta-Statue und die Brücke Alexanders III. berücksichtigt, Meisterwerke, die man nicht einfach so hinschlampt*.

Aber dieses gewaltige Paris hat einen Anfang gehabt. Es hat einen Zeitpunkt gegeben, zu dem in dieser Gegend auf beiden Seine-Ufern nicht das geringste existierte, und einen anderen, auf den ersten folgenden, an dem tatsächlich etwas da war, ein Schilfdach, irgendeine Hütte, die zur längeren Dauer bestimmt waren. Zu ebendiesem Zeitpunkt, kann und darf man sagen, war Paris virtuell, potentiell und folglich auch gänzlich erbaut. Ich füge hinzu, daß es sehr viel schöner gewesen sein muß, unvergleichlich, unermeßlich, unvorstellbar viel schöner. Aber wie soll ich mich verständlich machen?

L. AUF REGEN FOLGT SONNENSCHEIN Die meteorologische Wissenschaft muß in einem Krämerladen entstanden sein. Man kennt die gewissenhafte Genauigkeit, mit der diese schätzenswerten Händler, Tag für Tag und ohne Ansehen der Person, all ihre Praktiken am sicheren oder auch nur wahrscheinlichen Zustand der Atmosphäre ausrichten. Nichts entgeht ihnen, weder Wolke noch Sonnenstrahl, weder Nordwind noch Zephyr, und alle Welt profitiert augenblicklich davon.

* Beides jüngere Baudenkmäler: Die Gambetta-Statue wurde 1899 und der Pont Alexandre-III 1900 erbaut.

Was mich förmlich überwältigt, ist die Emsigkeit und Unermüdlichkeit dieser geneigten Informanten. Sie würden tausend Kunden ins Bild setzen, sogar den Teufel!

»Darf es sonst noch etwas sein?« fragen sie mit gewinnendem Lächeln, und man mag noch so ungeduldig antworten, daß man weiter nichts braucht. Man mag ihnen das, von wütenden Gesten begleitet, noch so laut hinbrüllen: »Nun gut! Dann eben beim nächsten Mal«, seufzen sie gleichwohl liebenswürdig, geleiten Sie bis zur Schwelle und beschenken Sie mit einer letzten, wenn möglich günstigen Wetterprognose.

Regen und Sonnenschein sind der universale Gesprächsstoff, der sich nie erschöpft. »Unser Wandel [*conversation*] aber ist im Himmel«, hat der heilige Paulus gesagt*. Ein erstaunlich prophetischer Satz, der nach neunzehn Jahrhunderten dreißig Millionen Male täglich nicht nur beim Kolonialwarenkrämer, sondern bei jedem BÜRGER verifizierbar ist.

Es gibt deren welche, die ein sehr hohes Alter erreichen und respektumhegt im Banne der fortgeschrittensten Altersschwäche sterben, ohne je von etwas anderem gesprochen zu haben als von dem, was im Himmel ist.

LI. DIE ACHTBARSTEN DER ACHTBAREN.
Édouard war fünfundsiebzig Jahre alt und Rosalie fünfundsechzig. Beider Gewissen aber war so rein, daß man sie für jung halten konnte. »Sie schuldeten niemandem etwas«; sie hatten »niemals jemandem Unrecht getan« und sich folglich »auch nichts vorzuwerfen«. Man sagte von ihnen: die Achtbarsten der Achtbaren, nicht mehr und nicht weniger, was das menschliche Repertoire an Lobrednerei ganz einfach erschöpft.

Édouard verbarg seine Herkunft wie der Nil seine Quelle. Er räumte lediglich ein, Bediensteter und später zu verschiedenen Zeiten und in unbekannten Vierteln Inhaber eines Hotels gewesen zu sein. Aus dieser Vergangenheit hatten sich bei ihm eine atemlose Biederkeit, eine asthmatische Herzlichkeit und jene Art Küchenlamentieren eines Ehrenmannes erhalten,

---

* Epistel an die Philipper, III, 20.

der sich stöhnend den Rücken kratzt, so, als ob er nicht mehr jedermann zu Diensten sein und sich für alle Welt aufopfern könnte.

Das übliche Zwinkern, mit dem er bestimmte gewagte Äußerungen unterstrich, deren Feinsinn er geschätzt sehen wollte, begleitete stets ein von unten nach oben verlaufendes Froschzucken in der Seitenpartie der Epidermis seines ältlichen Gesichtes, und ein mit all dem einhergehendes katarrhalisches Räuspern vervollständigte die Physiognomie dieses Ehrenmannes, der es gern hörte, wenn man ihn *Monsieur* Édouard nannte.

Rosalie oder Madame Édouard war vor einer Generation Kammermädchen bei einer Marquise gewesen; ja, meine Liebe, bei einer wirklichen Marquise, die leider, wie alles Gute, verstorben war und ihr Toiletten nach der letzten Mode des Second Empire und ich glaube auch einige Taler hinterlassen hatte, die sie mitsamt dem in einem Vierteljahrhundert gewissenhaft *Zusammengekratzten* zu einer anständigen Partie von fünfundvierzig Jahren gemacht hatten. Denn in ebendiesem Alter heiratete sie der glückliche Édouard, nachdem er mit seiner schlauen Wiederkäuergestalt ihr Herz zu rühren verstanden hatte.

Äußerst beredt und bis zum Bersten mit der Weisheit der Völker vollgestopft, ähnelte sie einer früheren »Schnepfe« Heinrichs IV., die die Monarchie überlebt hatte. Von der Marquise hatte sie überdies hoheitsvolle Blicke von oben nach unten übernommen, die sie über alles Vulgäre erhoben, und die vierstufige Freitreppe, über die man bei dem Ehepaar Zutritt fand, war ersichtlich auf die Zurschaustellung ihrer großartigen Manieren abgestimmt.

Ich habe nicht herausfinden können, ob Édouards Exgarni von dieser großen Dame geführt worden war oder ob diese Episode ihrer Heirat vorausging. Zutreffendenfalls aber steht fest, daß ihre Präsenz den Geschäften einen gewinnenden Reiz hinzugefügt und das monotone Hin und Her der Platten und Salatschüsseln mit einem lyrischen Hauch von Aristokratie gewürzt haben muß.

Als Naturliebhaber, die sie beide waren, hatten sie sich schließlich etwas jenseits der Festungsmauern zurückgezogen, nämlich an den gepflasterten, mäßig appianischen Hauptpfad eines unserer Vorstadtfriedhöfe*. Nachdem sie ein ohnehin bereits winziges Haus noch einmal gevierteilt und sich selbst ganz eng und flach zusammengedrängt hatten, waren sie imstande gewesen, Mieter aufzunehmen und sich damit ihren schönsten Traum zu erfüllen.

Aber ach, niemandem ist es gegeben, höher zu klettern als bis zur Spitze der Pyramide. Dort angekommen, bleibt einem nur noch der Abstieg. Édouard und Rosalie waren auf einen schlechten Mieter hereingefallen...

Wie jedermann weiß, ist ein schlechter Mieter jemand, der auch nur *eine* seiner Mietzahlungen nicht genau pünktlich entrichtet, und wenn er auch Hunderte vorher fristgerecht geleistet und wenn er auch dreißig oder vierzig Male das Vaterland gerettet hat. Insinuiert das nicht sogar die lateinische Grammatik, wenn sie sagt, daß Aristides ein schlechter Mieter war, weil er arm starb?

Kurz, Monsieur Édouard hatte bereits seit mehreren Jahren den wichtigsten Teil seines Hauses einem Dichter vermietet. Sie haben richtig gelesen, einem *Dichter*. Er war lediglich auf widerwärtige Weise getäuscht worden. Dieser Dichter hatte sich als *Schreiber* bezeichnet, und unser von Respekt durchdrungener, ja gezeichneter Vater Édouard hatte natürlich einen Herrn vor sich zu haben geglaubt, der Schriftstücke anfertigte, beispielsweise einen Kanzleigehilfen in irgendeinem Büro. Er war so fest davon überzeugt gewesen, daß nicht einmal der Anblick mehrerer mit dem Namen jenes angeblichen Kalligraphen gezeichneter Bücher und die Lektüre mehrerer Zeitungsartikel, in denen er als obskure Kanaille und schmutziger Schwachkopf behandelt wurde — gleichwohl der Stem-

---

* Diese — autobiographisch eingefärbte — Episode erhellt sich aus Bloys *Journal* (15. Oktober 1895): Er war 1895 ins Haus jenes Père Édouard in Grand Montrouge, 2, cité Rondelet, eingezogen — in unmittelbarer Nähe des Friedhofs von Bagneux. Vgl. dazu die Episode mit dem Einbruchsdiebstahl des *propriétaire* S. 172 ff. dieses Bandes.

pel des Genies! —, ihm die Augen zu öffnen vermocht hatten*.

Es war nicht mehr erforderlich als das jäh ersichtlich gewordene Elend und die sich abzeichnende Unmöglichkeit, die nächste Mietzahlung zu leisten, um ihm die Schuppen von den Augen fallen zu lassen. Der würdige Mann begann herumzubrüllen, und zwar um so heftiger, als die Frau seines Mieters gefährlich erkrankt war und größter Ruhe bedurfte**. Zweifellos schuldete man ihm noch gar nichts, das hätte noch gefehlt. Aber er mochte ruhig der *zuvorkommendste* aller Menschen gewesen sein, er gehörte nicht zu denen, die man hinauswirft usw. Schließlich konnte man nicht umhin, diese Krone des Bürgertums tatsächlich vor die Tür zu setzen, den die bloße Angst, nicht bezahlt zu werden, einem Besessenen ähnlich machte und der wie ein angestochenes Schwein quiekte.

Das Folgende spielte sich vor mir als unmittelbarem Augenzeugen ab. Die Kranke verfiel, von dieser Szene betäubt, in ein schreckliches Delirium, und man fürchtete bereits, sie würde nie mehr daraus erwachen. Mehrere Tage und Nächte lang sah sie diesen Alten und seine Alte Menschenwesen massakrieren und ihr Fleisch an Restaurantbesitzer oder Metzger verkaufen. Es war eine fortgesetzte, hartnäckige Obsession von unerhörter Genauigkeit, Intensität und Beharrlichkeit. Man wurde bis zum Ekel und bis zum körperlichen Entsetzen mit dem Blut besudelt, das diese Haus- und Grundbesitzer *spirituell* vergossen.

Später habe ich begriffen, daß diese Kranke, die luzider war als die Klarsichtigen, die Vergangenheit dieser Teufelsdiener wirklich GESEHEN hatte, im inkommensurablen photographischen Klischee, das das Universum umhüllt. Nur infolge einer Transposition, die ich zu erklären oder genauer zu bezeichnen unfähig bin, deren Gewißheit jedoch unwiderstehlich ist, hatte sie schreckliche Gedanken und Gefühle objektiv, *in ihrer wahren Gestalt,* wahrnehmen können.

* Tatsächliche Wertungen von Bloys Werk in zeitgenössischen Rezensionen dieser Jahre.
** Bloys Frau Geneviève [*recte:* Jeanne] erkrankte Ende 1895 ernsthaft, vgl. die autobiographische Episode »Je toller, je besser«, S. 155 ff. dieses Bandes.

Sie hatte das in Blut verwandelte Wasser der Tränen gesehen!
Édouard und Rosalie sind glücklicherweise von ihrem Dichter befreit worden. Sie haben dabei keinen Pfennig eingebüßt und waren sogar so gewitzt, beim Auszug einige Wertgegenstände an sich zu bringen. Wie sollte der Himmel sie nicht lieben? Sie stehen auf gutem Fuße mit ihrem Geistlichen, der sie als Beispiele zitiert, und schulden niemandem etwas, nicht einmal der Heiligen Dreifaltigkeit, die Gott ist!

LII. DIE FAMILIENEHRE. Früher, als die Aufhebung des Sinnes der Worte noch nicht verkündet war, bestand die Ehre einer Familie darin, Heilige oder Helden hervorzubringen, zumindest aber nützliche Diener des Gemeinwesens. Und zwar gleichgültig, ob man arm oder reich war, ob man illustre Vorfahren hatte oder nicht. Im letzteren Fall stieg man schlicht und einfach in die Aristokratie auf, ganz wie es in der Natur der Sache lag.

Heute besteht die Familienehre einzig und ausschließlich darin, jeder Berührung mit der Polizei aus dem Wege zu gehen.

Die aufgeklärten BÜRGER räumen, zum Nachdenken aufgefordert, zwar gelegentlich ein, daß die Armut in einer sehr kleinen Zahl von Fällen, die sie sich zu spezifizieren hüten, durchaus nichts Entehrendes sein muß, daß aber nichts die Schande einer gerichtlichen Verurteilung auslöscht, vor allem nicht in der Provinz.

Die Märtyrer mögen ihre Gebeine ruhig seit Jahrhunderten auf den Altären aufgebahrt sehen, die Kirche mag ruhig ihre Gedenkfeste einläuten und sie mit Ruhm und Glorie überhäufen, der mißtrauische BÜRGER sieht in ihnen doch nur linkische Tölpel, die sich haben ertappen lassen und jetzt im Vorstrafenregister geführt werden. Eine Nichte des heiligen Lorenz fände schwerlich einen Ehegatten, und ein Urenkel des Guten Schächers bekäme nie einen Posten mit zwölfhundert Francs Gehalt in einer Verwaltungsbehörde.

Die Abneigung des BÜRGERS gegen das Christentum hängt größtenteils mit diesen Ehrgefühlen zusammen — man muß es immer wieder sagen. Es gelingt ihm nicht, sich mit einer Religion abzufinden, deren »Gründer«, nachdem er eine ehrenrührige Strafe erlitten hat, am dritten Tage wiederauferstanden ist, um die Ehrlosigkeit der Familie in alle Ewigkeit weiterzutragen und zu vergrößern.

LIII. DIE PFLICHTEN DIESER WELT. *»Ego non sum de hoc mundo*.«* Ich bin nicht von dieser Welt. Jesus Christus war kein MANN VON WELT. Er selbst hat es erklärt. Es gibt also Pflichten, die nicht ihm zuzuordnen und ihm folglich sogar entgegengesetzt sind, und sie heißen die Pflichten dieser Welt.

Ebendas muß man wissen, um zu verstehen, was an barmherziger Langmut im Lächeln des BÜRGERS liegt, wenn er beispielsweise eine Predigt über die Verachtung der Reichtümer oder die christliche Reinheit hört.

So etwas höre ich lieber, als taub zu sein, scheint er in aller Biederkeit zu sagen, wenn er an seine wahren Pflichten denkt, die da sind: dem Erlöser ins Antlitz zu speien und ihn tagtäglich nach einer unsäglichen Geißelung zu kreuzigen.

LIV. DIE GEWOHNHEIT IST EINE ZWEITE NATUR**. »... Ich habe die Pest. Es ist nicht ausgeschlossen, daß die Pest die Folge des Irrtums und des Übels ist. Man sagt es, und ich leugne es nicht. Daß ich auf dem Wege zum Tode bin, ist gewiß; möglich ist, daß ich auf dem Wege zur Hölle bin und daß all dies vom Irrtum kommt. Es ist wahr: Alles ist mir zum Überdruß geworden; mit dem Alter stumpfen sich die Eindrücke ab, und der Tod wird kommen. Das ist ein unangenehmer Gedanke. Wenn Gott mir aber vorschlüge, für einen

* Johannes, VIII, 23.
** Eigentlich kein Gemeinplatz, sondern ein Aphorismus von Pascal — in verkürzter Form: »Ich fürchte, diese Natur selbst ist nur eine erste Gewohnheit, wie die Gewohnheit eine zweite Natur ist« (*Pensées,* ed. E. Wasmuth, a. a. O., Nr. 93).

Augenblick diese langweiligen, eintönigen, lügenhaften, sterbenden und tödlichen Dinge zu verlassen, die mich hinführen, und wenn er mir vorschlüge, ich solle sie gegen das Leben, die Freude und die Seligkeit eintauschen, so würde ich es ablehnen. Ich würde ihn überhaupt nicht anhören. Ich würde meine Langeweile weiterspielen und ihm sagen: ›Mach dich fort, Herr der Verzückung und Fürst der Freude! Mach dich fort, Sonne, die sich erhebt aus Fluten von Purpur und Gold! Fort, Majestät! Fort, Glanz! Mach dich fort, der du blutigen Schweiß vergossen hast im Garten am Ölberg! Fort du, der verklärt ward auf Tabor! Fort, ich gehe ins Wirtshaus, wo ich mich langweile.‹«

»Und warum gehst du dorthin?«

»Weil ich es so gewohnt bin.«

ERNEST HELLO, *L'Homme*, 1. Ausgabe, S. 33*.

LV. WO ES GEZWUNGEN ZUGEHT, IST KEIN WOHLFÜHLEN.

Eines Nachts erhielt Forain** eine hübsche Tracht Prügel, die ihm zweifellos von zwei Schlägern in Diensten einer beleidigten Prinzessin der Rue Pigalle verabreicht wurde. Der bei den Rüpeln beliebte Karikaturist gestand, daß ihm das keinen Spaß gemacht habe und das Leben ihm dadurch vergällt sei, denn der bloße Anblick eines Knüppels, sogar noch am Baum, verursacht ihm, wie man mir erzählt hat, seither ein lebhaftes Gefühl von Unbehagen und Verlegenheit.

Ich hätte kaum umhin gekonnt, mich beim Gedenken an diesen Gemeinplatz jener Person und ihres Abenteuers zu erinnern, ein Gedenken, das sich übrigens beträchtlich oft aufgefrischt haben muß, denn das Ganze liegt mehr als zehn Jahre zurück.

Aber das Beispiel taugt nichts. Die BÜRGER werden nicht regelmäßig und beständig verdroschen, und es gibt Hand-

---

* Ernest Hello (1828–1885), *L'Homme* (Paris 1872); hier zitiert nach E. H., *Der Mensch*, Leipzig: J. Hegner, 1935, anonym. Übers., S. 43.
** Jean-Louis Forain (1852–1931), Maler, Zeichner, Graveur und »karikaturistischer« Wortführer im Anti-Dreyfus-Lager.

lungsreisende und Kanzleigehilfen, für die Forain ein großer Künstler ist. Für meine Exegese genügt es, wenn ich darauf aufmerksam mache, daß das Wort *Verlegenheit* in seinen beiden Bedeutungen von schmerzlichem Unbehagen und finanzieller Klemme ebenfalls jedes Vergnügen ausschließt.

Das heilige Gesetz der Ehescheidung beispielsweise, erwirkt durch vorgängigen Ehebruch, der durch einen Kamelhöcker aus Tatarien begünstigt wird, ist gerade rechtzeitig gekommen, um die fidele französische Nation von der Verlegenheit unauflöslicher Bande zu befreien. Richtig ist, daß seine Wirkung sich darauf beschränkt und die Geschiedenen keinerlei Geld erhalten, um in Saus und Braus zu leben — eine lästige Lücke, die eines schönen Tages sicherlich von irgendeinem verkropften Gesetzgeber geschlossen werden wird.

Sinnlos — nicht wahr? —, von zu engem Schuhwerk zu sprechen oder von stechenden Fischbeinstangen oder von Furunkeln am Hintern oder von jeder anderen Peripetie, die sich dem Scherz widersetzt. In allen vorstellbaren Fällen bedarf es des Spaßes um welchen Preis auch immer und keineswegs der Verlegenheit, sagt der Fürst dieser Welt als Vater des BÜRGERS und Feind der Erlösung durch das Opfer.

LVI. OHNE SCHWEISS KEIN PREIS. Ohne Schweiß und Mühe für die anderen selbstredend. Es wäre ja auch ein starkes Stück, wenn der BÜRGER genötigt wäre, sich aus persönlichem Verdruß irgendein Vergnügen zu kaufen. Ein Gemeinplatz, der, alles in allem, mit dem vorhergehenden identisch ist. »Keine Rose ohne Dornen«, sagen auch die jungen Mädchen, die darauf brennen, sich auf poetische und originelle Weise auszudrücken, was aber ganz und gar nicht bedeutet, daß sie sich mit den Stichen abfinden, die man sich zuziehen kann, wenn man in aller Unschuld die Königin der Blumen pflückt.

Der männliche und weibliche BÜRGER ist nicht zu verstehen, solange man sich nicht die Vorstellung zu eigen macht: Wenn es etwas zu leiden gibt, dann betrifft das seine Sklaven, das heißt diejenigen, die keine BÜRGER sind wie er, denn er ist ja heute der Herr der Welt. Unter diesen nahezu zahllosen Sklaven aber finden sich auch Freiwillige. Es gibt, wenn Sie so wollen, Karmelitinnen oder Benediktinerinnen, Mädchen, die manchmal auf die Gipfel der höchsten Aristokratie getrieben werden, die in freier Entscheidung das härteste Leben gewählt haben, damit der BÜRGER nicht *auf Erden* zu leiden hat, damit jene schreckliche Mißgeburt des Kostbaren Blutes, die nichts zu hoffen hat und auch nichts zu hoffen wagt in einem anderen Leben, in diesem hier zumindest den Frieden der wilden Bestien genießen kann.

Er weiß nichts von alledem — muß ich das eigens betonen? —, und er verstünde es nicht einmal, wenn es ihm ein Engel ein ganzes Jahrhundert lang erklärte. Gleichwohl errät er es auf bestimmte Weise und bis zu einem gewissen Grade. Eine Art Witterung, die dem Instinkt der Tiere gleichstellbar ist, setzt ihn davon in Kenntnis, daß für ihn gearbeitet wird, daß man für ihn Mühen auf sich nimmt und sich so eine gewisse *Gerechtigkeit* vollzieht, die ihn eines Tages vor Entsetzen erbeben lassen wird ...

Wenn er sagt, daß es ohne Schweiß keinen Preis, ohne Mühe kein Vergnügen gibt, ähnelt das der dummen und leicht verwirrten Ironie des Soldaten, der sehr wohl spürt, daß sich seine Kameraden nicht in alle Ewigkeit für ihn töten lassen werden.

LVII. WO GEHOBELT WIRD, FALLEN SPÄNE.
Mit ebendiesen Worten muß der kolossale BÜRGER Abdul Hamid seinerzeit seinem guten Freund und treuen Diener Hanotaux das Massaker an zwei- oder dreihunderttausend armenischen Christen erklärt haben. Nur daß er ihn nicht zum Hobeln einlud.*

---

* Abd al Hamid II. (1842–1918), türkischer Sultan, der im türkisch-russischen Krieg von 1877/78 bedeutende Gebietsverluste hinzunehmen hatte und 1895/96 ein Massaker an christlichen Armeniern anordnete — zu ebender Zeit, da Hanotaux Außenminister war. Vgl. Bloys späteren Aufsatz »Dreißig Jahre Mord« (31. Oktober 1903), wiederaufgenommen im *Journal* (Bd. III, S. 374–379).

Gabriel, mit einem mageren Trinkgeld verabschiedet, tröstete sich, so gut er konnte, nachdem er sich, wie ich zu hoffen wage, einige gute Bissen aus der Kasserolle des Ministeriums gekratzt hatte, in dem seine flüchtigen Visiten — nach Richelieu — Frankreich so viel Ehre gemacht hatten.

Ich, der ich diesen Staatsmann sehr gut gekannt habe, halte es sogar für unendlich wahrscheinlich, daß sich seine Bewunderung für den Sultan nur noch steigerte. Die Eingeweide dieses Sohnes von Kleinbürgern aus Saint-Quentin müssen mehr als angeregt worden sein von diesem Paschah, der, wie man versichert, mehrere Dutzend Millionen Rente bezog und seiner kläglichen Angst die Bevölkerung von fünfzig Städten opferte.

Wenn ein BÜRGER davon spricht, daß, wo gehobelt wird, auch Späne fallen, seien Sie sicher, daß da irgend jemand oder irgendwelche sind, die auf grausame Weise die Zeche bezahlen müssen, und daß stets ein Hanotaux zur Hand ist, um Beifall zu spenden.

LVIII. ICH HABE KEIN KLEINGELD. Das ist die Antwort eines Großkopfeten, wenn er einem Unglücklichen heimleuchtet, der zehn Sous erfleht, nachdem er zuvor vergeblich um zwanzig Francs ersucht hat. Es handelt sich nicht einmal um ein Almosen. Der Bittsteller ist bekannt und hat seine Arbeit bereits geleistet, aber er hat nicht die Mittel, bis zum festgesetzten Zeitpunkt der Auszahlung seines Lohnes warten zu können.

Unglücklicherweise ist der Geldgeber ein Mensch, der »feste Prinzipien« hat und keinerlei Vorschüsse zahlt. In dieser Hinsicht ist er unerschütterlich. Man kann ruhig Wunder tun, einen BÜRGER dieser Art wird man nicht umstimmen. Die Starre eines Leichnams leistet der inständigen Bitte weniger Widerstand als die Starre seiner Prinzipien.

Da seine Beharrlichkeit sich aber nicht abweisen läßt, da der Mensch völlig verzweifelt wirkt und man sich gerade in einer nahezu verlassenen Gegend befindet, hat er vorübergehend darauf verzichtet, auf seine Prinzipien zu pochen, und beschränkt sich auf die Antwort, er habe gerade kein Kleingeld.

»Soll ich Ihnen welches verschaffen?« fragt der andere.

Ein erschreckender Vorschlag. Der BÜRGER glaubt die Stimme eines Straßenräubers zu hören, der ihn mit dem Tode bedroht. Dennoch kommt ihm eine Idee. Er äußert die Absicht, das selbst zu tun, und zwar an der hellbeleuchteten Kreuzung am Ende der Straße. Dort angekommen, zeigt er seinen Weggefährten bei zwei Streifenpolizisten an, die ihn auf der Stelle einbuchten.

Der Unglückliche wird die Nacht auf der Wache verbringen, das ist sicher, und seine armen Kleinen, die auf ihr Abendessen warten, müssen darauf verzichten und statt dessen mit den Zähnen knirschen, den netwas derart Schreckliches gibt es wirklich. Wer noch nie gehört oder gesehen hat, wie kleine Kinder *mit den Zähnen knirschen,* kennt den tiefsten Grund des menschlichen Elends noch nicht.

Der gerechte, endlich erlöste und selbstzufriedene Mann nimmt sich einen Wagen und fährt davon, um seine Börse in einem Nachtlokal zu Kleingeld zu machen. Alles steht also zum besten. Aber da passiert etwas Unerwartetes. In ebendieser Nacht bricht, während er ein Besäufnis veranstaltet, in seinen riesigen Werkshallen ein Feuer aus, und am folgenden Morgen beziffern die Zeitungen den Sachschaden auf sechshunderttausend Francs.

Was ist davon zu halten? Etwa daß es Aussprüche gibt, die *von allein* als Brandstifter wirken, ohne daß eine sichtbare Hand eingreift? Der verzweifelte Bittsteller sitzt hinter Schloß und Riegel, und seine Kleinen krümmen sich, weinend und mit den Zähnen knirschend, vor Hunger im Dunkeln. Dennoch sind es nicht diese Zähne, die man anklagen wird, den Schaden angerichtet zu haben. Der Mensch mit den festen Prinzipien täte gleichwohl gut daran, in Zukunft Kleingeld bei sich zu haben. Man weiß ja nie. Gott tritt in vielen Verkleidungen auf, und das Feuer nimmt viele Formen an. Es ist ein Vagabund, der macht, was er will, ohne daß man weiß, woher er kommt oder wohin er geht. Manchmal fällt es vom Himmel, wie man in Sodom hat sehen können — lotrecht.

LIX. ICH KÖNNTE EUER VATER SEIN. Wäre das nicht der ausgefallenste aller Gemeinplätze?

Um zu erfassen, wie erstaunlich er ist, versuche man sich einen alten, pflichtvergessenen und unratstarrenden Juden vorzustellen, wie er zu Jesus sagt: »Ich könnte Euer Vater sein.« »*Ich war vor Abraham...*«, antwortet Der, der da alles geschaffen hat.

Diese Worte des Evangeliums im Munde eines dreißigjährigen Mannes, die die Toten auferweckte, während er darauf wartete, selbst aufzuerstehen, machen wenig Eindruck auf die Radfahrerseelen des zwanzigsten Jahrhunderts. Die Leute von damals aber, die sich aufreckten, um den Herrn sehen zu können, und auf ihren eigenen Füßen gingen, müssen sie völlig unerhört gefunden haben.

Und zwar deshalb, weil zu dieser Zeit die Idee der *Vaterschaft*, vom Menschen auf Gott und von der Zeit auf die Ewigkeit übertragen, plötzlich nahezu unzugänglich erschien. Abraham mochte ruhig seinen Namen behalten, man wußte nicht mehr, wer der Vater war — dessen, der gezeugt hatte, oder dessen, der gezeugt worden war. Und allein diese Unsicherheit versetzte die Menschheit dermaßen in Bewegung, daß das Christentum möglich wurde. *Pater noster*.

Heute, da wir seit so vielen Generationen Christen sind — und was für abscheuliche Christen! —, ist es bestürzend, ein angeblich vernünftiges und im Namen der Dreifaltigkeit getauftes Wesen sagen zu hören, und sei es zu einem Kind, und sei es selbst jahrhundertealt: »Ich könnte Euer Vater sein«, um auf ganz dümmliche Art einen Altersunterschied zum Ausdruck zu bringen — so, als ob man nie sicher sein könnte, mit wem man spricht oder wer man selbst ist, und als ob dieser erstaunliche *Konditionalis* eine beliebige Bedeutung haben könnte, es sei denn die folgende:

»Ich bin es, der Gute Gott, ich, der zu euch spricht, und ihr merkt nichts davon!«

LX. MAN STIRBT NUR EINMAL. Man lebt also auch nur einmal, und das ist bereits zuviel, wenn man ein Schwachkopf oder Bösewicht ist, was allerdings — muß man es fortwährend wiederholen? — beim BÜRGER nie der Fall sein dürfte.

Es wäre gleichwohl interessant, zu wissen, was er unter *sterben* versteht, ein oder mehrere Male? Ich habe mich bereits gefragt, was er wohl unter *leben* versteht, und die Antwort war so unbefriedigend, daß ich ganz entmutigt bin. Der BÜRGER ist ein Schuft, der nur sagt, was er will. Man darf sich also nicht darüber beklagen, daß dieser Bräutigam* zu schön ist.

Nur eines — oh, etwas ganz Geringfügiges — scheint mir klar. Daß er nämlich absolut nicht mit der Apokalypse übereinstimmen will, die von einem »zweiten Tod« spricht. Aber jedermann weiß ja, was von der Apokalypse zu halten ist. Man hat nun einmal genug von all diesen Geschichten vom Feuerpfuhl, vom Schwefelregen, von Heuschrecken und Skorpionen, vom Rachen des Abgrundes und vom zehnköpfigen Tier.

Voltaire, der heute viel zuwenig gelesen wird, hat auf das alles und vieles mehr in seinem unsterblichen *Dictionnaire philosophique* geantwortet. Mit unvorstellbarer sprachlicher Gewähltheit erklärt er darin das Genie und ganz allgemein alle Äußerungen der menschlichen Seele, in denen man zuvor einen Odem am Werke sah, aus Schwierigkeiten der Ausscheidung. Ein wirksames Abführmittel, und aus Napoleon wird auf der Stelle ein Schwachkopf. Versenken Sie sich in die Ausscheidungen Voltaires, der selbst nicht an Verstopfung litt — ich stehe Ihnen dafür ein! —, und Sie werden sehen, ob das nicht zweimal sterben heißt**.

Post-scriptum. — Es ist unnötig, daran zu erinnern, daß Voltaire kein Skatologe war.

---

* Vgl. *se plaindre que la mariée est trop belle,* S. 122 f. dieses Bandes.
* Durchaus böswillige Interpretation des Artikels »Ame« in Voltaires *Dictionnaire philosophique portatif* von 1764, in dem Voltaire die Frage aufwirft, ob die Seele körperlicher Art sei. Etwa im folgenden Abschnitt: »Auf der einen Seite also die Seele von Archimedes und auf der anderen die eines Schwachkopfes. [...] Wenn es die Organe des Körpers sind, die Archimedes denken lassen, warum denkt dann mein Idiot, der körperlich besser ausgestattet ist als Archimedes, kräftiger, besser verdauend, seine Funktionen stärker einsetzend, überhaupt nicht?«

LXI. ER IST GLÜCKSELIG, ER LEIDET NICHT MEHR.

Die Heilige Ritenkongregation, eines der bösartigsten Geschwüre am Leib des Papsttums, benötigt herkömmlicherweise gewaltige Geldsummen. Ein Seligsprechungsprozeß kostet an die zweihunderttausend Francs.

Der BÜRGER wird umsonst seliggesprochen. Sobald er zu stinken beginnt, erklären seine Angehörigen und Freunde, daß er glückselig ist, ganz einfach. Zwar wird er nicht auf dem Altar aufgebahrt, aber daran liegt ihm nichts. Das Entscheidende für ihn ist, glückselig zu sein, das heißt nicht mehr zu leiden — im Fleisch; denn was die Seele angeht, so hat er sie nie gespürt.

Und das ist alles, der Prozeß ist abgeschlossen. Keine Untersuchung in bezug auf die Tugenden des Verstorbenen, auch nicht auf seine Wundertaten. Kein Bedürfnis nach Opfergaben, kostbaren Geschenken oder päpstlichen Bullen. Der erstbeste Nachbar tritt überaus vorteilhaft an die Stelle von Fürsprechern, Richtern, Kardinälen und Pontifex Maximus. Wenn er seine Formel ausgesprochen hat, ist klar, daß alles zum besten steht und der Verschiedene nichts mehr zu fürchten hat.

Der »Fortschritt der Wissenschaft« ist den Toten übrigens zu Hilfe gekommen, indem er ihnen die Schrecknisse der verfrühten Bestattung ersparte. Der Verbrennungsofen, beruhigender als das *Requiem,* arbeitet anders und rascher. Früher fürchtete man, sich in den Händen des schrecklichen Richters wiederzufinden. Heute zittert man vor Angst, im eigenen Grab wieder aufzuwachen, inmitten der vier Bretter eines Sarges. In der alten Angst hörte man nicht auf zu beten; beim modernen Lampenfieber wird alles *subito* geregelt.

Die Friedhofsangestellten scharren Ihre Asche, ich glaube gemischt mit Kohlestückchen und Schlacke, in einer trostlos etikettierten Urne zusammen, auf deren Wandung manchmal von einem *Wiedersehen* die Rede ist. Man braucht also nichts mehr, man leidet nicht mehr, man ist »glückselig«*.

---

* Vgl. Bloys Protest gegen die Einäscherung, wie er ihn bereits in seinen *Histoires désobligeantes* — »La dernière cuite« — vorträgt.

LXII. ER HAT DEN TOD NICHT GESPÜRT. Nun gut! Es reicht dem BÜRGER noch nicht, nach dem Tode nicht mehr zu leiden. Auch das *während* liegt ihm sehr am Herzen. Wenn es ihm gegeben wäre, Stil zu zeigen, würde er bereitwillig so verfahren wie jene Dame des achtzehnten Jahrhunderts, die sich betrank, um zu sterben — zu Tode trank. Ich weiß nicht, in welchem Maße diese Trunkenheit tröstlich war und wie sie sich mit den panischen Rufen der Unterwelt vereinen ließ. Aber es läßt sich zweifellos immer ein Ausweg finden.

Kurz, worum handelt es sich bei allem, was der BÜRGER will oder tut, wenn nicht um die Leugnung des Wortes Gottes oder seiner Kirche? »Vor dem plötzlichen und unvorhersehbaren Tod bewahre uns, Herr«, sagt sie in ihren großen Litaneien. Folglich ist das Gegenteil erwünscht und muß stets erhofft, wenn nicht sogar gefordert werden. Denn das ist das große Arkanum des BÜRGERS, das Geheimnis seiner Stärke, die Art von organischer Reaktion, die seinen Dunstkreis bestimmt.

Es liegt ihm also unbedingt daran, beim Krepieren nicht zu leiden. Warum unter Schmerzen aus einem Leben scheiden, das letztlich dafür geschaffen ist, bis zum letzten Seufzer ausgekostet zu werden, und das doch »ein so reizender Spaziergang«* sein sollte, wie Renan sagte, der verstopfungsbedrohte Philosoph, der ein so schönes Ende hatte — wenn man doch eines schönen Tages tot ist, gänzlich unter sich, und seine Seele fahrenläßt.

LXIII. MAN MÖCHTE MEINEN, ER SCHLÄFT. Es gibt kaum ein Beispiel dafür, daß ein zur Schau gestellter Leichnam, ob der eines BÜRGERS oder der eines Helden, diesem Gemeinplatz entronnen wäre. Es genügt nicht zu sterben, man muß auch noch das über sich ergehen lassen. Wie oft und unter welchen Zuckungen habe ich das gehört!

---

* Am Todestag von Ernest Renan (2. Oktober 1892) publizierte die Zeitschrift *Le Gil Blas* einen Artikel Bloys mit dem Titel »La fin d'une charmante promenade«.

Aber, o Herr! Was für ein Schlaf! Ich habe fette und fahle und graue Leichname mit allen Zeichen der Auflösung gesehen, die schrecklich und beklagenswert waren wie die tote DUMMHEIT.

Ich habe andere, vielleicht sogar »glückselige« gesehen, denen der Todeskampf ihren Tiercharakter zurückgegeben hatte, den die sinnlosen Regungen ihrer Seelen zu Lebzeiten mehr oder weniger verborgen hielten. Da waren welche, die ähnelten Pferden, Wölfen, Schweinen, Krokodilen, Affen — ich weiß nicht welchen Tieren aus Alpträumen. Einer von ihnen ähnelte, ich wage es kaum zu schreiben, auf monströse Weise einer Wanze.

Ich habe den Leichnam eines großen Dichters gesehen, der weinend gestorben war und auf dessen Antlitz die Tränen eine doppelte Spur hinterlassen hatten.

Ich habe den eines kleinen Kindes gesehen, einem Führer der himmlischen Heerscharen ähnelnd, der die Erlaubnis erhalten hatte, einen irdischen Tod zu sterben, und der, mit geballten Fäusten und geschlossenem Mund, aussah, als warte er entschlossen darauf, wieder einberufen zu werden*.

Schließlich habe ich die schreckliche Erinnerung an einen deutschen Soldaten im Gedächtnis behalten, der 1870 auf dem Schlachtfeld gefallen war. Er war strenggenommen nicht gefallen, weil er mit einem fürchterlichen Bajonetthieb an eine Stalltür genagelt worden war. Die Waffe, die tief ins Holz eingedrungen war, nachdem sie die Brust des Mannes durchbohrt hatte, war nicht wieder herauszuziehen gewesen, und der Täter hatte sich darauf beschränkt, sie vom Lauf seines Gewehrs zu lösen, während er sein Opfer sterben ließ wie einen Waldkauz. Niemals werde ich den Ausdruck von Entsetzen, Grauen und Verzweiflung auf diesem Gesicht vergessen.

Eines Tages zeigte mir ein junger BÜRGER seinen Schwiegervater, der, vor mehreren Stunden verschieden, völlig ins gewohnte Zeremoniell des Totengeleits eingebettet war. Die Todesanzeigen waren verschickt, alle Maßnahmen waren ein-

---

* Möglicherweise eine Reminiszenz Bloys an den Tod Barbeys und an den seines eigenen kleinen Sohnes André, der Anfang 1895 verstorben war.

geleitet worden, und die Beisetzung sollte am folgenden Tag stattfinden.

Es handelte sich um einen verabschiedeten früheren Offizier der guten alten Zeit, einen würdigen und naiven Biedermann, dessen Dummheit ich ebenso geliebt hatte wie seine Rechtschaffenheit.

»Nicht wahr?« fragte mich der Schwiegersohn. »Sieht er nicht aus, als ob er schliefe?«

Ich hatte Lust, diesen Schwachkopf zu ohrfeigen; nachdem ich ihn mir aber aufmerksam angeschaut hatte, wurde mir klar, daß ich mich in Gegenwart eines Dämons befand. Seine Gier, ein paar Groschen zu erben, ließ sich trotz aller Anstrengungen nicht verbergen. »Wenn man krepiert ist, dann für lange«, dachte er zweifellos.

Nachdem ich drinnen ein *De profundis* gesprochen hatte, wollte ich die Flucht ergreifen, um diesem Lebenden zu entrinnen, als der Tote plötzlich die Hand an die Stirn hob und die Augen öffnete...

Mit einer Kaltblütigkeit, die mich erstaunt, wenn ich daran zurückdenke, stürzte ich los, löschte die Kerzen und ließ in einem einzigen Augenblick alle Utensilien der Zeremonie verschwinden. Dann wandte ich mich dem Schwiegersohn zu, der einen Schrei ausgestoßen hatte und dessen heruntergefallener Unterkiefer ihm das Aussehen eines Sohnes der Unterwelt verlieh:

»Holen Sie Ihre Frau«, sagte ich zu ihm; »Sie sehen ja, daß er aufgehört hat zu schlafen.«

LXIV. SIE IST GESTORBEN WIE EINE HEILIGE.
»Am 27. Oktober Morgens fand der Pilger* sie ganz entsetzt und erschüttert. Sie sagte: ›Ich habe heute Nacht ein erschreckliches Bild gehabt, das ich noch immer nicht aus den Augen kriegen kann. Ich betete gestern Abend für die Sterbenden, und wurde zu einer wohlhabenden Frau geführt und mußte

---

* *I.e.* Clemens Brentano, der »Protokollant« ihrer Gesichte.

sehen, daß sie verloren ging. Ich rang mit dem Satan vor ihrem Bette und konnte nicht heran, er stieß mich zurück, es war zu spät. Ich kann nicht sagen, welchen Jammer ich empfand, als er ihre Seele hinwegführte, und sie zusammengekrümmt und scheußlich für mein Gefühl, wie ein Aas, liegen blieb. Ich konnte ihr gar nicht nahe kommen, als ein wenig von oben und fern, wo auch Engel zusahen. Diese Frau hatte einen Mann und Kinder. Sie ward für ganz gutmüthig gehalten und lebte so hin nach der Welt und Mode. Sie hatte einen verbotenen Umgang mit einem Priester, und es war dieses eine lange Gewohnheitssünde, welche sie immer verschwiegen hatte. Sie hatte alle heiligen Sakramente empfangen, und es war die Rede von einer schönen Fassung und Vorbereitung. Sie hatte aber doch noch Angst wegen des Verschwiegenen. Da schickte der Teufel ein fatales, altes Weib, ihre Freundin zu ihr, der eröffnete sie ihre Unruhe. Diese aber sagte ihr, sie solle sich das aus dem Kopf schlagen und keinen Skandal machen, zu geschehenen Dingen müsse man ruhig sein, sie solle sich jetzt nicht mehr beunruhigen, sie habe die Sakramente genommen und Alles erbaut, sie solle sich nicht in Verdacht bringen und ruhig zu Gott gehen. Nun aber befahl das alte Weib, man solle sie allein und ruhig lassen. Die Unglückliche aber verlangte in ihrer Phantasie dem Tode bereits nah noch nach dem Priester, mit dem sie in Sünde war. Und als ich zu ihr kam, fand ich den Satan in Gestalt dieses Priesters vor ihr betend. Sie selbst betete nicht mit, denn sie war sterbend in bösen Gedanken. Der Verfluchte betete ihr alte Psalmen vor, z.B. Israel hoffe auf den Herrn, denn bei ihm ist Gnade und überflüssige Erlösung etc. Er war ganz grimmig gegen mich. Ich sagte ihm, er solle ihr ein Kreuz auf den Mund machen; das konnte er aber nicht. Alle meine Bemühung war umsonst; es war zu spät, man konnte nicht an sie heran, sie starb. Es war gräulich, als der Satan ihre Seele wegführte. Ich weinte und schrie. Das unselige alte Weib kam wieder und tröstete die anwesenden Verwandten und sprach von ihrem schönen Tode. Als ich wegging über eine Brücke in der Stadt, begegneten mir noch einige Leute, die zu ihr wollten. Ich dachte: ach, wenn ihr gesehen, was ich gesehen, ihr würdet vor ihr fliehen. Ich bin noch ganz krank und zittere an Arm und Bein.‹«

Dieser Abschnitt ist dem zweiten Band des unvergleichlichen Werkes *Das Leben der Anna Katharina Emmerich* entnommen, der stigmatisierten Seherin von Dülmen, herausgegeben von Pater Schmöger vom Redemptoristenorden*.

LXV. DEN TOTEN SCHULDET MAN ACHTUNG.

Es ist sinnlos, den Lebenden Achtung zu erweisen, es sei denn, sie gehören zu den Mächtigen. In diesem Falle lehrt die Erfahrung, ihnen besser die Stiefel zu lecken, wenn sie auch schmutzverkrustet sind. Den Toten aber schuldet man stets Achtung.

Mit Ausnahme der Künstler und Dichter, bei denen der Tod keine Entschuldigung darstellt, haben sogar die abscheulichsten Kriminellen Anspruch auf Rücksicht und sogar eine gewisse Verehrung, wenn sie das Leben gelassen haben. Warum? Etwa weil sie »Glückselige« geworden sind? Zu einfach. Versuchen wir, ein wenig tiefer zu schürfen.

Ich habe zu Beginn dieser Exegese gesagt, daß der BÜRGER fortgesetzt und ganz ohne sein Wissen vollkommen überschwengliche Äußerungen tut, die durchaus in der Lage wären, die Welt ins Wanken zu bringen. Aber Gott weiß, daß das nicht seine Absicht ist. Dennoch ist es so, und in der Hoffnung, ebendas zu beweisen, habe ich die vorliegende Arbeit unternommen.

Noch einmal also: Warum versichert der BÜRGER mit solcher Hartnäckigkeit, daß man den Toten Achtung schuldet, es sei denn vielleicht, weil ihm, wie ich bereits weiter oben gesagt habe, eine dunkle Vorahnung einen Wink gibt, sie zu fordern, diese Achtung vor ihm selbst und seinesgleichen, die mit ihrem grellen Anschein von Lebendigkeit doch die wahren Toten und die Toten unter den Toten sind?

---

* Hier zitiert nach *Das Leben der gottseligen Anna Katharina Emmerich. Von P.K.E. Schmöger aus der Versammlung des allerheiligsten Erlösers*. Zweiter Band. Letzte Lebensjahre und Tod. Freiburg im Breisgau: Herder'sche Verlagsbuchhandlung, ²1873, S. 420f.

LXVI. DIE TOTEN KÖNNEN SICH NICHT MEHR WEHREN. Welche Dummheit oder welche Heuchelei! Wieso denn nicht! Aber sie wehren sich doch gerade durch die Achtung, die man ihnen schuldet und die es untersagt, daß man an ihr Andenken rührt. Kann man sich eine bessere Verteidigung vorstellen? Sie ist um so sicherer, als die Toten von einer fortgesetzten Unsicherheit bedrängt werden. Sie haben so häufig — ich werde nicht müde, es zu wiederholen — den Anschein von Leben und werden auf so komische Weise beerdigt! ... Versuchen Sie beispielsweise an die Gambetta-Statue zu pinkeln, und Sie werden auf der Stelle sehen, wie sich, in Gestalt der überspanntesten Strafandrohung, all die schmutzigen Schatten verdichten, gerinnen, kondensieren und schließlich leibhaftig erscheinen, die am Nimbus dieses scheußlichen Aases interessiert sind. Ich nenne das »sich wehren«.

Die Toten wehren sich so gut, daß einem keinerlei Luft mehr zum Leben bleibt. Unter dem Vorwand, den Respekt einzuheimsen, auf den sie Anspruch zu haben behaupten, füllen sie mit ihren Bildnissen und Statuen die Städte bis hinab zu den kleinsten Dörfern. Bald werden sie sich zweifellos auch die Wohnstätten der Citoyens erobern, und ich, der ich zu Ihnen spreche, sogar ich werde mich, bei Androhung schwerer Strafen, eines Tages gezwungen sehen, an meinen Wänden die unseligen Fressen von Édouard Drumont, Doktor Maurice Peignecul [i.e. »Moritz Grobklotz«] oder Émile Zola aufzuhängen, dem *Krüppel der Pyrenäen**.

LXVII. ICH BIN DOCH KEIN DIENSTBOTE oder WENN MAN STILLT. Ich habe geradezu darauf gebrannt, hier anzulangen. Denn in diesem Gemeinplatz fließen all die Fasern, all die Fäden von Gedanken und Gefühlen zusammen,

---

* Bloys Schrift *Das Heil durch die Juden*, o.c., war bekanntlich eine direkte Reaktion auf eine Schmähschrift — *La France juive* — des »Sprachrohrs« des frz. Antisemitismus, Édouard Drumonts (1844-1917). — Die zweite Figur, »Dr. Grobklotz«, ist wahrscheinlich Maurice de Fleury (vgl. S. 146 ff. dieses Bandes). — Was Zola betrifft, trägt das erste Kapitel von Bloys Schrift *Je m'accuse* den Titel »Le crétin des Pyrénées«, als Anspielung auf dessen eigenen gerade veröffentlichten Roman *Lourdes* (1894).

aus denen sich die Seele des armen BÜRGERS zusammensetzt. An diesem Zeichen kann man das Ungeheuer erkennen. Denn es existiert, seinerseits dem Schlamm entsprungen, um den reichen BÜRGER zu verschlingen, sobald das siebente fette Jahr zu Ende geht.

Er hat die Art Häßlichkeit von Barrès*, dem er mit einem Zusatz von Gemeinheit ähnelt. Gute belgische Erziehung und heftige Großschnauzigkeit**. Überdies Anmaßungen von denkerischen Fähigkeiten und einer Art von Allwissenheit. Man wird auf der Stelle davon in Kenntnis gesetzt, daß er genug Griechisch kann, um bei Bedarf das Bürgerliche Gesetzbuch oder die Logarithmentafel in asklepiadäische Verse oder Hinkjamben zu übersetzen. Genauso gut kann er Hebräisch, und auch das Syrische gibt ihm kaum Rätsel auf. Was das Sanskrit betrifft, so ist er darin völlig zu Hause. Er macht übrigens keinerlei Gebrauch von seinen kostbaren Fähigkeiten, und das setzt einen in Erstaunen. Aber er will nicht blenden; es genügt ihm, wenn man weiß, daß er sie besitzt.

Die Fingernägel, außerordentlich lang und zu Albatroskrallen zugespitzt, bilden einen merkwürdigen Kontrast zur ständig herabhängenden Unterlippe, zum aschfahlen Gesicht und zu den schwarzgeränderten Augen. Ein Freund hatte mir seinerzeit geraten, mich vor Leuten in acht zu nehmen, die Mundgeruch und schmutzige Füße haben, was bei ihm ebenfalls zutrifft. Ich habe unrecht daran getan, diese prophetische Warnung in den Wind zu schlagen. Hätte mich nicht schon der bloße Name Edgar mißtrauisch machen müssen?

Was wollen Sie? Ich glaubte, ihm einiges schuldig zu sein, und trieb die Unvorsichtigkeit so weit, ihm Gastrecht in meinem Haus anzubieten, weil ich ihn in sehr bedrohter Lage wußte. Als er mir zu verstehen gab, er sei doch kein Dienstbote, was nicht allzulange auf sich warten ließ, begriff ich die

---

* Maurice Barrès (1862-1923), nationalistischer und traditionalistischer Verfechter eines *culte de moi*, ist eine der *bêtes noires* von Bloy, der ihm bereits im Oktober 1892 einen feindseligen Artikel, »Petite Secousse«, gewidmet hatte.
** Der (ungenannte) belgische Dichter mit Frau und Kind, die Bloy 1900/01 beherbergt hat (vgl. *Journal*, III, 70 ff.).

Ungeheuerlichkeit meiner Dummheit. Aber es war schon zu spät.

Was soll ich noch sagen? Es kam zu religiösen Spiegelfechtereien... Dieser freie Mensch, Nachahmer und unermüdlicher Abschreiber eines nur allzu bekannten Schriftstellers, steckte voller Bibeltexte und Wendungen. Da ich ihn allerdings nie zuvor *gesehen* hatte, ließ ich die entmutigenden Effekte seiner Fassade außer acht. Das vor allem mag mich entschuldigen.

Er hatte, leider, auch eine Gefährtin, die auf den Namen Raphaële hörte, und sogar ein kleines Kind, ein unglückseliges Wesen, das, wie ich fürchte, zu einer mörderisch-fahrlässigen Erziehung ausersehen war. Diese Mutter, eine strohblonde Flämin mit weichem, blassem Fleisch unter einer schmutzigen Haut, mit staubgrauen Augen, fliehendem Blick und dem fest geschlossenen Mund einer Knauserin, die sich von der hochmütigen Haltung der Mona Lisa beeindruckt zeigt, war womöglich noch widerwärtiger als ihr Gatte.

Er jedenfalls *stillte* nicht. Er begnügte sich damit, sich ernähren zu lassen und eine Feder zu haben, denn er rühmt sich unaufhörlich, eine Feder zu haben, eine arme Teufelin von alter Feder aus dem Ausschuß meines Federkastens, die er gegen mich verwenden zu können hofft.

Aber sie! Gerechte Götter! Sie gehörte zu jenen Frauen, denen die Tatsache, daß sie stillen, bei den Männern einen gehobenen Grad von Bewunderung einträgt. Breitbusig, schlaff, die Seele in Pantoffeln, trödelte sie von morgens bis abends transusig herum und hatte kaum die Kraft, mit einer Stimme, die erschöpft war vom Wunder ihrer unübertrefflichen Würde, die Aufmerksamkeiten und Aufwartungen einzufordern, die man ihr angeblich schuldete.

Der Gipfel der Unzumutbarkeit wäre es gewesen, ihr vorzuschlagen, irgend etwas zu tun. »Haben Sie vergessen, daß ich stille? Halten Sie mich für einen Dienstboten?« hätte diese träge, mit einem gelehrten Ehegespons zusammengeschirrte Zimmerjungfer geschrien. Die bloße Vorstellung erschien ihr schon monströs und wäre gleichbedeutend gewesen mit dem verrückten Ansinnen, Backerbsen vor dem heiligen Sakrament zuzubereiten.

Ich will gar nicht erst versuchen, Edgars Ekstasen zu beschreiben. Er konnte es gar nicht fassen, eine stillende Frau zu haben, und schaute sich das alles den ganzen Tag lang mit hängender Unterlippe an, wobei er sich lyrisch darüber entrüstete, für sie und vor allem für sich selbst nicht die erlesenen Fleischgerichte und saftigen Stücke aufgetischt zu sehen, die er an meiner Tafel zu finden gehofft hatte. Denn dieser Hellenist schlang in sich hinein wie bei Homer.

Ich habe dieses anmutige Paar drei Monate lang bei mir behalten und vollgestopft. Gleichwohl hatte ich schon in der ersten Woche genug davon. Aber es war Winter. Meine Frau, die später schriftlich mit schrecklichen Verleumdungen überhäuft wurde, flehte mich an, Geduld zu üben, und wir hatten Mitleid mit dem Kind. Am Ende gedachte Gott unser, und ein doppeltes Wunder geschah. Die Schädlinge, die ein besseres Wirtstier gefunden zu haben glaubten, verließen uns, und mir fiel eine Beihilfe vom Himmel herab, die ich benutzte, um die gewaltigen Ausgaben zu bezahlen.

Letzten Monat tauchte Edgar, den ich in den Tiefen des Nadirs glaubte, erneut auf, um mich — *im Namen Marias!* — um eine beträchtliche Summe anzupumpen. Jedermann weiß, daß ich Bettelmönch bin, und nutzt das aus. Der Ausdruck meiner Überraschung und das Eingeständnis meines Unvermögens trugen mir alsbald einen flegelhaften Brief ein, den ich als kostbares Dokument verwahre, das der Erhellung der Geschichte des armen BÜRGERS zu Beginn des 20. Jahrhunderts dienen soll.

Das Brot verachten, mit dem man sich an der Tafel der Bedürftigen vollgestopft hat, und ihnen im Gegenzug dafür eine Flut von Beschimpfungen schicken, in denen alle naselang frömmelnd der Name Gottes angerufen wird; mit einer Idiotin gepaart sein, die den erhabenen Akt des Stillens vollzieht, und bei alledem den Heroismus so weit treiben, daß man kein Dienstbote sein will, während man doch so heiligmäßig gerüstet ist, Nachttöpfe auszuleeren und sie bedachtsam zu säubern — das sind die Hauptmerkmale dieses Gefräßigen Deiner Art, der Dich bedroht, reicher BÜRGER, und aus Brabant kommt, um Dich zu verschlingen*.

LXVIII. ICH BRAUCHE NIEMANDEN. Also bin ich Gott. Bemerkenswert ist, daß dies die *notwendige* Schlußfolgerung beinahe jedes bürgerlichen Ausspruchs ist. Ich habe mehr als einmal darauf aufmerksam gemacht. Die Gemeinplätze gehen damit ineinander über wie die Rohrglieder eines Teleskops oder die Waggons eines Schnellzuges, der mit einem Güterzug zusammenstößt. Das ist für den Zuschauer vergnüglich, aber auf die Dauer lästig.

Das Wiederkäuen, die Wiederholung ist die nahezu unvermeidliche Klippe eines Buches dieser Art. Dennoch hoffe ich, daß mir die Kraft beschieden sein wird, bis zum Ende durchzuhalten. Da ich nicht die Ehre habe, BÜRGER zu sein, fällt es mir leicht, zuzugeben, daß ich jedermann brauche, angefangen mit eben dem BÜRGER, der mir meinen Stoff liefert und der, weil er gleichwohl unserer unbeständigen Gattung angehört, den aufmerksamen Beobachter mannigfaltig belohnt.

LXIX. DIE GROSSEN SCHMERZEN MACHEN STUMM. Und das will besagen, daß das Schweigen von M. Ignibus, dem berühmten Hutmacher, der gerade seine Frau auf einem Vorstadtfriedhof zu Grabe trug, nachdem er sie mit Sombrero-Schnipseln vergiftet hatte, einen sehr viel größeren Schmerz zum Ausdruck bringt als die *Lamentationes* von Jeremia, die nicht weniger als hundertfünfzig Verse zählen, hoch erhaben wie jene biblischen Berge, auf deren Gipfel ein Löwe brüllt.

Daran ist auch nicht der Schatten eines Zweifels. Der BÜRGER, der sich auf Schmerz versteht — man kann sich darauf verlassen: Niemand weiß ihn anderen besser zuzufügen als er —,

* Siehe *Le Fils de Louis XVI*, Kap. X, wo ich die schwierige Frage der *Dienerschaft* grundlegend behandelt habe. [Anm. d. Autors]

liebt die großen Tränen nicht, die Angst einflößen, und das Gezeter der Klageweiber mißfällt ihm. Er ist ein einfacher Mensch.

Es kann ihm, genau wie dem Erstbesten, passieren, daß er ein Schwachkopf oder eine Kanaille ist. Das ist menschliches Geschick und menschliche Hinfälligkeit. Sein Schmerz aber, sein ureigenster, kann nur groß und stumm sein. Da hilft alles nichts. Versuchen Sie, sich einen Fabrikanten von Kautschukschläuchen vorzustellen, einen Konstrukteur von Spiralfedern für elastische Matratzen, einen Briefpapiergummierer, einen Wegebaumeister erster Klasse oder einen Bausachverständigen, wie sie schreckliche Schreie ausstoßen oder den Lyrismus eines Sophokles verströmen, um den Hingang eines Familienmitgliedes zu betrauern!

LXX. »QUO VADIS?« Schieben wir hier rasch diesen literarischen Gemeinplatz ein, der morgen schon nicht mehr existieren wird, der aber — und mit welchem Ungestüm — seit derart vielen Monaten grassiert*. Oh! Ich habe nicht die Absicht, mich zu diesem dummen Buch zu äußern, das von seinem eigenen Erfolg so streng verurteilt und doch einhellig von Katholiken und Protestanten bewundert wird, was intellektuell die Schande aller Schanden ist. Man hat es sogar Geistliche von der Kanzel herab zitieren hören! ...

Ich wollte lediglich eine Anekdote erzählen. Hier ist sie. Eines Tages hasteten auf dem Bahnhof von Lagny zwei Kleriker, die, wie ich nur zu gern glauben würde, zur gescheiten Diözese von Meaux gehörten, vor mir her. Der eine, eiligere, der beiden stürzte urplötzlich auf eine Bedürfnisanstalt zu. »*Quo vadis?*« rief ihm sein Mitbruder hinterher. Ich habe die Antwort nicht verstanden, die mir übrigens ganz gleichgültig war.

---

* Sienkiewicz' berühmter Roman war 1900 in frz. Übersetzung erschienen. Bloy las ihn im August 1901 und notiert dazu: »*Quo vadis?* gelesen, dessen gewaltiger Erfolg mir unerklärlich erscheint. Das ist doch so mittelmäßig, wie es sich die Kanaille nur wünschen kann, aber so langweilig!« (*Journal*, III, 128).

LXXI. AUCH DAS SCHÖNSTE MÄDCHEN DER WELT KANN NICHT MEHR GEBEN, ALS ES HAT. Das Folgende spielt in der von den Deutschen belagerten Umgebung von Sully-sur-Loire. Die vor einigen Tagen noch siegreiche französische Armee verlief sich auf allen Straßen. Ungeheures Debakel. Die Kälte war schrecklich, entmutigend.

Vier junge Männer, Angehörige wer weiß welchen Linienregiments, schlichen sich eines traurigen Abends wie Wölfe in ein alleinstehendes Haus in unmittelbarer Nähe der Wälder. Sie wußten nicht mehr, wo ihre Einheit war, und es lag ihnen genaugenommen auch nichts daran, weil sie aufgrund von Übermüdung, Kälte und Hunger in einen Zustand völliger Mutlosigkeit verfallen waren. Irgend etwas zu essen und ein paar Stunden Schlaf in einer warmen Umgebung — das war jetzt ihr einziges Bestreben, ihr letztes Ziel.

Unglücklicherweise erschien ihnen das Haus, in das sie gerade eingetreten waren und dessen Tür sie nur leicht anzustoßen brauchten, nicht als der erträumte Platz. Sie hatten den Eindruck, daß es drinnen noch kälter war als draußen, und auch die genaueste Untersuchung ließ sie nicht auf irgendeine Brotkruste stoßen, geschweige denn auf eine Scheibe Schinken, eine Kartoffel, eine Flasche Wein oder sonst etwas Eß- oder Trinkbares. Die Kate war offensichtlich schon seit Wochen verlassen.

Die ganze Durchsuchung vollzog sich allerdings, notdürftig genug, nur mit Hilfe einiger Streichhölzer und eines Kerzenstummels. Keinerlei Hoffnung auf ein wärmendes Feuer, denn Holz oder Kohle waren ebenso unauffindbar wie jeglicher Mundvorrat, und sie hatten kein Werkzeug, um die Holzverschalung zu zerkleinern. Einen Augenblick lang dachten sie daran, das ganze Haus anzuzünden, aber sie erinnerten sich nahezu auf der Stelle, daß nichts so wenig erwärmt wie eine Feuersbrunst und daß eine Zuflucht wie diese Hütte letztlich doch besser war als der Blick zu den Sternen. Und überdies gebot die Vorsicht, nicht allzuviel Aufmerksamkeit zu erregen. Man wußte schließlich nicht, wer sich alles in der Nachbarschaft herumtrieb. Sterbensmüde und ausgehungerter denn je ließen sie sich endlich auf alte Polster plumpsen, die die Konsistenz von Mühlsteinen hatten, und versuchten einzuschlafen.

Diese arge Ruhe währte nicht lange. Sie waren so unvorsichtig gewesen, die Tür nicht zu verriegeln, die plötzlich mit Gewalt aufgestoßen wurde und den Weg für drei große Teufel von Freischärlern freimachte, denen mit einigem Abstand eine bayerische Patrouille unter dem Kommando eines Offiziers mit einer fürchterlichen Physiognomie folgte, der mit dem gelben Strahl seiner Lampe hinter ihnen herleuchtete. Eine Salve von Gewehrschüssen begleitete ihr Verschwinden in der Festung. Die Schläfer hatten sich mit einem Schlage aufgerichtet, und die Tür wurde augenblicklich wieder geschlossen, verriegelt und verbarrikadiert.

Bis zum Morgengrauen, das noch weit war, ließ man diese sieben Männer in Ruhe, die damit Zeit hatten, Bekanntschaft zu schließen, und allesamt gleich ausgehungert waren. Kaum dämmerte der kältestarre Morgen herauf, als die Belagerung begann.

Die armen Jungen versuchten sich zu verteidigen, aber was konnten sie gegen diese Überzahl ausrichten? Ihr Asyl wurde nur zu bald gestürmt. Einer der Partisanen genoß so viel Schutz der himmlischen Heerscharen, daß er in voller Montur aufgeschlitzt wurde. Die anderen, in einem viel zu kleinen Raum zusammengedrängt und überdies völlig entkräftet, ergaben sich. Ihr Schicksal war auf der Stelle besiegelt. Die Bayern nahmen wenig Rücksicht auf Partisanen oder versprengte Einzelkämpfer, und die standrechtliche Erschießung regelte in diesen Zeiten alles.

Und folgendes geschah dann. Im letzten Augenblick erbat sich der jüngste dieser Unglücklichen die Vergünstigung, vor dem Tode noch *ein Stück Brot zu essen*. Der bayerische Hauptmann, wie bereits erwähnt eine Person von scheußlicher Häßlichkeit, der beweisen wollte, daß er wenigstens Geist besaß, und zwar französischen Geist, wies mit der Hand auf die Gewehre des Erschießungskommandos und sprach die folgenden Worte, denen auf der Stelle das Signal zum Feuern folgte:

»La blis chôlie fille ti monte né beut tônner qué ce qu'elle a...«

Wenn ein BÜRGER mir vom hübschesten Mädchen der Welt erzählt, denke ich mir, daß das niemand anderer sein kann als der Tod und daß dieses arme Kind vielleicht seit dreißig Jahren noch immer Hunger hat.

LXXII. UNMÖGLICHES KANN MAN VON NIEMANDEM VERLANGEN. Napoleon, der größte Initiator von Gemeinplätzen, der je war, hat erklärt, das Wort *impossible* gäbe es im Französischen nicht. Die heutige, viel weniger epische Generation hat ein umfangreicheres Wörterbuch. Im Gegensatz zu dem, was zwischen 1805 und 1809 passierte, sind heute mehrere Dinge unmöglich geworden. Aber gibt es etwas, was dermaßen unmöglich wäre, wie für nichts und wieder nichts Geld an jeden Hergelaufenen zu verteilen? Sogar die entfesselten Lüstlinge schrecken vor der Vorstellung zurück, in andere Hände übergehen zu lassen, was sie für den Verrat ihres Erlösers erhalten haben.

Ich hoffe, man wird mir Dank wissen für die absolut unbekannte Anekdote, die hier folgt:

Vor zwanzig oder fünfundzwanzig Jahren forderte die heilige Ritenkongregation, mit der sich die römisch-katholische Kirche schmückt und die ganz und gar nicht simonisch ist, ein lächerliches Trinkgeld von 175 000 Francs, um sich angemessen mit dem Seligsprechungsprozeß von Christoph Kolumbus befassen zu können.

Alle Hindernisse waren aus dem Wege geräumt worden. Sechshundert Bischöfe hatten das *postulatum* unterzeichnet, und die geistliche Welt wußte, daß dieser Akt gewaltiger Gerechtigkeit, einst so glühend von Pius IX. ersehnt, der vor zwei Generationen sein förmlicher Befürworter gewesen war, beinahe durch Akklamation beim Vatikanischen Konzil genehmigt worden wäre.

Der jetzt verstorbene Postulant hätte die Summe zahlen können. Er war ein hochbetagter Mann, der jeden Tag dem

Tod ins Auge blickte, aber tief im bürgerlichen Styx versunken und gegen jeden Gedanken an Verzicht gefeit.

»Warum zahlen Sie denn nicht?« fragte ich ihn im Jahre [18]92, zur Zeit der Jubelfeiern zum vierhundertsten Jahrestag der Entdeckung Amerikas. »Es sind jetzt vierzig Jahre, daß Sie sich mit dieser Sache befassen, die Ihr einziger Fall ist. Sie sind alt und haben keine Kinder, Sie werden bald sterben. Sie haben genug, um bis ans Ende Ihrer Tage *in Ehren* leben zu können, selbst wenn Sie diese infamen Richter befriedigt haben. Berauben Sie Ihre letzte Stunde doch nicht dieses Trostes.«

»Mein Lieber«, antwortete er mir mit der leisen Stimme eines gefangenen Insekts: »*Unmögliches kann man von niemandem verlangen.* Gerade weil ich alt bin, kann ich das nicht tun. Als ich jung war — nun gut; aber jetzt, überlegen Sie doch mal!...«

Kurz nach dieser Weigerung, die zweifellos von JEMANDEM erwartet worden war, raubte ihm eine Reihe von verheerenden Spekulationen Schlag auf Schlag die Gesamtsumme von *hundertfünfundsiebzigtausend Francs**.

LXXIII. GEBRANNTES KIND SCHEUT DAS FEUER**. Ich setzte Sie davon in Kenntnis, mein Herr, daß Sie binnen der und der Frist zwölf Dutzend Ohrfeigen und die gleiche Zahl von Fußtritten erhalten werden, ganz zu schweigen von den kleinen Nebensachen, die das weibliche Publikum erheitern werden. Es wird nicht zuviel Verzicht und Seelenstärke für *zwei* Männer bedeuten, das auf sich zu nehmen. Damit sind Sie, als Beschuldigter, vollkommen im reinen.

Im Grunde genommen wäre das eigentlich ein Mittel, in

---

* Die fragliche Person ist mit größter Sicherheit Graf Roselly de Lorgues, ein gemeinsamer Freund von Barbey und Bloy. Es hat den Anschein, daß der Bericht über den Vorfall genau ist, wenn auch mit symbolischer Intention. Lorgues, dessen *Christophe Colombe. Histoire de sa vie et de ses voyages...*, 2 Bde., bereits 1856 erschienen war, war jedoch nicht in demselben Maße von Kolumbus begeistert wie Bloy und zog es vor, die »Sache« ruhen zu lassen.
** Frz. *un homme averti en vaut deux.*

Kriegszeiten die Truppenstärke beträchtlich zu erhöhen oder zumindest, im schlimmsten Falle, die Standhaftigkeit unserer Soldaten zu *verdoppeln,* ja sogar ihre Beweglichkeit. Eine Frage, die zu untersuchen bleibt.

LXXIV. WAS WOLLEN SIE! MENSCH IST MENSCH. Was für ein hübscher und liebenswerter junger Mann ist Pilatus doch, wenn man ihn mit der überwältigenden Mehrzahl der Leute vergleicht, die ihre Hände in Unschuld waschen. Diese seit mehr als zweitausend Jahren erzabgedroschene Wendung wurde mir kürzlich von einem liebenswürdigen BÜRGER, der saubere Hände zu haben schien, zur Rechtfertigung eines anderen, schrecklichen aufgetischt, den anzuklagen — und zwar mit äußerster Empörung — ich so kindisch war. Er wagte nicht, wie der heilige Johannes, hinzuzufügen: *Ecce rex vester,* sehet, das ist euer König, weil der BÜRGER nie sein Inneres nach außen kehrt, aber was hätte er tun können, um nicht in diesem Innersten daran zu denken?

Der Mensch, den er mir so unbestimmt zeigte, war in das Purpur des Blutes der Armen gekleidet, und von seiner schrecklichen Dornenkrone rieselten Blutstropfen herab. Nun gibt es aber nur einen Menschen, der wirklich der MENSCH ist, und es ist schrecklich, ihn derart zu benennen, denn es kann vorkommen, daß man nicht mehr unterscheiden kann zwischen dem, der führt, und dem, der geführt wird, zwischen dem, der rettet, und dem, der tötet. Was für eine schreckliche Situation ist doch die eines Verwaisers der Seelen, der so tief gefallen ist, daß er nur noch das Aussehen eines Menschen haben kann, wenn er sich, durch eine namenlose Maskerade, den unaussprechlich heiligen Plunder von Gabbatha anlegt!

LXXV. SICH MIT DEM HIMMEL ABFINDEN*. Vielleicht mit dem Himmel, aber nicht mit dem BÜRGER,

---

* Zum Gemeinplatz umgemünztes Molière-Zitat: »*Le Ciel défend, de vrai, certains contentements;* / *Mais on trouve avec lui des accomodements*« — »Der Himmel zwar verbietet mancherlei Genuß, / Jedoch sich mit ihm abzufinden fällt nicht schwer« (*Tartuffe,* IV, 5; übers. v. G. Fabricius).

wenn es sich um Molière handelt. Daran läßt er nicht rühren. Alles, was Sie wollen, aber das nicht.

Entweihen Sie die Sanktuare, die heiligen Reliquien, das grauenhafte Sakrament des Altars, sei es. Aber lassen Sie die Finger von Molière.

Dieses Gebot ist um so bemerkenswerter, als der BÜRGER Molière überhaupt nicht kennt. Er weiß nur eben, daß dieser berühmte Mann viel über Gehörnte gesagt hat — was ihm schmeichelt — und daß er der Autor einer Komödie mit dem Titel *Tartuffe* ist, in der die Beleidigung der Frömmigkeit angeregt wird. Er ist unerschütterlich überzeugt, daß Ludwig XIV., von so viel Genie gebannt, ihn eines Tages an seiner Tafel speisen ließ und daß der ganze Hof darüber ins Staunen geriet. Das ist, glaube ich, sogar das einzige Faktum aus der Regierungszeit Ludwigs XIV., das er zu zitieren weiß, und seine unsterbliche Dankbarkeit gilt dieser Mahlzeit, bei der er so tief spürt, daß, in der Person Molières, er selbst eingeladen war.

Zur Zeit meiner grünen Jugend, das heißt vor etwa fünfunddreißig Jahren, eröffnete Jules Vallès eine Art Plebiszit gegen Molière. Damals gab es eine Wochenschrift, *La Rue*, die von diesem künftigen Agitator geleitet wurde, und darin eine Spalte, in der jedermann mit ganzer Kraft gegen den *Misanthrope* zu protestieren aufgefordert wurde. Ich erinnere mich, daß es einen kleinen Aufruhr in den seriösen Blättern gab, aber sehr wenige Zuschriften. Der BÜRGER reagierte nicht mehr als heute, unmöglich, aber er war ganz einfach etwas weniger ungebildet und schien manchmal sogar zu lesen. Ich weiß nicht, ob das Vorhaben von Vallès heute mehr Erfolg hätte. Aber ich finde, daß unsere Epoche sehr viel schöner ist, weil sie eine Zeit des Glaubens ist. Molière bewundert man heute so, wie die Athener den Unbekannten Gott anbeteten.

LXXVI. IM HIMMEL ERKENNT MAN SICH WIEDER. Weil wir gerade dabei sind, bringen wir schnell noch diesen anderen Gemeinplatz über den Himmel auf den

Weg. Er kommt aus der Sakristei, muß ich das eigens sagen?

Im Himmel erkennt man sich wieder, das heißt, wenn man an diesem Ort der Glückseligkeit eingetroffen ist, was zwangsläufig allen Bürgern und Bürgerinnen zustößt; dann wird man nicht mehr der Unannehmlichkeit ausgesetzt sein, Scharen von Leuten seine Identität beweisen zu müssen. Man wird erkannt und erkennt auf der Stelle die anderen wieder. Das wird Bestandteil des immerwährenden Glücks sein. Man vermeidet so den Kontakt mit den Parvenüs und den Intriganten aller Art, die, weil sie auf Erden keine Bürger gewesen sind, mit aller Unverschämtheit beanspruchen, es wenigstens im Himmel zu werden, in alle Ewigkeit. Aber das alles ist ja so gut geregelt, daß kein Anlaß besteht, sich auch nur einen einzigen Augenblick dabei aufzuhalten.

LXXVII. PRIESTER SIND MENSCHEN WIE ANDERE AUCH. »Wie andere auch« ist zweifellos eine Höflichkeitsform. Ganz sicher ist, daß ein Mensch, der Enthaltsamkeit praktiziert und jeden Tag die Messe liest, viel geringer ist als die anderen. Wenn der Bürger nicht so gut wäre, würde er mit mehr Genauigkeit und Sicherheit sagen, daß die Priester *keine* Menschen wie andere auch sind. Ganz im Gegenteil. Aber es gehört sich nun einmal, großzügig zu sein und niemanden zu überfahren, zumal das Denken des Bürgers ja kein *Automobil* ist.

Und dann sind ja nicht alle Priester einander gleich. Es gibt, Gott sei Dank, noch welche, und nicht zu knapp, die nicht in den Wolken schweben, die fürs Seriöse sind, fürs Solide, fürs Komfortable. Die lassen den anderen den Vortritt. Man kann sie empfangen, sie zum Essen einladen, ihnen Aufträge erteilen, ihnen Pakete anvertrauen, sie benutzen — was jene Unruhestifter etwas in der Wolle färbt, die immer von priesterlicher Würde sprechen.

Es gibt sogar welche, die gut gestellt sind, die viel Geld verdienen. Natürlich liegen wir vor denen auf dem Bauch.

Im Prinzip aber reißen wir uns für die Priester nicht in Stücke. Das Leben ist kurz. Und vergessen wir nicht, daß der Gemeinplatz, der uns hier beschäftigt, eine Gegen-Wahrheit ist, eine geheimnisumwitterte Antiphrase, und daß er den Tod in sich bergen kann.

LXXVIII. JEDER FÜR SICH UND GOTT FÜR UNS ALLE. Mme Plutarque, die Besitzerin des alteingesessenen Hauses »Plutarque und Onkel, Papier- und Devotionalienhandlung«, hält vor dem heiligen Sakrament in ihrer Pfarrkirche ihre tägliche Andacht ab.

»Lieber Sohn des Allmächtigen«, sagt sie, sich eines der Gebetbücher des Hauses Mame oder Poussielgue bedienend, die über jedes Lob erhaben sind, »o mein sehr lieber Herr, der Du in diese Welt gekommen bist, die Sünde daraus zu vertreiben, habe Mitleid mit denen, die in diesem Unrat leben und im Schatten des Todes seufzen ... Ich bitte Dich, uns aus Anlaß des Jubiläums etwas mehr Kundschaft zu schicken. Wenn das nicht der Fall ist, werden wir nie mehr unsere alten Baumwollskapuliere los, an denen bereits die Würmer zu nagen beginnen, und Du weißt, daß wir noch so viele davon haben ...

O Du Lamm Gottes unschuldig, das sich mit solcher Liebe für unsere Sünden opfert, habe Mitleid mit ihrem Zustand, und befreie sie von der Knechtschaft des Teufels durch das Verdienst Deines Opfers ... Ich fürchte, ich habe eine zu große Bestellung von Porzellanweihwasserbecken aufgegeben. Manche unserer Kunden beklagen sich, daß sie zu teuer sind. Aber das ist ein günstiger Artikel, den ich gleichwohl nicht im Preis heruntersetzen kann. Man hätte nur nicht mehr von sich hören lassen sollen. Glücklicherweise zerbrechen sie schnell und werden immer gebraucht. Man kann sich an der Menge schadlos halten ...

Unsere Sünden, o göttlicher Erlöser, haben Deine Henker mit den Instrumenten Deiner Marter ausgestattet ... Aber Geschäft ist Geschäft, und es ist fast unmöglich, mit seinem Geld auszukommen, wenn man die Ware zu billig hergibt.

Und dann kommt auch noch die tote Saison, wo es einem nicht gelingt, auch nur einen Katechismus zu verkaufen, eine Flasche Tinte oder ein Blatt Papier. Wenn man von Zeit zu Zeit einen kleinen seichten Roman anböte, einen kleinen Dummejungenstreich, ein ganz kleines Kartenspiel mit mehr oder weniger durchsichtigen Karten, mein Gott!, das geht doch die an, die es kaufen, oder? Übrigens mache ich solche Geschäfte, wie Du weißt, nur mit wohlsituierten Herren vorgerückten Alters. Was ist Schlimmes daran? Ach! Lieber Herr Jesus, mische Dich nie ins Geschäftsleben ein! ...

Dieses Mysterium lehrt uns die Abtötung des Fleisches. Um die Marterung des Erlösers nachzuahmen, haben die Heiligen blutige Geißelungen auf sich genommen ... Oh! Das bringt nicht mehr viel, das Geißelgeschäft! Wenn wir einige schlaffe Seile des heiligen Franziskus verkaufen, ist das schon das Höchste. Was das Roßhaar betrifft, brauchen wir gar nichts mehr davon, ich verstehe das. Blieben uns einige alte Büßerhemden, von denen wir sagten, sie hätten dem Pfarrer von Ars gehört, wie das so häufig vorkommt in unserer Branche. Wir haben so viel Mühe gehabt, sie loszuwerden, daß wir darauf verzichtet haben, neue zu beschaffen ...

Ich erkenne, o Jesus, es ist Dein Tod, der in mir die Sünde abgetötet hat. Es ist Deine Auferstehung, die mich befreit hat aus dem Grab der Schande, in dem ich so lange den Schlaf des Todes geschlafen habe ... Tatsächlich, unser Haus wird expandieren, trotz allem. Der Suppositorienhersteller macht nichts mehr. Es müßte schon mit dem Teufel zugehen, wenn er uns seinen Pachtvertrag nicht zum halben Preis ließe. Er ist übrigens ein Dreyfus-Anhänger, und wir tun alles, was in unseren Kräften steht, damit er Bankrott macht. Das wird ihm recht geschehen. Was seine Tochter angeht, die es auf der Brust hat, so tust Du gut daran, sie zu Dir zu nehmen. Wir haben versucht, ihr Gutes zu tun, und sind auf komische Weise dafür belohnt worden. Hat ihr Vater uns nicht den Vorwurf gemacht, wir brächten sie um, wenn wir sie den ganzen lieben langen Tag im Geschäft stehen ließen, als ob wir für die Krankheit unseres Nächsten verantwortlich wären! Jeder für sich und Gott für uns alle. Als sie nicht mehr fähig war zu arbeiten, haben wir sie an die Luft gesetzt, wie es sich gehört. Du hättest es doch ebenso gemacht, nicht wahr, mein Erlöser? Jetzt soll man mich verleumden, wie man nur will, ich werde mein Kreuz bis zum Ende tragen — mit Hilfe Deiner Gnade. Die Liebe meines Gottes soll mir genügen in diesem Jammertal und in der glückseligen Ewigkeit. Amen.«

LXXIX. GEMÄCHLICH SEINES WEGES ZIEHEN.

»Alexander der Große schleifte nach siebenmonatiger verbissener Belagerung die uneinnehmbare Stadt Tyros. Um sie für diesen hartnäckigen Widerstand zu bestrafen, ließ er zweitausend Einwohner, die der Wut seiner Soldateska entgangen waren, ans Kreuz schlagen. Dann zog er gemächlich seines Weges in Richtung Ägypten.«

Also sprach vor etwa vierzig Jahren im Gymnasium von Périgueux ein würdiger Geschichtsprofessor, dem wir beinahe täglich schreckliche Streiche spielten, die er kaum bemerkte.

Dieser »gemächliche Schlendrian« ist mir, zusammen mit dem Namen Alexander und der Gestalt dieses Lehrers, wie eine Art Mastix in Erinnerung geblieben. Es war nicht mehr möglich, sie zu trennen, und aufgrund des Phänomens der Ideenassoziation kann ich diesen Gemeinplatz nicht hören, ohne auf der Stelle die heldenhaftesten Gestalten in gemächlicher Gangart an mir vorbeiziehen zu sehen, nach Verübung irgendeiner grandiosen Schandtat. Beispielsweise Napoleon nach der Schlacht an der Beresina oder, wenn man das vorzieht, den liebenswerten Nero, der, wie ich wohl weiß, nur ein Schwachkopf war, aber ein Weltherrenschwachkopf, der ebenfalls gemächlich seines Weges zog, eines Weges, der von ans Kreuz geschlagenen und brennenden Christen gesäumt war, wie das Tacitus erzählt, *ut cum defecisset dies, in usum nocturni luminis urerentur**.

* »... oder sie wurden, ans Kreuz geschlagen und für den Flammentod bestimmt, nach Tagesschluß als Beleuchtung für die Nacht verbrannt« (*Annales*, XV, 44; übers. v. W. Sontheimer).

Der BÜRGER, seinerseits Erbe und Nachfolger dieser schrekkenerregenden Persönlichkeiten, geht ebenfalls seinen gemächlichen, von Scheißhaufen gesäumten Weg, der zum Tode führt.

LXXX. DEN TEUFEL TAUGEN. Wo ist denn der Ehrenmann, der sich rühmen könnte, so viel wert zu sein? Man denke nur: So teuflisch er sein mag, ist er doch auch ein Engel und der Herr einer großen Menge himmlischer Heerscharen. Wenn dieser Straßen- und Brückenmeister und jener Gendarmerieoffizier darunter verstehen, daß man nicht viel oder rein gar nichts wert ist, täuschen sie sich auf ganz erstaunliche Weise. Von einem Menschen zu behaupten, daß er nicht gerade ein Milliardär sei, setzt ebensowenig voraus, daß er notleidend ist. Man kann eben nicht keinen Pfifferling, keinen Teufel wert sein und dennoch unermüdlich den moralischen und intellektuellen Wert einer unendlichen Zahl von BÜRGERN kapitalisieren. Was ist also von jemandem zu halten, der den Teufel taugt oder wert ist?...

Man müßte auf das achten, was man sagt. Der Teufel liebt es nicht, wenn man sich mit ihm vergleicht, es sei denn, um zu erklären, daß man ihm nicht ebenbürtig ist und es Worte gibt, ihn herbeizuzitieren. »Wenn wir nicht zu Gott oder für Gott sprechen«, hat ein wenig bekannter Schriftsteller gesagt, »ist es der Teufel, zu dem wir sprechen, und er hört uns in fürchterlichem Schweigen zu*...«

LXXXI. DER UNZUFRIEDNE HAT OFT ZUVIEL, ABER NIE GENUG**. Versuchen Sie einmal, BÜRGERN verständlich zu machen, daß es tatsächlich Grund zur Klage gibt und die überwältigende Schönheit einer Braut auch

---

* Zweifellos ein Selbstzitat, das aber bisher nicht lokalisiert werden konnte.
** Frz. *se plaindre que la mariée est trop belle,* das heißt »klagen, anstatt sich zu freuen; grundlos klagen«.

Nachteile haben kann! Ach! Wie weit sind sie doch von dieser Furcht und von diesem Stoßseufzer entfernt! Sie müssen unbedingt Gattinnen von vollkommener Schönheit haben. Ich brauche mich nur umzuschauen. Es ist unglaublich, es ist erschreckend, es ist betörend! Ich weiß nicht, woher diese Schweine sich ihre Frauen holen.

Natürlich sehen sie, wenn sie einmal bei diesem Grad von Schönheit angelangt sind, nur die Schönheit, denken sie nur an die Schönheit. Ein beliebiges Geschäft wird für sie zu einer Braut, die schön sein muß, die nie schön genug sein kann und bei der es monströs erscheint, daß andere sich beklagen, vor allem dann, wenn diese anderen im Begriff sind, vollständig eingewickelt zu werden.

Eines Tages wird es eine Braut geben, deren Herannahen die Pforten des Himmels erbeben läßt und die so schön ist, daß sie nicht mehr vom Blitz zu unterscheiden ist. Das ist diejenige, von der geschrieben steht, daß sie »am Jüngsten Tage lachen wird«. Sie wird dargestellt wie das Gesicht Gottes, und niemand wird Zeit finden, sich zu beklagen. Aber wie soll man sich einen BÜRGER vorstellen, der in der Lage wäre, sie zu erahnen?

LXXXII. DIE ZEIT TOTSCHLAGEN. In der Rhetorik des BÜRGERS bedeutet »die Zeit totschlagen« — muß ich das eigens sagen? — ganz einfach: sich amüsieren. Wenn der BÜRGER sich langweilt, *lebt* die Zeit oder ersteht neu. Entweder Sie verstehen das, oder Sie verstehen es nicht, aber so ist es. Wenn der BÜRGER sich amüsiert, öffnet sich das Reich der Ewigkeit. Die Amüsements des BÜRGERS sind gleichsam der Tod.

LXXXIII. IMMER ZU SPÄSSEN AUFGELEGT SEIN. Zu den Leuten, die gewöhnlich zu Späßen aufgelegt sind, zählt man üblicherweise die Leichenbestatter, die Gefängniswärter, die Gerichtsvollzieher, die Chirurgen und die

Henker. Es hat den Anschein, daß diese ehrenwerten Metiers geradezu danach verlangen.

Villiers de l'Isle-Adam, der sich leidenschaftlich gern bei Hinrichtungen herumtrieb*, die durch Enthauptung vollzogen wurden — die Herren und Meister der Guillotine hielten ihn für eine Art aufgeklärten Amateur —, versicherte, er habe einen Scharfrichter zehn Minuten vor dem Einsatz des Fallbeiles zu einem seiner »Kunden« sagen hören: »Ich verwöhne Sie, mein Freund, ich verwöhne Sie«, wobei er ihm freundlich auf die Schulter klopfte.

Er hatte ihm gerade eine jener kleinen Annehmlichkeiten zukommen lassen, die das Geheimnis der Henker bleiben. Villiers hatte das Krächzen dieser Scharfrichterstimme im Ohr behalten und behauptete steif und fest, es sei *unwiderstehlich* gewesen — wie auch immer man dieses qualifizierende Adjektiv verstehen will.

LXXXIV. DIE ZUKUNFT SEINER KINDER SICHERN. Wo die Väter sich schon so lange um die Zukunftsaussichten ihrer Kinder kümmern — ist es da nicht merkwürdig, daß die Kinder nicht im geringsten an die Zukunft ihrer Väter denken! Wer hat darauf aufmerksam gemacht, und welche *Zukunft* mochte dieser Anonymus im Blick haben? Der BÜRGER wundert sich über solche Fragen. Aber was ist einfacher? Man müßte einmal den Fall aufs Korn nehmen, daß ein Vater von seinem Kind gezeugt wird.

C'est en vain que d'eux tous le sang m'a fait descendre,
Si j'écris leur histoire, ils descendront de moi**.

Heute nahezu vergessene corneillesche Verse, deren Glanz Alfred de Vigny, den Dichter-Edelmann, über das Miß-

---

* Von P.-G. Castex und J. Bollery, den Herausgebern seiner *Contes cruels*, bestätigte Neigung Villiers'.
** »Vergebens hat ihrer aller Blut mich gezeugt, / Wenn ich ihre Geschichte schreibe, werden sie von mir abstammen« — aus Alfred de Vignys (1797–1863) Gedichtzyklus *Les Destinées* (1843–1844), »L'Esprit pur«, Ende der zweiten Strophe.

geschick hinwegtröstete, nicht in einem Kramladen geboren zu sein, um seinerseits begüterten und schwachsinnigen Kindern eine Kundschaft hinterlassen zu können.

Der BÜRGER, der gesegnetere BÜRGER beglückwünscht sich in einer anderen Sprache. Für das, was ihm von seinen Vorfahren überkommen ist, braucht er weder vor- noch zurückzugreifen. Seine gesamte Sippe wahrt seit Jahrhunderten die absolute Horizontalität in der geometrischen Flachheit des niedrigsten Ortes, und diese Stellung ist, ohne jedes Wunder, in der Zukunft all denen *gesichert*, die von ihm abstammen werden.

Ohne jedes Wunder, versteht sich. Aus dieser Ablagerung von Entleerungen kann gleichwohl ein Ausnahmewesen hervorgehen. Aber mit welcher Zukunft könnte diese Zeugung ihre Väter beglücken? Ich überlasse die phänomenale Spaßigkeit dieses Problems denjenigen meiner Leser, die auf den »hüpfenden Hügeln« geboren wurden [Psalm CXIII].

LXXXV. SEINEN VERPFLICHTUNGEN NACHKOMMEN*.

Das Wort »Geschäft« hat für mich stets etwas Beunruhigendes. Von Beginn dieser Exegese an habe ich versucht, etwas dazu zu sagen. Es ist mir lediglich gelungen, meine Ohnmacht unter Beweis zu stellen. Was mir an diesem Scheißwort ganz besonders hassenswert erscheint, ist sein Geheimnis. Unmöglich, es zu durchdringen. »Seinen Verpflichtungen nachkommen« ist eine der am häufigsten gebrauchten und zweifellos am wenigsten verstandenen Wendungen.

Was hat das Wort *Ehre* hier zu suchen? Das frage ich die Sachverständigen! Jemandem Ehre machen ist eine verständliche Wendung. Beispiel: Man reißt sich in Stücke, um einem bis an die Zähne bewaffneten Piraten zu beweisen, daß man die größte Wertschätzung und tiefste Bewunderung für ihn hat. Die Kanaillen ehren, die das Geld oder die Macht haben —

---

* Frz. *faire honneur à ses affaires*, das heißt »seinen Geschäften Ehre machen, antun«.

das ist die Stimme des bürgerlichen Gewissens. Aber *seinen Geschäften Ehre machen* ist ein schwieriger Text.

Ich weiß so gut wie Sie, daß das in einer den reinen Geistern unverständlichen Sprache besagen soll: einen Wechsel bezahlen, einen Schuldschein einlösen oder jede andere Schweinerei dieser Art. Ich lasse auch nicht außer acht, daß ein Bordellwirt, ein Armenverderber oder ein Wucherer mit hundertfünfzig oder zweihundert Prozent ihren Geschäften Ehre machen, wenn sie ihre Verbindlichkeiten genau regeln. Nun gut! Was soll ich Ihnen sagen? Diese Art und Weise, eine Platitüde noch besonders hervorzuheben, überwältigt mich.

LXXXVI. ES ZU ETWAS BRINGEN, SEINEN SCHNITT MACHEN*. Identisch im Absoluten, identisch im Unendlichen. Man würde niemals sagen: ein Loch in die Sonne machen oder in die Erde, noch in den Mars oder die Venus. Löcher macht man nur in den Mond, man macht sein Loch nur in den Mond, der genaugenommen ja auch lediglich ein weitläufiges System von Löchern und tiefen Kratern ist.

Soweit zumindest das Zeugnis eines zeitgenössischen englischen Schriftstellers, der so glücklich gewesen ist, sich die einzigartige Gelegenheit zunutze machen zu können, in jüngster Zeit den Mond zu besuchen. Er hat sogar gewaltige Goldbarren von da mitgebracht, die ganz London bewundern konnte. Bekanntlich liegt das Gold auf dem Mond nur so herum und ist auf diesem Planeten ebenso verbreitet wie die Steine**.

So findet sich, nach Generationen von Kassierern, auf experimentelle Weise die bürgerliche Metapher eines glücklichen Durchgangs durch den Mond bestätigt, wenn man sich davonstiehlt und das Gut des anderen mitnimmt. So wird mit einer

---

* Frz. *faire un trou à la Lune, faire son trou,* eigentl. »ein Loch in den Mond machen, sich davonstehlen, wenn man sein Schäfchen ins Trockene gebracht hat«.

** *Les Premiers Hommes dans la Lune* von H.-G. Wells, aus dem Englischen übersetzt von Henry-D. Davray, Mercure de France [1902; die englische Originalausgabe, *The First Men in the Moon,* erschien 1901; Anm. des Autors].

Genauigkeit, die ich als astronomisch zu bezeichnen wage, die innige Verbundenheit der Idee des Loches mit der allgemeinen Idee menschlicher Prosperität bewiesen. Der BÜRGER hat wie immer richtig geraten; diesmal aber erhebt er uns in den Himmel.

LXXXVII. DIE KERZE AN BEIDEN ENDEN ANZÜNDEN oder SEIN GELD ZUM FENSTER HINAUSWERFEN. M. Besoin verstand um so besser, als eine schallende Ohrfeige den Schluß der Rede unterstrich. Nie war der andere Gemeinplatz von den sechsunddreißig Kerzen umfassender gerechtfertigt gewesen, denn die Muskeln des Absenders verschafften seiner Dialektik Geltung.

M. Besoin ist einer jener *Denker,* deren *Freiheit* die Haustiere in Erstaunen versetzt. Sein originellster Zug ist der, daß er, wie jedermann, Gott zur erleuchteten Zeit seiner Pubertät fahrengelassen hat. Von da an sind ihm wenige Dinge verborgen geblieben. Da er fern der priesterlichen Welt gelebt hat, kennt er die Priester, wie sich das von selbst versteht, und weiß genau, was von ihren Umtrieben zu halten ist. M. Besoin verschlingt gierig das 18. Jahrhundert und gilt in seiner Bezirkshauptstadt als lebhafte Intelligenz. Er spricht gern über die Inquisition, über die Bartholomäusnacht, über die Aufhebung des Edikts von Nantes usw., und zwar in Wendungen, die um 1820 verbreitet sein mochten, und wettert ingrimmig über den Fanatismus zweier oder dreier armer alter bigotter Frauenzimmer, die beharrlich die Pfarrkirche besuchen.

Man wartet nur auf die Gelegenheit, diesen Redner zum Abgeordneten zu machen. Er wüßte schon mit der Religion fertig zu werden, wenn er das Sagen hätte! Es wäre, wenn man so will, zweifellos nicht schlecht, eine ziemlich große Zahl von Mönchen und Nonnen loszuwerden. Der Magen dieses Staatsmannes weitet sich bei dem Gedanken, daß die Karmelitinnen und die Barmherzigen Schwestern fortan vielleicht ohne feste Bleibe und brotlos sein werden. Aber welche Schlaffheit bei der Ausführung! Welche Schüchternheit!

Welcher Mangel an Entschlußkraft! Welche Ohnmacht! Während es sich doch darum handelt, das alles in einem einzigen Augenblick hinwegzufegen ...

M. Besoin war in seinen Ausführungen bis dahin gediehen, mitten im *Café du Commerce,* als der Sakristan, ein hitziger Mensch, der gekommen war, um sich zu erholen, ihn jäh aufforderte, »die Klappe zu halten«. Der Redner hielt verblüfft den Atem an und antwortete nicht.

»Jetzt ist die Reihe an mir«, nahm der Kirchendiener das Wort, »einer nach dem anderen. Ich habe Ihnen zunächst zu sagen, daß Sie ein Schwachkopf sind und Ihre Kerzen an beiden Enden anzünden. Hier geifern Sie von morgens bis abends und häufig bis Mitternacht gegen die Priester, gegen die Kirche, gegen die Zeremonien und gegen die Glocken, deren Geläut Sie aufregt, als ob Sie ein Teufel wären, und schließlich auch gegen die Mönche und Nonnen. Gleichzeitig haben Sie Ihre beiden Töchter in Paris bei den Visitandinnen in Pension. Dort, vermute ich, sprechen Sie eine andere Sprache. Mir ist das schnuppe, wohlgemerkt. Ich finde es nur etwas schmutzig, sich im Abstand von wenigen Minuten zu widersprechen, genau der Zeit, die man nach Paris und wieder zurück braucht. Es ist geradezu ekelhaft, die einen wie die anderen fortgesetzt zu belügen, wie Sie das tun, in der Absicht, alle Welt zum besten zu haben. Glücklicherweise verzehren Sie sich dabei von beiden Enden her, ich wiederhole es, weil Sie ein vollkommener Idiot sind, und ich nehme Ihnen gegenüber kein Blatt vor den Mund, ich, Charlemagne Dasconaguerre*, früher Stabsunteroffizier bei den Kürassieren von Reichshoffen und jetzt *Pfaffenknecht,* zu Diensten ...«

Da ich in diesem Café nicht besonders gut postiert war, konnte ich nicht sehen, wie die Claque auf diesen geharnischten Ausfall reagierte, und was für eine Claque! Hatte M. Besoin Verachtung gezeigt oder den Anfang einer Widerrede riskiert? Soviel ist sicher: Der Mund blieb ihm vor Verblüffung offenstehen.

---

* Kein erfundener Name, sondern eine reale Gestalt; siehe J. Bollery, *Léon Bloy,* Paris 1949, Bd. II, S. 193.

LXXXVIII. DAS FELL DES BÄREN VERKAUFEN ... Ja, ich weiß, man darf es nicht verkaufen. Das ist ein gutgemeinter Rat. Verkaufen Sie jedes beliebige Fell, wenn Sie einen Käufer finden, wohlgemerkt; aber nicht das des Bären, vor allem nicht das des Großen Bären. Es hat den Anschein, daß diese geschäftliche Transaktion gefährlich ist. Es ist übrigens das einzige Mal, daß der BÜRGER empfiehlt, nicht zu verkaufen. Eine bemerkenswerte Ausnahme.

Dennoch bleibt hier etwas unklar. Wenn dieses Fell nicht zu verkaufen ist, stelle ich mir vor, daß es noch weniger zu verschenken ist, weil die bloße Tätigkeit des Herschenkens den größten denkbaren Gegensatz zum bürgerlichen Geist bildet. Man muß es also behalten, und das ist recht schwierig. Allerdings gilt dieser verfängliche Gemeinplatz nur bedingt. Die Autoritäten versichern, daß es jedermann freisteht, das Fell eines Bären zu verkaufen, den er selbst getötet hat, was ein schlechter Scherz ist. Der BÜRGER beliebt zu spaßen.

LXXXIX. ALLE ILLUSIONEN VERLIEREN. Das ist das erste Gebot des ganzen Programms. Es sollte das einzige sein, so deutlich umfaßt es alle anderen. Ein BÜRGER, der seine Illusionen nicht verloren hat, ähnelt einem Flußpferd mit Flügeln. Im Grunde sind die Illusionen all das, was unverdaulich bleibt. Die Viehzüchter täuschen sich da durchaus nicht. Niemals wird eine Illusion soviel wert sein wie ein Sack Kartoffeln, um die Schweine zu mästen. Zweifellos, aber da gibt es noch eine Schwierigkeit.

Was muß man denn unter dem Wort *Illusion* verstehen? Gibt es besondere Illusionen für die BÜRGER und andere, die nur Helden oder Dichter in Mitleidenschaft ziehen? Ein großer Künstler, der beispielsweise glaubte, man müsse »eine Karriere *wählen*«, wie der unüberbietbare Hanotaux sagt*, oder der Zucker von Rüben sei nicht weniger gehaltvoll als

---

* Hanotaux, eine der immerwährenden *bêtes noires* von Bloy, mit seinem Buch *Du Choix d'une carrière*, Paris 1902.

der *Moses* von Michelangelo, wiegte sich der in so weitschweifigen Illusionen, daß er sie verlieren müßte?

Ein Pfandhausangestellter, dem ich diese Frage stellte, hat mich gefragt, ob ich ihn durch den »Kakao« ziehen wolle. Er hatte recht. Die Antwort ist durchaus nicht gefahrlos.

XC. DAS MARTYRIUM ERLEIDEN. Er erleidet das Martyrium, er leidet wie ein Märtyrer. Immer wenn ein BÜRGER, bevor er krepiert, die Schmutzigkeiten seiner Existenz abbüßt, ist er ein Märtyrer, unfehlbar. Man entehrt damit ein bewundernswertes Wort und eine bewundernswerte Idee, es ist immer dasselbe. Früher bedeutete Märtyrer *Zeuge,* und die Märtyrer erduldeten, nach freier Wahl und eigenem Belieben, schreckliche Qualen, um Zeugnis abzulegen von der gekreuzigten Wahrheit. Das alles hat sich bemerkenswert verändert.

Ganz anders als bei den Jungfrauen besteht das Martyrium des Unternehmers darin, widerwillig, brüllend und lästernd zu leiden, bis zu seinem stinkenden Tode, der für seine Familie eine gewaltige Erleichterung sein wird und nach dem er nicht umhin kann, »glückselig« zu sein. Es erscheint mir schwierig, auf ihn das *semen christianorum* des schrecklichen afrikanischen Bruders anzuwenden*. Die Lymphen und Jauchen dieses Gebresthaften wären eher in der Lage, die Pest zu erzeugen.

Gleichwohl gibt es Worte, die weder Ruhe noch Pardon geben, mehr als Menschenworte, die wie Wölfe um diejenigen herumstreichen, die sie mißbrauchen. Diese Worte beruhen auf der unerschütterlichen Notwendigkeit, eine unbestreitbare Realität zum Ausdruck zu bringen, wie und um welchen Preis auch immer. Wenn dieser Mensch nicht der freiwillige Zeuge *Dessen, was ist* sein mag, muß er unausweichlich der unfreiwillige und phantasmatische Gehilfe *Dessen, was nicht ist* werden, das ebenfalls seine Märtyrer haben will.

---

* Der »Same der Christenheit« — eine Wendung von Quintus S. F. Tertullianus (160 bis ca. 220 n. Chr.), dem »Afrikaner« aus Karthago.

XCI. SICH IM KLOSTER VERGRABEN. Dieser Gemeinplatz ist Bestandteil der kleinen Zahl von Tropen, die man von der mehr oder weniger christlichen Erziehung behalten hat, wie sie vor etwa vierzig Jahren erteilt wurde. Im allgemeinen »vergrub man sich im Kloster«, wenn man »den Kelch bis zur Neige geleert«, sein »schweres Kreuz getragen« und »seinen Leidensweg erklommen« hatte. Ich habe großartige Menschen gekannt, die halbwegs regelmäßig »gekreuzigt« wurden. Aber die Einsargung im Kloster ist der letzte Schritt. Man entschließt sich besonders dann dazu, wenn man irgendwelche Verbrechen zu sühnen hat. Das ist sprichwörtlich.

Die Idee, daß jemand sich ins Mönchsleben stürzt wie in einen Abgrund der Freude, ist für den Gemahl einer BÜRGERIN ebenso fremdartig wie der Blasenstein einer dreitausend Jahre alten Mumie. Die schrecklichen Verbrechen von Benediktinerinnen und die nagenden Gewissensbisse von Kapuzinern bilden übrigens das gelungenste Gegenstück zur Gewissensreinheit dieses oder jenes Abgeordneten oder Magistratsbeamten — was, wie wir im Vorbeigehen festhalten wollen, die gegenwärtige irre Wut, sie abzuschaffen, ganz unerklärlich macht.

Ich aber denke hier analog zum Vorhergehenden an eine Art von unverdächtigem Kloster für die Biedermänner, die sich nichts vorzuwerfen haben, denn braucht nicht auch das UNBEKANNTE seine Märtyrer und seine Mönche? Es gibt Zeichen über Zeichen, und der BÜRGER müßte erzittern. Man wird mir nicht ausreden, daß es unerläßlich ist, zwischen den beiden Klöstern zu wählen, dem der Kanaillen, das natürlicherweise den Trappisten und Kartäusermönchen vorbehalten ist, und dem der Ehrenmänner, dessen Schlüssel der Teufel in den Abgrund werfen wird — am Jüngsten Tage.

XCII. IN KLEINIGKEITEN KRAMEN. Man möchte glauben, daß es sich um ein berühmtes Bild von Murillo handelt. Beim BÜRGER aber kann nie die Rede von einem

Kunstwerk sein, sofern man nicht von einer Eisenbrücke, einem Tunnel oder irgendeiner anderen Scheußlichkeit derselben Art sprechen will, die ein Kunstwerk zu nennen die überragenden BÜRGER, das heißt die Brücken- und Straßenbaumeister, sich nicht im mindesten schämen.

Es handelt sich um etwas ganz anderes. Das kleine Tier* ist eine Metapher, ein armes Teufelchen von bürgerlicher Metapher, wie es sie noch in der Handelsmarine, bei den großen Faktoren der Markthallen oder bei unseren letzten Handlungsreisenden gibt. Der Händler, der einen Buchungsfehler zum Nachteil eines seiner Kunden sucht, ist ein Mensch, der in Kleinigkeiten kramt, ein verlorener Mensch. Das ist so, wie wenn er mit dem Einmaleins und einem Regenschirm auf Tigerjagd ginge.

XCIII. DIE HAND AUSSTRECKEN. Diese Redensart bringt mich wieder zur Diözese von Meaux und ihrem Klerus zurück. Eines Tages machte ich die Erfahrung, beim Geistlichen einer unmittelbar vom Dekanat Lagny abhängigen Pfarrei um ein Almosen zu bitten. Er schlug es mir ab — muß ich das eigens sagen? —, und zwar mit öligen und honigsüßen Worten, die sanft und kalt waren wie der Mond.

Dieser Geistliche, noch jung, hat die Physiognomie einer alten Ratte und scheint auch deren Gebaren zu haben. Rund wie ein Sitzkissen und speckglänzend wie eine Blutwurst, mit einer fortwährend schnuppernden Nase, über der zwei kleine, schwarze Stecknadelkopfaugen glänzen, ist der Abbé Pucelle der Typ des bürgerlichen Priesters.

Er brüstet sich mit Archäologie, indem er jedem, der es hören will, sagt, auch er habe »die Druckerpressen seufzen« lassen; er spricht langsam und deutlich »die heiligen Peter *und* Paul« aus, behält das Geld, das man ihm für die Armen anvertraut, und benutzt seine alten Eltern als Dienstboten. Ich füge folgenden wunderbaren und absolut unerhörten Zug hinzu, daß er, um den Geschäftsleuten seiner Pfarrei zu Gefallen zu

---

* Frz. *chercher la petite bête*.

sein, quittierte Rechnungen verlangt, bevor er den Bedürftigen die Absolution erteilt.

Es versteht sich von selbst, daß ich, weil ich ein ähnliches Thema zur Hand hatte, nicht anzudeuten versäumte, daß ich der Autor einer Autobiographie mit dem Titel *Der undankbare Bettler* sei, daß ich ausschließlich von Almosen lebe und daß ich mir für einen Christen so gar keine andere Lebensweise vorstellen könne. Als ich ihn verließ, hatte ich die Genugtuung, mit ansehen zu können, wie er sich behaglich in dieser Redewendung einrichtete.

Einige Zeit später bot sich die Gelegenheit zu einer Unterredung von größerer Ausführlichkeit und Eindringlichkeit. Dieser nette Pfaffe, dessen Pfarrkind ich beinahe war, hatte geglaubt, einige meiner Aussprüche auf schwerwiegende Weise und in Ausübung seines Amtes mißbrauchen zu müssen. Ich schrieb ihm, daß ich, weil ich mich beleidigt fühlte, eine Entschuldigung bei mir zu Hause erwartete; andernfalls würde ich mich an seine Oberen und später sogar an die Zeitungen wenden*. Ein Ultimatum mit sicherem Effekt. Der komische Kauz kam auf der Stelle, aber nicht um sich zu entschuldigen, sondern um darzulegen, daß er mir nichts schulde. Fest hinter seinen Gemeinplätzen aus dem Priesterseminar verschanzt, in unangreifbarer Verachtung der Heiligkeit, der evangelischen Vollkommenheit, des Wortes Gottes, des Gebetes und all dessen, was kein glorreiches, gerade umlaufendes Münzgeld war, erschien er mir unschlagbar und entmutigte mich auf der Stelle.

Unmöglich, ihm irgend etwas verständlich zu machen — was immer es auch sein mochte. Ich erinnere mich nicht, je einen derart dummen Menschen gesehen zu haben. Ah! Ich hatte leichtes Spiel, meine Beobachtungen zur priesterlichen Mittelmäßigkeit zu vervollständigen! Zum gnadenflehenden Gebet befragt: »Gott wirkt keine Wunder, es sei denn zugunsten der Heiligen«, sagte dieser Esel. Ich hielt ihm auf der Stelle die zehn Aussätzigen des Evangeliums und die Heilungen

---

* Die gesamte — autobiographisch fundierte — Episode wird in aller Ausführlichkeit im *Journal* dargestellt (31. Januar 1901, Bd. III, S. 92 ff.).

von Lourdes vor, was ihn zum Schweigen brachte — mit weitgeöffnetem Mund wie ein gekochter Fisch. Wäre ich nicht seit langem darüber belehrt gewesen, hätte mich das *professionelle* Lächeln dieser Soutane, das sich immer dann zeigte, wenn ich ihm eine Bibelstelle vorhielt, über den schrecklichen Niedergang des zeitgenössischen Klerus aufklären können. Er ist fürchterlich — und aus dieser Sicht ist es tröstlich, daß so die ersten Vorboten des Großen Umsturzes aussehen müssen.

Im Laufe dieser mehr als spaßigen Unterhaltung schlug er mir wohlwollend vor, doch ein anderes Metier auszuüben als das des Schriftstellers, einen Beruf, »der seinen Mann ernährt«. Es wäre amüsant gewesen, ihm diesen Rat zurückzugeben. Ich ließ es bleiben. Was mir aber im höchsten Grade bezeichnend erschien, war die fortwährende, gleichsam automatische Wiederkehr des entsetzten Ausrufs: *Die Hand ausstrecken!*

Wie oft hat er, der in mir mit aller Gewalt den berufsmäßigen Bettelmönch sehen wollte, weil ich ihm mein gewaltiges Gottvertrauen gestanden hatte, diese drei Worte mit tiefem innerem Grauen und wachsender Verwunderung wiederholt, um damit die gewohnheitsmäßige Gebärde zu präzisieren, die er bei mir voraussetzte! Offenbar war dieser Akt, ohne den ein Freund des Erretters der Armen nahezu unvorstellbar ist, in seinen Augen der Gipfel der Schande und der Infamie. Der Besuch ging unrühmlich zu Ende. Ich erkannte diesem Elenden das Prädikat des schlechten Priesters zu, das er mir offenbar abzuverlangen gekommen war, und unsere Beziehungen blieben auf diesem Stand.

Die unangenehme Erinnerung schwächt sich ab. Es hat meiner wütenden Suche nach Gemeinplätzen bedurft, um sie wieder zu wecken. Aber finden Sie nicht, daß dieser Abscheu vor der ausgestreckten Hand, diese Renegaten- und Gotteslästerungsscham angesichts einer Geste, die diejenige von zehntausend Heiligen war, nicht wunderbar und schrecklich bezeichnend für diesen Wallach des Altars waren, der in seiner Person eine ganze Welt zusammenfaßt?

XCIV. DEN ANSTAND WAHREN. Dieser Gemeinplatz entspringt geradezu aus dem vorhergehenden. Was ist unehrerbietiger, was ist unschicklicher für den Anstand als eine ausgestreckte Hand? Eine erstklassige Großschnauze kann sich die letzten Unanständigkeiten erlauben und sich selbst so weit vergessen — oder erinnern, wie man will —, vor den Damen Zoten zu reißen, die meine bekannte Zurückhaltung mir zu präzisieren versagt. Wenn er Geld hat, wird er gebeten, sich keinen Zwang anzutun. Und wenn er es auch wollte, ein Reicher wird nie den Anstand verletzen. Das ist ihm ebenso unmöglich wie der Eingang ins Himmelreich.

XCV. GUTEN GLAUBENS SEIN. »Ich bin guten Glaubens. Ich habe meinen Vater guten Glaubens getötet. Ich glaubte, ihm damit einen Dienst zu erweisen. Und ich glaube es noch. Das Leben war ihm seit langem zur Last geworden, und alle Nachbarn können Ihnen bestätigen, daß er ein sehr schwieriger alter Mann war.

Versetzen Sie sich an meine Stelle, meine Herren Geschworenen, was hätte ich tun sollen? Hätte ich ein anderes Mittel gehabt, ihm meine Zuneigung zu beweisen? Weil er einem anderen Jahrhundert angehörte, warf er mir vor, ich lebte in Saus und Braus, und wollte einfach nicht verstehen, daß man nicht aus Holz ist und die Jugend sich austoben muß. Unmöglich, sich darüber zu verständigen.

Überdies brauchte ich Geld. Jedenfalls war es für ihn und für mich besser, Schluß zu machen. Oh! Er hat nicht gelitten, wirklich nicht! Ich habe ihn mit einem einzigen Schlag umgebracht, mit der größten Menschlichkeit, weil ich nicht zu denen gehöre, die Spaß daran finden, andere zu peinigen. Wenn es jeder so machte wie ich, gäb's weniger Ärger, und die Kühe wären besser gehütet.«

XCVI. NICHT DER ERSTBESTE SEIN. Er ist nicht der Erstbeste. Wenn ein Familienvater, das heißt der Chef eines bedeutenden Handelshauses, das beispielsweise von irgendeinem Monsieur Trouillot gesagt hat, weiß man, woran man ist. Trouillot wird die Tochter bekommen.

Der höchste Ehrentitel in den Augen des BÜRGERS ist es, nicht der Erstbeste zu sein. Er würde Sie mit Verachtung strafen, wenn Sie ihm bedeuteten, Napoleon sei der Erstbeste gewesen. Der Achtundsiebzigste, wenn Sie wollen, aber der Erstbeste — niemals. Auch nicht der Letzte. Das Evangelium sagt, daß die Letzten die Ersten sein werden, und der BÜRGER erinnert sich daran.

Was er über alles verabscheut, ist, der Erste oder der Letzte zu sein, wo auch immer, wie auch immer und wann auch immer. Man muß im großen Haufen sein, entschieden und ein für allemal.

XCVII. SICH DIE HÖRNER ABSTOSSEN oder DIE JUGEND MUSS SICH AUSTOBEN oder MAN IST JA NICHT AUS HOLZ. Ein wunderbarer Sohn, der nicht gerade die Schweine gehütet, aber ein starkes Bedürfnis entwickelt hat, in Ruhe gelassen zu werden, ist zu seinen Eltern heimgekehrt, nachdem er drei Jahre lang in Paris studiert hat. Es besteht Grund zu der Annahme, daß seine Studien ihn ziemlich weit gebracht haben, denn er trägt eine schöne Krone um die Stirn und die Lippe hoch, er hat Augen, die man für Chrysanthemen halten könnte, und vier blaue Veilchen im Gesicht.

Ich weiß nicht, ob man ein fettes Kalb geschlachtet hat, aber es wird häufig gesagt, daß dieser junge Mann »sich die Hörner abgestoßen« hat usw. Die Provinzzeitung der betreffenden Region kündigte gestern die Hochzeit dieses »reichen« Erben mit der ältesten Tochter des Tierarztes an. Man kann sich mühelos den Neid vorstellen, den die schüchterne und reine Braut bei den Jungfrauen erregen wird.

XCVIII. EINE GUTE PARTIE MACHEN. Im Prinzip und ganz allgemein besteht das, was man eine gute Partie nennt, darin, *irgendeinen Beliebigen* zu heiraten. Nichts ist leichter zu beweisen als das.

Jemand Bekannten heiraten, irgendeinen oder irgendeine, die mehr Persönlichkeit ist als eine oder jemand anderer, setzt zwangsläufig eine auf besonderer Wertschätzung beruhende Wahl voraus. In der Jurisprudenz des BÜRGERS aber ist das — muß ich es eigens betonen? — ein Verstoß, der nicht hingenommen werden kann.

Erste und unerläßliche Bedingung für den Abschluß einer guten Partie ist es, das Geld über jede andere Erwägung zu stellen, indem man sein ganzes Sinnen und Trachten daran ausrichtet, daß jede andere Erwägung widerwärtig und damit gefahrvoll wäre.

Die Arithmetik ist die sichere Vorrede, das alleinige Vorspiel, die einzige Zupfgeige für seriöse Leute, die sich entschlossen haben, zusammen zu schlafen. Die Trauung durch einen Priester, wenn die Kundschaft diese bedeutungslose Formalität ausdrücklich wünscht, und die viel entscheidendere Beurkundungszeremonie durch den Standesbeamten müssen sich auf menschliche Einzelwesen beziehen, die sich genauso wenig — und manchmal noch weniger — kennen wie brünstige Tiere. So und nicht anders werden die guten Partien geschlossen, und so und nicht anders werden die Geldkinder geboren.

XCIX. EIN ENDE MACHEN, IN DEN HAFEN DER EHE EINLAUFEN*. Das heißt eine gute oder schlechte Partie machen. Aber das Denken des BÜRGERS bleibt hier einigermaßen schleierhaft, denn mir scheint, daß die Ehe, auf welche Weise man sie auch betrachtet, eher ein Anfang als ein Ende ist.

Die rein philosophische Bedeutung der Ehe, als Ziel und »Hafen« des BÜRGERS ins Auge gefaßt, ist nicht annehmbar. Das Ziel und der Hafen des BÜRGERS ist er selbst, und zwar

* Frz. *faire une fin.*

viel mehr, als er glaubt, zweifellos *unendlich* viel mehr, als Gott es für die Mehrheit der Christen ist. Nie ist ein mexikanisches oder papuanisches Götzenbild mehr bewundert worden, als der BÜRGER sich selbst bewundert, und nie hat es so schreckliche Opfer gefordert.

Der monströse Burenkrieg ist ein Holocaust für den englischen BÜRGER, dessen Typus gegenwärtig der schreckliche Fabrikbesitzer von Birmingham darstellt. Könnte man sagen, daß England im Begriff ist, seinen Hafen anzulaufen? Ich stimme dem aus ganzem Herzen zu, aber in diesem Falle handelt es sich nicht um irgendeine Ehe, und der Gemeinplatz bleibt dunkel. Soll er doch zu allen Teufeln gehen!

C. SICH SCHICKEN, VERNÜNFTIG SEIN*. Das Verbum *faire* ist eines der schwierigsten der französischen Sprache, vor allem dann, wenn es pronominal oder *reflexiv* gebraucht wird, wie die zünftigen Grammatiker sagen. Wenn Sie sich eine Vorstellung von dem Abgrund bilden wollen, der sich zwischen dieser und jener seiner zahllosen Bedeutungen auftun kann, sagen Sie, daß ein Mensch, der damit beschäftigt ist, sich den Bart zu scheren, sich gleichzeitig auch »schicken« oder »vernünftig sein« kann. Ich beeile mich lediglich, darauf hinzuweisen, daß jeder Mensch sich den Bart scheren kann, daß es aber nur dem BÜRGER zukommt, vernünftig zu sein.

Noch ein Gemeinplatz, der nicht leicht zu verstehen ist! Ich weiß wohl, daß im allgemeinen nicht viel Aufklärung von einer Konfrontation der Gemeinplätze mit ihrer gewöhnlichen Bedeutung zu erwarten ist. Diese stets überholte Bedeutung bleibt ganz bodennah, in berechenbarer Entfernung vom wahren Sinn, den man sich vorstellt, wenn man im Himmel umherstreift. Versuchen wir es dennoch.

Ernest Mijoton, vierter Anwaltsgehilfe, erwartete seit fünf Viertelstunden seine Geliebte. Er ließ das über sich ergehen, was die mit allen Wassern gewaschenen Gemeinplatzkenner

---

* Frz. *se faire une raison;* vgl. weiter unten die Wendung *se faire la barbe.*

ein Hundewetter nennen. Ein Geschöpf erwarten, sogar ein liebenswertes, mit den Füßen im Schlamm und blaugefrorener Nase — das scheint über alle Manneskraft zu gehen. Er mochte sich ruhig die *Placets* und die *Rechtstitel* in Erinnerung rufen, deren Niederschrift ihm die Tagesstunden verschön hatte, es nützte nichts; das lange Schildwachestehen im Regen deprimierte ihn maßlos.

Seine Liebesaffären standen nicht zum besten. Éléonore machte sich nichts aus ihm — mit bemerkenswerter Frechheit. Vorgestern noch hatte sie ihn zweieinhalb Stunden warten lassen, um ihm dann flüchtig die Hand zu schütteln und alsbald mit geheimnisvoller Miene die Flucht zu ergreifen. Eine Woche zuvor, als er Gelegenheit gehabt hatte, sie der unverschämtesten aller Lügen zu zeihen, hatte sie ihm seinen eigenen Regenschirm auf dem Kopf zerschlagen, mitten im Boulevard-Café, nachdem sie ihn mit Beschimpfungen überhäuft hatte. Man hatte sie beide mit Schimpf und Schande zur Tür hinausgeworfen.

Kurzum, er hätte bereits zwanzigmal das Verhältnis beenden sollen, aber so groß seine Wut auch sein mochte, er brachte es nicht fertig, über einige dunkle Unabhängigkeitsbeteuerungen hinauszugehen. Es genügte bereits, daß dieses charmante Kind ihn als »großen Dummkopf« behandelte, und er fand sich augenblicklich und unauflöslich gefesselt. Er war übrigens ein schöner Charakter.

Diesen Abend wartete er bereits etwa vier Stunden vergeblich und ging, stark erkältet, erst beim letzten Schlag der Mitternachtsuhr weg, wobei er sich nach seiner seit zwanzig Jahren unveränderten Gewohnheit sagte, man müsse sich eben darein schicken und vernünftig sein.

Da diese Geschichte unmittelbar daran ist, langweilig zu werden, werde ich sie mit wenigen dürren Worten zu Ende bringen. Nach einigen weiteren Monaten dieser Existenz mußte man den armen Mijoton in einem Narrenspital unterbringen. War es ihm endlich gelungen, *sich darein zu schicken?* Wer vermöchte das zu sagen? Aber er war ein vielversprechender Schwachkopf und wurde beweint.

CI. EIN GESCHÄFT EINFÄDELN. Soviel wie einen Coup landen oder eine abgekartete Sache deichseln. Das schönste Geschäft der Welt wäre die Parzellierung oder Auslobung* des Irdischen Paradieses. Da gäbe es wirklich Geld zu verdienen, wenn der embryonale Zustand unserer geographischen Kenntnisse sich dem nicht unüberwindlich widersetzte. Glücklicherweise ist er verborgen, dieser Ort der Wonnen, gut verborgen und gut beschützt. Alles deutet darauf hin, daß er erst in zehntausend Jahren geboren werden wird, der erste BÜRGER, der die Erlaubnis erhält, dort einzutreten.

Versuchen Sie sich das folgende Schreckensbild vor Augen zu führen: die Ausbeutung und Zerstückelung des Irdischen Paradieses; das Auftauchen des Notars, des Landvermessers, des Unternehmers und der elektrischen Straßenbahnen unter diesen sechstausend Jahre alten Bäumen, die die menschliche Unschuld gesehen haben! ...

Der BÜRGER ist von Natur aus Paradieshasser und -zerstörer. Wenn er einen schönen Landstrich sieht, geht sein Traum dahin, die hohen Bäume abzuholzen, die Quellen zum Versiegen zu bringen, Straßen zu bauen, Läden und Bedürfnisanstalten einzurichten. Das nennt er »ein Geschäft einfädeln«. Man hat mir versichert, daß es auf dem Golgatha-Hügel einen florierenden Andenkenladen gibt.

CII. DIE SCHÖNEN KÜNSTE FÖRDERN. Wenn der BÜRGER, nach dem Rückzug aus dem Geschäftsleben, auch noch seine letzte Tochter an den Mann gebracht hat, fördert er die schönen Künste. Das und die Briefmarkensammlung — das geht immer. Diese kostbare Ermutigung besteht darin, den Schund oder Schmarren der preisgekrönten Künstler teuer zu bezahlen. Zwischen einem noch unbekannten Memling und einem Klecker des Luxembourg wird er nicht eine Sekunde zögern. Wenn Sie ihm die Leinwand eines noch nicht in den Diptychen der Auftragsmalerei verzeichneten

---

* Eine Art Verlosung — *vente à doigt mouillé.*

jungen Mannes von Genie vorschlagen, wird er Ihnen antworten, er fördere keine »Saufgelage«.

Seine Witterung ist untrüglich, wenn es darum geht, die Nichtskönner herauszufinden, die Kretins der Farbtube, die Unwürdigen. Gerade diese letztgenannten sind ihm teuer. Sie geben ihm ja so sehr, was er braucht! Sein tiefinnerster Durst, sein sehnlichstes Verlangen, sein ureigenster Kreuzzug besteht darin, das Schöne herunterzuholen, auf die Erde, noch unter die Ebene des dreckigsten Unrats, und keinen roten Heller gelten ihm bei diesem Geschäft die Schweine von Künstlern.

Stieße der Enthusiasmus keine gellenden Rhinozerosschreie aus, wenn man ihn ins Bordell holen will, wäre dieses Wort erforderlich, um die Art von übernatürlicher Erregung zum Ausdruck zu bringen, von der hier die Rede ist.

CIII. ERST DAS GESPRÄCH BRINGT KLARHEIT. Beim Volk bringt es vor allem Ohrfeigen ein, und das Licht der »Klarheit« kann in diesem Fall nur eine etwas plumpe Anspielung auf die oben erwähnten sechsunddreißig Kerzen sein. Beim BÜRGER geht das ganz anders vor sich. Gehen Sie in ein hauptsächlich von Stammgästen bevölkertes Café, in eines dieser guten alten Cafés mit Angestellten oder Geschäftsleuten, wo sich jeder kennt, wo der stets leutselige Besitzer allen seinen Gästen die Hand schüttelt und das Erscheinen eines Unbekannten sofort Anlaß zu abgestandenen Reflexionen über das französisch-russische Bündnis gibt. Es werden wahrscheinlich kaum zwanzig Minuten vergehen, und Sie werden Zeuge einer Diskussion über eine Peripetie im Manillespiel, über einen umstrittenen Punkt beim Billard oder irgendeinen anderen Gegenstand von brennendstem Interesse.

Dann werden Sie sehen, wie sich ganz sacht das Licht einstellt, *lumen rectis**, wie der Propheten-König sagt. Es wird vielleicht nicht das Licht im strengen Sinne sein, das den strit-

---

* Die Weisheit — »der Widerschein des ewigen Lichtes« (*Buch der Weisheit*, VII, 26).

tigen Punkt erhellt, wenigstens aber das Licht oder Beinahe-Licht, das auf die Beteiligten selbst fällt.

Sie werden erfahren, daß der Wirt des Hotel garni unter der Präsidentschaft von MacMahon Pleite gemacht hat; daß der Großhändler in Futtermitteln, Saatgut und Kleie der amtlich bestallte Lieferant der mit Sägespänen gefüllten Körbe für die Guillotine ist; daß der Bäcker die »schönsten Jahre seines Lebens« im Zuchthaus verbracht hat; und daß schließlich der Kontrolleur der Meldebehörde, ein zutiefst verdorbener Mensch, der sich vollkommen mit dem Verhalten seiner Schwiegermutter abzufinden weiß, gleichzeitig durch Heirat als irgend etwas wie der Onkel oder Neffe seiner eigenen Frau zu gelten hat; usw. usw.

Das alles wird vor Ihnen enthüllt, mit Ausnahme eines einzigen Punktes. Sie werden nämlich nicht verstehen, warum diese Ehrenmänner, weit davon entfernt, sich gegenseitig die Fressen zu polieren, in aller Ruhe ihre Karten oder ihr Puffspiel wiederaufnehmen, und zwar unmittelbar nach der Diskussion. Weil nämlich dann das erhellende Licht aufgetaucht ist und es unvernünftig wäre, Schimpfkanonaden fortzusetzen, die gegenstandslos geworden sind.

CIV. EINES MANNES REDE IST KEINES MANNES REDE*. Es erscheint kindisch, den Schluß zu ziehen, daß ein und dasselbe Individuum, das beispielsweise ein Dutzend Glocken hört, auch ein Dutzend verschiedener und miteinander unverträglicher Töne hört. Dennoch ist es genau das, was der BÜRGER sagen will.

Im Grunde braucht er gegensätzliche Glocken, Glocken, die sich aneinander reiben, dumpfe Glocken, die sich selbst nicht hören. Die übernatürliche Harmonie der Glockenspiele unserer Kirchen erbittert ihn und macht ihn verrückt. Beobachten Sie ihn an einem hohen kirchlichen Feiertag, zu dem Zeitpunkt, wenn die Glocken mit voller Kraft ertönen. Sie

---

* Frz. *qui n'entend qu'une cloche n'entend qu'un son,* das heißt »wer nur eine Glocke hört, hört nur einen Ton«.

werden an ihm die Präsenz eines Tieres spüren, ja sehen, das sich windet und bebt. Die *geweihten* Glocken wecken — und zwar bis in die Eingeweide dieses Menschen — irgendwelche geheimnisvollen Begierden nach Anarchie. Denn das ist das Mysterium des BÜRGERS. Er ist Anarchist, geheimnisvollerweise — bis ins Mark.

Daraus erklärt sich auch sein Haß auf die Glocken, die nur durch einen Bischof als Verkündiger und Beurkunder der Göttlichen Dreieinigkeit geweiht werden können. Eine einzige Glocke, ein einziger Ton erweckten zu sehr den Anschein, als kämen sie vom Himmel, und eben deshalb machen sie angst und bange.

CV. DIE SONNE SCHEINT AUF GERECHTE UND UNGERECHTE. Mehr oder weniger, versteht sich. Sicher ist, daß sie auf die Grönländer weniger scheint als auf die Bewohner der Sundainseln. Ebenso unbestreitbar ist, daß das Licht dieses Himmelskörpers für die Weitsichtigen heller leuchtet als für die Blinden.

Diesem Gemeinplatz fehlt es, wie ich mit Bedauern sagen muß, etwas an Genauigkeit. Er hat nicht die schöne Sicherheit oder die forsche Gangart so vieler anderer bereits erwähnter. Er erscheint mir — wenn man mir die Respektlosigkeit einmal durchgehen lassen will — von Flickschuster-Herkunft, genau wie jene berühmten Menschenrechte, die er zu versinnbildlichen beansprucht. Wenn Sie ihn hören, dürfen Sie sicher sein, sich in der Nähe irgendeines ehrbaren Citoyens zu befinden, der Sie aus dem Sattel zu heben plant, um sich selbst an Ihre Stelle zu setzen. Ein Äquivalent der berühmten Enteignungsformel: Scher dich weg, damit ich mich breitmachen kann. Man weiß nur nicht, was die Sonne hier zu suchen hat.

Aber vergegenwärtigen Sie sich das Mysterium der Gemeinplätze. Seit etwa zehn Jahren kann ich diesen hier nicht ohne ein gewisses Erschrecken hören. Immer sehe ich dann gleichzeitig einen schrecklichen Biedermann vor mir, der den Beruf des Wucherers ausübte und blind war wie Homer. Aber seine schmutzigen Hände waren so viel wert wie ein Dutzend Augen, und er plünderte Sie blindlings aus, mit einer Behendigkeit, einer Subtilität, einer Sicherheit und einer Könnerschaft, die nicht ihresgleichen hatten.

Er hatte — ich weiß nicht, warum — eine Vorliebe für diesen Gemeinplatz, den er bei jeder Gelegenheit wiederholte, weil er ihm, wie ich mir vorstelle, eine faszinierende Macht zuschrieb, und ich versichere Ihnen, es war eine angsteinflößende Sache, diesem Gefährten der Finsternisse ins Gesicht zu sehen, wie er von der glorreichen Sonne sprach, während er einen mit blicklosen Augen anzustarren schien.

CVI. ALLE WELT HAT MEHR VERSTAND ALS VOLTAIRE. Wann wird man sich dazu entschließen, einen Preis von zweihunderttausend Francs für den Bösewicht auszusetzen, der sagen kann, was dieses »alle Welt« ist? Ich werde ihn zweifellos nicht gewinnen, weil ich zu denen gehöre, die glauben, daß Voltaire, aus nicht allzu großer Höhe gesehen, ebenso dumm gewesen zu sein scheint wie alle Welt — was indessen wenig Licht auf die rätselhafte Wendung wirft.

Der BÜRGER in seiner Eigenschaft als universaler Suffraganbischof muß glauben, daß Voltaire von diesem Gemeinplatz vorteilhaft behandelt wird, weil er ja voraussetzt, daß es nicht weniger als der ganzen Masse, also der Gesamtheit aller Männer und Frauen bedurfte, um mehr Geist zu blockieren, als dieser Patriarch der böswilligen Schwachköpfe hatte.

Aber die Sophisterei ist allzu offensichtlich. Was vom BÜRGER gefordert wird, ist ein Niveau, mehr nicht. Alle Welt — das ist er selbst, immerwährend, mitten im Dreck, und er hat recht, sich Voltaire noch weiter unten vorzustellen. Voltaire ist sein exkrementelles Nadelöhr.

CVII. WER ZUVIEL BEWEISEN WILL, BEWEIST GAR NICHTS. Achtung! Ich will mit ehrlichen Mitteln einen geometrischen Lehrsatz beweisen, ein historisches Faktum, eine Behauptung der Moraltheologie, alles, was Sie wollen. In welchem Augenblick, an genau welcher Stelle muß mein Beweis innehalten?

Bisher hatte ich geglaubt, man könne etwas beweisen oder könne es nicht. Plötzlich erfahre ich, daß man *zuviel* beweisen kann. Das stellt alle meine Begriffe auf den Kopf. Man kann zuviel essen, man kann zuviel trinken, das versteht sich. Man kann zu dumm sein oder zu schweinisch, keine Frage. Es hat sogar den Anschein, daß man zu ehrlich sein kann, was beim BÜRGER als Mann von Gleichgewicht und gemessenem Temperament allerdings selten der Fall ist. Aber zuviel beweisen und ebendadurch gar nichts beweisen — das ist ein Wunder, das meine Vorstellungskraft übersteigt.

Wenden wir der Wandtafel den Rücken zu und stecken wir den Kopf zwischen die Beine, um das Problem spiegelverkehrt in Augenschein zu nehmen. Und das geht so. Ich werde diesmal versuchen, nicht genug zu beweisen, also um Haaresbreite vor der Stelle anzuhalten, an der der Beweis vollständig wäre. Gewonnen! Weil ich nicht zuviel bewiesen habe, habe ich endlich doch irgend etwas bewiesen. Leider! Im selben Augenblick spricht der Beweis mich schuldig. Allein dadurch, daß er existiert, existiert er vollständig. Die Haaresbreite ist also überschritten. Trotz meiner Vorsichtsmaßnahmen habe ich zuviel und folglich überhaupt nichts bewiesen. Unmöglich, diesem Zirkel zu entrinnen, an dem die Mathematiker, die Philosophien und alle Wissenschaften zuschanden werden.

CVIII. ES IST NIE ZU SPÄT, GUTES ZU TUN. Die Vertracktheit des Adverbs »zu«. Das macht uns wieder einmal zu schaffen. Könnte es wirklich der Fall sein, daß es nie zu spät ist? Sollen wir glauben, daß es eine Stunde gibt, zu der es ziemlich spät ist, ohne zu spät zu sein, und eine andere, zu der es *zu früh* ist und die dann gerade recht wäre, Unheil anzurichten? Diese letztgenannte und so wichtige Stunde — wann beginnt sie und wann endet sie? Muß ich mich morgens um halb sechs aus den Armen des Lasters reißen, um mich um

Viertel nach sechs in die der Tugend zu stürzen? Ist das ziemlich früh oder etwas spät oder gar sehr spät, ohne zu spät zu sein? Täte ich vielleicht besser daran, bis sieben Uhr abends oder gar bis Mitternacht zu warten usw.?

Aber lassen wir das. Worum handelt es sich im Grunde, und was sind die Gemeinplätze, wenn nicht die Sprache des BÜRGERS? Die Sprache des BÜRGERS, geben Sie acht! Was wäre einfacher, und was ist *Gutes tun,* wenn nicht das, was der BÜRGER will, was ihm gefällt, was ihm nützt, was er mit seinen Aufträgen verordnet, und nichts weiter?

Wenn Sie sich für ihn in Stücke reißen lassen und ihm alles geben, was Sie besitzen, wird er ohne Zweifel denken, Sie täten nur Ihre Pflicht, etwas spät vielleicht, aber doch nicht zu spät. Wenn er umgekehrt das Mittel findet, Ihnen Ihr Geld zu nehmen, Ihr Haus, Ihr Weib oder sogar Ihre Haut, und ihm das nützlich oder angenehm erscheint, haben Sie nicht das kleinste Wort dagegenzuhalten. Er tut sehr gut daran, absolut gut und genau zur richtigen Stunde, weil das die Stunde seiner wahren Willkür ist, die nie zu spät schlägt.

CIX. NACH UND NACH BAUT DER VOGEL SEIN NEST. »Gemeiner Bulgare!« schrie die Gräfin von Sainte-Périne. Und sie hatte recht. Mit Sicherheit hätte sich kein hassenswerterer Schuft finden lassen als dieser Chefredakteur. Er war der Flegel ohne Epitheton, der Flegel schlechthin. Als er eines Tages Besuch von einem großen, heute verstorbenen Dichter erhielt, der kam, um ihm ein Gedicht anzubieten, mit dem sich seine trübselige Gazette unglaublich geehrt hätte fühlen können, hatte er so getan, als sei er nicht einmal bereit, sich umzudrehen, und die folgende, seither berühmt gewordene Antwort gegeben: »Seien Sie doch so gut, lieber Herr, und werfen Sie Ihr Manuskript eigenhändig in den Papierkorb.«

Eine schöne Idee hatte ihr Gatte da gehabt, sie hierherzuschicken! Der Rüpel hatte sie mit einer solchen Frechheit empfangen, daß es ihr, die doch von ihrer früheren Berufstätigkeit als Hebamme her auf jegliche Flegelei vorbereitet war, schier den Atem verschlug. Weit davon entfernt, den Widerstand dieses Rohlings zu brechen, wie sie sich leise geschmeichelt hatte, war es ihr nicht einmal möglich gewesen, auch nur ein Wort anzubringen. Und zwar bei Strafe, *sich zu kompromittieren*. Wutentbrannt kehrte sie nach Hause zurück.

Doktor Maurice de Sainte-Périne*, ihr Gatte, der durch das Wirken irgendeiner geheimnisvollen Selektion als Graf geboren wurde, war der erstaunliche, heute bekannte und sogar rege konsultierte Karrierist, der in weniger als zehn Jahren die übliche Ochsentour absolviert hatte. Zu der Zeit, da diese Erzählung spielt, hatte er kaum seine ersten beruflichen Schritte getan und sich gerade durchaus kühn mit einer Hebamme aus der Provinz verbunden, auf die eine Stadt von dreihunderttausend Seelen stolz war. So wie die Sonne etwas Lebensfreude und Licht auf den Bedürftigen ausgießt, so hatte diese kraushaarige, goldbraune Frau etwas Geburtshilfe über den Äskulapjünger ausgegossen. Sie verstanden sich und hielten zusammen, wobei die Gattin noch einen Rest von Reiz und der Gatte noch einen Anfang von gutem Riecher hatte.

Letzterer hatte auch den Plan entworfen, den die zeitgenössische Idiotie ihm teilweise zu verwirklichen erlaubte — den Plan einer Art literarischer Klinik für Speisesaal und Schnellzug, und zwar mittels eines periodischen oder unregelmäßigen Epidauros-Journalismus**. Genauer gesagt, es handelte sich darum, in die vielgelesenen Blätter — so wie ein perfider Krankenwärter Spritzen in die Hinterteile seiner Patienten — kleine, herzerweichende Artikelchen einzurücken, in denen wohlgemerkt niemand angegriffen wurde. Farblose, flüchtige und neutrale medizinische Feuilletons, vergleichbar etwa den wirkungslosen Spülungen, wie man sie den Spießbürgern ver-

---

* Gemeint ist Maurice de Fleury, Mediziner und *homme de lettres* (vgl. S. 106 dieses Bandes), Freund von Bloy seit 1880 und seit 1889 mit ihm verfeindet; früher Assistenzarzt an Sainte-Périne. — Der berühmte Dichter ist wohl Villiers de L'Isle-Adam.

** Wegen ihrer Traumorakel in der Halle des Abaton berühmte griechische Stadt; besondere Wunderheilungen wurden vom Klerus auf Stelen festgehalten (Heilkuren unter Verwendung von Wasser etc.).

abreicht. Das Ganze war widerwärtig und öde, aber nicht ohne Wirkung auf die Verdauung einiger Prominenter, die dennoch glücklich waren angesichts der Unentgeltlichkeit des Laudanums.

Aufgrund vieler Kriechereien und Schäbigkeiten ist der unermüdliche Maurice jetzt endlich so weit, als Quasi-Autorität zu gelten, als scharfsichtiger Beobachter, als erlesenste unter den Wanzen der Fachidiotie, und im Begriff, sich damit in die sozialen Nischen einzuschleichen, in die Spalten oder Risse des alten Kramladens der Welt. Er hat sogar, wie man mir gesagt hat, einen Patientenkreis gefunden, und seine Frau, deren zäher Teig Zeit gehabt hat, im Backtrog ihres Elends aufzugehen, führt endlich einen eigenen *Salon!* ...

Aber ich wiederhole, zum Zeitpunkt, der uns hier beschäftigt, lagen all diese Herrlichkeiten noch in weiter Ferne. Doktor Maurice, noch immer nicht frei von den täglichen Kabalen des niedrigsten Personals, benutzte seine Gefährtin für die Plazierung seines Manuskripts. Er zählte auf diese Lucine bei der Entbindung der blockierten Liebenswürdigkeiten und bei der glücklichen Freisetzung von Gefälligkeiten mit langer Trächtigkeitsdauer.

Man möge jedoch nicht glauben, daß ich hier irgendwelche Schandtaten insinuiere. Die Hebamme bezahlte niemanden und beschränkte sich darauf, ausdauernd und hartnäckig zu sein. Es steht jedem frei, zu verzweifeln oder zu träumen, aber nie hat man von irgendeinem Selbstmordversuch reden hören.

»Weißt du, was er zu mir gesagt hat?« schrie sie beim Hereinkommen ihren Gatten an, den Grafen Speichellecker von Schweifwedel vom Tal der Lobhudeleien von Sainte-Périne. »Gut! Hier sind seine eigenen Worte: ›Die Art von Schwachköpfigkeit Ihres Gatten entspricht uns nicht. Das wäre alles nur unnütze Wiederholung eines anderen Schmierfinken, der bei unserem Publikum bekannt und geschätzt ist. Überdies behagt mir seine Visage nicht, genauso wenig wie Ihre. Also, Sprung auf, marsch marsch, und verduften Sie.‹«

Der Arzt-Graf hat einen gewaltigen Riechkolben, der es ihm erlaubt, mit Macht zu schnaufen. Nachdem er das Konzil seiner Gedanken also durch einen herzhaften Atemzug gekräftigt hatte, näherte er sich stechenden Auges seiner Hebamme, die sich auf einen Stuhl hatte fallen lassen, und sprach, ihr einen ehrerbietigen Kuß auf die Stirn hauchend, mit dem inspirierten Tonfall eines antiken Barden:

»Arme Freundin! Haben wir nicht das Zeugnis unseres reinen Gewissens? Man muß sich schicken, nichts ist absolut, und man kann nicht alles haben. Vergiß nicht, daß man praktisch sein und mit seiner Zeit gehen muß. Schließlich und endlich ist man ja nicht auf Erden, um sich zu amüsieren. Geduld! Paris ist nicht an einem Tage erbaut worden, das ist richtig, aber die Sonne scheint auf Gerechte und Ungerechte, und nach und nach baut der Vogel sein Nest...«

An diesem Abend, sagt der Dichter, lasen sie nicht weiter.

CX. DIE KLEINEN BÄCHLEIN LAUFEN IN DIE GROSSEN. So spricht mein Krämer, wenn er die Groschen der Mühseligen und Beladenen einstreicht. So spricht auch der oder jener Bankier, wenn er die Ersparnisse der kleinen Leute zusammenrafft. So spricht auch Chamberlain, wenn er das Blut der kleinen Burenkinder fließen sieht. Und alle drei sagen genau dasselbe.

CXI. MAN KANN NICHT SEIN, OHNE GEWESEN ZU SEIN. Sie täuschen sich, lieber Herr Leichenbestatter, und der Beweis dafür ist, daß man ein Schwachkopf gewesen sein und es immer noch sein kann. Das Gegenteil kommt eigentlich sogar nie vor. Sie können also — im Absoluten — alles Mögliche sein und gewesen sein, Ihre Gattin ebenso, seien Sie sicher, nichts für ungut.

Aber Gott behüte uns vor leichtfertigen Urteilen! Ist der Kern Ihrer Maxime nicht ganz einfach der, daß man nicht immer jung sein kann, wenigstens im Sinne der Fortpflanzung der Gattung? O François Coppée, liebster Freund, was für ein Lichtstrahl!

CXII. JUGEND WEISS NICHT, ALTER KANN NICHT. Was geschähe denn, wenn Alter könnte? Der vorsichtige BÜRGER hütet sich wohl, es zu sagen. Damit man's also ein für allemal weiß: Wenn die Jugend wüßte, beginge sie Schweinereien, von denen nicht einmal das Alter eine Vorstellung hat, und wenn das Alter könnte — das Alter des BÜRGERS wohlgemerkt —, noch einmal, was geschähe denn wohl? Sie werden es nicht erraten.

Es übte Tugend! Und das Angesicht der Welt wäre damit verwandelt. Das ist das schreckliche Geheimnis, das ich lange zu verbreiten gezögert habe.

CXIII. WENN MAN ALLES WÜSSTE! ... wäre man Gott, eine unendlich unangenehme Situation, weil man dann gezwungen wäre, seine eigene Existenz zu leugnen, bei Strafe, als Schwachkopf zu gelten, sich mit dem eigenen Logenmeister zu überwerfen und im ganzen Viertel schlecht angesehen zu sein. Man bekäme nirgendwo mehr Kredit und würde von niemandem mehr gegrüßt. Man hätte als Wundertäter zu gelten und als jemand, der einen Gekreuzigten in der Familie hat. Zu guter Letzt brächte es ein gemeiner Pöbel, der bar aller Philosophie ist und Substanz und Akzidens verwechselt, gar über sich, den allwissenden, der Göttlichkeit angeklagten BÜRGER einen *Pfaffenknecht* zu nennen.

Ach! Glauben Sie mir, am sichersten ist es, nichts zu wissen und vor allem nichts aus dem Nichts schaffen zu müssen, angefangen mit sich selbst. Ist das übrigens nicht Tradition? Würden Sie mir bitte sagen, zu welcher Zeit die Vorfahren unserer BÜRGER es für ersprießlich gehalten haben, den Mond und die Sterne zu schaffen? Es gibt so viele Dinge, die man besser nicht weiß, und so viele andere, die man besser nicht tut! Liegt das Ziel des Lebens nicht einzig und allein darin, viel Geld zusammenzukratzen und sich dadurch den ewigen Tod zu verdienen?

CXIV. MAN KANN NICHT AN ALLES DENKEN.

Seien wir doch vernünftig, nicht wahr? Zunächst einmal bin ich gezwungen, an mein Geschäft zu denken; dann an die Geschäfte der anderen, um sie übers Ohr hauen zu können, wenn möglich; schließlich an mein Vergnügen. Wo, zum Teufel, glauben Sie, soll ich die Zeit hernehmen, noch an anderes zu denken?

Sie reden mir von Gott, das ist Ihrerseits sehr freundlich; aber ernsthaft, was soll ich denn Ihrer Meinung nach mit Ihrem lieben Gott machen? Ich denke nie daran, ich habe nie daran gedacht, und wenn ich drauf und dran bin abzukratzen, glauben Sie mir, werde ich auch nicht daran denken. Die Priester sagen es selbst, Asche ist man und wird wieder zu Asche, Staub ist man und wird wieder zu Staub. Warum sich also mit all diesen Dummheiten plagen?

Sie sind mir schon ein rechter Spaßvogel, sich für meine Seele zu interessieren; als ob ich mich für Ihre interessierte, ausgerechnet ich! Oh! Oh! Oh! Man sieht schon, daß Sie nicht im Geschäftsleben stehen. Wenn Sie drinstünden, wüßten Sie auch, daß man, weit entfernt, an alles zu denken, schon genug und manchmal sogar zuviel damit zu tun hat, an sein Kassenbuch zu denken. Hören Sie mal, guter Mann, ich will Ihnen etwas sagen. Ich wünsche mir einen lieben Gott, der im Geschäftsleben steht. Dann könnte man sich leicht verständigen. Er hätte nämlich keine Zeit, auch er nicht, an alles zu denken. *Er würde die Sonntagsruhe aufheben,* ganz sicher, und uns in Frieden lassen, dafür stehe ich Ihnen ein . . .

So spräche derjenige, der an die Stelle des wilden Geistes getreten ist, der früher die kühnen Seefahrer am Kap der Guten Hoffnung anfeuerte*.

CXV. MAN KANN NICHT ZWEI DINGE GLEICHZEITIG TUN.

Übersetzung von *Nemo potest duobus dominis servire*** ins bürgerliche Idiom. Niemand kann zwei Herren

---

* Adamastor, der Sturmriese in Camões' *Lusiaden:* »Nein, ich nahm den Ocean, / Als Fürst der Wellen . . .« (V, 51).
** Lukas, XVI, 13: »Kein Sklave kann zwei Herren dienen.«

dienen. Eine Art Scham hindert einen, die Schrift in aller Offenheit zu zitieren, und davor warnt uns das Wort *Ding*. Geradeso, wie wenn man sagte: Er ist ganz Ding, er hat Dingweh, oder er hat Angst, sein Ding zu zeigen. Denn der BÜRGER schämt sich vor allem, was schön oder edel ist, wie andere sich vor allem schämen, was häßlich oder gemein ist. Eine Nuance, in der sich sein wahres Wesen zeigt.

Gleichwohl bindet ihn die Heilige Schrift nicht, auch nicht die auf diese Art übersetzte, denn der Besessene, besessen von Demjenigen, der da heißt *Legion**, Bewohner der Grabhöhlen in der Wüste, aus denen ihn notfalls nicht einmal zweitausend Schweine vertreiben könnten, entzieht sich fortgesetzt allen seinen Bändigern.

Der BÜRGER wäre nicht der, der er ist, wenn er im Einklang mit dem Geist des Herrn lebte. Er räumt ein, daß man nicht zwei widersprüchliche Dinge tun kann, zweifellos, aber nur für den Fall, daß man sie gleichzeitig tut. Auf jede andere Weise geht das sehr gut. Beispielsweise seinen Vater ehren und ihm ein Bündel von Gemeinheiten an den Kopf werfen — das sind für ihn zwei durchaus miteinander verträgliche Akte, wenn man nur darauf achtet, sie nicht in derselben Viertelstunde zu vollziehen. Das ist alles, nicht zwei Dinge *gleichzeitig* tun. Die bewundernswerte Mäßigung einer allzu strengen Lehre. Es genügt, sich die Folgen anzuschauen, die zahllosen Anwendungsmöglichkeiten.

Wann wird der Schuster kommen, der das Evangelium endgültig festnagelt?

CXVI. ALLES ZU SEINER ZEIT. »Ein jegliches hat seine Zeit«, sagt der Prediger Salomo**, »und alles Vornehmen unter dem Himmel hat seine Stunde.«

---

* Markus, V, 9: »Und er antwortete und sprach: Legion heiße ich. [...] Und die Teufel baten ihn alle und sprachen: Laß uns in die Säue fahren [...] und fuhren in die Säue; und die Herde stürzte sich von dem Abhang ins Meer, (ihrer waren aber zweitausend), und ersoffen im Meer.«
** Der Prediger Salomo, III, 1 und *passim;* der ganze Paragraph ist eine Paraphrase des Salomo-Kapitels.

Es gibt eine Zeit, in Bethlehem geboren zu werden, und eine Zeit, in Golgatha zu sterben.

Eine Zeit, das Kreuz aufzupflanzen, und eine Zeit, es niederzureißen.

Eine Zeit, die Seelen zu verunstalten, und eine Zeit, sie zu heilen.

Eine Zeit, das Haus aus Gold zu zerstören, und eine Zeit, das Haus aus Silber aufzubauen.

Eine Zeit, im Vorbeigehen den blutenden Christus zu beweinen wie die Töchter Jerusalems, und eine Zeit, zu schreien wie die schreckliche Frau des Jüngsten Tages.

Eine Zeit, sich zu härmen mit der Jungfrau mit den sieben Schwertern im Herzen, und eine Zeit, zu tanzen mit der Hurentochter der Blutschänderin, um das Haupt Johannes des Täufers zu bekommen.

Eine Zeit, die lebendigen Steine zu zerstreuen, und eine Zeit, sie einzusammeln.

Eine Zeit, den Freund zu umarmen, der über die Hügel herbeigeeilt kommt, und eine Zeit, die schrecklichen Liebkosungen zu fliehen, vor denen einen niemand schützt.

Eine Zeit, alles zu gewinnen, und eine Zeit, alles zu verspielen.

Eine Zeit, das Gesetz des Herrn zu halten, und eine Zeit, es abzustreifen wie ein unnützes Gewand.

Eine Zeit, den Vorhang des Tempels entzweizureißen, und eine Zeit, das Schweißtuch des Erlösers zusammenzunähen.

Eine Zeit, zu den Verhöhnungen zu schweigen, und eine Zeit, aus den Blitzen des Wetters zu sprechen.

Eine Zeit der Liebe, die stärker ist als der Tod, und eine Zeit des Hasses, der köstlich ist wie die Eucharistie.

Eine Zeit des Krieges gegen die Heiligen und eine Zeit des unaufhebbaren Friedens der glückseligen Toten.

Man arbeite, wie man will, sagt Salomo, welchen Gewinn hat man von seiner Mühe?

— Von meiner erwarte ich Ähnlichkeit mit den Werken der Dämonen und die mir bereitete Wohnstatt in ihren Niederungen der Verzweiflung, entgegnet der BÜRGER, wenn für ihn die *Zeit* gekommen sein wird, mit vollkommenem Unterscheidungsvermögen zu antworten.

CXVII. ZEIT IST GELD. Bis zu dieser absolut sicheren, unfehlbaren und erleuchteten Antwort, die soeben zu lesen war, wird der BÜRGER nicht verfehlen festzustellen, daß alle diese verschiedenen *Zeiten,* die vom Prediger Salomo erwähnt werden und der Schlaf der Zeiten sind, unter sinnlos vermehrten Weiterungen lediglich das GELD repräsentieren. Sogar die Zeit zu sterben — und sie vor allem — ist in seinen Augen Geld.

Es muß also eine tiefinnerste Wahrheit geben, die Wahrheit selbst, denn so sehr kann man sich doch nicht täuschen. Nach dem Beispiel der gleichen Meßwerte und Gewichte pendeln Zeit und Geld sich gegeneinander aus und kommen im Unendlichen ins Gleichgewicht. Wenn der Herr der Welten sich gegen dreißig Silberlinge hat verkaufen lassen, stand er genau im Zentrum der Zeiten und konzentrierte sie in sich auf die eindrucksvollste, die unwiderstehlichste, die unvorstellbarste Weise...

Ebendarauf zielen fortgesetzt, ohne es zu wollen und ohne es zu wissen, die Phrasen des armen BÜRGERS ab, die schrecklicher sind als die Wirbelstürme.

CXVIII. GELD STINKT NICHT. Dennoch ist es ergötzlich, sich sagen zu können, daß die ruhmreichen Flavier nicht weniger unersättlich und wählerisch waren als unsere BÜRGER. Vespasianus, der bei jeder Mahlzeit zweitausend Sesterzen verspeisen konnte, verschmähte es wie Vitellius nicht, sich die römische Kacke zunutze zu machen und aus allem Geld herauszuschinden, was die Herren der Welt unter sich ließen.

Das Beispiel hat nichts von seiner Gültigkeit eingebüßt, und die Spekulanten des 20. Jahrhunderts lieben es, sich darauf zu berufen. Nur hatte diese Kaiserfamilie Jerusalem* nieder-

---

* Titus Flavius Vespasianus (9–79 n. Chr.), der »Stammvater« des Flavier-Hauses, ließ den jüdischen Krieg durch seinen Sohn Titus Flavius beenden und Jerusalem zerstören (70 n. Chr.).

gemacht und elfhunderttausend Juden in den Tod geschickt, während die BÜRGER sich mit Israel zur Vermarktung der Heiligen Stätten zusammentun. Das macht einen Unterschied.

»Zeuch mich nach dir«, sagt die Freundin des *Hohenliedes,* »so laufen wir. Es riechen deine Salben köstlich*.«

CXIX. JE TOLLER, JE BESSER. »Etwas zu trinken«, jammerte die arme Frau mit einer Stimme, die kaum mehr war als ein Hauch**. Keine Antwort. Sie glaubte, die Stunde ihres Todes sei angebrochen, und versuchte, sich zur Beichte ihrer Sünden aufzuraffen. Später, als eine Krankenschwester vorbeikam, gelang es ihr, unter Aufbietung aller ihrer Kräfte laut und deutlich die folgenden Worte auszusprechen, die sie für unwiderstehlich hielt: »Madame, ein Glas Wasser, bitte, um der Liebe Gottes willen!« Aber die Liebe Gottes hat wenig Kredit bei der Öffentlichen Wohlfahrt. Die Angestellte zuckte, sie kaum eines Blickes würdigend, mit den Schultern und ging ihres Weges. Daraufhin fühlte sich die unglückselige Geneviève von Verzweiflung ergriffen.

Man hatte sie dorthin überführt, weil ihre sehr schwere Erkrankung Pflegemaßnahmen erforderte, die ihr Gatte, selbst krank und ohne Rücklagen, ihr zu Hause nicht bieten konnte. Im Wagen, der sie hinbrachte, hatte sie neben sich, gleichsam als Bild der Ohnmacht des Genies, diesen großen, verzweifelten Künstler gesehen. Und wie verzweifelt! Sie hätte es nicht einmal sagen können. Sie wußte lediglich, daß sich da ein Abgrund auftat, und in ihrem eigenen Jammer, der schrecklich war, wagte sie nicht, an diesen Jammer zu denken.

Und da waren auch noch die Kinder, in letzter Minute aus einem Fenster erblickt*** — leider nur erblickt —, weil sie fühlte, daß ihr der Abschied unmöglich gewesen wäre, wenn

---
* Das *Hohelied Salomonis,* I, 3, 4.
** Die ganze folgende »Erzählung« (vgl. die »Père Édouard«-Episode, S. 87 ff. dieses Bandes) ist mit Sicherheit von der schweren Erkrankung von Bloys Frau Geneviève [*recte:* Jeanne] Ende 1895 inspiriert worden.
*** Véronique und Pierre, Léon Bloys Kinder.

sie es auch nur gewagt hätte, sie zu umarmen. Die armen Kleinen! Der bloße Gedanke daran versetzte ihr Stiche ins Herz.

Kaum angekommen, hatte man sie auf diesem Stuhl mitten in der Vorhalle sitzen bleiben lassen, ohne jede Hilfe, ohne jede Stütze für ihren schmerzgepeinigten Kopf. Sie hatte geglaubt, jemanden zu finden, der sich ihrer annähme, ein Bett, sich auszustrecken, aber ihre Anwesenheit schien nicht einmal wahrgenommen zu werden. Sie hätte die Hälfte der Tage, die ihr zu leben blieben, für ein Glas frischen Wassers gegeben und die andere Hälfte, ihren Kopf an eine Wand lehnen zu können.

Nach einer Stunde ließ sich die Aufseherin, nachdem sie wahrscheinlich damit fertig war, die Behinderten oder Unruhigen in einem anderen Saal zu martern, dazu herbei, sich ihrer anzunehmen. Bevor man sie ins Bett brachte, ließ man sie an einem langen Tisch Platz nehmen, wo einige Alte vor ihren Näpfen saßen. Nachdem sie versucht hatte, einige Schlucke Krokodilsbrühe der Fürsorge hinunterzuwürgen, ließ sie ein plötzlich aufsteigender heißer Gestank innehalten. Mit Abscheu sah sie, daß ihre Gefährtinnen in truhenförmige Sitze eingezwängt waren, die gleichzeitig als Trichter und Abflüsse dienten. Aber das war erst der Anfang.

Bis dahin hatte sie sich in dem Glauben wiegen können, sie gehöre der traurigen Menge der Unglücklichen an, die wenigstens noch ihren Körper besaßen. Es stand ihr überdies bevor, ihre Gattin- und Mutterkleider verschwinden zu sehen, die ihr erst bei der Entlassung zurückerstattet werden würden, wenn es ihr denn beschieden wäre, entlassen zu werden. Fortan erhob sie sich nur noch in der Uniform der zur Pein Verurteilten, zu einer Pein ohne Maß noch Trost: blaues Gewand, und von welch schrecklichem Blau! Küchenschürze, und welcher Küche! Weißes Halstuch, gewaschen in schmutzgetränkten Phantasien, und weiße Mütze, von keinerlei Unschuld je gefältelt.

Die Frau des großen Künstlers glaubte zu wissen, was Leiden sei. Junge Seele, die sie war, nahm sie an, daß alles jung sei, sogar der Teufel und seine Macht. Wie hätte sie auch die nächtlichen Schrecknisse in diesem Asyl voraussehen können und den entsetzlichen Umstand festversperrter Türen, versperrt hinter dreißig oder vierzig Kranken, darunter zwanzig Geistesgestörte? Denn diese mörderische Mischung wird von den Ärzten ungeheuerlicherweise geduldet, so, als ob es eine allgemeine Verhaltensregel sei, die Verwaltung um ihre Insassen zu erleichtern, indem man sie durch die nackte Angst vertilgt. Diese Einzelheit ist namenlos geblieben und ließe die Hölle der Dichter einer hoffnungsfrohen Lusthöhle ähneln.

Dem Todesschrei einer Leidgeprüften, den sie ausstößt, wenn sie im Halbdunkel ein Phantom von Bett zu Bett huschen sieht, antwortet nichts, es sei denn andere, noch schmerzlichere Seufzer, die vom Grund des Brunnens der Angst aufsteigen. Die Krankenschwestern sind zu berauscht, um sich zu erheben, oder zu beschäftigt mit ihren Schmutzigkeiten, um sich stören zu lassen. Wenn ein außergewöhnlicher Aufschrei sie dazu zwingt, eilen sie herbei, wütend, mit Schmähungen, Beleidigungen, Drohungen und manchmal auch Schlägen. Von der ersten Nacht an hörte Geneviève, starr vor Schrecken, weil sie eine Närrin gesehen hatte, die sich über sie beugte und sie mit ihren entsetzlichen Augen anstierte, wie ihr die teuflische Zelle angedroht wurde, in der aller Widerstand ermattet und manchmal auch das Leben. Sie beklagte sich am folgenden Tage darüber zur Stunde der Visite beim Chefarzt.

»Das alles spielt sich in Ihrem Kopf ab, kleine Frau«, antwortete lächelnd der alte Dummkopf und Feigling, der der Verwaltung nicht entgegenarbeiten wollte und sich unter Mitleidsgesten entfernte. Die im Stich Gelassene begriff, daß sie von den Männern keinerlei Gerechtigkeit und Hilfe zu erhoffen hatte. Am selben Tag erfuhr sie, daß ihr Mann von Paralyse befallen und ihre beiden Kinder einem Monstrum ausgeliefert seien. Man weiß nicht, was Gott manchen Seelen alles abverlangt.

So lebte sie, wie viele andere, ohne daß man wüßte, wie und warum. Mit der übernatürlichen Energie der Schiffbrüchigen klammerte sie sich an den christlichen Gedanken, großzügig zu bezahlen, was es für sie selbst zu bezahlen gab, und mit ihren

Qualen den geliebten Wesen beizustehen, die ihre Abwesenheit in Gefahr brachte. Von diesem Augenblick an war ihr eine gewaltige Kraft verliehen. Ihre arme Seele, über alle Schmerzen erhoben, faßte ohne Verzweiflung die Aussichten und direkten Wege zur Hölle ins Auge. Sie konnte die Verwünschungen über sich ergehen lassen, die Äußerungen von Abscheu, die wilden Worte, die die Unsichtbaren zum Weinen bringen, das höhnische Gekicher, das die Dämonen herbeiruft, die schrecklichen Schweinereien, die langen Seufzer. Sie vermochte der quälenden, schrecklichen Klage der Unglückseligen zu trotzen, die nach ihren Vätern, ihren Gatten, ihren Kindern, ihren Toten riefen. Sie schloß Bekanntschaft mit dem Drachen der *tränenlosen Ängste* des Wahns, die dem langgezogenen Geheul jammernder Hunde ähneln.

Was sie am meisten mitnahm, war die bürgerliche, aufgeblasene, großsprecherische und orakelnde Dummheit der Ärzte und Assistenzärzte, angefangen mit dem bereits erwähnten komischen alten Kauz, wenn er allmorgendlich vor den Betten sein fadendünnes Palaver herunterspulte. An die überlegenen Sichtweisen ihres Gatten gewöhnt, von dem sie die schrankenlose Verachtung für die Medizin und die mörderischen Seiltänzer übernommen hatte, die daraus Nutzen ziehen, fühlte sie sich von den wichtigtuerischen Eseleien, die da über ihrem Körper abgehaspelt wurden, mehr verletzt als von allem übrigen. Von dem Tage an, da dieser häßliche Esel angesichts ihres Rosenkranzes den Krankenhausgemeinplatz aussprach: »Sie ist eine Mystikerin, da ist nichts zu machen«, schämte sie sich, dem sogenannten Menschengeschlecht eines solchen Idioten anzugehören, und fühlte sich durch diesen olympischen Kretinismus mehr entwürdigt als durch die infamen Blicke und die sie begleitende Brutalität der Medizinstudenten.

In Mexico gibt es, besonders in der Gegend von Veracruz, eine Geierart, deren Name mir entfallen ist und deren Funktion darin besteht, die Stadt zu säubern, indem sie alles Aas verschlingt. Sie sitzen zu Tausenden auf den höchsten Dächern und Mauern, mit unfehlbarem Blick alles beäugend, was erliegt und zu Fall kommt. Ein Unrat hat kaum die Zeit, den Boden zu berühren. Dieser Vogel ist Gegenstand respektvoller Hochachtung. Ohne ihn wird sozusagen kein Fest gegeben, und es ist bei Androhung strenger Strafen verboten, ihn zu töten. Ebendas ist das Vorrecht der Kranken, die in den Hospitälern und Asylen von Paris *versorgt* werden. Man zählt auf sie bei der Beseitigung alten Fleisches und anderen halbverwesten Unrats, den die Schweine nicht mehr wollen und den ehrlichen Hunden anzubieten rücksichtslos wäre.

Dieses Hilfsmittel bietet den doppelten Vorteil, die bedrohlichen Aussichten auf die Beulenpest in den verschiedenen Vierteln von Paris zu mildern, der Verschwendung von Lebensmitteln Einhalt zu gebieten, die Todesangst bei den Moribunden abzuschwächen und zu guter Letzt und vor allem die gute, geruchlose Pinke in die weltlichen und philanthropischen Taschen der Gewinnbeteiligten zu schaufeln. Mit dem einzigen Unterschied zu besagten Raubvögeln, daß die Kranken eine sehr viel geringere Hochachtung genießen und es statthaft ist, sie in aller Raschheit krepieren zu lassen.

Im Gedenken an Gott war Geneviève in der Lage, tagtäglich diesen von den Ärzten des Hauses gesegneten Schmutz hinunterzuschlingen. Und was gab es da nicht alles hinunterzuschlingen! Obwohl sie bei der Einlieferung in äußerst geschwächtem Zustand und gleichsam tot gewesen war, wurde ihr zugemutet, dort mehrere Wochen zuzubringen und zu überleben, was eine Riesin hätte zusammenbrechen lassen. Später hat sie gesagt, daß sie nicht verstanden habe, warum es einer alten, zu drei Vierteln dementen Pflegerin, die sie vom ersten Tage an gehaßt hatte, nicht gelungen war, sie zu töten.

Denn die Bettlägerigen sind mit ihrer ganzen Existenz auf Gnade und Ungnade diesen Hündinnen ausgeliefert — wobei das, was überall sonst der Strenge der Strafgesetze anheimfällt, dort ganz und gar normal ist und von den lieben Ärzten selbst toleriert und gefördert wird, die niemals von irgend etwas gehört haben wollen. Es bedarf eines Sondergesetzes analog zu dem der Erschaffung der Engel, damit ein menschliches Geschöpf diesen Mördern entrinnt.

Eine Nonne — welches Ordens? — hockte einige Schritte entfernt, ein seltenes und panisches Beispiel von Dekadenz. Geneviève fragte sich, was das wohl für eine Gemeinschaft sein mochte, die fähig war, eine Braut Jesu Christi an diesen Ort zu schicken. Diese Nonne stürzte sich manchmal auf ihre Nachbarinnen oder auf die Pflegerinnen, wobei sie schrille Schreie ausstieß, um die vor zwei Jahrtausenden von Herodes ermordeten Unschuldigen Kinder wiederaufzuwecken. In diesen Augenblicken quoll der Name Gottes aus ihr hervor, so, wie das aufgestaute Wasser mit Macht aus einem tiefen Brunnen hervorquillt, und man mußte sich die schmutzigen Bemerkungen der Assistenzärzte anhören, junger Spunde, die, in der Heiterkeit der Lumpereien, gerade erst von gedankenlosen Krämern auf verkotzten Strohmatten großgezogen worden waren.

Eine andere mit kurzgeschorenen Haaren, keine Nonne, aber noch schrecklicher, hielt sich für einen Mann, kleidete sich so oft wie möglich als Mann, stellte männliches Gebaren zur Schau und machte der Aufseherin den Hof, einer unwandelbaren Trutsche, die in dem Ruf stand, bei der Einnahme von Sebastopol ein leichtes Mädchen gewesen zu sein.

Die beiden Elenden — jene zeternde Nonne und dieser Zwitter — konnten sich ihrer Sache sicher sein. Was hätte es Tragischeres geben können unter all den Scheußlichkeiten dieses Bezirks der Hölle, wo alles mittelmäßig ist, sogar der Tod?

Die letzte unvergeßliche Vision, die Geneviève mitnahm, war die einer Gruppe von Närrinnen, die sich für den Festtag der heiligen Katharina weiße Gewänder nähten. Eine davon, eine Art kleines Mädchen mit Greisinnengesicht, ging auf hohen Absätzen von Saal zu Saal, auf der Suche nach Schleifen, die sie nirgendwo fand. Als der Tag der heiligen Katharina gekommen war, wogten und wallten diese sinistren Gewänder an den Leibern dieser ruhelosen Toten, die da kamen und gingen, ohne ihre Gräber finden zu können.

Ihr ganzes Leben lang wird sich Geneviève — ein bizarres und grausames Bild, das hartnäckig über einem Krater von

Schmerzen schwebt — eines Liedes oder Singsangs erinnern, traurig wie die Mandoline des Fegefeuers, dessen Worte im Banne der Demenz standen, dessen Refrain jedoch genaugenommen bedeutete, daß man glücklich ist, den Verstand verloren zu haben, *der einem so viel Leid bereitet!*

Je toller, je besser.

CXX. ES IST NICHT ALLES GOLD, WAS GLÄNZT. Die Vorstellung des Glänzenden unterscheidet sich bei den BÜRGERN nicht von der damit verwandten des Schimmernden. Eine Schuhputzer-Ästhetik. In der Literatur beispielsweise ist Paul Bourget, fortwährend jung, ein glänzender Schriftsteller und der Autor von *Quo vadis?* ein anderer, der nicht weit davon entfernt ist zu glänzen. Indessen legen solche Meinungen die Vermutung nahe, daß man hier auf dem Gipfel der bürgerlichen Intellektualität steht. In geringerer Höhe kann einem bereits eine einfache Blutwurst ebenso glänzend erscheinen wie die *Ilias*. Aber nicht darum handelt es sich.

Sondern um das Gold. Nicht um das Gold der Herzen noch um das, aus dem das Himmlische Jerusalem erbaut ist, sondern um das Gold, aus dem die 20-Francs-Stücke gemacht werden und das nur deshalb kostbar ist, weil es viel Geld kostet. Im Grunde ist dieser Gemeinplatz wie so viele andere nur eine beliebige Art und Weise, die unkommunizierbare Göttlichkeit des Geldes zum Ausdruck zu bringen. Denn das Gold kann schließlich auch matt sein, und dann kommt das Glänzende oder Schimmernde, das man ihm zuschreibt, bei genauerer Prüfung einem Paar Stiefel nicht gleich. Das Geld selbst, das geheiligte Geld, braucht nicht zu glänzen, und der Beweis dafür ist, daß es blaßblaue Arschwischer gibt, die nicht weniger als tausend Francs wert sind.

CXXI. MIT DEM FEUER SPIELT MAN NICHT. Das *Buch der Richter* erzählt, daß Simson eines Tages dreihundert Füchse nahm, sie mit den Schwänzen zusammenband, wobei er jeweils einen »Brand« dazwischenfügte, sie anzündete und die Füchse ins Korn der Philister jagte*. Auf diese Weise spielte der schreckliche Nazarener mit dem Feuer. Ich träume manchmal von einem modernen Simson, der Feuer an dreihundert BÜRGER legte und sie auf die anderen losließe.

Dennoch frage ich mich, ob dieses kleine Spiel wirklich so vergnüglich wäre, wie es den Anschein hat. Wer weiß, ob der auf diese Weise angezündete BÜRGER nicht eine Art *Prophet* würde? Denn das Feuer ist einerseits ein geläufiges Wort, andererseits und gleichzeitig eine der geheimnisvollsten Realitäten, und wenn es ausbricht und davor gewarnt wird, sei es mit leiser Stimme oder durch das Geläut der Sturmglocken, möchte man meinen, daß es selbst *mit dem Menschen spielt,* so sehr versetzt es die erbärmlichen Schwachköpfe mit der göttlichen Vorahnung in Angst und Schrecken!

CXXII. DER LIEBE GOTT. Man muß schon ein gutes Gewissen in schlechter Verfassung haben, um *der liebe Gott* sagen zu können! Ganz und gar vergeblich, ich kann mir keinen Märtyrer vorstellen, der von diesem Beispiel für die Adjektivregel Gebrauch macht. Sogar Zola schreit manchmal: »Großer Gott!«, wenn er seine Kühe hütet und eine davon lahmt oder an Blähungen leidet. Aus dem Munde dieses Gerechten aber ist das ein frommer Ausruf, ein Stoßseufzer, während beim lieben Gott der Mehrzahl der Leute auch nicht ein Atom von Frömmigkeit im Spiel ist.

Der liebe Gott des BÜRGERS ist eine Art Ladenschwengel, dessen er sich nicht sicher ist und dem Vertrauen zu schenken er sich wohlweislich hütet. Er bezahlt ihn schlecht und zeigt sich gewöhnlich geneigt, ihn zu entlassen, ist allerdings stets bereit, ihn wenn nötig am selben Tage wieder einzustellen.

---

* Das Buch der Richter, XV, 4, 5.

Denn, unnötig zu sagen, der liebe Gott wirkt in den Geschäften äußerst dekorativ. Man weiß das, wenn man im Geschäftsleben steht oder irgendwelche Machenschaften betreibt, die, ohne strenggenommen Geschäftsleben zu sein, dennoch jene gaunerhaften Fähigkeiten erfordern, die sich das BÜRGERTUM zur Ehre anrechnet. Ich wäre durchaus nicht erstaunt, wenn mir eines Tages ein Gerichtsvollzieher aus dem weiteren Vorstadtbereich einen amtlichen Bescheid des lieben Gottes zustellte, der sich an meine Person wendet.

Schließlich und zu guter Letzt wird der liebe Gott, vom BÜRGER so selten und so schwer geschluckt, doch noch recht häufig von der Kundschaft gewünscht, und das ist es immerhin wert, daß man ihm manche Abneigung opfert. Treten Sie irgendwo ein, und Sie werden von nichts anderem zu hören bekommen als von ihm: »Der liebe Gott wird Ihnen beistehen ..., der liebe Gott nimmt sich Ihrer an ..., der liebe Gott für alle ..., der liebe Gott ohne Konfession ..., der Marienkäfer*..., es gibt keinen lieben Gott, usw.« Richtig ist, daß man sich billig aus der Affäre zieht. Der liebe Gott steckt dermaßen im Elend, daß er sich bereitwillig mit einer Brotkruste und einem Glas Wasser begnügt und sich mit den niedrigsten Arbeiten zufriedengibt, ohne auf einen Ruhetag zu dringen. Wie oft bekommt er außerdem den Vorwurf zu hören, und zwar von den engsten Vertrauten des Teufels, daß er den Teufel taugt?

Und wenn es dieser liebe Gott ist, der da zu richten hat über das ganze Erdreich, dann hat der BÜRGER, wie ich glaube, nur zu recht, ihn zu verachten und zu verhöhnen. Der Bösewicht, der er ist, macht sich so auf schöne Überraschungen und eine ewigliche Erschütterung gefaßt.

CXXIII. DIE NATUR. Ich erwähne diesen Gemeinplatz hier, weil er mich an meine Jugend erinnert. Er ist heutigentages sehr heruntergekommen und kaum mehr in Gebrauch.

---

* Frz. *la bête à bon Dieu.*

Man ist allzu gelehrt geworden. Zu meiner Zeit bedeutete die Natur noch eine ganze Menge von Dingen. »Lassen Sie die Natur nur machen«, sagte man bei jeder Gelegenheit, »überlassen Sie das der Natur.« Heute spricht man nur noch von Mikroben, und die Natur wird durch eine Spritze ersetzt. Ein Idol ums andere, ich ziehe das alte vor. Die Natur war schön anzuschauen, viel weniger albern und viel weniger gefährlich. Sie wurde angebetet, vor allem im 18. Jahrhundert, einer Zeit, da in Frankreich noch ein lebhaftes Gespür für das Lächerliche existierte. Mit Sicherheit hat unser BÜRGER dieses Gespür eingebüßt. Zweifellos sagt er nicht mehr wie zu Zeiten Jean-Jacques Rousseaus, daß das Ideal ein Zurück-zur-Natur wäre. Irgend etwas — ich weiß nicht, was — warnt ihn, es könne womöglich unbesonnen sein, *in naturalibus* in seinem Café aufzutauchen oder sich in unmittelbarer Nähe von Polizisten plötzlich nackt zu zeigen; aber er unterstützt und umwirbt sogar, neben vielen anderen Dingen, die anstößigen und fabelhaften Abenteuer der zeitgenössischen Medizin.

Die Natur ist in der Vorstellung des modernen BÜRGERS, wenn dieses stinkende Tier denn überhaupt einen Hauch von Erziehung erhalten hat, ein Wunder an Eselei und Pedanterie, das die Kürze des Lebens einfach nicht zu erklären erlaubt. Alles, was man tun kann, ist, von dem anderen Wunder zu träumen, das ihm konsubstantiell ist und die eigentliche Natur des BÜRGERS heißt. In dieser Hinsicht, kann man sagen, gibt es durchaus Großartigkeit. Es genügt vielleicht, sich das *verkehrte* Spiegelbild in Erinnerung zu rufen, von dem ich gesprochen habe, in dem das Antlitz dieses letzten Herren der Welt durch das schreckliche Antlitz Gottes widergespiegelt wird.

Wie Sie wissen, haben die Philosophen des *a priori*, die ja keine Pferdeäpfel zusammenscharren, seit dem Leidensweg Christi allesamt gesagt, daß die Natur des Menschen ein Zustand der Unschuld und Vollkommenheit gewesen sein muß, aus dem er herausgefallen ist, so daß die Tugend oder die Schönheit eine Rückkehr ins Paradies sind — das genaue Gegenteil von dem, was in den Schweinekoben gelehrt wird. Was ist also von der »Natur« einer abscheulichen *Legion* zu halten, mit Millionen von bösartigen und verworrenen Stimmen, die mit aller Frechheit die Repatriierung bei den Säuen fordern?

CXXIV. DIE WISSENSCHAFT. Und hier das *labarum*, die Kreuzfahne der Schwachköpfe. Die Wissenschaft! Vor dem 20. Jahrhundert hatte die Medizin, um nur von diesem Bettelweib zu reden, keinerlei Bedarf an Wissenschaft und wagte kaum, sich darauf zu berufen. Seit unvordenklichen Zeiten stocherte sie in den Ausscheidungen ihrer Kranken herum. Heute kramt sie in ihrem eigenen Unrat.

Die Verwesung beklagte sich, keinen eigenen Propheten zu haben. Also kam Pasteur, Pasteur mit dem sanften und melibeischen Namen, und endlich ist die Mikrobe, mit einer Verspätung von sechstausend Jahren auf ihre Erschaffung, aus dem Nichts hervorgetreten. Was für eine Revolution! Mit ihr ändert sich alles. Die Suche nach diesem kleinen Untier tritt an die Stelle des alten Geistes der Kreuzzüge. Man kennt nur noch die Wissenschaft. Man will nichts mehr wissen, es sei denn die Wissenschaft, und jede Hanswursterei fordert ihr eigenes Tierchen. Alle Seren, alle jauchigen Pestausscheidungen, alle Ausflüsse der Toten, alles, was sich früher auf dem Grund der Grabstätten sammelte, wird heute wieder ans Licht gezerrt, empfohlen, mobilisiert, injiziert, verschlungen. Tollwut, Tuberkulose und Cholera sind Aperitive oder Verdauungsschnäpse geworden. Der Muschik der ganzen Bande hat soeben sogar einen Saft gegen das Alter entdeckt*. Es hängt nur noch von den Eltern ab, ihren Kindern von der Wiege an vierzig Infektionsnährstoffe zu verabreichen und ihre Körper zu Gefäßen von Schwären zu machen. Am Institut Pasteur hat man eine ganze Schar von nützlichen Idioten, die sich ausschließlich der Erforschung von fäulniserregenden Mitteln verschreiben.

---

* Élie Metchnikov oder Metchnikoff (1845-1916), Professor am Institut Pasteur, der gerade seine bahnbrechende Arbeit *L'Immunité dans les maladies infectieuses* (1901) veröffentlicht hatte.

»Ja, mein Herr, ebendafür werden sie eingesetzt«, sagte mir vor knapp vierzehn Tagen der Assistenzarzt von der Place de la Concorde, und der berühmte Vergifter Jenner*, dem das zeitgenössische Europa für seine Gemeinheit zu Dank verpflichtet ist, fand in diesem Haus nicht einmal mehr für sich selbst eine Tragbahre ...

Was einst die fünfte der sieben Flammenspitzen in der kaiserlichen Haartracht des Vagabunden** war, die göttliche WISSENSCHAFT, ist heute etwas so Niedriges geworden, daß sogar der BÜRGER ihr beizukommen hofft. Muß dieser Wert so herabgewürdigt werden, daß ein Schwachkopf wie Zola sie vor den Augen eines verkommenen Volkes zu tätscheln die Kühnheit hat, und niemand denkt daran, dem Beleidiger ins Gesicht zu spucken?

Ach, daß gerade der diese Reinwaschung der Gattung Mensch repräsentiert, dieses Schulfuchses der Jahrhunderte, der sich der zeitgenössische BÜRGER nennt; und daß es ihm zu Herzen gehen muß, wenn er bei jeder Gelegenheit beschwört, was er auf den besudelten und unlesbaren Seiten seiner speiüblen Romane die Wissenschaft zu nennen wagt. Die Wissenschaft, die der schnellen Fortbewegung dient, die Wissenschaft, die dem Genuß dient, die Wissenschaft, die dem Töten dient. Die Wissenschaft, die so weit heruntergekommen ist, daß sie die Hausbesitzer auf die Weide führt und den Zwinger der wilden Bestien reinigt, von denen der Arme geängstigt wird!

CXXV. DIE VERNUNFT. »Die Vernunft«, hat Malebranche gesagt, »ist die Weisheit von Gott selbst«, eine Definition, die alledem nicht zuträglich zu sein scheint, was die Händler die *soziale Vernunft* nennen. Und doch, wer weiß? ...

---

* Edward Jenner (1749–1823), der Entdecker eines Serums gegen die Pocken.
** Die Wissenschaft — die fünfte der sieben Gaben des Heiligen Geistes; so erklärt sich auch die Anspielung auf die sieben Flammenzungen: Der Geist steigt zu den Aposteln in Gestalt einer Flamme und im Bilde des Vagabunden hernieder. Vgl. den Schluß von *Das Heil durch die Juden*: Der Heilige Geist irrt umher bis ans Ende der Zeiten.

Man hat alles nur Erdenkliche über die Vernunft gesagt, aber die Meinung mit dem stärksten Zuspruch war doch stets die, daß sie der *Widerpart des Glaubens* sei. Der Beweis dafür ist das allgemeine Zurückbeben der vernünftigen Leute vor der Zahl *dreizehn* und ihr einmütiges Widerstreben, ihre Schandtaten an einem Freitag zu begehen. Ich habe einen wilden Christenhasser gekannt, der am Nikolaustag klammheimlich seine Schuhe auf den Kamin stellte. Der Meister seiner Loge, über seine Manie ins Bild gesetzt, überredete ihn, sie doch ganz einfach und *vernünftig* vor die Tür der Räumlichkeiten zu stellen, was unbestritten der weitaus passendste Ort für die Traditionen der Freigeisterei war.

CXXVI. DER ZUFALL. Ein glücklicher Zufall, ein von der *Vorsehung* gesandter Zufall, der Zufall hat es gewollt, der Zufall hat es gefügt, man muß etwas dem Zufall überlassen, usw. Der Zufall ist also Gott, alles weist darauf hin, und — wohlgemerkt! — er ist der einzige und letzte Gott, der, auch heute noch, der Anbetung der Schwachköpfe sicher sein darf, was wiederum ein heiliges Donnerwetter voraussetzt. Dennoch aber muß man einräumen, daß das schon ein komischer Kauz von Gott ist, der nur positive Macht hat, ohne eine Spur von *negativer* Macht. Oh, ich weiß wohl, daß alles, was ich da sage, nicht sehr klar ist. Glücklicherweise habe ich gerade den Brief eines Geisteskranken zur Hand; daraus hier ein erhellender Auszug:

»Wie Sie wissen, werter Herr, habe ich mein ganzes Leben auf den Zufall gebaut, wie sich das auch gehört, wenn man weiß, daß man durch Zufall gezeugt und in die Welt gesetzt worden ist und daß man nur durch Zufallsfügung weiterlebt ... ›Der Elephant grüßt ihn bei Sonnenaufgang‹, hat Chateaubriand gesagt. Von frühester Kindheit an habe ich meine Jungfräulichkeit dem Zufall anheimgestellt, was, wie Sie zugeben werden, eine sehr erbauliche und sehr einfallsreiche Art und Weise war, sie loszuwerden. Ständig habe ich dann im Banne des Zufalls gelebt, gedacht, gehandelt und geliebt.

Da mein Vermögen ein Hindernis war, habe ich mich beeilt, es bei Glücksspielen einzusetzen. Davon befreit, habe ich dann das Glück kennengelernt, aus Zufall zu essen und zu schlafen. Im Gegensatz zu so vielen anderen Leuten, deren religiöses Gefühl verschüttet ist und die sagen, daß man nicht alles dem Zufall überlassen soll, habe ich nichts für mich behalten. Überflüssig hinzuzufügen, daß ich eine Zufallsfrau habe und Kinder, die wirklich, man kann es nicht anders sagen, Kinder des Zufalls sind.

Nun gut! Soll ich's Ihnen gestehen? Mit alledem bin ich nicht zufrieden. Der Gott, den ich anbete, hat keinerlei Dekalog noch Sinai. Der Zufall hat keine Gebote. Er kann alles, er will alles, und er tut alles, aber er leistet keinen Widerstand, er *verteidigt* nichts. Versuchen Sie zu sagen: Der Zufall hat es nicht gewollt, der Zufall hat es nicht erlaubt, der Zufall nimmt Anstoß, der Zufall bestraft, es wird Ihnen nie gelingen. Mit ihm keinerlei mögliche Überschreitung, keine Sünde. Wenn man in Saus und Braus lebt, ist das ziemlich amüsant, ich sage nicht nein dazu, aber auf die Dauer bringt es einen in Harnisch...«

An dieser Stelle unterbreche ich den Brief, der plötzlich eine überraschende Hemmungslosigkeit annimmt, ohne daß es möglich wäre zu sagen, warum. Ich habe lediglich die folgende abschließende Prosopopöe zurückbehalten, die sich auf BÜRGER zu beziehen scheint, deren Bestimmungsort zu identifizieren ich aber einige Mühe hatte: »Oh, die Schweine, die Schweine, die Schweine!«

CXXVII. DIE NACHT DES MITTELALTERS.
Früher, vor knapp fünfzig Jahren, war die Nacht oder, wenn man so will, die Finsternis des Mittelalters ein streng obligatorischer Prüfungsgegenstand. Ein junger BÜRGER, der die Undurchdringlichkeit dieser Finsternis bezweifelt hätte, wäre schwerlich zu verheiraten gewesen.

Heute ist die bereits so appetitliche bürgerliche Gesellschaft dank des von den Nachtlokalen geförderten Kunstgewerbes mittelalterlich geworden. Sie hat Butzenscheiben aus Flaschenböden, Chorstühle, Truhen, Gobelins, Kredenzen, Steingut und Schmiedeeisen. Das alles ohne Umsturz und ganz schmerzlos. Jeder Kaufhaus-Chef muß eine Sammlung davon improvisieren können. Du Sommerard in vierundzwanzig Stunden*. Fortan haben Lampenfabrikation und Bekleidungsindustrie den Künstlern etwas entgegenzusetzen. Man kann ihnen nichts mehr vormachen. Sie kennen sie in- und auswendig.

Richtig ist zwar, daß, wenn diese einzigartige Gaslaterne angezündet wird, die berühmte Nacht beginnt. Lassen wir die Kunst gewähren, wohlgemerkt diese Kunst, weil man daran hängt und sie das Geschäft belebt. Aber davon abgesehen, wie kann man einer Epoche die Finsternis verweigern, in der alle Welt an Gott glaubte?

CXXVIII. DIE INQUISITION. Da hat sich nichts bewegt. Da ist alles noch genauso wie vor hundert Jahren. Die Autodafés, die Scheiterhaufen, die Armeesünderhemden, die spanischen Stiefel, die Folterbänke, die Streckbetten, die Zangen, die Pfähle, die Sägen, die Feilen, die Geißeln, die Nagelbretter, die glühenden Kohlen und die Hebelwinden — das zieht immer. Das Folterinstrument ist ein Bedarfsartikel von höchster Notwendigkeit. Die Seele des Florwebers und die des Planierers müssen fortgesetzt davon überzeugt werden, daß die Geschichte der Kirche eine einzige lange Brat- und Garzeit ist. Der BÜRGER, welchen Beruf er auch haben mag, kann an der Menge zweifeln, aber er *weiß*, daß es einen oder mehrere Mönchsorden gegeben hat, die zu dem einzigen Zweck ins Leben gerufen wurden, die Denker auf kleiner Flamme zu rösten oder sie von Kopf bis Fuß abzuhäuten.

---

* Alexandre du Sommerard (1779-1842) hatte eine schöne Sammlung von Möbeln und Kunstgegenständen aus Mittelalter und Renaissance zusammengetragen, die später im Musée de Cluny beherbergt wurde.

Ach! Diese *Denker,* war meine Kindheit damit nicht genug gesättigt, vollgepfropft, überfüllt, genudelt, verstopft, berauscht! Und zwar bis zu dem Grade, daß mir jeder Priester inmitten von Flammen und Scheiterhaufen erschien, umgeben von frommen Opfern. Und was noch schrecklicher war: Je tugendhafter und kirchentreuer man war, um so weniger entrann man diesen Tigern. Was für Tränen! Was für Schreie! Was für Verzweiflungsausbrüche! Und was für jugendliche Epiphoneme, was für Verwünschungen meinerseits! Und da sich das alles mit dem euphonischen Gewieher der Pubertät verquickte, begann ich meinerseits, Denker und »Freigeist« zu werden...

Das Dekor und die Inszenierung der Foltern haben etwas derart Fesselndes an sich, daß Menschen, die man in einiger Entfernung vom Kommerz angesiedelt geglaubt hätte und die nicht zwangsläufig in unerschütterlicher Ignoranz verbarrikadiert blieben, Dichter wie Victor Hugo und Villiers de L'Isle-Adam, auf gut Glück auf den alten Segelschiffen der spanischen Inquisition angeheuert haben. Jeder hat seinen Torquemada* abgeliefert.

Einzig Villiers, der sich für katholisch hielt, hat sich einen Pedro Arbuez d'Espila einfallen lassen, den ersten [*recte:* dritten] Inquisitor in Aragon, der 1485 auf den Stufen des Altars von den Juden ermordet und von Papst Pius IX. heiliggesprochen wurde. Dieser Heilige und Märtyrer wird vom Autor der *Histoires insolites*** als verbohrter, bluttriefender Heuchler vorgeführt, der zur Liebe Gottes ermahnt, während er gleichzeitig die Knochen krachen läßt...

Was wollen Sie denn! Man bekommt Lust, sie unter Tränen zu umarmen, die BÜRGER und Unter-BÜRGER, die im Schatten dieser Gebirge aufwachsen und wahrscheinlich in aller Unschuld verblöden.

---

* Victor Hugo mit seinem Schauspiel *Torquemada* (1882) und Villiers de L'Isle-Adam in einer Erzählung mit dem Titel »Les Amants de Tolédo« (1883).
** Pedro Arbuez taucht in einer der *Contes cruels* mit dem Titel »La Torture par l'espérance« erneut auf.

CXXIX. DIE BARTHOLOMÄUSNACHT. Ach! Beispielsweise habe ich einen Widerwillen gegen Serien. Ich habe heldenhaft in die Analyse einiger Eseleien eingewilligt, die ich selbst für vereinzelt und prototypisch halte, aber dabei lasse ich es bewenden. Wer weiß, ob man nicht bald forderte, ich möge mich doch gefälligst mit der Aufhebung des Edikts von Nantes abgeben, dem rühmlichsten Akt des Regnums von Ludwig XIV., das seit zweihundert Jahren halb Europa in Aufruhr versetzt? Und müßte man nicht unmittelbar danach etwas über die Bastille, die Gewissensfreiheit, die Menschenrechte, das Allgemeine Wahlrecht, die geselligen Künste und vielleicht auch über das geheimnisvolle Lächeln der Mona Lisa sagen? Mist und nochmals Mist!

Um uns an die Bartholomäusnacht zu halten, die einer der erfreulichsten Augenblicke der Geschichte Frankreichs hätte werden können, so gestehe ich, daß ich immer eine quälende Verwirrung erlebt habe, wenn in Dänemark, in Schweden oder jedem anderen protestantischen Land darauf die Rede kam. In diesen Regionen wird nämlich allgemein behauptet, daß bei diesem Fest das Blut mehrerer *hundert*tausend Kalvinisten reinen Herzens geflossen sei, und zwar allein in Paris.

»Das gebe Gott!« habe ich jedesmal schmerzbewegt gerufen. Stellen Sie sich die Demütigung vor, diese grandiose Menge durch niedrigere, nur zu gesicherte Zahlen berichtigen zu müssen. Ich war in der Lage eines Unglücklichen, der für reich gehalten und gezwungen wird, seine Mittellosigkeit einzugestehen. Diese Demütigung dauert an, etwas abgeschwächt zwar durch die tröstliche Gewißheit, daß die Kalvinisten sich heute bereitwillig und auf die artigste Weise von der Welt selbst zerfleischen.

Gleichwohl ist es für einen Katholiken hart, kein Ende dieser Ironie abzusehen, seit etwa dreihundert Jahren immer wieder hier und da, in Frankreich wie im Ausland, den höhnischen Tadel der Schwachköpfe für die unglücklicherweise imaginäre Wildheit eines alten Paris-Ereignisses ertragen zu müssen, das ein so bedeutender Akt hätte werden können, aber aufgrund eines beispiellosen Zusammenspiels von Ungeschicklichkeiten leider nichts weiter gewesen ist als eine Art sentimentaler Erguß*.

CXXX. ALLE RELIGIONEN HABEN IHR GUTES. »Lieber Freund, ich brauche Sie heute abend. Vielleicht werden Sie sogar gezwungen sein, bei mir zu übernachten. Es könnte sogar sein, daß es jemanden niederzuschlagen gibt. Denken Sie daran, es handelt sich darum, keinen Geringeren als meinen *Hauswirt* abzufangen, der dringend verdächtig ist, in eigener Person bei seinem Mieter einzubrechen, nämlich bei mir. Sie verstehen, daß ich, um aus diesem Anlaß alles erdenkliche Kapital zu schlagen, einen *Zeugen* brauche. Kommen Sie also, aber nicht zu spät. Man braucht nicht unbedingt zu merken, daß ich Verstärkung habe.«

Als ich vor einigen Jahren diesen Brief schrieb, bewohnte ich ein alleinstehendes Häuschen nahe der Stadtmauern und hatte tatsächlich die Gewißheit, daß mein lieber Nachbar und Hauswirt sich nachts in meinen Keller schlich, um meinen Wein anzuzapfen und meine Kohle mitgehen zu lassen. Dieser Hauswirt war eben jener Vater Édouard, den ich oben angemessen darzustellen versucht habe, als ich mich mit den »Achtbarsten der Achtbaren« abgab. In der Tat standen ihm alle möglichen Gemeinheiten und Betrügereien ins Gesicht geschrieben**.

Mein Plan war von göttlicher Einfachheit. Ich hatte überaus offensichtlich einige Vorräte bestellt, so beschaffen, daß sie ihn in Versuchung führen mußten, und da die Tür meines Kellers zum Garten hinausführte, hatte ich den Schlüssel im Schloß steckenlassen, um ihn gleichsam zu einem Besuch einzuladen.

---

* Zur Vermeidung der Entstehung eines »Gegen«-Gemeinplatzes sei darauf hingewiesen, daß die moderne Historiographie trotz der fortdauernden Auseinandersetzungen zwischen Katholiken und Hugenotten von einer Zahl von 4 500 bis 6 000 Opfern in Paris ausgeht (vgl. etwa *The Massacre of St. Bartolomew. Reappraisals and Documents*, hrsg. v. Alfred Soman, Den Haag: Nijhoff, 1974; darin insbesondere den Aufsatz von Natalie Zemon Davis, »The Rites of Violence . . .«, S. 203–242).
** Bloys Hauswirt in Grand-Montrouge; vgl. S. 87 ff. dieses Bandes.

Alles war derart hergerichtet, daß er nicht umhin konnte, mit großem Getöse hinzustürzen, sobald er die Schwelle überschritt. Und wenn ich mich beeilte, durfte ich sogar hoffen, rechtzeitig einzutreffen, um ihn dingfest zu machen. Von diesem Augenblick an hätte ich ganz nach Belieben verfahren und ihm, bei Androhung von Polizeibenachrichtigung und Ordnungsstrafe, mit größter Leichtigkeit nicht nur eine ernsthafte Entschädigung abverlangen können, sondern auch eine vorschriftsmäßige Quittung über mehrere Mietzahlungen. Der Beistand meines Freundes, eines robusten Burschen und sehr gewitzten Pilgers, hätte den Erfolg meiner Maßnahme fraglos gefördert.

Ich beeile mich festzustellen, daß das Komplott gänzlich erfolglos blieb. Der komische Alte kam sehr spät, als wir schon ganz schlaftrunken und entmutigt waren. Von seinem Sturz aufgeschreckt, aber enttäuscht von seiner unglaublichen Behendigkeit, erlebten wir die Demütigung, ihn entkommen zu sehen, ohne daß er uns auch nur den Schatten eines Beweises hinterlassen hätte, weil er gerade nur den Schlag eines Knüppels aufs Hinterteil abbekommen hatte, den einer von uns ihm im letzten Augenblick blindlings nachgeschleudert hatte.

»Nun, Herr Édouard«, fragte mein Freund ihn einige Stunden später, »wie steht's denn so mit dem Einbruchsdiebstahl?« Vater Édouard, der sich sehr gut taub zu stellen verstand, wenn es geboten war, nutzte die Gelegenheit zu folgender außergewöhnlichen Antwort:

»Oh, werter Herr, *alle Religionen haben ihr Gutes.*«

Einige Zeit zuvor hatte mir der Oberrabbiner Zadoch Kahn im Zusammenhang mit einem meiner Bücher ebendiesen bewundernswerten Gemeinplatz aufgetischt, der der Anfang des Johannesevangeliums für die Schwachköpfe und Übeltäter zu sein scheint*.

---

* Bloy hatte seinen Besuch beim Oberrabbiner nach der Veröffentlichung von *Das Heil durch die Juden* unternommen und berichtet darüber in seinem *Journal* am 24. November 1893 (Bd. I, S. 157) — unter Nennung ebendieses Gemeinplatzes.

CXXXI. BESCHRÄNKTEN GEISTES SEIN, ÜBERTREIBEN. Wer ist beschränkten Geistes? Ein Geist, der übertreibt. Was ist ein Geist, der übertreibt? Ein Geist, der sagt: *ja* oder *nein* (Evangelium nach Matthäus, Kap. V, V. 37*).

Wie oft habe ich Gelegenheit gehabt zu beobachten, daß es auch nicht EINEN Satz der ewigen Weisheit gibt, der nicht tagtäglich durch die bürgerliche Weisheit die vollkommenste Widerlegung erführe!

CXXXII. MAN DARF DIE DINGE NICHT ALLZU SCHWARZ SEHEN. Etwas, einigermaßen, sogar sehr, wenn Sie wollen, aber nicht zu sehr. Gerade das richtige Maß, wenn Sie verstehen. Eine freundlichere Weisheit würde eher dazu raten, sie rosig oder weiß zu sehen. Das zumindest ist der Rat des Ersten Menschen**, der es nur ungern sieht, wenn die Sterbenden über den nahen Tod ins Bild gesetzt werden, »selbst wenn sie es wünschen«. Das will er absolut nicht. Das Koma scheint ihm dem Akt der Vorbereitung auf den Tod vorzuziehen zu sein, und der »abscheuliche Brauch« der Letzten Ölung bringt ihn besonders auf.

Ich lese solche Dinge in einem Feuilleton des *Journal,* wo sie übrigens genau am Platze sind, weil das Blatt des verstorbenen Fernand*** sich an ein Publikum wendet, das sich glücklicherweise von den »grausamen Forderungen des Glaubens« befreit hat. Der Erste Mensch spricht bei dieser Gelegenheit viel von Mitleid. Hier der zitierenswerte Schlußsatz, denn er hat mir auf prophetische Weise den Beistand von Krokodilen und wilden Affen veranschaulicht, den das endgültig befreite Bewußtsein des 20. Jahrhunderts den Sterbenden leistet.

* »Eure Rede aber sei: Ja, ja; nein, nein; was darüber ist, das ist vom Übel.«
** Es handelt sich um Paul Adam (1862–1920), in dessen Zeitschrift *Le Journal* Bloy einen Artikel gelesen hat, über den er am 21. November 1901 schreibt: »Die Mehrzahl der Bürger stirbt ohne Beichte, weil sie sonst Wiedergutmachung leisten müßten. Die Geistlichen wissen das wohl. [...] Ein schrecklicher Artikel von Paul Adam hat mich darauf gebracht.«
*** Fernand Xau (1852–1899), Satiriker und Journalist, der 1892 *Le Journal* gründete und später (1895) *Le Soir* und (1897) *Le Gil Blas* leitete.

»Geben wir uns dem Mitleid, dem Schmerz und dem Mitgefühl anheim, wenn es sich darum handelt, die Zeichen des hərannahenden Todes am Sterbebett zu verschleiern. Gewöhnen wir uns *weniger Aufopferung an* als WOHLTUENDE ZUVORKOMMENHEIT, die jedermann die sinnlosen Leiden und überflüssigen Kümmernisse fernhält.«

Da »das Seelenheil aufgehört hat, das Wesentliche zu sein«, besteht der Gipfel dieser Zuvorkommenheit offenbar darin, die Kranken *subito* zu expedieren, weil man ihnen dadurch zweifellos die Schrecknisse und Schmerzen erspart. Mehrere Jahrhunderte vor der christlichen Ära hatten die Alten das bereits erkannt.

Um nur von diesem Grad von Zuvorkommenheit zu sprechen, die darin besteht, die Sterbenden glauben zu machen, daß Hoffnung auf Heilung besteht: Weiß der Erste Mensch, daß sie mit größter Beharrlichkeit praktiziert wird, und errät er den Grund? Wenn er das Vergnügen hätte, den Geistlichen einer beliebigen Pfarrei zu kennen, würde ihn dieser überflüssige Kirchenmann darüber belehren können, daß die Mehrzahl der BÜRGER ohne Beichte stirbt, *weil sonst Wiedergutmachung geleistet werden müßte*. Die Familie, die diese Enthüllung einer Existenz voller Schurkenstreiche und Spitzbübereien fürchtet, hält strenge Wache im Umkreis des Sterbenden, damit er »die Dinge nicht allzu schwarz sieht«. Der Priester, wie begehrt er auch gewesen sein mag, wird erst hereingeführt, wenn seine Dienste sinnlos geworden sind, und dafür erscheinen die gotteslästerlichsten Lügen statthaft.

Ich wüßte gerne, wer in solchen Fällen der Nutznießer des Mitgefühls des Ersten Menschen ist, denn es gibt letzten Endes drei anwesende moralische Personen, die in gleicher Weise seines Interesses wert sind: der Sterbende, die Erben des Sterbenden und die vom Sterbenden betrogenen Außenstehenden. Eine Wahl ist unausweichlich. Wenn man dem Betrüger und Dieb verheimlicht, daß er im Begriff ist zu krepieren, wird er kaum an Wiedergutmachung denken. Setzt man ihn ins Bild, wird er wahrscheinlich auch nicht daran denken, nicht einmal nach den Ermahnungen des Priesters, aber es besteht immerhin die Möglichkeit dazu. Das wird eine ganz verzwickte Angelegenheit, könnte man sagen. Noch einmal also: Auf wen fällt das barmherzige Mitleid des Ersten Menschen?

Ich habe vorhin vom fortgesetzten Dementi gesprochen, das der BÜRGER dem Text der Heiligen Schrift angedeihen läßt. Derselbe BÜRGER auf dem Totenbett gibt mir — so anregend ist er — den Gedanken an den Jüngling des Evangeliums ein, der, als er Jesus fragte, was er tun müsse, um sich das ewige Leben zu verdienen, zur Antwort erhielt, er solle seinen gesamten Besitz den Armen geben, und betrübt von dannen ging. *Abiit tristis**.

Post-scriptum. — Das Evangelium sagt nicht *sehr betrübt*, »nimis triste«, sondern einfach betrübt, ohne Überschwang. Der BÜRGER kann auf das ewige Leben verzichten. Ebendas unterscheidet ihn von den Tieren.

CXXXIII. AUCH DAS UNGLÜCK HAT SEIN GUTES. Das Unglück der anderen selbstredend. Nur das ist etwas Gutes. Es ist ziemlich schwierig, sich etwas Glückliches vorzustellen, das beispielsweise einem Nachbarn auf dem Lande widerfährt und aus dem man Nutzen ziehen könnte. Der Beweis dafür ist, daß das Glück der einen nicht auch das Glück der anderen ist, wie das haargenau ein anderer, nahezu identischer Gemeinplatz ausdrückt.

Ihr bester Freund hat gerade unverhofft mehrere hundert Millionen Francs geerbt. Nun gut! Wahrscheinlich werden Sie keinen einzigen Centime davon abbekommen. Vielleicht macht er sich sogar daran, Sie auszuplündern, denn er ähnelt Ihnen wie ein Bruder.

Es ist unbestreitbar gut, den Nachbarn leiden zu sehen, zu wissen, daß er leidet. Es ist an sich gut, und es ist gut aufgrund der Folgen, weil ein geschlagener, niedergebeugter Mensch ein Mensch ist, den man ausnutzen, »verspeisen« kann. Es ist nun einmal sattsam bekannt, daß kein Fleisch, auch nicht das des Schweines, so würzig schmeckt wie dieses.

* Matthäus, XIX, 22.

CXXXIV. WER WARTEN KANN, DEM KOMMT ALLES ZUR RECHTEN ZEIT.
Eine christliche Familie. Das beste Stück wird dem Vater angeboten. *Ohne es anzurühren,* reicht der Vater es der Mutter weiter. Die Mutter gibt es den Kindern, die es einem Armen geben, der es den Hunden vorwirft.

Die Hunde aber verstehen den Leib unseres Herrn Jesus Christus zu erwarten.

CXXXV. VOR ALLEM GESUNDHEIT.
Was denn! Sogar noch vor dem Geld? — Ja, mein Kind, vor *allem,* unzweifelhaft. Pflege Dein Fleisch, Du hast nichts Kostbareres, und es wächst auch nicht nach. Mach es so haltbar wie möglich und ziehe daraus nach Kräften Genuß. Was sein muß, muß sein, und das Leben ist kurz. Die Pfaffen haben gut reden vom ewigen Leben, aber glaub mir und meiner langen Erfahrung, standhalten ist besser als aufgeben, und es ist angenehmer, seine Köchin zu bezahlen als seinen Apotheker. Was das Geld betrifft, so ist es nicht verloren, weil man sich ja darum kümmert, im Gegenteil. Es gibt Augenblicke, wo man es ruhen lassen sollte. Um so besser kann man sich an der Kundschaft schadlos halten.

Napoleon sagte, daß Gesundheit für einen General unerläßlich sei. Nun gut! »Was ist das Geschäftsleben denn anderes als Krieg?« wirst Du mir sagen. Jeder Mensch, der einen Fuß in unseren Laden setzt, ist ein Feind. »Der Kunde — das ist der Feind«, hat Gambetta gesagt, vergiß das nie, mein Sohn. Das wirkliche Geschäft, das wohlverstandene Geschäft im besten Sinne, dasjenige, das zu Vermögen und Ehren führt, besteht darin, etwas, was fünfzig Centimes gekostet hat, für zwanzig Francs zu verkaufen, wie das Tag für Tag die ehrbarsten Apotheker tun. Zwar fällt es ihnen leicht, weil ihre Ware sich ja der Kontrolle des gemeinen Volkes entzieht. Dennoch ist es ideal.

Du weißt so gut wie ich, daß bei allem, was beispielsweise die Ernährung betrifft, das Wichtigste, was es zu lernen gibt, das ABC des Berufes, darin besteht, nur Schund zu servieren, wobei man — muß ich das eigens sagen? — dafür Sorge tragen sollte, immer in der dunkelsten Ecke abzuwiegen und mit äußerster Geschwindigkeit, so daß der Kunde überhaupt nicht gewahr wird, was er kauft, weder an Quantität noch an Qualität.

Ich habe früher bei dem berühmten Gibier gearbeitet, vom Hause Caverne und Gibier, das allgemein als der Masséna oder der Cambronne des Kolonialwarenhandels gilt. Mein ganzes Leben lang werde ich mir die wirklich heroische Physiognomie und die erhabene Einfachheit jenes großen Greises in Erinnerung rufen können, wenn er uns sagte:

»Nehmt euch zu Herzen, meine Freunde, daß ich nie anderes als Scheiße verkauft habe! Und immer mit falschen Gewichten, vor allem an die Armen, die ja keine Waage zu Hause haben. Was das Wechselgeld betrifft, so kann ich selbst Zeugnis dafür ablegen, daß ich immer die falschen Münzen herauszufinden verstanden habe. Sogar beim schlimmsten Gedränge ist es mir stets gelungen, die Hosenknöpfe auszuscheiden. Aber dazu braucht man Gesundheit, eiserne Gesundheit, denn man muß stets auf der Hut sein und sich nie einen Ruhetag gönnen noch die kleinsten Gewinne geringschätzen, und wenn man auch schon fünfzig Millionen zusammengerafft hat.«

Laß Dir diese gewichtigen Worte durch den Kopf gehen, liebes Kind, und noch einmal: Laß Dir Deine Knochen angelegen sein. Vor allem Gesundheit.

CXXXVI. GOTT WIRKT KEINE WUNDER MEHR. Das ist eine versöhnliche, heilsame, gleichsam fromme Weise zu sagen, daß er nie welche gewirkt hat. Es ist der Lieblingsgemeinplatz des Abbé Pucelle und vieler anderer unter den geistlichen oder weltlichen Frömmlern.

Eines Tages, vor etwa zehn Jahren, wurde ich einem Herrn vorgestellt, der, als er meinen Namen erfuhr, sich auf der Stelle daranmachte, mich in Erstaunen zu versetzen, und mir erklärte, er halte es für kindisch, sich große Dinge zu erwarten oder zu erhoffen — oder auch einfach nur außergewöhnliche.

»Was mich betrifft«, fügte er hinzu, »so versichere ich, daß mir niemals etwas derartiges zugestoßen ist.«

Die Ungeheuerlichkeit dieser Dummheit lähmte mich einen Augenblick lang, aber dann hielt ich ihm zaghaft den folgenden Einwand entgegen:

»Sie müssen, mein Herr, sehr unaufmerksam oder sehr undankbar sein, weil Sie sich offenbar entschlossen haben, mir das in ebendem Augenblick zu sagen, da Ihnen eine solch unerhörte Begebenheit widerfährt, die Sie sich nie erhofft oder vorhergesehen hätten.«

»Und das wäre?« fragte jener überraschte Mann.

»Sie haben die Ehre gehabt, mir zu begegnen«, antwortete ich mit großer Einfachheit, indem ich diesem Schwachkopf den Rücken zukehrte.

CXXXVII. ICH BIN AUCH NICHT DÜMMER ALS ANDERE. Also besitze ich eine Intelligenz, die der jedes beliebigen anderen zumindest gleichwertig ist. Diese Konsequenz erscheint nicht zwingend, aber mit der Logik der BÜRGER ist es wie mit manchen grammatikalischen Gesetzen bestellt, bei denen allein der Gebrauch den Ausschlag gibt. Wenn der alte Regenschirmhändler zu der jungen Telegraphenbeamtin sagte: »Ich bin auch nicht dümmer als andere, und der *Beweis* dafür ist, daß ich Sie schon von klein auf kenne«, steht fest, daß der Papierwarenhändler und der Schuhfabrikant nicht verfehlen würden, das als handgreiflichen Beweis anzuerkennen.

Die Kraft eines Menschen, der guten Gewissens behaupten kann, er sei auch nicht dümmer als andere, ist unberechenbar. Es schwebt ein solches Geheimnis um diesen verteufelten Gemeinplatz, daß man nahezu versucht ist zu glauben, daß er irgend etwas mit der Erschaffung der Welt zu tun gehabt haben muß.

Sie geben Ihrem Arzt, Ihrem Dentisten, Ihrem Leichenbestatter, Ihrem Strohflechter, Ihrem Notar einen wundervollen Satz von Barbey d'Aurevilly, von Villiers de L'Isle-Adam zu lesen, einen sinnreichen Gedanken von Ernest Hello, eine lebendige Strophe von Paul Verlaine. Was antworten diese Menschen? Ganz einfach folgendes: »Wir verstehen das nicht. Und doch sind wir auch nicht dümmer als andere.« Und augenblicklich, nicht einmal ein Engel wüßte zu sagen, warum, werden Verlaine, Hello, Villiers, Barbey und, wenn Sie wollen, sogar Napoleon und alle großen Persönlichkeiten zur Erde herabgeholt und mehrere Nummern kleiner gemacht ...

Die allgemeine Überlegenheit des Menschen, der auch nicht dümmer ist als andere, ist das Überwältigendste, was ich kenne.

CXXXVIII. DER ZWECK HEILIGT DIE MITTEL und ES GIBT KEINE KLEINEN ERSPARNISSE.

Ich weiß nicht mehr, aus welchen Gründen das Ehepaar Chien Interesse am Tod seines Kindes hatte. Vielleicht habe ich es auch nie gewußt. Es ist ja so lange her! Ich war höchstens zwanzig Jahre alt und habe niemals etwas begriffen von den Kombinationen und Umtrieben der Notare. Ich weiß lediglich, daß nach der Beisetzung des kleinen Chien seine Eltern »in den Genuß« einer hübschen kleinen Summe kamen. Man muß ihnen die Gerechtigkeit widerfahren lassen, daß sie seit dem Zeitpunkt, da dieses Interesse in ihrem Leben Raum gewann, nur noch auf Mittel und Wege sannen, das arme Kind davon auszuschließen. Es wäre gleichwohl vermessen, daraus zu folgern, daß die Chiens Kanaillen gewesen seien. Sie waren BÜRGER, nichts weiter als BÜRGER, und galten mit gutem Recht als sehr ehrbare Leute. Da sie sich durchaus wohl befanden, hatten sie einen wahren Abscheu vor den »Wolken«, das ist alles.

Der Gatte hatte einen guten Posten im Hôtel de Ville, und die Frau führte ein Lektürekabinett oder eine Bedürfnisanstalt, ich kann mich nicht mehr genau erinnern. Beide gehörten der Kategorie der Wohlmeinenden an. Sie hätten Bedenken gehabt, die Sonntagsmesse auszulassen, und förderten einen Wohltätigkeitszirkel. Man sagte respektvoll von ihnen: »Sie besitzen dieses und jenes, ganz zu schweigen von den *Aussichten*.« Die Aussichten — das war der Tod des kleinen Chien, und man beneidete sie, wenn man sie auch beklagte.

»Der arme Chien! Es muß doch quälend für sie sein, diesen Jungen zu haben, der beim lieben Gott so gut aufgehoben wäre.« Das war die allgemeine Stimmung.

Sie hatten einen sehr entschiedenen Anhänger in der Person des dicken Eisenwarenhändlers Minet, der das Orakel des Viertels war. »Ah, wenn ich an ihrer Stelle wäre . . .!« trompetete er von Zeit zu Zeit. Er führte den Satz nicht zu Ende, aber die Gestik seiner senkrecht nach unten und dann von links nach rechts vor der Brust geführten Hand unterstrich nur allzu deutlich einen Augenaufschlag, der Bände sprach.

Der Geistliche selbst, honigsüßer Autor eines Buches über die *Reinheit der Absichten*, tröstete sie liebevoll und ermahnte sie, ihr Kreuz so lange zu tragen, bis es dem Herrn gefallen würde, sie davon zu erlösen. Kurz, sie erfreuten sich allgemeiner Sympathie, und als man vom Tod des kleinen Chien erfuhr, fühlte sich das Viertel von einer schweren Last erleichtert.

Oh! Seine Eltern hatten ihn nicht getötet. Sie hatten ihm nur zu einem *raschen Leben* verholfen, nicht mehr. Es war letzten Endes nicht ihr Fehler, wenn die Kinder nicht die Ausdauer von tatarischen Kamelen haben. Dieses hier war knapp fünf Jahre alt und wurde gezwungen, bis zu zehn Stunden täglich zu marschieren, um seine Gesundheit zu kräftigen. Die immer saftige Nahrung stand in einem genau abgemessenen Verhältnis zu dieser heilsamen Übung. Nie wurde ein Kind besser ernährt. Was den Schlaf anging, richtete man es so ein, daß es nicht zuviel davon bekam, und da man es für das harte Waffenhandwerk ausersehen hatte, bereitete man es bereits gründlich darauf vor, indem man die Nachtwachen stetig steigerte, usw., usw.

Der künftige Soldat wurde einer Kurzausbildung von wenigen Monaten unterworfen. Jemand, der durch Mauern hindurchzuschauen vermag, hat mir gesagt, daß die beiden Monster, wenn sie mit ihrem Opfer allein waren, ihre Masken fallen ließen, und das war schrecklich. Armes kleines Kind ohne Beschützer! Die Einzelheiten lassen sich nicht beschreiben ... Bekanntlich sind die Tränen der Schwachen für die BÜRGER wie der Wein aus dem Weinberg des Herrn ...

Von Erschöpfungen, Verdauungsstörungen und häufigen Nachtwachen hingestreckt, taub vor Schrecken und reglos, sank das bemitleidenswerte Kind der Chiens in den Tod, ohne mehr Aufsehen zu erregen als eine kleine Bleifigur, die auf den Grund eines Sees sinkt.

Ich rufe diese grauenhafte Geschichte in Erinnerung, weil sie genau, *universell* und zutiefst typisch ist. Bei der Beerdigung gab es einen ganz kleinen Zwischenfall von Knauserei, der zu infernalisch ist, als daß ich ihn hier zu erzählen wagte, der jedoch die Umgebung verwunderte.

»Es gibt keine kleinen Ersparnisse«, antwortete die glückliche Mutter in aller Bescheidenheit einem verhutzelten Greis, der ihr seine Bewunderung auszudrücken versuchte.

CXXXIX. SICH NICHT UNTERKRIEGEN LASSEN*. Wenn Sie meinen Ratschlag hören wollen — das ist ganz einfach. Was wir im Geschäftsleben Pech nennen, besteht darin, nicht mehr in der Lage zu sein, unsere Verbindlichkeiten zu erfüllen, und was wir »nicht unterkriegen lassen« nennen, heißt uns aus dem Staube machen, wenn wir keinerlei Notnagel mehr wissen.

Man drückt sich so aus, weil man sich dennoch einen Rest von Poesie erhalten hat. Aber wenn es die Frau des Geschäftsinhabers ist, die den Betrieb rettet, indem sie mit ihrer Person haftet — etwas, womit im Geschäftsleben immer zu rechnen ist —, steht fest, daß das *Herz* damit nichts zu schaffen hat. Sie wissen, was ich meine.

* Frz. *faire contre mauvaise fortune bon cœur.*

CXL. HERZ HABEN, EIN GUTES HERZ HABEN. Eine Jungfrau, die auf den Strich geht, um ihre alten Eltern zu ernähren, hat zweifellos Herz. Eine andere, die auf den Strich geht, um einen feschen jungen Mann auszuhalten, hat unbestreitbar ein gutes Herz. Eine dritte, die überhaupt nicht auf den Strich geht und einen Armen heiraten will, ist radikal herzlos. Siehe *Les Demoiselles de Bienfilâtre**.

CXLI. SELBSTACHTUNG HABEN. Die Frau des Bürochefs hat Selbstachtung, und die Concierge hat *ihre* Selbstachtung. Es ist aber immer derselbe Schmuckgegenstand.

»Ich gehe aus mir heraus, um nie mehr wiederzukehren«, hat eines Tages die heilige Katharina von Genua gesagt, und das ist eines der größten Worte, die je gefallen sind.

Die Selbstachtung besteht darin, immer *bei sich* zu sein. Man hat beobachtet, daß die ehrbaren Leute viel seltener ausgehen als die Mörder. Das ist der einzige bemerkenswerte Unterschied zwischen den beiden Lebenssphären.

CXLII. EINE LEICHTE HAND HABEN, SICH LEICHT TUN. Das ist der oberste Grad, die höchste Sprosse in der intellektuellen Hierarchie der BÜRGER. Die Notare und die Polsterer glauben, daß ein großer Mann eine leichte Hand haben muß. Ein genialer Schriftsteller, der sich jahrelang tödlich für drei- oder vierhundert Seiten abmüht, verkörpert für sie die schändlichste Unfähigkeit.

Im Alter zwischen fünfzehn und zwanzig Jahren habe ich geradezu wütend von Alexandre Dumas Vater reden hören, der damals noch der unerschöpfliche Regen lauen Schleims war, der für zwei Generationen von Holzschnitzern den Ausbruch oder die Flut von Katarakten von Licht bedeutete. »Hier war endlich mal einer, der leichtes Spiel und eine leichte

---

* Erzählung aus den *Contes cruels* (1883) von Villiers de L'Isle-Adam.

Hand hatte«, sagte man, indem man die zwei- oder dreihundert Bände dieses Negers berechnete und überschlug.

Heute gibt es andere, angeblich leichthändige, die beispiellose Mühe haben, ihren Schleim und ihre Katarrhe loszuwerden. Mit Verblüffung sieht man, daß ein Vielschreiber wie Bourget, dessen Schriften einer Diarrhöe von Fischlaich ähneln, dennoch einer unserer am hartnäckigsten verstopften Produzenten ist.

Aber wir wollen dieses Beispiel nicht um weitere vermehren. Sich überanstrengen, indem man leichte Arbeit leistet — das ist der mehr als seltsame Fall einer Mehrzahl von Literaten. Soll man daraus schließen, daß es bei den anderen zeitgenössischen Grüppchen ebenso ist, und soll ich glauben, daß beispielsweise mein Krämer, ein dicker Schwachkopf, der von dem unverschämtesten aller Weibsbilder beherrscht wird, es nötig hat, sich zu vierteilen und Blut und Wasser zu schwitzen, um mich zu begaunern?

CXLIII. GLÜCK HABEN. Man sagt gewöhnlich, daß ein französischer BÜRGER Glück hat, wenn er einen Vater vorweisen kann, der vor ihm geboren ist. Man vermutet — muß ich darauf eigens aufmerksam machen? —, daß dieser Vater Geld hat. Sonst wäre es Pech. Aber das ist der Gipfel des Glücks.

Im allgemeinen besteht Glückhaben darin, so wenig wie möglich *einzustecken,* das heißt der kleinen Zahl derer anzugehören, die den Knüppelhieben oder den Fußtritten in den Hintern entgehen, welche alle Welt verdient zu haben scheint. In diesem Vorstellungsbereich darf es als sicher gelten, daß, in den Augen des nachforschenden BÜRGERS, bekannte und benannte Gipfel, die Geschichte der Welt und der Patriarch Noah *Glück gehabt* haben. Hier ist die Sprache einmal auf der Höhe des Denkens.

Es ist übrigens gleichgültig, daß das Wort »Glück« unverständlich ist, absolut und für immer unverständlich. Es genügt, daß es die Vorstellung von Gerechtigkeit vertagt oder fernhält. Mehr wird von ihm nicht verlangt.

CXLIV. BROT AUF DEM BRETT HABEN, ETWAS AUF DER HOHEN KANTE HABEN*.

Gewöhnlich wird das von Leuten gesagt, die »Geld wie Heu« haben und das genießen, was man einen »gewissen Wohlstand« nennt, von den jährlichen 15 Francs Ihres Dieners bis zu Millioneneinkünften, wie sie von anderen bezogen werden, die von einem — kalvinistischen oder lutherischen — Vorfahren aus dem Blut aufgeschlitzter Katholiken zusammengerafft wurden. Das ist nämlich der Ursprung der großen protestantischen Vermögen.

Meistens aber bringt dieses *Brot* kaum etwas ein, vor allem nicht den Armen. Wenn es davon nur ein paar Krümel gibt, läßt es sich noch essen. Wenn zuviel davon da ist, läßt es sich überhaupt nicht essen, sondern wird zu Steinen, und mit Brot auf dem Brett der BÜRGER von Jerusalem wurde denn auch der Proto-Märtyrer** gesteinigt.

CXLV. TÄNZERINNEN AUSHALTEN.

Wie habe ich das nur bis jetzt vergessen können? Ich habe diesen Gemeinplatz hier so oft gehört, daß er schließlich für mich gar nicht mehr existierte. Das ist wie das ewige »Guten Tag, mein Herr« des erstbesten, das man auf die Dauer nicht mehr hören kann. Schauen Sie, seit wenigstens hundert Jahren hat es keinen Dichter, keinen bemerkenswerten Künstler gegeben, der nicht, während seiner Jugendzeit und solange seine allzu leichten Studien währten, Tänzerinnen ausgehalten hätte.

Alle Welt hinter den Ladentischen, besonders in der Provinz, weiß, daß die Studien beispielsweise eines Malers im Grunde nur eine ausgedehnte Juxzeit sind. Was die literarischen Anfänge eines Dichters betrifft, so ist das etwas ganz anderes, und

---

* Frz. *avoir du pain sur la planche.*
** Der heilige Stephanus, einer der sieben Pfleger der Urgemeinde Jerusalem — »die Juden aber schrien laut, [...] stießen ihn zur Stadt hinaus, und steinigten ihn« (Apostelgeschichte, VII, 56).

man sollte sich hüten, Anspielungen darauf vor jungen Damen zu machen.

O meine Jugendstreiche! O die Tänzerinnen, die ich im Glanze meiner zwanzig Jahre ausgehalten habe! Aber wie denn? Weiß nicht jeder in den Einzelhandelsgeschäften und auf den Samtpfühlen, die methodisch von den staatlichen Verwaltungen aufgebläht werden, daß ich das auch *weiterhin* tue? Wie immer hat der BÜRGER den großen Durchblick.

Gleichwohl bleibt da etwas dunkel. Wo zum Teufel holen sich diese Schluckspechte von Künstlern ihre Hupfdohlen her? Eine derart beständige und beispiellose Orgie setzt doch eine unendliche Zahl voraus. Die leider allzu einfache Erklärung kann den traurigen Fall der Dichter nur verschlimmern.

Diese Tänzerinnen sind nur *eine* Tänzerin, seit Generationen immer nur dieselbe eine Tänzerin. Sie hat Augen, die Lampen ähneln, wie sie in Kellerlokalen aufgehängt werden, sie hat einen bleigrauen Teint, das Gesicht eines Totenkopfes, die Finger um den faltigen Busen gekrallt, und sie tanzt, wenn Sie es denn genau wissen wollen, den Tanz des *leeren Bauches* vor den Kredenzen der Friedhöfe ...

CXLVI. DIE ABWESENDEN HABEN IMMER UNRECHT. Das bedeutet, wie wohl jedermann weiß, daß die Abwesenden unablässig beschwindelt, beschummelt, zu Freiwild gemacht, gefoppt, ausgenommen, bestohlen, gefleddert, ausgesaugt, geplündert, abgebalgt, getäuscht, verraten und verkauft und verleumdet werden — auf jede nur erdenkliche Weise. Darüber ist sich alle Welt einig. Man kann sogar sagen, es ist eine der wesentlichsten Bestimmungen des Bürgerlichen Gesetzes.

Das muß einen tieferen Sinn haben — wie alles, was von Schwachköpfen oder Kanaillen stammt. Wenn Sie erfahren möchten, auf wen sich alle diese Beschimpfungen, diese Boshaftigkeiten, diese Schrecknisse der Kreuzigung beziehen, fragen Sie sich, *Wer* in dieser scheußlichen Welt der am meisten Abwesende ist.

CXLVII. DAS GELD VERSTECKT SICH. »Ich werde Ihnen das größte Geheimnis enthüllen, das ich kenne«, sagte ein erlauchter Philosoph, der sich, weil er allzuviel nachgedacht hatte, umgebracht hat. Und er fügte hinzu, nicht ohne zuvor einige Vorsichtsmaßnahmen gegen einen plötzlichen Kataklysmus ergriffen zu haben:

»Nun gut, liebe Freunde! *Das Geld versteckt sich!*«

CXLVIII. ICH MÖCHTE RUHIG SCHLAFEN KÖNNEN. Das war das letzte Wort der Hauswirtin. Die Zeit der harten Kämpfe war für sie vorbei. In ihrem Alter hatte sie das Bedürfnis, ruhig schlafen zu können. Sie brauchte solide Mieter mit einwandfreien Sicherheiten.

»Sie haben völlig recht, Madame«, antwortete der Besucher, der Zeit gehabt hatte, nichts ununtersucht zu lassen; »wenn es nur an mir liegt, werden Sie ruhig schlafen.« Und ging von dannen.

Mme Mouton war eine schreckliche alte Zicke, die sich an ihrem Geld erwärmte, wenn es kalt war. Man hielt sie für steinreich, und ihr Geiz grenzte an ein Wunder, sogar in dieser wilden Vorstadt von Kleinbürgern.

Der verstorbene Mouton hatte sein Schäfchen mit der Ausbeutung von Milchpulver ins Trockene gebracht, dessen Erfinder er war und das ein unnachahmliches Mittel zur Vernichtung von Kleinkindern ist. Frühzeitig der Zärtlichkeit seiner Gemahlin entrissen, erwartete er sie in einem Mausoleum von abgrundtiefer Scheußlichkeit. Ebendort habe ich, nicht ohne Schauder, über einem bizarren Eingangsportal die folgenden, unglaublicherweise dem Evangelium entnommenen Worte gelesen: *Klopfet an, und es wird euch aufgetan* ...

Diese Inschrift wäre an der Haustür der Witwe unangebracht gewesen. Wenn man dort mehrmals geläutet hatte, sah man, wie sich langsam ein kleines Schiebefensterchen öffnete, in dessen Rahmen etwas ganz Phantastisches auftauchte. Das häßliche Antlitz der Alten neben der wilden Schnauze einer dänischen Dogge, die sich mit den beiden Vorderpfoten auf die Schultern ihrer Herrin stützte. Daraufhin redete sie den ungebetenen Besucher mit einer Feldwebelstimme an, in der ebensoviel Haß wie Angst mitschwang. Wenn man arm war, wurde das Guckloch gewaltsam und mit einem Fluch geschlossen. Es gelang einem nur, die Schwelle zu überschreiten, wenn man sich als künftiger Mieter und mit besten Referenzen versehen vorstellte. In diesem Falle durchquerte man einen Hof und ein kleines Stück Garten, um schließlich in einem sinistren Häuschen bei Mme Mouton und ihrem Fleischerhund anzulangen.

Dieses Häuschen zerlebte die Hauswirtin. Sie konnte es auf keinerlei Weise nutzen, und dieser Nicht-Wert brachte sie zur Verzweiflung. Andererseits konnte sie sich nicht mehr dazu entschließen, einen Mieter aufzunehmen, wie solide auch seine Sicherheiten sein mochten. Für sie war das ebenso schwerwiegend wie die Wahl eines Liebhabers, der sich eine ehrbare Frau sucht. Sie hatte sich noch nie entscheiden können.

In Wirklichkeit hatte sie schreckliche Angst, sich in allzu große Nähe zu einem Fremden zu begeben. Sie war der klassische Geizhals, der wahre, derjenige, der das Münzgeld anbetet, der es mit Begeisterung küßt, der darunter leidet, es nicht verspeisen zu können, so wie der Christ den Leib des Herrn bei der heiligen Eucharistie ißt. Abends hörte man sie alle Türen verriegeln und verrammeln, eine ganze Viertelstunde lang, und sie legte sich, wie man sagte, nicht schlafen, ohne zuvor überall mit ihrem Hund herumgeschnüffelt zu haben.

Diese Vorsichtsmaßnahmen riefen die Katastrophe dermaßen folgerichtig herbei, daß niemand sich wunderte zu erfahren, daß Mme Mouton erdolcht und nahezu enthauptet in ihrem Haus aufgefunden worden sei. Da sie ihre Nachbarschaft an die merkwürdigsten Schrullen gewöhnt und keinem menschlichen Wesen erlaubt hatte, einen Fuß in ihr Haus zu setzen, versah man sich eines Verbrechens erst, als es zu spät war und sich bereits starker Verwesungsgeruch bemerkbar machte. Man entdeckte sie in einem dunklen Zimmer, neben dem Fleischerhund auf dem Fußboden liegend, beide bereits zu drei Vierteln verwest.

Alles Geld war vollständig beiseite geschafft worden, und der Mörder, der ohne Zweifel irgendein Künstler war, hatte auf dem Tisch ein schönes Blatt Kanzleipapier hinterlassen, auf dem in sehr deutlicher Handschrift die folgenden Worte eines berühmten Refrains geschrieben standen:

Dormez, dormez, ma belle,
Dormez, dormez toujours*.

CXLIX. ICH WILL NICHT STERBEN WIE EIN HUND.

Zu Recht fragt man sich — und fragt man die anderen —, warum ein Mensch, der wie ein Schwein gelebt hat, den Wunsch äußert, nicht wie ein Hund zu sterben.

Zunächst: Was heißt das — wie ein Hund sterben? Den geistlichen Obrigkeiten zufolge besteht es darin, diese angenehme Welt ohne die Sakramente zu verlassen und sich geradewegs zum Friedhof zu trollen, ohne irgendeine religiöse Zeremonie. Der BÜRGER, der nicht wie ein Hund sterben möchte, muß also einen Priester holen lassen, wenn eben möglich den Geistlichen seiner Pfarrei, und mit ihm über die Einkommensteuer reden, über die Nachteile von Mastix als Zahnersatz für die Flußpferde, über die Vorteile des intensiven Anbaus von Topinambur oder die Dringlichkeit einer geharnischten Reform der Schulpflicht in Kamtschatka — eine Manifestation des christlichen Glaubens, die ihm nach dem Tode das Recht verleiht, seine Gebeine in die Kirche tragen und sich von einem Schwarzkittel zum Friedhof geleiten zu lassen, wenn die Familie vor dieser Ausgabe nicht zurückschreckt.

Das alles — muß ich das eigens sagen? — ist natürlich für die Galerie bestimmt. Man krepiert für die Galerie, um nicht wie ein Hund zu sterben. Entweder verstehen Sie's, oder Sie verstehen's nicht, aber darauf kommt's an.

»Die Religion ist mir schnuppe«, sagt der Grünkernhändler, »aber ich will nicht sterben wie ein Hund.«

---

* Vermutliche Anspielung auf das Dornröschen-Motiv in der französischen Fassung von Charles Perrault — *La Belle au bois dormant.*

Die Kundschaft des Hauses hängt davon ab, wenn diese Kundschaft kirchentreu ist. Wenn sie es nicht ist, erfordert es das Interesse des Hauses dagegen, daß der Chef wie ein Hund krepiert, aber der Fall kommt selten vor in den Vororten, wo man in Saus und Braus lebt.

CL. DIE FREUNDE UNSERER FREUNDE SIND AUCH UNSERE FREUNDE. Der Chevalier du Bran d'Enhaut hatte einem kleinen Anwalt am Provinzparlament der Normandie das Leben gerettet. Als die Terreur losbrach, empfahl ihn dieser Anwalt voller Dankbarkeit an einen Schuhflicker weiter, der ihn einem Kotschaufler empfahl, der ihn einem aus der Kutte gesprungenen Benediktiner empfahl, der ihn der Prophetin Catherine Théot* empfahl, die ihn Robespierre empfahl, der ihn enthaupten ließ. Eine Gefälligkeit geht nie verloren.

CLI. ICH SPRECHE ZU IHNEN ALS FREUND. Wenn ein Angestellter der Staatsdomänen oder der Registratur sich entschlossen hat, nichts zu tun, spricht er so mit seinen engsten Vertrauten, wenn sie in Gefahr sind.

Der Mensch, dem sein Hauswirt sich »als Freund« zuwendet, ist der am sichersten beschützte, der am schärfsten beurteilte und der am meisten gestrafte aller Menschen.

CLII. EIN KOPFKISSENBUCH. Hier handelt es sich um die Elite. Der Durchschnitts BÜRGER liest überhaupt nichts und hat folglich auch kein Kopfkissenbuch. Das einzige Buch, das einem Modewaren- oder einem Wein- und Spirituosenhändler Interesse abzunötigen vermag, ist das Kassenbuch, ein gewal-

---

* Catherine Théot (1725-1794), eine Erleuchtete mit dem Beinamen »Mère de Dieu«, glaubte sich berufen, den neuen Messias zu gebären, und erklärte Robespierre zu dessen Vorläufer. Robespierre, angeklagt, zu ihren Sektenmitgliedern zu gehören, war bei seinem eigenen Sturz teilweise Opfer dieser Anklage.

tiger Foliant mit Kupferbeschlägen, den man sich unter einer Schlummerrolle kaum vorstellen kann.

Die Arbeiter lesen mehr. Sie lesen, wohlgemerkt, was sie zu lesen kriegen, aber sie lesen. Sie gehören nicht zur Kommerzwelt. Sie sind nicht unmittelbar dem Auge Gottes ausgesetzt. Sie dürfen sich eine halbe Stunde täglich um ihre Seele kümmern, um ihre arme kleine Seele, und manche machen sich das zunutze.

Gleichwohl gibt es, eingestandenermaßen, bei den BÜRGERN eine Elite, eine heilige Elite, die zumindest ein Kopfkissenbuch für jede 32ste Halbbrigade geltend macht. Was kann das für ein Buch sein? Ich bin nicht in der Lage gewesen, das herauszufinden. Ich habe von einigen Mathematikern reden hören, die mit der Logarithmentafel schlafen gehen, aber da hat man sich offenbar über mich lustig gemacht, das ist schon zu literarisch.

Eher würde ich glauben, es gibt ein paar alte Damen, die sich mit etwas Paul Bourget oder Maupassant in den Schlaf wiegen, und manche Fräuleins aus verschiedenen Generationen, die sich frank und frei die *Philosophie im Schlafzimmer* des Marquis de Sade oder irgendein Buch derselben Art schmecken lassen. Aber mir liegen dazu keine gesicherten Erkenntnisse vor, und ich gestehe, daß ich von diesem berühmten Kopfkissenbuch nur träumen kann, das es gleichwohl geben muß, weil ja fortgesetzt davon die Rede ist.

Früher gab es die — unendlich viel gelesene — *Imitation de Jésus-Christ*. Sehr viel später, gegen Ende des vergangenen Jahrhundert, dann die *Imitation de Notre-Dame-la-Lune,* deren Autor nahezu Hungers gestorben ist und die niemand, angefangen mit mir, je lesen wird. Manchmal habe ich an eine *Imitation d'Hanotaux* gedacht, ein zu schreibendes, ein künftiges Kopfkissenbuch, aber dazu bedürfte es einer solchen Abwesenheit von Stil, einer solchen methodischen Erniedrigung des Denkens, daß man ein solches Unterfangen niemandem zumuten darf, nicht einmal einem Akademiemitglied.

CLIII. DAS HERZ IN DER HAND und DIE KROKODILSTRÄNEN. Angeblich kann man gleichzeitig das Herz in der Hand und das Herz auf der Zunge tragen, und das ist bereits ein Mysterium. Ebenso kann einem das Essen wie Blei im Magen liegen*, und manche Leute können Krokodilstränen vergießen.

Ich erinnere mich, daß mich als Kind dieses Herz in der Hand stark beeindruckt hat und ich mir instinktiv die Hände der Leute anschaute. Darüber belehrt, das Herz sei das Zeichen einer untadeligen Wahrhaftigkeit, einer heldenhaften Reinheit und Transparenz, schloß ich aus der Abwesenheit dieses Organs in den dargebotenen Gliedmaßen auf die universelle Verstellung meiner Umgebung. Das gleiche im Falle des Herzens auf der Zunge.

Später entwickelte ich genauere Vorstellungen. Ich habe mit aller Gründlichkeit erfahren, was vom bürgerlichen Herzen zu halten war und wozu man es gebrauchen konnte. Kurzum, ich wage mir einzubilden, daß ich mehr daraus erschlossen habe als Gargantua selbst in seinem Arschwischer-Monolog. Es handelt sich hier nicht mehr um das Herz in der Hand oder auf der Zunge, sondern darum, das bürgerliche Herz *in* die Hand zu nehmen, wenn Sie mich verstehen.

Was die Krokodilstränen betrifft, sei hier mitgeteilt, was mir ein bekannter Reisender dazu gesagt hat, ein berühmter Advokat aus Brüssel, einer der Eroberer von Belgisch-Kongo, dem letzten Land, wo man sich noch unterhält:

»Das Krokodil ist ein Bär, den man jemandem aufbindet, es existiert sozusagen gar nicht als Tier und kann folglich auch keine Tränen vergießen. Es ist eine mythologische Gestalt des Armen, von dem der leidgeprüfte Reiche, Opfer seiner abscheulichen Tränen, hartnäckig verschlungen wird...«

»Laßt mein ganzes Volk seiner teilhaftig werden«, sagte vor sechsundfünfzig Jahren auf dem schrecklichen Berg Unsere Liebe Frau von den Seufzern**.

---

* Frz. *avoir son dîner sur le cœur*.
** Die Erscheinung auf der Montagne de La Salette, einer Wallfahrtsstätte in der Nähe von Grenoble. Gemeint ist das *Verbum novissimum* des Heiligen

CLIV. SICH ALLES SELBST VERDANKEN.

Das ist der schlechteste Rat, den jener Witzbold geben kann, der sich der BÜRGER nennt. Was ist von einem Kotschaufler zu halten, der aus seiner Tonne steigt, oder von einem Feuilletonisten, der von seinen eigenen Feuilletons erzeugt worden wäre? Ist es möglich, die Ungeheuerlichkeit des Gelächters auch nur zu erahnen?

Stellen Sie sich jetzt Zola vor, wie er von *Nana* oder irgendeiner anderen Muttersau seiner Romane geworfen wird, und fragen Sie sich, was von einem Volk zu halten ist, in dem sich Hebammen oder Geburtshelfer für solche Kinder fänden!

CLV. CHERCHEZ LA FEMME!

Das ist der Schrei des Angestellten, wenn er in seinem Leib- und Magenblatt von einem Verbrechen liest. Ich spreche, wohlgemerkt, von einem mit dem Schriftverkehr vertrauten Angestellten, vom intellektuellen Angestellten, von demjenigen, der Ihnen mit Stubenhockergesten zu verstehen gibt, daß er es bei dem schönen Wetter über sich gebracht hat, an eben diesem Morgen seine Flanellweste abzulegen. Dieser Mensch, der es gewohnt ist, von oben herab zu urteilen, weiter zu sehen als das gemeine Volk, versäumt diesen Ratschlag nie. Er hat jene tiefe, neue Idee, deren sich so wenige Denker versehen haben, daß es bei jedem tragischen Abenteuer in erster Linie geboten ist, die [dahintersteckende] Frau zu suchen.

Ich habe ein sehr stolzes und pechfest verheiratetes Exemplar dieser Gattung gekannt, dessen Frau ebenso leidenschaftlich den Mann suchte wie das Wiesel den Kaninchenbau und ihn mit unglaublicher Behendigkeit und Häufigkeit fand.

CLVI. DIE EHRBARE FRAU.

Balzac hat eines Tages den Hadrianswall zwischen der anständigen und der ehrbaren Frau einreißen wollen. Eine romantische Scheidewand,

---

Geistes. Vgl. Bloys ausführlichen Bericht darüber in *Celle qui pleure* (Paris: Mercure de France, 1908).

die ungenau geworden ist*, denn beide sind heute dasselbe. Es ist die ewige BÜRGERIN von Bethlehem, die dem Erlöser-Kind die Gastfreundschaft verweigert und die mystische Rose dem Nordwind preisgibt.

Die ehrbare Frau ist diejenige, die mit vierzehn Jahren den ersten Preis in Mathematik errungen hat und den zehntausend Engeln Angst einjagt, welche die Seherin d'Agreda um die Unbefleckte Empfängnis schweben sah**.

Die ehrbare Frau ist die morose, brennende Gattin des entfesselten Großen Hahnreis ...

O ihr illusionslosen Prostituierten, für die Jesus gelitten hat; ihr bemitleidenswerten und heiligen Huren, die ihr euch der Armen nicht schämt und am Jüngsten Tage Zeugnis ablegen werdet, was haltet ihr von dieser Bettlerin?

CLVII. ZIVILCOURAGE. Wenn der Dichter es nur mit Schwachköpfen ohne jede Güte zu tun gehabt hätte, wäre er wahrscheinlich freigesprochen worden. Die Geschworenen waren jedoch, wie von einem Dämon, aus der Schar der ehrbarsten Geschäftsleute ausgewählt. Die Hoffnung, vom stinkenden Anhauch der Ware getötet, ruhte auf einem fernen Friedhof.

Zweifellos verfügte die Anklage nicht einmal über den Schatten eines Beweises; die Anschuldigungen hatten sich jedoch durch Mutmaßungen und das Zusammentreffen übernatürlicher Koinzidenzen, Zwischenfälle und mörderischer Peripetien im Laufe der Verhandlung derart erhärtet, daß der Unschuldige sich nicht mehr verteidigen konnte. Und vor allem war da, vom ersten Tage an, der wilde, offenkundige, nahezu erklärte Haß der Geschworenen.

Es waren schließlich Geschäftsleute, und man hatte über einen Dichter zu Gericht zu sitzen! Endlich hatte man mal

---

* Balzacs Unterscheidung zwischen *l'honnête femme* und *femme vertueuse* in der *Physiologie du mariage*.
** Maria d'Agreda (1602–1665), spanische Nonne, die eine *Mística ciudad de Dios* (Mystische Stadt Gottes) geschrieben hat.

einen erwischt!!! Alles war klar, und Gott selbst hätte vergeblich zu seinen Gunsten ausgesagt.

Die demokratische Institution des Geschworenengerichts, durch die ein höherstehender Mensch zwölf Rüpeln als Beute vorgeworfen wird, die eigentlich dazu geschaffen sind, ihm zu Diensten zu sein, ist so umfassend, daß der Unglückliche seine Richter nicht ablehnen kann. Er mag ruhig spüren und wissen, daß jeder von ihnen ihn im voraus verurteilt hat; wenn er nicht beweisen kann, daß seine Verurteilung für sie einen handgreiflichen Profit bedeutet, sieht er sich gezwungen, sie um der Verteidigung seines Lebens willen scheinbar ernst zu nehmen und sie sogar, wenn auch ohne Hoffnung, anzuflehen, mag er auch auf sie speien.

Der Dichter plädierte selbst. Sein Anwalt war ein Idiot ohne Überzeugungskraft und Schwung und bereits stark angeschlagen. Das Verbrechen war so enorm, daß es um Leben und Tod ging. Wenn er auch in Wirklichkeit nicht hoffen durfte, seinen Kopf aus der Schlinge zu ziehen, wollte er wenigstens, daß hochherzige Worte geäußert würden und daß, wie groß auch die Niedertracht der gemeinen BÜRGER war, die ihn auf die Guillotine schicken wollten, gleichwohl eine beunruhigende Erinnerung an ihre scheußliche Justiz erhalten blieb.

Er sprach annähernd eine Stunde, mit unerhörter Wucht. Er erzählte von seinem schmerzlichen und stolzen Leben, seiner Einsamkeit, seiner Armut, der halbklösterlichen Regelmäßigkeit seiner Alltagsexistenz. Er ging jetzt zugrunde, als Opfer des unerklärlichsten Irrtums, einzig deshalb, weil es ihm unmöglich war, sich an den Gebrauch seiner Zeit zu erinnern und zu beweisen, was er an einem bestimmten Abend vor drei Jahren getan hatte.

Mit Löwengesten der Verzweiflung schüttelte er sich dieses schreckliche Verhängnis von den Schultern. Wie Kristalle von Mitleid, die eine allzu heftige Vibration zerbrochen hatte, barsten die Herzen. Es wurden hier und da Seufzer hörbar, die nach Gnade verlangten.

Der Schuldspruch wurde nur um so unabwendbarer. Die einflußreichste Persönlichkeit unter den Geschworenen, ein kleiner Mandarin der indirekten Steuern, ein besonders erbarmungsloses Büroschlitzohr, hatte keinerlei Mühe, seinen Kollegen verständlich zu machen, daß sie fürchten müßten, sich von einer lächerlichen Rührung umstricken zu lassen, die mit ihren Pflichten unvereinbar sei; daß sich jetzt oder nie die Gelegenheit bot, Zivilcourage zu beweisen, die bekanntlich dem sogenannten Heldentum der Schlachtfelder dermaßen überlegen ist und darin besteht, mit unbezähmbarer Härte auf die Armen und Wehrlosen einzudreschen.

Ein Apotheker mit Pferdegebiß fügte hinzu, daß es übrigens an der Zeit sei, mit diesem Unruhestifter abzurechnen, der sie alle für Scheißdreck zu halten schien, und man die Gelegenheit nicht versäumen dürfe, den Bohèmiens und Barfüßigen etwas Respekt einzubleuen.

Schließlich versicherte ein Selterswasser-Fabrikant, ein Tatmensch, der beim Billard eine flotte Kugel zu schieben verstand, mit aller Deutlichkeit, daß Beweise eigentlich überflüssig seien; daß man für ihn, wenn man eine solche Schnauze habe, aller erdenklichen Verbrechen fähig sei; daß der Angeklagte, wenn er denn an diesem einen unbeteiligt gewesen sein sollte, doch sicher mehrerer anderer schuldig sei, von denen man nicht wisse; und selbst wenn man voraussetze, daß er niemanden getötet habe, erfordere doch das allgemeine Interesse, ihn außerstande zu setzen, weiteren Schaden anzurichten, solange dazu noch Zeit sei. Die Energie des Citoyens zog alle verfügbaren Stimmen auf sich.

Der ohne mildernde Umstände, einstimmig und in allen Punkten für schuldig erklärte Dichter wurde zum Tode verurteilt. Er erhob sich totenbleich, und mit ruhiger Stimme sprach er zu den Geschworenen, die noch bleicher waren als er, die folgenden schlichten Worte:

»Meine Herren, vergessen Sie nicht, daß Sie soeben einen Unschuldigen aufs Schafott geschickt haben.«

In diesem Augenblick antwortete mein Krämer — Sie haben richtig gehört, *mein Krämer* —, einer der zwölf, einem geheimnisvollen Drang gehorchend oder einfach im Glauben an seine Registrierkasse, was im Unendlichen wahrscheinlich dasselbe ist, mit folgender Geschäftsformel, die unter den gegebenen Umständen geradezu wunderbar war:

»*Niemand hat uns jemals Vorwürfe gemacht, mein Herr!*«

CLVIII. NICHT ALLES IM LEBEN IST ROSIG.

Möchte der BÜRGER wirklich, daß in dem, was er das Leben nennt, alles rosig sei, oder ist das lediglich die offensive und fade Feststellung eines Farbenherstellers?

Ich neige zur ersten Hypothese, die zweifellos die richtige ist. Der BÜRGER braucht Rosa, das ist seine Farbe. Seine Töchter kleiden sich rosa und sogar seine Gattin, bis zum sechzigsten Lebensjahr. Auch er ist rosig und vergnügt wie ein junges Ferkel, wenn er gute Geschäfte macht. Er besteht darauf, alles rosig zu sehen, und möchte alles rosafarben haben. Er strebt unaufhörlich danach, auf Rosen gebettet zu schlafen. Er allein spricht, nach und mit vielen Dichtern, manchmal noch ein bißchen von der »rosenfingrigen Morgenröte«, und um gerecht zu sein, muß man anerkennen, daß ohne ihn seit langem niemand mehr die immer noch frische und immer noch charmante Wendung »Keine Rose ohne Dornen« benutzen würde.

Ein BÜRGER, der nach Kobaltblau oder Indischgelb verlangte, wäre ein bürgerlicher *Parvenü*. Der wahre BÜRGER, der echte, derjenige, der ganz und gar ist, wie es sich gehört, der BÜRGER *aus gutem Hause*, duldet das Schwarz des Todes nur seufzend. Wie viele von ihnen, Kindervergifter oder Blutsauger der Alten, möchten nicht nach ihrem Hingang in einen rosa Sarg gebettet werden, inmitten einer satinrosa ausgekleideten und mit rosa Putz geschmückten Kirche, während eine heitere Orgel den Rosenwalzer spielt!...

Auf einem der großen Friedhöfe von Paris ist das Grabmal eines reichen Marktfaktors zu sehen, der Verträge mit der Öffentlichen Wohlfahrt über die Lieferung des gesamten Aases hatte, das in den Krankenhäusern verzehrt wird, und der nicht weniger als dreihundert Prozent Gewinn machte. Er war ein Mensch von zarter Phantasie. Über seinen verwesten Kaldaunen erhebt sich ein sorgfältig gepflegter Korb mit den prächtigsten Rosen, und in Marmor geschlagen stehen darunter die folgenden fünf Worte: »Er hat sie so geliebt!«

CLIX. DIE SCHÖNEN JAHRE DER JUGEND.
O François Coppée!...

CLX. DIE GUTE ALTE ZEIT. Manche sagen, daß eine Zeit, die unumstößlich als eine einzige »Epoche der Unwissenheit« bezeichnet wird — im Gegensatz zum »Jahrhundert der Aufklärung«, nämlich unserem eigenen —, nicht gut sein kann und daß sie, je älter, um so weniger gut ist. Andere halten dafür, wenn auch ohne hinreichende Beweise, wie mir scheint, daß die *Güte* einer Zeit durchaus inkompatibel ist mit Finsternis und Alter.

Eine dritte Gruppe, der ich selbst angehöre, behauptet kühn, daß dieser Gemeinplatz zum alten Eisen geworfen werden muß, weil das, was man die gute alte Zeit zu nennen übereingekommen ist — das heißt, vermute ich, das dreizehnte Jahrhundert —, im Gegenteil und recht eigentlich die *junge Zeit* war, die der Kraft, der Liebe, des Lichtes und der Schönheit, während das zwanzigste Jahrhundert zunehmend mehr eine Zeit des Verfalls ist, ein scheußliches und hassenswertes Bild des schwachsinnigsten Alters. Aber raten Sie mal einem Anwalt der ersten Instanz, den Vierten Kreuzzug zu beginnen*!

CLXI. GOTT SCHÜTZT DIE TRUNKENBOLDE.
An diesem Gemeinplatz hängt der BÜRGER sehr. Er gehört zu jenen, die seinen stets wachen Hunger bestätigen, das Heilige Antlitz zu bespeien, das Wort so heftig wie möglich zu besudeln.

»Gott wird seinen Engeln über dir Befehl thun«, sagt der Versucher mit schöner Arglist, »und sie werden dich auf den

---

* Vgl. zu diesem Gemeinplatz das Lob des Mittelalters in *La Femme pauvre*, I, Kap. XXII.

Händen tragen, auf daß du deinen Fuß nicht an einen Stein stoßest*.«

Ach ja! Sie wollen mir sagen, daß der BÜRGER das alles nicht weiß, daß er anderes zu tun hat, als das Matthäus- oder Lukasevangelium zu lesen. Tatsächlich, was könnte ihn das Evangelium lehren? *Er hat die Blasphemie mit Löffeln gefressen.* Der von seinen Vätern ausgegangene Unrat kommt bei ihm ganz natürlich und ohne viel Federlesens an, genau wie der Kehricht von einer Gosse in die andere fließt. Manche bekommen davon einen solchen Überfluß ab, daß sie betrunken werden und selbst von den Engeln getragen werden müssen — und von welchen Engeln!

Der Gegenstand des vorliegenden Buches schließt nicht auch die Weiterentwicklung einer solchen Idee ein, aber ich hoffe, daß mir der Trost nicht für immer versagt werden wird. »Dann wird man sehen«, schrieb ich einem Unbekannten, »daß es nicht *ein* Wort des Erlösers oder seiner Jünger gibt, das den Verleugnungen oder fortgesetzten Verhöhnungen der Christen selbst entgangen wäre, und unsere Frommen werden, wie man nur zu gern glauben würde, glücklich sein zu erfahren, daß sie die ganze Zeit sprechen wie die Teufel.«

CLXII. DER APPETIT KOMMT BEIM ESSEN.
Gute Antwort an einen Menschen, der Hungers stirbt:

»Unglückseliger, Sie wissen ja gar nicht, was Sie da verlangen. Wenn Sie zu essen bekämen, würden Sie weiter essen wollen und fielen immer mehr den ehrbaren Leuten zur Last, die sich ruinieren würden, ohne daß es ihnen gelänge, Sie satt zu bekommen. Wenn man sich nicht in der Lage fühlt, seinen Appetit zu zügeln, muß man seinen Hunger zügeln und nicht schon um zehn Uhr abends um Almosen betteln. Ich würde mich für einen Verbrecher halten, wenn ich Ihnen auch nur einen Pfennig gäbe.«

Verschneite Stadtlandschaft. Der Sprecher ist ein beleibter Mann, angeschwollen und aufgebläht von einem köstlichen

---

* Matthäus, IV, 6.

Abendessen. Er hat gerade das Restaurant verlassen und wartet auf seinen Wagen, der eine Börsenkurve beschreibt, um ihn zu erreichen.

Der Ausgehungerte repräsentiert irgendein Leiden, ein Leiden aller vergangenen Jahrhunderte. Der Aussauger repräsentiert weiter nichts als die Verzweiflung, die rote, angeschwollene, knisternde Verzweiflung.

CLXIII. LEIHEN TUT MAN NUR REICHEN. Warum? Weil das Wasser immer zum Fluß geht, wird Ihnen der Schreiber beim Friedensrichteramt zur Antwort geben. Seit den Zeiten des Paktolos* hat es immer irgendeinen Zusammenhang zwischen den Reichen und den Flüssen gegeben. Manchmal kommt dieses Wasser direkt aus den reinen Quellen des Gebirges. Häufiger aber hat es dazu gedient, Geschirr zu spülen oder Nachttöpfe auszuwaschen.

Die Reichen bekommen alles, wie die Flüsse, aber das Wort *leihen* ist ein Hohn, denn es gibt kein Beispiel dafür, daß diese wie jene jemals irgend etwas hergegeben hätten. Jeder auf seine Weise, werden sie zu mächtigen Strömen, die die Jauche der Latrinen oder die Tränen der Armen in den Abgrund spülen — unterschiedslos.

CLXIV. KEIN HANDWERK IST SCHLECHT, ABER VIELE TREIBEN'S NICHT RECHT. Verzeihung, es gibt sehr wohl eines, nämlich das des Schneiders, der einen Mönch einkleiden soll. Alle Welt weiß, daß die Kutte nicht den Mönch macht und daß es folglich unmöglich ist, sich etwas Dümmeres vorzustellen als ein Handwerk, das darin besteht, ein Gewand für einen Kunden zu machen, der selbst erst *gemacht* werden muß, weil er nicht existiert. Die Sache erscheint, wie ich zugebe, nicht sehr verständlich.

Was ist nämlich ein Mönch, wenn nicht ein Mensch, der jenes andere Handwerk betreibt, gehorsam, keusch und arm

---

* Nebenfluß des alten Hermos im antiken Syrien, der einst reichen Goldsand geführt haben soll.

zu sein, also das genaue Gegenteil dessen, was der BÜRGER das Leben nennt?

Wäre das also nicht ein dümmeres, ein schlechteres Handwerk als das obenerwähnte, weil derjenige, der es ausübt, keinerlei Anteil an der bürgerlichen Existenz hat und auf keine Weise Nutzen aus einer Tracht ziehen kann, die nicht in der Lage ist, ihm den geringsten äußeren Anschein zu verleihen? Die Begegnung eines Mönchs und eines Schneiders ist wahrscheinlich das Außergewöhnlichste, das Verrückteste, das Spaßigste, das Phantastischste, was man sich vorstellen kann.

CLXV. DIE NACHT IST ZUM SCHLAFEN DA.

Ich wohne am rechten Ufer der Marne, also in einem Land, das in den Jahren 1870 und 1871 von den Deutschen ganz besonders und auf jede erdenkliche Weise verwüstet, geplündert, gebrandschatzt, ausgeraubt und mißhandelt wurde und wo es unmöglich ist, jemanden zu finden, der sich dessen erinnert. Das ist etwas entmutigend für einen französischen Citoyen, der Kriegsgeschichten zu erzählen hätte. Ich habe deren eine behalten, die nicht ohne Interesse gewesen wäre, aber man hätte dabei auf Seelen zählen müssen, die lange nicht mehr existieren!

Angesichts dieser Art von internationaler Sentimentalität, die darauf dringt, den schrecklichen Schimpf zu vergessen, und es am liebsten sähe, wenn sich alle Welt in kosmopolitischer Entsühnung und universalem Gemenge umarmte — wo soll man da einen Zuhörer finden, der fähig wäre, die Anekdote von drei *ad patres* geschickten Preußen zu verdauen, die mitten in einer Nacht, die ganz sicher zum Schlafen bestimmt war, von einem französischen Freischärler aus der Vendée, ihrem Gefangenen, übermannt wurden, der zum König von Sachsen gebracht und am folgenden Tag standrechtlich erschossen werden sollte.

Dieser leichtfüßige und flinkfingrige Gefangene, der sich auf Gemeinplätze genauso gut verstand wie ich, wußte sehr wohl, daß die Nacht nicht nur zum Schlafen da ist, sondern daß für die Tapferen »über Nacht guter Rat kommt« und darin »alle Freischärler grau sind«.

Mit welcher Raschheit und Kühnheit er sich das zunutze machte, werde ich hier ganz sicher nicht erzählen. Das wäre zuviel für die dünnen Nerven jener vergewaltigten Bastarde von Frauen, die ihr Geschäft an den Mauern betreiben, wo Preußen diejenigen füsilierte, die ihre Väter hätten sein können. Man hat mir bereits hinreichend den Vorwurf der *Übertreibung* und der Übersteigerung des Entsetzlichen gemacht*.

Mein Mann war ein unvergleichlicher Metzger, der einen lebendigen Löwen abgebalgt hätte, bevor der noch in der Lage gewesen wäre, seine Krallen zu zeigen. Diese Information möge Dir genügen, lieber Leser.

CLXVI. GELEGENHEIT MACHT DIEBE. *Sol cognovit occasum suum***: »Bist Du es, Herr? Bist Du es endlich?« fragt der Schächer am Kreuz. — »Wahrlich, ich sage Dir: Heute noch wirst Du mit mir im Paradiese sein«, antwortete das Licht der gekreuzigten Welt.

Das geht in der Finsternis der Sechsten Stunde vor sich, und der BÜRGER hat sich *erhängt,* während es noch Tag ist***.

Post-scriptum. — Ich hätte gern *Gelegenheit* gehabt zu einer unendlichen Beschimpfung, wo dann davon die Rede gewesen wäre, daß der BÜRGER nur Geld hat, um es zurückzugeben, und daß er, wenn er es nicht zurückgibt, ein Schächer ohne Kreuz und Paradies ist. Judas, weniger Schuft als er, hat seines ZURÜCKGEGEBEN, bevor er krepierte. Aber versuchen Sie, diese Dinge zu verstehen!

---

* Erinnerung an bestimmte Kritiken im Zusammenhang mit *Sueur de sang,* Bloys Erzählungen, die vom Krieg von 1870 inspiriert wurden, insbesondere von Laurent Tailhade.
** Psalm CIV, 19: »[Du hast den Mond gemacht, das Jahr danach zu teilen;] die Sonne weiß ihren Niedergang.«
*** Wie aus dem folgenden verständlich wird, handelt es sich um Judas.

CLXVII. OHNE RAUCH KEIN FEUER. Nein, BÜRGER, nicht einmal in der Apokalypse, einem Buch, in dem viel von Dir die Rede ist.

»Und der Rauch ihrer Qual wird aufsteigen von Ewigkeit zu Ewigkeit; und sie haben keine Ruhe Tag und Nacht, die das Tier haben angebetet und sein Bild, und so jemand hat das Malzeichen seines Namens angenommen*.«

Ich empfehle Dir diesen Ort.

CLXVIII. VON ZWEI ÜBELN DAS KLEINERE WÄHLEN. Daran ist nichts zu deuten. Die mildtätigsten Personen erkennen an, daß das Übel des Nächsten immer das *kleinere* ist und daß deshalb gerade dieses kleinere gewählt werden muß. Die Moralisten wissen seit langem, daß man immer genug Kraft hat, die Schmerzen des anderen zu ertragen.

CLXIX. MAN IST DOCH KEIN LOUIS D'OR oder WAS JUNGEN MÄDCHEN FROMMT. Man ist nicht einmal ein 10-Centimes-Stück. Diese schmerzliche Erfahrung habe ich in Dänemark gemacht, wo ich nicht in Umlauf war**. Schon in Frankreich bin ich nur schwer in Zahlung zu geben, aber da unten — wenn Sie wüßten!

Ich wohnte, auf besondere Fügung des unmenschlichen Geschicks, in einer kleinen Stadt auf Jütland, wo ich auch meine Gebeine gelassen zu haben glaube. Ich habe Französischunterricht gegeben und bis zu drei Schüler gehabt. Ich will hier nur von Nummer zwei sprechen, heute wenigstens. Nummer eins nähme zuviel Platz ein, und Nummer drei war bedeutungslos.

Herr Kanaris-Petersen*** war Französischlehrer an einer Schule der Stadt und genoß höchstes Ansehen. Ich erfuhr von

---

* Offenbarung Johannis, XIV, 19.
** Léon Bloy hat sich mit seiner Familie zweimal in Dänemark aufgehalten: Hier handelt es sich um den zweiten, siebzehnmonatigen Aufenthalt von 1899–1900.
*** Ein Stück »Realsatire«: Der wirkliche Name der betreffenden Person war Kanaris Klein; vgl. Bloys *Journal*, Bd. I, S. 262; dt. Bd. II, S. 130, 135 u.ö.

ihm selbst, und zwar gleich in der ersten Stunde unserer Begegnung, daß dieser Name, Kanaris, der so wenig dänisch war, trotz des Kunstgriffs des Anlaut-K, durch direkte oder indirekte Übertragung von dem berühmten Helden des griechischen Unabhängigkeitskrieges auf ihn gekommen sei! ...

Ich unternahm keinerlei Versuch, diese Verwandtschaft zu überprüfen, aber da ich ihn ohne jede Bosheit gefragt hatte, war ich erstaunt zu erfahren, daß er absolut nichts von den berühmten Versen kannte, zu denen dieser bemerkenswerte Korsar Victor Hugo inspiriert hatte.

Ich hoffe, nie und nirgendwo wieder einer solch gezierten Eitelkeit, einer so sukkulenten und so vollständigen Dummheit zu begegnen. Der Canaris der *Orientales* »entfacht die Feuersbrunst«*. Der jütländische Kanaris entfacht den Regen und die Lächerlichkeit. Und was für eine Lächerlichkeit! Man muß Dänemark kennen, man muß in diesem Land von idealer Mittelmäßigkeit gelebt haben, um die rührende Idiotie eines Schulpaukers gebührend ermessen zu können, der sich vorstellte, einen Seeräuber für sich ausschlachten zu können.

Eine so erlesene Herkunft erforderte naturgemäß auch die aristokratischsten Manieren. Herr Kanaris-Petersen ist so etwas wie der Brummel** seiner Flachlandsenke. Die jungen Dänen achten bei jeder flüchtigen Begegnung äußerst aufmerksam auf Gesten und Redewendungen dieses *arbiter elegantiarum****.

»Es ist nicht gut, daß der Mensch allein sei«, sprach der Herr. »Ich will ihm eine Gefährtin geben, die ihm entspricht.« Ich werde niemanden in Erstaunen versetzen, wenn ich dem Vorhergehenden hinzufüge, daß eine Mme Kanaris-Petersen existiert und ihres Gatten würdig ist. Man kennt keinen psari-

---

* Konstantin Kanaris (1790–1877) ist einer der Helden des griech. Unabhängigkeitskrieges. Das Gedicht aus *Les Orientales* (1829) schließt mit den Zeilen: »*Mais le bon Canaris ... / Sur les vaisseaux qu'il prend, comme son pavillon, / Arbore l'incendie!*« (»Der gute Kanaris aber ... / Entfacht auf den Schiffen, die er nimmt als seine Beute, / Die Feuersbrunst!«).
** George Bryan Brummel (1778–1840), genannt der »schöne Brummel«, einer der raffiniertesten Dandys seiner Zeit.
*** Brummels antikes Paradigma war Petronius Arbiter am Hofe Neros, der »Schiedsrichter in Sachen des guten Geschmacks«.

schen oder moldavischen Schlachtenlenker im Stammbaum dieser Dame, in dem der Haushalts- und Eisenwarengroßhandel vorherrscht. Aber sie brachte, sagt man, Geld in die Ehe und soll früher eine hinreißende Person gewesen sein. Das muß man wissen. Mir ist sie immer eher hohlziegelig und sauertöpfisch vorgekommen, was der Vornehmheit in diesem Bodensatz von Provinz zweifellos zur Hilfe kommt.

Unbestreitbar ist, daß man sich bei den Kanaris immer ausgezeichnet amüsiert. Acht oder zehn Monate jährlich Komödie und Maskenball, und Mme Kanaris hat sich den Ruf einer ausgezeichneten Schmierenkomödiantin erworben, und das allgemeine Fastnachtstreiben in einem solchen Faubourg Saint-Germain des dänischen Böothiens gilt als letzter Ausdruck von Verfeinerung und Attizismus.

Inmitten dieses Unrats wachsen zwei kleine Mädchen auf, die ihre Mutter in kindsmörderischer Frivolität tagtäglich ein dutzendmal an- und auszieht. Was wird aus ihnen werden? Das läßt sich nur allzuleicht vorhersehen. Die lutherische Welt — das ist das Reich des unreinen Satans. Nicht einmal die Verbrechen und Schweinereien sind hier sonderlich ausgefallen. Um eine dieser armen Seelen zu retten, müßte Gott alle Trümmer seiner auf den Kopf gestellten Schöpfung aus dem Wege räumen.

»Unsere beiden Kleinen werden den Tanz liebgewinnen wie Papa und Mama«, sagte mir eines Tages der morose Krüppel, der nicht aufhörte, nach Munterkeit und Aufgeräumtheit zu streben. Welche absteigende Spirale sah ich da! Das also, sagte ich mir, gehört sich hier für junge Mädchen! Tanzen wie Papa und Mama, mit allen vorhersehbaren Konsequenzen dieser Choreographie, und was sich für sie absolut nicht schicken würde, wäre beispielsweise der Besuch der Messe oder der Versuch, irgend etwas Anständiges oder Großherziges zu tun.

Ein Jahr nach dem Verlassen dieses unfeinen Landes erfuhr ich, daß mein Kanaris, dessen Händedrücke ich standhaft ertragen hatte, weil ich ihn für ein ungefährliches Tier hielt, sich bis zur Erschöpfung darum bemüht hatte, mir zu schaden.

Man hat mir von ihm folgenden bemerkenswerten Ausspruch hinterbracht, den ich zitiere, um die leidenschaftlichen Verehrerinnen, die mich von klein auf hätten kennen können, mit einem letzten Feuer zu erwärmen:

»Das Haus dieses Léon Bloy ist nichts für junge Mädchen!«

CLXX. KRITIK IST LEICHT, SCHWER IST DIE KUNST. Ich bin nicht sicher, ob der BÜRGER sich in Stücke reißen ließe, wenn er die Behauptung aufstellt, daß die Kunst schwer ist, aber ich weiß, daß er die Kritik für leicht halten möchte, sogar für die leichteste Sache von der Welt. Daran ist ihm gelegen. Aber darüber läßt sich ja reden. Der BÜRGER ist kein Esel. Die Kritik kann durchaus sehr schwierig sein, wenn es sich um große Kunst handelt, um wirkliche Kunst, etwa Bouguereau in der Malerei oder Paul Bourget in der Literatur. Wo kämen wir denn hin, wenn es dem erstbesten freistünde, diese Kamele auch nur anzutasten?

Wie leicht ist es dagegen, Verlaine, Villiers de L'Isle-Adam, Barbey d'Aurevilly oder Ernest Hello zu beurteilen! Und wenn sich jemals ein Kritiker wohlfühlte, war das nicht dann, wenn die Vorsehung es ihm zugestand, seinen Fliegendreck über den Autor dieser bescheidenen Seiten auszustreuen?

CLXXI. ICH BIN PHILOSOPH oder DAS JAHR VIERZIG. Ich bitte Sie, fragen Sie diesen Lohgerber nicht, ob er der Ionischen Schule angehört, wie sie von Thales gegründet und von Anaxagoras erneuert wurde; versuchen Sie nicht herauszufinden, ob er Pythagoräer, Metaphysiker, Platoniker oder Peripatetiker ist; ob er Schüler von Euklid oder Antisthenes, von Pyrrho oder Epikur, von Zenon oder Karneades ist; begehen Sie nicht die Wahnsinnstat, ihn für eklektisch, mystisch, stoisch, skeptisch, synkretistisch oder empiristisch zu halten. Schließlich und endlich stellen Sie sich kein Christentum irgendeiner Art vor. Wenn er Ihnen sagt, er sei Philosoph, soll das ganz einfach bedeuten, daß er einen vollen Bauch hat, eine Verdauung ohne Embargo, den Geldbeutel oder die Börse angemessen prall gefüllt und daß er sich folglich um alles übrige genauso viel kümmert »wie um das Jahr vierzig«.

Ich habe mich häufig gefragt, was das sein mag, dieses so berühmte und von den Philosophen so geringgeschätzte *Jahr vierzig*. Unmöglich, irgend etwas herauszufinden. Gleichwohl muß in diesem Jahr etwas durchaus Unübliches geschehen sein. Wie läßt sich das in Erfahrung bringen? Die Ephemeriden und synoptischen Tabellen geben nichts her. Halten wir also lediglich fest, daß das *Jahr vierzig* ein extremer Vergleichspunkt ist, ein Verachtungsmaßstab. Vielleicht müßte man vor allem zu erfahren versuchen, was der BÜRGER am meisten auf der Welt verachtet. Aber wer wagte es, in diesen Abgrund hinabzusteigen? *Cum in profundum venerit, contemnit**.

CLXXII. EINMAL IST KEINMAL. Absolutionsformel zum Gebrauch für die BÜRGER. Alles ist gut, solange es nicht zur Gewohnheit wird. Es kommt darauf an, seinen Vater nur einmal zu töten.

»Ich habe dreitausend Flaschen Wein im Keller, und mein leibliches Wohl erlaubt es mir nicht, ein Heiliger zu werden«, sagte mir ein hiesiger Geistlicher. Sie sehen da sicherlich keinerlei Verbindung, ich auch nicht, aber sie existiert, mit Sicherheit.

CLXXIII. DAS HAT MIR GERADE NOCH GEFEHLT! So spricht der BÜRGER, wenn ihn ein unvorhergesehener Zwischenfall niederschmettert oder einfach nur aus der Fassung bringt. Das Ganze ist eine bestimmte Art und Weise, gegenüber Gott Stellung zu beziehen und ganz überlegen die Vorsehung anzurufen. Es gibt nur sehr wenige

---

* Verfälschter Text: »*Impius, cum in profundum peccatorum venerit, contemnit*« — »Wo der Gottlose hin kommt, da kommt Verachtung und Schmach mit Hohn« (*Sprüche Salomonis*, XVIII, 3).

Jugendliche im Alter zwischen sechzehn und achtundzwanzig Jahren, die nicht — und manchmal sogar bis zur Hingerissenheit — beeindruckt gewesen wären von einer Art mit Löffeln gefressener Erkenntnis, die der BÜRGER von dem zu haben scheint, was ihm frommt und was er braucht. Man kennt keine Tiere, nicht einmal unter den Einhufern, die mit einem derart sicheren Instinkt ausgestattet wären. Auf besonders wunderbare Weise aber entfaltet sich seine Witterung dann, wenn es um Dinge geht, die er nicht braucht und die ihm folglich lästig werden könnten. Hier ein bemerkenswertes Beispiel.

Vor zwanzig oder fünfundzwanzig Jahren war ich einmal gegen zehn Uhr abends in einem Café in der alten Gare Saint-Lazare, in Begleitung zweier sympathischer Kameraden, von denen der eine heute in der Académie ist, der andere im Zuchthaus. Wir hatten, wenn ich mich richtig erinnere, ordentlich getrunken und dachten bereits daran, in irgendein anderes Etablissement überzusiedeln, als die Eingangstür sich mit Getöse öffnete und wütend schnaubend der Grabsteinbildner von Petit-Montrouge eintrat, der berühmte Joséphin Dodécaton, Erfinder unverwüstlicher Grabdenkmäler ...

Dieser große Mann hatte alle Selbstbeherrschung verloren und schien uns, kurz gesagt, im letzten Stadium der Tollwut zu stehen. »Das hat mir gerade noch gefehlt«, schnaufte er unaufhörlich, wie ein Dickhäuter grunzend, »das brauchte ich nun wirklich nicht. Solche Sachen passieren auch nur mir. Man möchte meinen, es gibt keinen lieben Gott«, usw.

Gleichwohl ließ er sich ein Glas Bier servieren und kam schließlich mit seiner Erklärung zu Stuhle. Er hatte den Zug um 9 Uhr 55 verpaßt und sah sich dadurch um ein glänzendes Geschäft gebracht. Da wir bereits vor der Ankunft dieses Pechvogels hinreichend *erregt* waren, ließen wir ihn sich ausseufzen.

Kaum auf der Straße, unterrichtete uns ein düsterer und schrecklicher Lärm über die grauenhafte Katastrophe des Schnellzuges, den Dodécaton so saumselig verpaßt hatte. Dieser Zug war nur fünfzehnhundert Meter vor dem Bahnhof umgestürzt, und die Mehrzahl der Passagiere war verletzt oder zermalmt.

Zum Entsetzen der Leute auf der Straße, die uns für Wahnsinnige hielten, brachen wir in irres Gelächter aus im Gedanken an unseren Grabsteinunternehmer, der seine Klagelieder zweifellos im Café fortsetzte, und derjenige von uns, der nicht einmal Akademiker geworden ist, machte erneut auf das untrügliche Unterscheidungsvermögen derer aufmerksam, denen »das gerade noch gefehlt hat«.

»Wenn der da unter den Opfern gewesen wäre und noch hätte sprechen können«, sagte er abschließend, »hätte sein Schlußwort absolut genauso gelautet. Die BÜRGER haben immer recht.«

CLXXIV. DIE KINDER SIND DAS, WOZU MAN SIE MACHT. Eine tröstliche Maxime, und welche Perspektive sie uns eröffnet! Es liegt zweifellos in der Absicht der Natur, daß die Kinder der BÜRGER wieder BÜRGER werden. Manchmal geht das jedoch schief. Dann muß der unglückselige Geschäftsinhaber die Schande ertragen, daß er ein Dichter-Kind hat. Der Fall ist glücklicherweise zu selten, um ernstlich in Betracht gezogen werden zu müssen. Der Natur wird im allgemeinen Folge geleistet. Es wird also immer BÜRGER geben.

Aber macht man sie heute so, wie sie vor dreißig Jahren gemacht worden sind? Von der Antwort auf diese Frage hängt alles ab. Nun gut! Soll ich es sagen? Mir scheint, daß der BÜRGER nachläßt. Sicher, er läßt die großen Prinzipien nicht außer acht. Man kann sogar behaupten, daß er das Geld mehr als früher anbetet und Gott mit festerer Hand beiseite schiebt. In dieser Hinsicht verdient er nur Lob und sogar Apotheose. Nur muß das BÜRGERTUM, wie alles, was groß ist, sich aus der Tradition speisen, und mir scheint, daß es seit einiger Zeit in Richtung der Neuheiten entgleitet.

Das Fahrrad und das Automobil sind wahnsinnig künstlerisch, verstehen Sie? Und man weiß gar nicht, wo das noch enden wird. Die Strömung ist so gebieterisch, daß man fürchten muß, die Söhne der BÜRGER könnten in einer oder zwei Generationen allesamt Albrecht Dürers, Shakespeares oder Beethovens werden und das BÜRGERTUM drohe unter der Kunst zu ersticken. Ich weise als Patriot auf die Gefahr hin.

CLXXV. MAN MUSS SICH EINEN NAMEN MACHEN. Das ist weniger leicht, weniger angenehm und weniger passend als Kinder zeugen, aber es gibt ja so viele Arten davon! Es gibt den Namen Napoléon, und es gibt den Namen Félix Potin. Beide zusammen entbinden mich von tausend anderen. Kindisch wäre es, den Unterschied zwischen diesen beiden Namen und die gewaltige Überlegenheit eines Mannes, der nur fürs Geldverdienen gelebt hat, über einen elenden, im Exil gestorbenen Kaiser zu behaupten. Es gibt nur Größe, die dauerhaften Bestand hat: die Dummheit, die Habsucht, die Niedertracht.

Wenn Victor Hugo von jenen »Berühmtheiten« spricht, »die da segelten, die Brust im Wind, barfüßig, die Trompete in der Hand, vor dem Herrn der Heerscharen«*, erregen diese schönen Bilder nur Mitleid, wenn man sich dessen erinnert, was die strahlende und unblutige öffentliche Meinung aus den Namen Menier und Géraudel gemacht hat. Die Plakatwände, die Zäune um Baustellen und Ödflächen, die Werbetafeln an den Omnibussen oder die Innenwände der Bedürfnisanstalten in allen Ländern der Welt — das ist das Buch des Lebens der Schweinehunde, die sich einen Namen zu machen verstanden haben.

CLXXVI. MAN TUT, WAS MAN KANN. Wenn man Kinder gezeugt hat und es einem gelungen ist, sich einen Namen zu machen, hat man getan, was man konnte, und ich sehe nicht, was selbst Gott noch mehr verlangen könnte. Die berühmten Gebote vom Sinai sind nur ein fakultativer Rah-

---

* *Les Châtiments*, »Nox«, III: ». . . *Le maître des armées* [. . .] | *Devant qui, gorge au vent, pieds nus, les renommées* | *Volaient, clairons en main.*«

men. Das Solide und Sichere ist, was sich als das Genaue erwiesen hat.

»Einmal war ich in einer Meditation über den Tod von Gottes Sohn versunken ...«, sagte die Glückselige Angela da Foligno. »Daraufhin fiel mir der folgende Satz in die Seele: ›*Ich habe Dich nicht nur zum Scherz geliebt!*‹ Ich glaubte einen tödlichen Schlag erhalten zu haben und weiß nicht, warum ich nicht starb ... Andere Sätze folgten, die mein Leid nur mehrten: ›Ich habe Dich nicht nur zum Spaß geliebt, ich habe mich nicht nur aus Heuchelei zu Deinem Diener gemacht, ich habe Dich nicht nur aus der Ferne berührt‹*.«

Bei diesem letzten Wort springt der BÜRGER auf, der wahre, der ewige BÜRGER, derjenige, der mörderisch war von Anfang an, und schreit:

»Du hast mich berührt, Du! Du wagst es zu sagen, daß Du mich berührt hast, mit Deinen durchbohrten Händen und Füßen und Deinem blutigen Antlitz und Deinem Schweiß und dem Geheul Deiner jüdischen Menge und dem übernatürlichen Blutgeriesel Deiner langen Geißelung! Du hast mich berührt! Ah! Wirklich, armer Gott-Mensch, armer lieber Gott der alten Zeiten! Bist Du nur ein 100-Sous-Stück, das auf mich wirkt? Du wolltest nicht scherzen mit Deiner Freundin, und Deine Freundin wollte auch nicht scherzen. Nun gut! Ich, ich bin das Gegenteil, ich bin ein fröhlicher Mensch, ein lustiger Bursche, und ich brauche Deine Tränen nicht mehr und Dein Blut. Ich bin fürs Geschäft geboren und den Spaß, und ich verstehe nichts von Buße und Ekstasen. Man tut, was man kann, man ist ja kein Esel.«

Post-scriptum. »Ich hatte Hunger«, wird der Herr als Richter sagen, »und ihr habt mir nicht zu essen gegeben; ich hatte Durst, und ihr habt mir nicht zu trinken gegeben ...« Das ist alles sehr hübsch, werden tausend Metzger antworten, aber die Fastenzeit bringt uns starke Umsatzeinbußen.

---

* Angela da Foligno (1248-1309), Bloy wahrscheinlich bekannt durch Ernest Hellos *Physionomies des saints* (1875), in ihrem *Arbor vitae cruxifixae Jesu.*

CLXXVII. MAN ... Was ist dieses *man* für den BÜRGER nun wirklich? Wäre dieses unaufhörlich von ihm angerufene Abstraktum also nicht der Unbekannte Gott? *Man* kennt diesen Menschen nicht, *man* liebt ihn nicht, *man* hat ihn nie gesehen, *man* hat ihn wirklich genug gesehen. Kennen Sie wirkungsvollere Mißbilligungsformeln, gewissere? *Man* ist es, der den Blitz einschlagen läßt, und *man* ist es, der das Leben gibt. *Man* kennt Sie genau, *man* weiß, wer Sie sind, *man* schenkt Ihnen Glauben.

CLXXVIII. ALLE MENSCHEN SIND BRÜDER. Siehe Paragraph CL, wo ich das ganze Thema erschöpfend behandelt zu haben glaube.

CLXXIX. ALLES ODER NICHTS. Alles, wenn es ums Verweigern geht. Nichts, wenn es ums Gewähren geht. Das ist das große, uranfängliche Gesetz. Bei der Anwendung wird das alles je nach den Umständen abgeschwächt, und die Umstände sind unendlich vielfältig. Manchmal muß man sogar alles gewähren. Das hat sich 1870 gezeigt, als die BÜRGER plötzlich preußische Bajonette im Hintern hatten. Aber das Prinzip bleibt bestehen.

CLXXX. WAS DIE FRAU WILL, DAS FÜRCHTET GOTT. Wenn Deine Frau will, daß Du Hahnrei wirst, o Ladenschwengel, will es auch Gott. Und sie will es höchstwahrscheinlich oft. An Dir liegt es, Dich entsprechend darauf einzurichten. Gleichwohl scheint mir, daß das viel auf das arme Geschöpf abladen heißt. Denn wenn sie dieses oder jenes *nicht* will, muß es dann auch Gott nicht wollen und sie damit zur Achse der Welt werden? Wird diese Art von Pakt zwischen ihrem und dem göttlichen Willen im negativen Fall nicht aufgekündigt? Und wie viele andere Schwierigkeiten entstehen damit! Aber nicht ich bin damit betraut, sie zu lösen, nicht wahr? Das Leben ist schon rätselhaft genug, ohne daß man sich auch noch zur Entwirrung des metaphysischen Chaos im Hirn der buchführenden Angestellten bereit finden müßte.

Was mich trotz meiner Kenntnis des Schwankens der Kontoristen in Erstaunen setzt, ist diese Art von Achtung des göttlichen Willens, die durch den Willen der Frau in ihren unreinen Herzen geoffenbart wird.

»O Weib, dein Glaube ist groß! Dir geschehe, wie du willst«, sagt Jesus zu dem kananäischen Weibe. »Mein Wille ist mit deinem Willen*.«

Wenn er gleichwohl wüßte, der arme BÜRGER, daß sein Gemeinplatz ein Mysterium ausspricht, von dem die Himmel bersten, daß er ganz unverhüllt die ersehnteste, die explosivste Realität zum Ausdruck bringt und daß es unmöglich ist, dies auszusprechen, ohne den Blitz herauszufordern!

CLXXXI. SCHULDEN ZAHLEN MACHT HAUPTGELD. Hier gestehe ich meine völlige Unerfahrenheit ein. Ich habe ziemlich oft meine Schulden bezahlt, manchmal auch die von anderen, und ich merke nicht, daß sich mein Besitzstand dadurch beträchtlich gemehrt hätte. Das liegt vielleicht daran, daß ich freudlos gezahlt habe. Ich habe einen Hauswirt gehabt, der mit aller Gewalt wollte, daß ich seine Freude teilte. Und da ich ein bißchen Priester war und er mich gerade ganz unlustig sah, hatte er doch eines Zahltages die unvorstellbare Dreistigkeit, mir das *datorem hilarem*** des heiligen Paulus an die Korinther zu servieren, einen Bibeltext, der von Mutter Kirche bisher für das Gedenkfest des heiligen Laurentius vorgesehen war und mit dem fortan allen Mietern verordnet werden sollte, ihre klingende Münze fröhlich zu zahlen.

Ich habe wiederholt geschrieben — und mit welcher Mäßigung, die Engel wissen es —, daß das Geld der Hauswirte in

---

* Matthäus, XV, 28.
** Zweiter Brief des Paulus an die Korinther, Kap. IX, V. 6: »Ein jeglicher nach seiner Willkür, nicht mit Unwillen oder aus Zwang; denn einen fröhlichen Geber hat Gott lieb« — der Text, der bei der Gedenkmesse für den heiligen Laurentius am 10. August gelesen wird.

hundert Fällen auf einen der Tod für die Kranken und die Kleinkinder ist, und ich bitte Sie, mir zu glauben, daß ich auf diesem Gebiet Facharzt bin.

Wir waren allein, niemand hatte mich kommen sehen, und die Gegend war einsam. Ich spaltete diesem fröhlichen Manne den Schädel und schnitt ihn in mehrere Scheiben, die ich in Postpaketen an meine anderen Lieferanten schickte, darunter auch ein Priester. Diese Erinnerung ist wie ein Mondstrahl in meinem Leben. Zwar war an diesem Tage eine berühmte Schuld beglichen worden. Aber ich bin davon nicht reicher geworden . . .

Es gibt hinter dem Haus des BÜRGERS einen Balkon, der auf den Abgrund hinausführt. Vielleicht sollte man da einmal nachschauen.

CLXXXII. WENN DER TEUFEL ALT WIRD, WILL ER MÖNCH WERDEN. Das Alter des Teufels ist eine der schönen Erfindungen des BÜRGERS. Alfred de Vigny, der gelegentlich, in seiner Eigenschaft als Romantiker und adeliger Dichter, gleichwohl bürgerliche Ideen hätschelte, träumte umgekehrt davon, den Feind der Menschen jugendlich und schön auszustaffieren. Dieser Frühling von zwanzig Jahrhunderten Heidentum stellte sich um 1830 ein. Die Jungfrauen und die Matronen seufzten, *Eloa* gurrend, vor Wollust:

Je t'aime et je descend, mais que diront les cieux*?

Sie werden sagen, was sie wollen. Eine Phantasie, die nicht Bestand haben konnte. Heute wie früher stellen wir ihn uns lieber alt und in einer Mönchsklause vor. Sie verstehen, es handelt sich darum, der Kirche so viele Unannehmlichkeiten zu bereiten wie möglich, das heißt mit einem Schlage den Teufel, das Alter und die Mönche zu entehren.

Haben Sie die Genugtuung der BÜRGER bemerkt, wenn sie in diesen Wendungen eine religiöse Bekehrung herabsetzen

---

* »Ich liebe Dich und steige hernieder, aber was werden die Himmel dazu sagen?«, in *Eloa* (1824), Kap. III, unmittelbar vor dem Schluß.

konnten? Ich spreche selbstredend von einer gegen Ende des Lebens hin eingetretenen Bekehrung. Ich stelle mir einen armen Biedermann vor, der bis zum absoluten Überdruß und bis zum Herzklopfen der gottlosen Eseleien und Verderbtheiten müde ist und sich nach den Sakramenten sehnt, und sei es in der letzten Minute der zwölften Stunde.

Alsbald wird er in den Provinz- oder modisch-ökumenischen Konzilien des Altersschwachsinns geziehen und für die jungen Damen zu einer Art amtsenthobenem altem Bock.

Aber warum Mönch, das heißt Anachoret? Warum nicht eher das Klosterleben, das Leben in Gemeinschaft? Weil man eben durchaus möchte, daß dieser arme Teufel der Teufel ist, weil man ihm zumindest erlaubt, *Legion* zu sein, wenn ihm das gefällt. Auf diese Weise hätten wir einige Klöster, einige Kartausen von alten Teufeln, wo die Nichtsnutze aus Verwaltung, Geschäftswelt oder Immobilienbesitz nach bestem Wissen und Gewissen Verzicht leisten könnten und die Logenmeister nicht mehr an Verfolgung dächten.

CLXXXIII. WAS HABEN SIE DENN 1870 GEMACHT? Diese heute so häufig gestellte Frage wird für die nächste Generation keinerlei Sinn mehr haben. Wild entschlossen, mit diesen Gemeinplätzen zu Ende zu kommen, die mir zum Halse herauszuhängen beginnen, und gezwungen, einen ziemlich großen Teil davon wegzulassen, habe ich den Eindruck gehabt, daß dieser hier sie allesamt ganz drastisch zusammenfaßt. Im Grunde ist der Gemeinplatz ein Fluchtpunkt in der Stunde der Gefahr, und noch nie sind die BÜRGER soviel geflohen wie 1870.

Das war damals eine tumultartige, heulende, überstürzte Flucht, die gewaltige Panik, die die Häuser leerte und die Städte entvölkerte, so wie die nächtlichen Kotschaufler die Unratkübel leeren. Es war die niederträchtige, naive und klassische Angst des Privatiers, der in seiner zügellosen Flucht die Schwachen niedertrampelt. Heute ist es das Defilee auf der großen Straße des Schweigens.

Was haben Sie denn 1870 gemacht? Gleichwohl war es eine Zeit, in der auch Du irgend etwas tun mußtest, Elender, und sei es nur, wie Huysmans, als Pfleger in einem Krankenhaus arbeiten. Als wir zu Hunderttausenden auf den Schlachtfeldern lagen, ohne Feuer unter einem frostigen Himmel, ohne Brot im Herzen eines Frankreich, das zur ältesten Tochter Gambettas geworden war, sogar ohne wirklichen Feind, vor dem man uns in Schlachtordnung aufgestellt hätte, da hatten wir wahrscheinlich das Recht, uns zu erkundigen und die Gutgekleideten und Wohlgenährten zu fragen, was sie denn damals so in ihren Hosen trieben. Die Antwort war manchmal komisch, und es kam sogar vor, daß sie sich in einem Gurgeln verlor wie an dem Tage, als wir den einzigen Sohn eines Notars aus Château-Gontier nach Mainz schickten. Heute, ich wiederhole es, ist das alles die große Straße des Schweigens. Fragen Sie diejenigen unserer großen Männer, die die Fünfzig überschritten haben, was sie denn 1870 gemacht haben...

Dieses Datum ist zu einem Prüfstein für alle Regungen unserer zeitgenössischen Schande geworden. Es bezeichnet alle Gemeinheiten, alle Schandflecke, vergangene wie künftige. Der gelungenste ist das Schweigen, die allgemeine und klammheimliche Flucht, die sich vollzieht oder vorbereitet. Fahrräder und Automobile sind Mittel in Hinsicht auf eine unendliche Flucht, deren Debakel vor dreißig Jahren lediglich eine bescheidene Präfiguration, eine verschämte Prognose für niedergeschlagene Augen gewesen sein wird. Flucht der Körper oder der Seelen? Niemand weiß es. Wahrscheinlich beider gemeinsam. Aber wie sollen wir uns diese Welt auf der Flucht vorstellen, diese Sintflut von Deserteuren und Schreckenserfüllten?...

In ebendem Augenblick, da ich dies hier schreibe, stirbt zwei Schritt weit von mir ein bettelarmer Mensch. Ich habe versucht, ihn zu retten, ihn dazu zu bewegen, einen Priester zu holen. Da er sich nicht mehr verständlich machen kann, hat die Familie mir seine Ansichten dargelegt, die offenbar unbezwinglich sind, und ebendeshalb habe ich mich auf der Stelle eines Gemeinplatzes erinnert, den sogar ich selbst bis hierher vergessen hatte — unerklärlicherweise. *Die Ansichten* dieses Sterbenden! O bemitleidenswürdiger, gekreuzigter Erlöser!...

Vor einigen wenigen Tagen hat man den hundertsten Geburtstag von Victor Hugo gefeiert. Das war schön, es gab eine Rede von Hanotaux und eine Volksbegeisterung und für keinen Pfennig Heuchelei*. Da wurde einmal ein großer Mann an gehöriger Stelle ruhmreich getröstet! Ah! Er hatte Ansichten darüber gehabt, auch er, und es ist erstaunlich, daß die große Klappe von Gabriel für ihn hat herhalten müssen! Man möchte tatsächlich glauben, daß sie wissen, wohin sie gehen wollen, all diese schmerzbewegten Schwachköpfe, diese in Ewigkeit beklagenswerten Idioten!

Um auf meinen Sterbenden zurückzukommen, so ist er eine Einheit in der Vielheit, nicht mehr, und ich weiß absolut nicht mehr, wo dieser Mensch war und was er denn 1870 gemacht hat. Ich weiß nicht einmal mehr, ob er ein Mensch dieser Zeit war oder einer anderen. Es genügt mir zu wissen, daß er — zum gegenwärtigen Zeitpunkt, der für ihn wahrscheinlich der letzte ist — zur Schar der dreißig Millionen Abtrünnigen gehört, die von der sogenannten Französischen Republik als solche gezählt wurden und deren Hoheslied darin besteht, das Antlitz des Herrn zu schmähen.

Als ich diese Exegese in Angriff nahm, habe ich mir das Schweigen des BÜRGERS gewünscht — aus ganzer Seele, Gott weiß es —, in Anbetracht der Tatsache, daß seine Gemeinplätze eine schmutzige und abscheuliche Art und Weise sind, den Tod zu geben. Im Begriff, sie zu beenden, halte ich im Zusammenhang mit 1870 und der ewigen Prüfung ohne Ant-

---

* *Journal*, Bd. II, S. 85, 26. Februar 1902: »Heute der hundertste Geburtstag von Hugo. Großer patriotischer und literarischer Mummenschanz. Hanotaux hält eine Rede im Panthéon. 27. Was für Schändlichkeiten heute morgen in den Zeitungen. Der Bericht über die gestrige Feier, die Rede Gabriels im Panthéon! Was für eine Lächerlichkeit und welche Schande beim Gedanken daran, daß es zweifellos keinen *einzigen* Zuhörer bei diesem Schwachkopf gegeben hat, der an die ›bürgerlichen Tugenden‹ von Victor Hugo geglaubt hätte, und daß es unmöglich war, auch nur ein Dutzend zu finden, die einen Vers aus *La Légende des siècles* hätten zitieren können!« [dt. III, S. 303f.]

wort daran fest, daß sein Schweigen nicht weniger mörderisch ist und er derart viele Möglichkeiten hat, es hervorzubringen!

Ein gefährdeter Freund fleht ihn an — Schweigen. Der sterbende Erlöser bittet ihn um etwas zu trinken — Schweigen. Die Mutter mit den sieben Schwertern bittet ihn, Mitleid mit sich selbst zu haben — abermals Schweigen. Und jetzt ist es Frankreich selbst, das ganze Frankreich, das Frankreich, das früher die Welt beherrscht hat, das Frankreich in Blut und das Frankreich in Tränen, das den BÜRGER flehentlich fragt:

»Was hast Du denn 1870 gemacht?«

»*Ich habe Lust zu scheißen*«, antwortet schließlich Émile Zola in *La Terre*, unter dem schrecklichen Pseudonym *Jesus Christus**.

---

* Das Zitat ist genau. Vgl. *Les Rougon-Macquart,* ed. H. Mitterand, Bd. IV, S. 81; *La Terre* (*Die Erde*) erschien 1887.

EPILOG

»WAS WERDEN SIE TUN, wenn man Sie ans Kreuz schlägt?« fragt jemand.

»Ich werde schöne Träume haben«, antwortet meine kleine Madeleine, fünf Jahre alt.

Zweite Folge

Omnia arbitror ut stercora, ut Christum lucrifaciam.

Philip., III, 8.

---

* Die Epistel St. Pauli an die Philipper: [»Ja, ich achte alles noch für Schaden gegen die überschwengliche Erkenntnis Jesu Christi, meines Herrn, um welches willen ich alles habe für Schaden gerechnet,] und achte es für Kot, auf daß ich Christum gewinne.«

MEINER LIEBEN KLEINEN FREUNDIN
ÉLISABETH JOLY*

EIN DICHTER, der auf dem Friedhof umherirrte, ließ es sich einfallen, an die Tür eines Grabmals zu klopfen. Diese Tür öffnete sich alsbald, und was ihm erschien, war seine Seele, seine Seele, die er nie angeschaut hatte, die er aber an einigen schrecklichen Verunstaltungen erkannte. Daraufhin erinnerte er sich, sie eines Tages dagelassen zu haben, als er unnützerweise leere Gräber erkundete. Als er sie so traurig sah, so zutiefst traurig und schön, nahm er sie ganz sanft bei der Hand und führte sie tränenüberströmt zum Hause des Vaters der Lebenden, zu dem sie ihm den Weg wies.

LÉON BLOY.

---

* Élisabeth Joly war die Schwiegertochter von René Martineau.

VORSPIEL

MAN MUSS SICH FÜR JEDERMANN VER-
STÄNDLICH AUSDRÜCKEN. Ebendas wird mir abverlangt. Man findet mich zu außergewöhnlich, zu unzugänglich. Ich werde einfach nicht verstanden — vom Notar so wenig wie von der Betschwester oder vom Suppositorienfabrikanten. Die rudimentären Behauptungen, die unbestreitbaren Axiome bis hin zu den gesichertsten Binsenwahrheiten nehmen bei mir gleichsam einen Aspekt von Mysterium an, der dem gesunden Menschenverstand hohnspricht. Also habe ich mich entschlossen, mich für jedermann verständlich auszudrücken.

Aber ich finde nicht die rechte Art und Weise. Ich bin sogar gezwungen einzuräumen, daß ich nicht weiß, was die Worte sagen wollen. Soll ich darunter verstehen, daß man sich für jedermann verständlich gemacht hat, wenn man von allen Seiten Ohrfeigen oder Fußtritte erhält, eine Situation, die, wie ich gestehe, mit meinen Gewohnheiten und Trieben sehr wenig übereinstimmt? Wie oft habe ich mir dagegen — und mit welch lüsterner Begierde — ausgemalt, und zwar im gleichen Sinne, daß alle Welt für mich verständlich wäre!

Richtig ist, daß diese Begierde absurd war, weil *alle Welt* ein unverständlicher Ausdruck für etwas Ununterscheidbares ist. Wenn man mir von Weltleuten erzählt, von Männern oder Frauen von Welt, geht mein Denken auf der Stelle in Richtung jenes eleganten und dummen Pöbels, gezeichnet vom Siegel des Fürsten der Finsternis, für den Jesus, wie er gesagt hat, nicht betete. Ich verstehe auf der Stelle, und ich fühle mich sogar versucht, auf den nächsten Friedhof zu eilen, um dort erneut das schreckliche Elend jener dünkelhaften Grabplatten in Augenschein zu nehmen, die die Heilige von Dülmen* von Finsternis umhüllt sah und die manchmal — ich

---

* Anna Katherina Emmerich und ihre Bemerkungen zu den Hünengräbern (in Cl. Brentano, *Sämtliche Werke und Briefe,* Bd. 28, 2, Stuttgart 1981, S. 551 ff.).

habe es selbst gesehen — kurz nach der Grablegung bis *unter die Erdoberfläche* einsanken.

Aber dann gibt es die unendliche Mehrheit der anderen Leute, all derer, von denen man nicht sagen kann, sie seien Leute von Welt, und die dennoch mit gemeint sind, wenn man *alle Welt* sagt. Zu dieser Mehrheit zählen vor allem die armen Leute. Hier setzt mein Verstand aus, und ich sehe überhaupt nicht mehr, wie ich mich gleichzeitig für schwarze Grabstätten und leuchtende lebende Hostien verständlich machen könnte!

Noch einmal: mich für alle Welt verständlich machen! Sehen wir genau zu! O meine arme Seele, ist das möglich? Antworte mir, weil meine Intelligenz hier verstummt. Du warst heute morgen in der Kirche und hast versucht, Dich mit Jesus zu vereinen, der sich allen Menschen hingeopfert hat. Du hast gebetet, zweifellos, so gut Du konntest — für die Lebenden wie für die Toten. Auf die Gefahr hin, daß Dir dabei übel wurde, hast Du Dich sogar, wie ich vermute, barmherzigerweise all derer erinnert, die weder Lebende noch Tote sind, die, man weiß nicht, warum, im Unrat überleben und die man die BÜRGER nennt. Heißt das sich für jedermann verständlich machen? Im Gegenteil, mir scheint, daß die Welt in einem solchen Augenblick für Dich nicht mehr greifbar war und Du selbst für sie absolut ungreifbar ... Du sagst mir nichts, auch Du nicht, und ich bleibe auf meiner Frage sitzen wie auf einem Marterpfahl.

Ich bin also unfähig zu tun, was man von mir verlangt. Gleichwohl werde ich es versuchen, da ich ja an die unmöglichen Verrichtungen gewöhnt bin. Wer weiß? Die Welt ist vielleicht gar nicht so weit, wie man sie sich vorstellt. Wenn eine arme Putzfrau in ihrem Herd stochert, wundert sie sich über die viele Asche und das wenige Brennbare, das ihr bleibt, um ihre Mahlzeit zu kochen und ihre Stube zu heizen. Es könnte sein, daß ich nach der Zubereitung meiner vorhergehenden Auslegung nur noch sehr wenig in meinen Herd zu schieben finde und daß *alle Welt* sich auf einige brauchbare Einheiten reduziert. Dieser Gedanke belebt mich aufs neue.

I. ESSEN, WAS DIE KELLE HERGIBT oder WAS FÜR ZWEI LANGT, REICHT AUCH FÜR DREI. Der zweite Teil der Formel wäre erstaunlich, wenn sie von einem Theologen stammte. Aber sie ist zu variabel, als daß es möglich wäre, sich dabei aufzuhalten. Sie bedeutet soviel wie: Wenn es für sieben langt, reicht es auch für neun oder vierundzwanzig. Man braucht es nur hinreichend zu strecken ... Das Unendliche liegt hinter den Windungen des Flures, und der Schlüssel steckt in der Tür ... Aber was der BÜRGER verlangt, ist nicht das Unendliche. Wenn er einen unvorhergesehenen Gast eintreten sieht, darf man sicher sein, daß dieser Gast den Talg der Keule oder den zweiten Aufguß der Suppe bekommt und daß es sogar extra für ihn etwas geben wird. Ebendas bezeichnet die Anwendung dieser Maxime der Brüderlichkeit.

Was das Glück des Topfes* angeht, so ist das etwas anderes. Das Glück, sagt Homer, ist die Tochter des Ozeans, was bereits eine umfassende Vorstellung von der Suppe vermittelt, welche die Großmut des Bürgers anzubieten vermag. Andere Dichter stellen das Glück kahl, blind und aufrecht stehend mit Flügeln dar, den einen Fuß auf einem rotierenden Erdball, den anderen in der Luft. Bei den Achäern wurde es mit einem Füllhorn in der Hand abgebildet, und zu seinen Füßen spielte Gott Amor. Das Altertum errichtete ihm mehrere Tempel, in denen es unter verschiedenen Namen angebetet wurde, darunter etwa Mannweib, Jungfrau und sogar Ritter. Aber bei den BÜRGERN verehrt man nur das Glück des Topfes, eines Topfes, der, wohlgemerkt, durch das Füllhorn ersetzt worden zu sein scheint. Was die Anrufung *Ritter* betrifft, die bedauerlicherweise außer Gebrauch gekommen ist, so könnte sie hier höchstens bedeuten, daß man sich zu Pferde über die

---

* Frz. *la fortune du pot* in der klassischen Doppelbedeutung von »Zufall« und »Geschick« bzw. »Glück«.

Anstandsregeln hinwegsetzt und gleichzeitig zur Hippophagie ermutigt, wenn man Besuch hat.

Ich habe häufig gesagt, daß die Gemeinplätze regelrechte Dreifüße für alle diejenigen sind, die sie benutzen und dann geradezu unwissentlich sehr bedrohliche Orakel aussprechen. Wenn man mich zum Glück des Topfes einlädt, beschwört meine mit mythologischen Reminiszenzen übersättigte Phantasie auf der Stelle Medea und ihren schrecklichen Kochkessel* herauf, ohne daß es mir gelänge, mir den zu Füßen dieser zeitgenössischen Gottheit spielenden Gott Amor vorzustellen, und ich gehe ins Restaurant essen.

II. DIE WAHL EINER LAUFBAHN. Das ist der Titel eines Buches unseres großen Hanotaux**. Ich weiß nicht, ob er die Materie erschöpfend behandelt hat, weil mir die Kraft fehlte, über einige wenige Seiten hinauszugelangen. Als Leichenbestatter, der ich bei den Pompes funèbres der Gemeinplätze angestellt bin, ist es mir unmöglich, Bücher zu lesen, die mit solcher Kunst und so verwirrender Originalität geschrieben sind. Ich weiß überdies, daß dieses hier dem BÜRGER einen angenehmen Kitzel verschafft, ganz im Sinne des Autors, der nicht zu jenen Unruhestiftern gehört, die sich darin gefallen, ihm zu widersprechen oder ihn in Erstaunen zu versetzen.

Vor der Erfindung der Schuhe, als die Laufbahn des Schusters noch nicht existierte, genauso wenig wie die Wollstrümpfe, wärmten sich die Barbarenkönige, wie ich gelesen habe, bei ihren Festen die nackten Füße am milden Busen ihrer unter dem Tisch kauernden Lieblingssklavin. Der großzügige Hanotaux ist heute der Inhaber dieses Ehrenamtes beim modernen König und entledigt sich seiner Aufgabe mit großem Eifer. Es wird wirklich nicht seine Schuld sein, wenn die

---

* Medea, Tochter des Helios-Sohnes Aietes, die in ihrem Kochkessel einen alten, in Stücke zerlegten Widder mit Zauberkräutern aufkocht und verjüngt.
** *Du Choix d'une carrière,* Paris: Tallandier, o. J. (1902) — eine Sammlung seiner im April und Mai in *Le Journal* erschienenen Artikel.

wünschenswerte Großschnäuzigkeit und der wohltätige Kretinismus sich nicht in unendlichen Wachstumsraten steigern.

Hanotaux, der so würdig ist, einem M. Prudhomme als Fußwärmer zu dienen, ist fest davon überzeugt, daß man eine Laufbahn wählen kann, wie man einen Minister oder einen Abgeordneten wählt. Die abgegriffene und verstaubte Vorstellung einer unwiderstehlichen Berufung findet keinen Raum unter der Kuppel seines Schädels, wo nur kriecherische und gleichförmige Gedanken Zutritt haben.

Die erste Pflicht des StaatsBÜRGERS — nach derjenigen, für die Kopflosen zu stimmen — besteht darin, seine Laufbahn zu wählen oder besser eine von seinen Eltern oder Hanotaux gewählte Laufbahn mit lebhaftester Dankbarkeit anzunehmen. Alles übrige ist Phantasie und eine schwere Gefährdung der Gesellschaft.

Ich kenne einen Dichter, den sein Vater lange vor seiner Geburt für ein Abbruchunternehmen ausersehen hatte. Eine Ironie der Vorsehung fügte es, daß er tatsächlich ein BÜRGERzerstörer wurde, und der nur allzu erhörte Vater starb darüber vor Verzweiflung*. So groß ist die von unserem unfehlbaren Gabriel vorgesehene Unordnung, wenn man ihn nicht genügend konsultiert.

III. EIN HERGELAUFENER MENSCH**. Wo also bist Du, mein lieber Bruder, Du hergelaufener Mensch? Ich suche Dich überall, seit so langer Zeit! Du könntest mir vielleicht Dinge erklären, die ich schlecht verstehe. Man hat mir häufig gesagt, daß ich selbst ein hergelaufener Mensch sei, weil ich den Anschein eines Vagabunden ohne öffentliche Wertschätzung hatte, und ebendeshalb nenne ich Dich meinen Bruder, was Dir vielleicht keine große Ehre einträgt.

Man täuscht sich jedoch sicherlich, was den ersten Punkt betrifft, denn ich bin ein Seßhafter, nahezu ein *Sitzkissen,*

---

* »*Entrepreneur de démolitions*« — ironischer Beiname Bloys als Mitarbeiter von Le Chat noir seit 1882.
** Frz. *un homme sans aveu,* das heißt »ohne Bekenntnis«.

obwohl ich im Laufe meines traurigen Lebens häufig genug umgezogen bin. Und dann ist es merkwürdig zu behaupten, ich sei ein hergelaufener Mensch, während es doch bekannt ist, daß ich manchmal beichte; und obwohl ich — zugegeben — von so wenigen Leuten gebilligt werde, habe ich doch den Zynismus besessen, viele Dinge zu billigen, die sehr oft Mißfallen erregt haben. Meine Bücher sind voll von Bekenntnissen, die für die Mehrzahl der erlauchten Zeitgenossen sehr unangenehm sind. Das läßt sich einfach nicht bestreiten. Ich kann also nicht als hergelaufener Mensch, als Mensch ohne Bekenntnis gelten, weder im Singular noch im Plural, weder im grammatikalischen noch im philosophischen Sinne dieses seltsamen Ausdrucks. Und was die öffentliche Wertschätzung betrifft, so habe ich mich bereits vor Jahren darauf- und darüber hinweggesetzt, und auf ebendiese Weise bin ich seßhaft geworden.

Ich möchte also wissen, wer Du bist, mein unbekannter Bruder, und wie es möglich ist, ohne Bekenntnis *im Absoluten* zu sein, denn gerade da muß man es doch hören können — nicht wahr? —, weil die Sprache dem Menschen ja gegeben wurde, um im Absoluten zu sprechen. Ob er es weiß oder nicht weiß, ob er Trottel ist oder Genie, der Mensch ist gezwungen, zu sprechen und folglich auch im Absoluten zu handeln. Ebendas taten die BÜRGER und BÜRGERINNEN von Bethlehem, als sie dem heiligen Joseph und der gnadenreichen Maria die Gastfreundschaft verweigerten, weil sie in ihnen hergelaufene Menschen sahen, und sie dazu zwangen, in einem Stall Zuflucht zu suchen ...

Du aber, mein unbekannter Bruder, Du machst mir angst. Wie zu Zeiten der schmerzensreichen Passion der Fürst der Priester — *ich beschwöre Dich bei dem lebendigen Gott,* sage mir, wer Du bist*. Ich bin gewiß, eines Tages wird man einen wunderbaren Unbekannten sehen, einen allmächtigen Vagabunden, ähnlich dem Wind, der da wehet, wo er will, den man hört, ohne zu wissen, von wannen er kommt und wohin er geht, und ich zittere bei dem Gedanken, daß Du ebender-

---

* Pilatus zu Christus; Matthäus, XXVI, 63.

jenige sein könntest, der hergelaufene Mensch, der Mensch ohne Bekenntnis und wahrscheinlich barfüßig, unter der großen Milchstraße des Firmaments*!

IV. EIN GEWICHTIGER MENSCH. Dieser Ausdruck ist viel weniger geheimnisvoll. Die Grundbedingung für das Anrecht auf diesen Ehrentitel ist die, jemand zu sein und vor allem *etwas* zu sein, ohne daß es unerläßlich wäre, jemand zu sein.

Ein Dorfbürgermeister, ein Gendarmeriehauptmann, ein Feldhüter, ein Schulmeister sind gewichtige Menschen. Dasselbe gilt seit der Kirchenspaltung kaum noch für den Geistlichen, und wenn er auch zahllose Pfarrkinder hat, weil man von ihm, der kein Funktionär ist, nicht sagen kann, daß er etwas oder jemand ist.

Je mehr man ist, um so gewichtiger ist man, das ist einleuchtend und hebt bis zu einem gewissen Grade alle Zweifel auf. Die Astronomen, Männer mächtigen Glaubens, haben, wie man sagt, den Planeten Jupiter und sogar die Sonne gewogen, aber wer würde es wagen, ich will nicht sagen: einen Präsidenten der Republik, sondern einen Notar zu wiegen? Es gibt, wie ich sehr wohl weiß, auch gewichtige Frauen, ich habe welche getroffen, aber das würde zu weit führen, und ich liefe dann Gefahr, als Psychologe zu erscheinen, der ich um keinen Preis sein will. Es genügt zu wissen, daß es Menschen von überwältigendem Gewicht gibt und daß es schwierig ist, sie sich vom Halse zu schaffen. Es sind welche darunter, die sind wie die Grabplatten auf den lebendig Begrabenen, und ihre Namen ähneln Epitaphen.

V. MEHR BUTTER ALS BROT VERSPRECHEN oder JEMANDEM DAS MAUL SCHMIEREN. Die Butter bedeutet nach dem Glossar — oder kann bedeuten —

---

* Anspielung auf den Heiligen Geist, den »Umherirrenden«; vgl. S. 166 dieses Bandes.

die göttliche Tröstung, den Parakletor, und das Brot ist der Leib des Herrn. Mit Sicherheit ist der Spekulant, der den Schwachköpfen mehr Butter als Brot verspricht, unendlich weit davon entfernt zu wissen, was er sagt. Aber DERJENIGE, der ihn sprechen läßt, weiß es für ihn und muß vor diesem Wissen sogar zittern, so wie auch die Dämonen erzittern können.

Es heißt den Hungernden die Sättigung versprechen, es heißt Glückseligkeit denjenigen verheißen, die an der Erlösung nicht teilhaben, und ebendas höre ich ohne Unterlaß.

Wenn der BÜRGER spricht, habe ich den Eindruck, nicht einmal mehr den Donner hören zu können. Die Sonne verfinstert sich, der Mond scheint nicht mehr, und die Sterne sinken...

VI. ZUERST SEIN WEISSBROT ESSEN oder DAS GUTE VORWEG GENIESSEN. Ein Reisender, der einen der ärmsten Landstriche durchmißt, begegnet einem zerlumpten Kind, das ein Stück Schwarzbrot verschlingt, schwarz wie Schuhwichse. Von Mitleid ergriffen, gibt er ihm ein kleines Weißbrot. Daraufhin sieht er — und wird es nie mehr vergessen —, wie dieser junge Wilde das Weißbrot achtsam in winzige Scheiben zerteilt und sie auf sein Schwarzbrot legt, als hätte er da eine seltene Leckerei zu verspeisen, um sie sich dann genußvoll *gemeinsam* einzuverleiben. Der Reisende begriff, daß das Schwarzbrot für diesen kleinen Armen, der ihm nicht einmal dafür dankte, das Wesentliche war und das Weißbrot eine zufällige Dreingabe, schätzenswert zwar, aber kein Grund, sich erkenntlich zu zeigen, und daß es unvernünftig gewesen wäre, sie getrennt zu verschlingen.

Der BÜRGER, der selbst nie Schwarzbrot gegessen hat, das er ausschließlich für seine Sklaven reserviert, ohne einen einzigen Mundvoll Weißbrot als Zusatz, stellt eine bemerkenswerte Böswilligkeit zur Schau, wenn er durch diesen Gemeinplatz glauben machen will, das Schwarzbrot mache ihm nicht angst, und er werde etwas später schon davon essen, nämlich am Sankt-Nimmerleins-Tag, wenn es kein Weißbrot mehr gibt. Gleichzeitig aber und ohne es zu wissen, spricht er wie stets als Prophet. Das Weißbrot bedeutet für ihn die lustvolle Fettlebe, die Wonnen dieser Welt, auf die er ein ungeteiltes Recht hat, während das Schwarzbrot das Gegenteil bedeutet, nämlich die Teilung des höheren Lebens mit ausgehungerten Schwachköpfen, und diese beiden können offensichtlich nicht gemeinsam verspeist werden.

Also sieht sich der BÜRGER, wenn er sich selbst wie in einem Spiegel betrachtet, von Kopf bis Fuß ganz weiß, weiß wie das Brot, das er immer essen will, weiß wie der Schnee, weiß wie der Mond, und sieht nicht seinen Schatten hinter sich, diesen schwarzen Schatten, schwarz von Dummheit, von undurchdringlicher Ignoranz, schwarz von garstiger Häßlichkeit, von unendlicher Bosheit, in dem er bis in alle Ewigkeit auszuharren hat, wenn das Antlitz des Gottes der Armen den Platz seines Spiegels eingenommen haben wird.

VII. IN ALLEN EHREN. Madame, zwar liebe ich Sie durchaus leidenschaftlich, und Sie wissen das sehr wohl, aber da ich eine einfühlsame Seele habe, liebe ich Sie in allen Ehren. Selbst wenn Sie mir weinend und schluchzend vor Begierde zu Füßen lägen, würde es Ihnen auch nicht einen Augenblick lang gelingen, mich vergessen zu machen, daß ich Ihnen Achtung schulde, wenn ich Sie anbete. Rufen Sie sich die Mäßigkeit meines Freudentaumels in Erinnerung, als wir das letzte Mal miteinander schliefen, und die darauf folgende tiefe Zerknirschung. Was wollen Sie? Auf diese Weise war ich geläutert und erhoben, und man ändert sich ja nicht. Vor allem und immer die Reinheit der Absichten, das ist meine Lebensregel.

Genau so hat mein Vater sein Vermögen gemacht. Er ist reich geworden durch die barmherzige Praxis des Wuchererhandwerks in den Armenvierteln, ein Gewerbe, das vergeblich von den Neidern diskreditiert wird, die nichts wissen wollen von dem inneren Heldentum, das erforderlich ist, seine Operationen zu beschränken, und von dem seelischen Feingefühl, das unerläßlich ist, wenn man sein Gewissen und das der anderen in beständigem Gleichgewicht halten will. Ich mag Ihnen auch nicht von meiner verehrungswürdigen Mutter sprechen, die sehr bekannt und über jedes Lob erhaben ist . . .

Ich wiederhole es, Rechtschaffenheit und Reinheit der Absichten. Das ist unser oberstes Gesetz. Tue recht und scheue niemanden. Niemand wird gezwungen. Die scheinbar frevelhaftesten Taten können gerechtfertigt erscheinen, wenn sie in allen Ehren begangen werden, mit der verborgenen, aber häufig wirksamen Absicht dahinter, in Wirklichkeit Unglücklichen zu helfen, die nicht wissen, wohin sie sich wenden sollen.

Ist das nicht Ihr Fall, reizende Freundin? Nicht mehr ganz jung, sogar schon in dem Alter, wo eine Frau gerade noch etwas anziehend ist, haben Sie der Gewalt Ihrer Begierden für einen Jüngling nicht widerstehen können, der Schulden hatte und Ihnen durch keinen anderen ersetzbar schien. Ich habe mich erweichen lassen, weil ich Herz habe, und wir haben beide eine ersprießliche Affäre gehabt, in allen Ehren. Mehr verlangen Sie bitte nicht von mir.

VIII. WER ZAHLT, GILT. Ebendas hat mir gerade der Steuererheber gesagt, als er die 250000 Francs vereinnahmte, die ich ihm alljährlich hinblättere. Über diesem bemerkenswerten Satz bin ich ins Träumen geraten.

Was hat er mir damit zu verstehen geben wollen, dieser Mensch voller Zahlen und Gedanken? Ich weiß sehr wohl, daß die Steuern eine bekannte und sicherlich auch patriotische Bestimmung haben. Sie dienen dazu, uns einen Präsidenten der Republik zu finanzieren und den wechselnden Zierat der Ministerien. Zahllose Delegierte und Subdelegierte finden dabei ihr kärgliches Auskommen, ganz zu schweigen von ihren Damen, deren Menge schwankend ist wie die Oberfläche der Meere. Und noch wie viele andere! Das alles bringt uns Ruhm und Ansehen ein, und der Staatsbürger, der das alles mit den Abfällen seines Speiseschrankes und den Hosenböden seiner Kinder zahlt, verdient unbestreitbare Hochachtung.

Gleichwohl gibt es auch andere Zahlungen, andere Zahlungsweisen. Ich habe auf der Stelle an Judas gedacht, der für den Verrat an seinem Herrn bezahlt wurde, zwar nicht sehr üppig, und man kann auch nicht feststellen, daß die Juden, die ihn bezahlten, allzuviel Hochachtung genossen hätten. Das hängt zweifellos damit zusammen, daß Judas das Geld zurückgab, was bei meinem Steuererheber niemals vorkommt*.

Was ist aber von denen zu halten, die ihre Schuld bei der Gesellschaft unter dem Fallbeil der Guillotine oder im Zuchthaus abzahlen? Wollen Sie mir sagen, mit welcher Art von Hochachtung sie belohnt werden? Wenn man für das zerbrochene Geschirr aufkommt, das heißt seine Schulden bezahlt, macht man sich lächerlich, und für »alle Welt« zahlen erscheint idiotisch. Ich sehe also kein Mittel, der Dunkelheit des Orakels meines Steuererhebers zu entrinnen.

Letztlich könnte es ja sein, daß dieser Funktionär, ersichtlich ein sehr gewichtiger Mann, gleichzeitig ein Mensch von tiefer Frömmigkeit war und sich im Gespräch mit mir des heiligen Paulus erinnerte, der im Hinblick auf die Heiden sagte, daß »ihr teuer erkauft seid«**. Also wird alles klar, wenn man sich die Mühe macht, die außerordentliche Hochachtung der Zeitgenossen für DENJENIGEN in Rechnung zu stellen, der bezahlt hat, und den unendlichen Respekt, der IHM auf den Kreuzwegen der modernen Politik und in den Behörden des Staates entgegengebracht wird.

IX. DER ERSTE SCHRITT ZÄHLT oder ALLER ANFANG IST SCHWER. Diejenigen, die vor zweiundvierzig Jahren den Krieg in Frankreich*** mitgemacht haben, oder diejenigen, die ihn im Augenblick in Thrazien oder in

---

* Vgl. die Judas-Paraphrase in der »Ersten Folge«, S. 202 dieses Bandes.
** Die erste Epistel St. Pauli an die Korinther, VI, 20.
*** Reminiszenz an den Krieg von 1870/71 (die »Zweite Folge« der *Gemeinplätze* erschien 1913).

Mazedonien mitmachen, wissen, daß die anderen Schritte nicht weniger zählen als der erste und daß sie sogar sehr viel mehr zählen. Die Landbriefträger, die doch keine Soldaten sind, wissen es auch, und jeder auf dem Lande merkt es, wenn sie am Ende ihrer Route sturzbetrunken sind. Es ist sogar eine Quelle von Unruhe für die entfernt wohnenden Empfänger. Aber wir müssen diesen Gemeinplatz, ohne uns um Worte zu streiten, loyal in seiner allegorischen Bedeutung auffassen, so wie er uns von weisen Männern präsentiert wird, die sehr genau wissen, was sie sagen wollen. Sie würden uns sofort darauf aufmerksam machen, daß sie nichts anderes vor Augen haben als den Weg der Tugend oder den des Lasters, was diesen ersten Schritt betrifft.

Warum also soll er der einzige sein, der zählt, und der schwerste? Man wird mir vielleicht entgegenhalten, daß ich gestörte Gefühle oder Instinkte hätte, aber ich habe den Eindruck, daß jeder Schritt auf dem engen Pfad der Tugend viel kosten muß und umgekehrt der erste und vielleicht sogar der zweite Schritt auf dem Wege des Lasters absolut nichts kosten. Das ist, glaube ich, die allgemeine Meinung.

Man müßte sich also über das Wort *Schritt* verständigen, das hier etwas anderes bedeutet als die gewöhnliche Aktion des Einen-Fuß-vor-den-anderen-Setzens. »Und so dich jemand nötiget eine Meile«, sagt das Evangelium*, »so gehe mit ihm zwo.« Offensichtlich ist dieser Bibeltext allegorisch zu verstehen, weil man, wenn man ihn im buchstäblichen Sinne auffaßte, Gefahr liefe, über das Ziel hinauszuschießen, und sinnloserweise viel weiter ginge als bis Fontainebleau oder Carcassonne. Es ist also geboten, diese Wendung ganz einfach im Sinne des förmlichen Gebots zu nehmen, das Doppelte dessen zu geben, was verlangt worden ist, eines haarsträubenden Gebots für den BÜRGER, der sich den Wucher nicht anders vorstellen kann als auf die Weise des Kreditgebers. Einen Pfennig herausrücken bedeutete für ihn den ersten Schritt in

---

* Matthäus, V, 41 in der Übersetzung M. Luthers. Léon Bloys Vulgata-Version spricht, im Sinne des vorstehenden Gemeinplatzes — *Il n'y a que le premier pas qui coûte* —, von »tausend bzw. zweitausend Schritten«.

Richtung Abgrund, und der würde ihn so viel kosten, daß er niemals einwilligte, ihn zu tun.

X. DIE OCHSEN HINTER DEM PFLUG ANSCHIRREN oder DAS PFERD AM SCHWANZE AUFZÄUMEN. Was soviel heißt wie heiraten, bevor man eine gute *Position* hat oder irgendeine Narrheit derselben Art. Der BÜRGER kann sich nicht vorstellen, daß der Pflug von ganz allein voranstrebt und die Ochsen ruhigen Schrittes hinterhertraben. Das wäre ein Wunder, und das braucht's nicht.

In der Wüste fünftausend Menschen mit fünf Broten und zwei Fischen zu speisen, wie das Jesus tat, erscheint ihm als Ammenmärchen zur Belustigung der Kinder, und er zweifelt nicht daran, der Unglückselige, daß die großen Männer seiner Wahl, diejenigen, die er für Lichtbringer hält, das philosophische Gesindel des 18. Jahrhunderts beispielsweise und der moderne Bodensatz dieses Gesindels, seit zweihundert Jahren ein nicht geringeres Wunder tun, indem sie ihn ernähren, ihn und seine unzähligen Spießgesellen, und ihn mittels jenes heroischen Nahrungsmittels mit Dummheit vollstopfen, dessen genauer Name aus *fünf* Buchstaben in *zwei* Silben gebildet wird.

Was den Pflug angeht, den er nie zur Hand genommen hat, was könnte er damit anfangen, und wie könnte er, vor oder hinter diesem von Vergil besungenen agrikolen Instrument, die würdigen Opfertiere anschirren, die für ihn nicht mehr darstellen als einen Rindfleischeintopf?

XI. RICHTIGE RECHNUNG MACHT GUTE FREUNDE. Eine richtige Rechnung macht zweifellos derjenige, der beim Buchhalter profitiert. Andernfalls handelte es sich um eine falsche oder schlechte Rechnung. Und die guten Freunde sind diejenigen, die man benutzen kann, indem man sie ausnimmt oder sogar verschlingt. Axiomatische Definitionen.

Bleibt herauszufinden, wie ein guter Freund das sichere Produkt einer richtigen Rechnung sein kann. Folgen Sie mir mit größter Aufmerksamkeit. Wenn ich Sie schlecht unterrichte, werden Sie das schon merken.

Stellen Sie sich einen Kassierer vor, der die Buchführung für das Geld der anderen macht, wobei er selbstredend dafür Sorge trägt, mittels Überschreibungen einen gewissen Reibach zu Ihren Gunsten zu machen. Auf tritt ein Freund, nicht weniger Spitzbube als Sie, der Ihnen die Verstärkung seiner persönlichen Erfahrung und seines Radiergummis beisteuert. Wenn Sie recht bei Verstand sind, müssen Sie in ihm den Finger der Vorsehung sehen und sich dieses Beistandes mit so viel Schlauheit versichern, daß an dem Tage, da Ihre Geldgeber sich an eine Buchprüfung machen, er als einziger verdächtigt werden kann. Notfalls werden Sie ihn mit äußerster Empörung denunzieren, unter Anrufung des heiligen Namens Gottes, so wie das bei bischöflichen Kurien üblich ist. Sie kennen die Tricks und die Machenschaften sehr viel besser als ich, und ich brauche Ihnen Ihr Geschäft nicht zu erklären.

Und was geschieht dann? Ihr Spießgeselle wandert ins Zuchthaus, mit Schande bedeckt, und Sie erhalten vielleicht eine reichliche Belohnung. Auf diese Weise werden Sie wahrscheinlich mit einem Schlage einen dicken Batzen Geld und einen getreuen Freund gewinnen, der Sie von ferne segnet.

Überdies ist wenigstens klar, daß, wenn richtige Rechnungen gute Freunde machen, die guten Freunde richtige Rechnungen machen, was immerhin nützlich zu beweisen war.

XII. GLÜCK BRINGEN. UNGLÜCK BRINGEN.

Es ist äußerst schwierig und ein gewaltiges Problem herauszufinden, was Glück bringt und was Unglück. In den alten Zeiten, vor vier- oder fünfhundert Jahren, ging man, bevor man irgend etwas unternahm, vor der Kolossalstatue des heiligen Christophorus beten, die man mit Sicherheit in den Kathedralen anzutreffen hoffen durfte. Zu Füßen dieses berühmten Fürsprechers standen die folgenden Worte zu lesen: »*Christophorum videas, postea tutus eas.* Schau Dir Christophorus an und gehe hin in Frieden.« Im Mittelalter war man ganz allgemein davon überzeugt, daß man weder plötzlich noch durch einen Unfall im Laufe einer Reise sterben konnte, wenn man ein Bildnis des heiligen Christophorus *gesehen* hatte.

Nur sagte man in dieser fernen und vergessenen Epoche nicht »Glück bringen«. Man rief glaubensvoll den heiligen Christophorus an, weil er Christus getragen hatte und weil er alle Glieder Christi tragen konnte. Das genügte den einfachen Seelen, und es bekam ihnen.

Heute ist man schlau geworden und betet Fetische an. Es gibt Glücksschweinchen oder eher *Schweine*-Glück, denn die Sprache ist auf der Höhe des Denkens. Man hat Luftschiffer und Bergsteiger über den Wolken gesehen, die kleine Katzen, kleine Affen oder Dreigroschen-Hanswurste mitnahmen, manche davon, wie man mir gesagt hat, aus kleinen Exkrementenbeuteln. Gleichwohl, nachdem eine große Zahl dieser »Eroberer der Lüfte« elendiglich zugrunde gegangen war, ist man darauf gekommen, daß manche dieser Glücks-Bringer auch *Pech*-Bringer sein könnten, und in der Fetisch-Religion kam es zu mehreren Schismen.

Aber ich darf darauf aufmerksam machen, daß hier nur die Rede ist von Helden, von Halbgöttern des Sports, von Märtyrern um des Zasters willen, die ihre Knochen im Blick auf den Gewinn jener exorbitanten Preise riskieren, welche die zweitausend Jahre alte Dummheit der Bewunderer Simons des Magiers* aussetzt. Der bescheidene BÜRGER, der nicht auf Heroismus aus ist und keinerlei Ehrgeiz hat, den Himmel zu stürmen, hält sich für hinreichend geschützt vor Unglücksfällen, wenn er seinen Geldbeutel in der Tasche trägt oder den Geldbeutel eines anderen.

Allerhöchstens tut er da ein durchbohrtes Pfennigstück hinein oder ein kleines Fädchen vom Seil eines Gehenkten, weil

---

* »Da aber Simon sah, daß der Heilige Geist gegeben ward, wenn die Apostel die Hände auflegten, bot er ihnen Geld an« (Apostelgeschichte, VIII, 18).

man dem Unbekannten ja irgendein Opfer bringen muß. Aber das ist sein äußerstes Zugeständnis. Weil er vor allem vernünftig ist, schwebt er, den Hintern auf der platten Erde, weit über allem Aberglauben, wenn er auch ganz genau weiß, daß man am Freitag nichts unternehmen soll, dem Tag, der der Venus vorbehalten ist, vor allem nicht am Karfreitag, dem Tag der Wurst, und daß es unvorsichtig ist, dreizehn Personen zu Tisch zu laden, was unvermeidlich Unglück bringt, außer wenn der dreizehnte Tischgenosse ein glänzendes Geschäft verheißt, das heißt einer jener ausgezeichneten Trottel ist, die geringzuschätzen lächerlich wäre.

XIII. EIN LOCH ZUSTOPFEN. In der ersten Folge meiner *Auslegung der Gemeinplätze* habe ich mich vor zehn Jahren mit Löchern beschäftigt, die man machen kann, vor allem in den Mond, wobei ich mich bemüht habe, die innige Verbindung der Idee des Lochs mit der Idee der Prosperität im Geistesleben vieler ehrbarer Menschen darzulegen*.

Aber damit ist noch nicht alles gesagt. Wenn man sein Loch gemacht, das heißt es zu etwas gebracht hat, muß man es zustopfen, damit keine Landstreicher eindringen. Das ist eine Instinkthandlung der Ameisen und bestimmter Koprophagen. Sehr gut, nur womit soll man es denn zustopfen, wenn nicht mit dem Stinkendsten, Abstoßendsten und Undurchsichtigsten, was es gibt? Der beste Löcherstopfer ist das gute Gewissen der ehrbaren Leute.

XIV. EINE BÖSE AFFÄRE AM HALS HABEN. Die böseste Affäre ist zweifellos die, sich mit absoluter Notwendigkeit gezwungen zu sehen, einen heroischen Akt zu vollbringen, beispielsweise eine Wiedergutmachung. Angenommen, es gäbe ein Gesetz, das die Kinder zwingt, ihre Eltern zu achten und ihnen das Alter vergnüglich und sorglos zu gestalten; das wäre eine scheußliche Affäre. Und wie viele andere gibt es davon!

* Vgl. S. 126 des vorliegenden Bandes.

Versuchen Sie sich die Situation von Hanotaux dem Gerechten vorzustellen, wie er bis in seinen Akademiesessel hinein von einer Unglückseligen verfolgt wird, die einst der unwiderstehlichen Verführungskraft seines Gesichtes erlag und die er im Dreck sitzenließ, wie es sich gehörte, als er auf die minderen Freuden verzichten mußte, um sich zu den erhabenen Amtsverrichtungen zu erheben. Welche abscheuliche und bedrückende Affäre hätte dieser Atlas am Hals, der bereits allzuschwer am Gewicht einer Welt trägt!

Aristides* starb arm, wie uns die Grammatiker andeuten, und es ist tatsächlich nur allzu ungerecht, von einer Frau niedriger Herkunft mit dem Scherbengericht bedroht zu werden, die zu fordern wagt, wenigstens einen kleinen Anteil an den Tagungsgeldern der Akademie von ihrem ungetreuen Liebhaber zu bekommen, wenn er denn schon so viele eßbare Brotkrusten aus den Abfalleimern der bürgerlichen Häuser zu verspeisen hat! Der Hals Hanotaux', und eine so böse Affäre an einem solchen Hals!

Vor fünfundzwanzig oder dreißig Jahren habe ich ihn gut gekannt, als dieser Notarssohn noch nichts weiter war als ein Laufbursche im Archiv des Außenministeriums, von wo aus er urplötzlich in den Glanz des großen Schauspielhauses der Politik aufsteigen sollte. Eines Tages hatte ich Gelegenheit, ihm von einer anderen Verlassenen zu erzählen, und ich erinnere mich der aufwallenden Empörung, der er freien Lauf ließ, und der bitteren Verachtung, mit der er den Schuldigen strafte. Er hatte zweifellos recht; jener andere war kein Akademiemitglied**.

---

* Aristides (um 530-467 v. Chr.) sei, sagt der Makedone Krateros bei Plutarch, weil er bei einem Prozeß die Strafe von fünfzig Minen nicht habe zahlen können, freiwillig nach Ionien in die Verbannung gegangen (*Vit. Arist.*, 26).

** Bloys Feindseligkeit gegenüber Hanotaux ist noch genauso lebhaft wie in der »Ersten Folge«; die Ursache dafür ist zweifellos Hanotaux' Erfolg und gesellschaftlicher Aufstieg. Ihr Bruch datiert bereits aus dem Jahre 1884, als Bloy seine »liste de ceux qui m'ont laché« (Verzeichnis derer, die mich im Stich gelassen haben) schreibt. Damals hatte Hanotaux in dem Augenblick mit Bloy gebrochen, als Bloy gerade Berthe Dumont begegnet war (der Clotilde Maréchal in *La Femme pauvre*). Die finanziellen Schwierigkeiten des Autors waren derzeit beträchtlich, und zweifellos suchte er bei dem

XV. AUF HEISSEN KOHLEN SITZEN. Das ist eine andere böse Affäre, aber anstatt sie am Hals zu haben, brennt sie einem unter den Nägeln, oder man hat Feuer unterm Arsch, wenn ich so sagen darf. Nicht jeder hat den freudigen Humor des heiligen Laurentius auf seinem Bratrost, wo glücklicher-, überglücklicherweise kein Platz für irgendeinen BÜRGER ist.

Man sitzt auf Kohlen, auf heißen Kohlen, wenn man den Briefträger erwartet; wenn man Ohrfeigen voraussieht und seine eiserne Maske vergessen hat; wenn man ungeduldig von der Geliebten erwartet wird und hinter dem Omnibus Nr. 650 herrennt; wenn man sieht, daß der Regenschirmhändler sein Geschäft an einen Vitriol-Schankwirt veräußert hat; wenn man ein wütendes Bedürfnis hat, den Mitternachtszug zu nehmen, und es immer noch erst zehn Uhr ist; wenn ein gefahrdrohender Ehemann die Treppe heraufstürmt und man Schwierigkeiten hat, in seine Hosen zu steigen oder seinen Hut zu finden, ohne zu wissen, wie man sich da herauswinden soll; wenn man einen ehrbaren Beruf ausübt und doch gezwungen ist, mehrmals täglich an der Polizeiwache vorbeizugehen; usw., usw.

Es gibt Leute, die ihr ganzes Leben lang auf Kohlen sitzen und niemals einen Scherz machen können. Und es gibt andere, die es reizt, mit diesen Kohlen ganz gemein ihresgleichen einzuheizen, und die selbst auf Flaschenscherben laufen können, so daß daraus nur lebenslanges Elend und stetige Trübsal erwachsen.

»So nun deinen Feind hungert«, sagt die Heilige Schrift*, »so speise ihn; dürstet ihn, so tränke ihn. Wenn du das tust, so wirst du feurige Kohlen auf sein Haupt sammeln.« Eben das tut der BÜRGER nicht. Er behält alle seine Kohlen für sich und

künftigen Minister um eine Hilfe nach, die ihm jedoch verweigert wurde. Die Anspielung bezieht sich also auf Berthe Dumont, die selbst im Elend war, als sie Bloy begegnete. — Dennoch beantwortete Hanotaux im September 1896 einen Bittbrief Bloys mit der Summe von zwanzig Francs, was Bloy zu der Tagebuchnotiz veranlaßte: »Hanotaux hat sich wirklich geopfert! Nun, so hat sein Aufstieg zur Macht wenigstens *dies* Gute gehabt! Jetzt bleibt ihm nichts weiter übrig, als sich auf seinen demnächstigen abgrundtiefen Sturz vorzubereiten« (10. Juli 1896) — der denn auch 1898 erfolgte.
* Brief Pauli an die Römer, XII, 20.

läßt seine liebsten Freunde vor Hunger und Durst förmlich krepieren.

XVI. VERANTWORTUNG TRAGEN. Man trägt Verantwortung, wenn man andere zu ernähren hat: eine Frau, Kinder, eine Schwiegermutter, alte Eltern, die durchaus nicht sterben wollen und die man nicht einfach zum Abdecker schicken kann, ohne etwas an Ansehen einzubüßen. Natürlich gibt es die Öffentliche Wohlfahrt, die ja nun wirklich nicht für die Hunde da ist; aber wie darauf zurückgreifen, wenn man gleichzeitig eine Magistrats-, eine Notars- oder eine Geldwechslerbürde trägt? Also ist man ein Märtyrer und macht sich tagtäglich auf den Himmel oder die Erde gefaßt.

Auch der Reichtum ändert daran nichts. Man muß schon gar keine Lebenserfahrung haben, um außer acht zu lassen, daß, je reicher man ist, die Verantwortung um so drückender wird, weil man gar keinen Grund hat, sich darüber zu beklagen, und man muß schon taub oder fühllos sein, um in dieser Hinsicht nicht die Seufzer der Reichen zu vernehmen, ohne daß es einem das Herz zerreißt.

Ja, zweifellos, aber glücklicherweise heilt die Lanze des Achilles die Wunden, die sie schlägt. Wenn man über mehrere Millionen verfügt und derart drückende Verantwortungen zu tragen hat wie die, seiner alten Mutter einen Unterhaltszuschuß von zwei Francs täglich zu zahlen, hat man den prächtigen Vorwand, lästige Bittsteller mit dem Hinweis hinauszukomplementieren: »Ich habe Verantwortung zu tragen.« Damit macht man Genfer Ersparnisse*, die schätzenswertesten von allen, und parfümiert sich gleichzeitig das Gewissen.

XVII. SEINEN WEG MACHEN. Diese Redewendung hat nichts gemein mit dem religiösen Akt, der darin besteht, seinen Kreuzweg zu gehen. Es ist sogar unerläßlich, nicht

---

* Anspielung auf L. Montchal oder Charles Buet, Freunde von Bloy, die vergeblich versucht hatten, einen *millionaire genèvois* für ihn (und seine finanzielle Unterstützung) zu interessieren.

allzu häufig Kreuzwege zu gehen, wenn man seinen Weg halbwegs rasch machen will. Man muß sich sagen, daß das eben ein gewisses Hindernis ist, weil die Praxis des Kreuzweges unvereinbar erscheint mit der Biegsamkeit, wie sie für einen Menschen unabdingbar ist, der sich entschlossen hat, seinen Weg zu machen.

Gleichwohl gibt es diesen und jenen Weg, obwohl alle, wie man sagt, nach Rom führen. Es gibt samtweiche und steinige Wege. Es gibt Wege, die steil ansteigen, und Wege, die jäh abfallen. Es gibt den großen, glanzvollen Weg und den kleinen Schlendrian. Es gibt auch den Querfeldeinweg, der manchmal der kürzeste ist und den gewöhnlich die Reisenden wählen, die nicht unter die Räder kommen wollen. Dennoch hat man beobachtet, daß er häufig vom Rad der Fortuna eingeschlagen wird. Das Wichtigste ist, nicht in den tiefen und gefährlichen Spurrinnen auszugleiten, die von diesem durchaus nicht leichten Rad ausgehöhlt worden sind.

Nicht weniger wichtig ist es, mit aller Energie die Schwachen oder Armen beiseite zu drängen, denen man dort begegnen kann, und vor allem darf man sich von niemandem, wer es auch sei, überholen lassen und zurückbleiben. Die ihren Weg gemacht haben, werden Ihnen sagen, daß es Umstände gibt, unter denen man sich nicht scheuen darf, die allzu eiligen anderen Leute auf diese oder jene Weise aus dem Felde zu schlagen. Das Sicherste ist, über seinen Mitbewerber hinwegzusteigen, nachdem man ihm zuvor die Kehle durchschnitten hat.

Der Weg aber, den man niemals nehmen darf, ist der des Paradieses, der über den Kalvarienberg führt, wo man nur Liebende und Gemarterte sieht.

XVIII. UMSTÄNDE MACHEN. Genau das darf man nicht tun, und der BÜRGER schärft Ihnen das alle naselang ein. »Ich mache«, sagt er, »keine Umstände. Mit mir brauchen Sie keine Umstände zu machen. Ich lade Sie ohne Umstände zum Essen ein, usw.« Sie haben auf der Stelle den Eindruck, sich in

Gegenwart eines klugen und wohlwollenden Menschen zu befinden, der weder lästig fallen noch belästigt werden will und dafür Sorge trägt, alles zu vermeiden, was den unmittelbaren Herzenserguss abkühlen oder auch nur verzögern könnte.

Die Umstände und Zeremonien der Kirche beispielsweise, von seiner reinen oder empirischen Vernunft als leere Formen verurteilt, haben die Wirkung, seine Seele zu lähmen und den Anwandlungen von Frömmigkeit, die er immerhin haben könnte, Hindernisse in den Weg zu legen. Ganz zu schweigen von den weltlichen Umständen und Zeremonien, die aber selbstredend grössere Bedeutung haben.

Er ist ein einfacher Mensch, aus einem Guss, ganz offen, wenn Sie das vorziehen, der keinerlei Anspruch auf eitle Grösse erhebt. Auf der Stelle wissen Sie, was er tun und sagen will. Wenn er Sie also ohne Umstände einlädt, sind Sie unverzüglich festgelegt. Es ist das Glück des Zufallsmenüs, das uns unter die Arme greift. Überdies gibt er Ihnen ein Beispiel der köstlichsten Ungeniertheit, wenn er es sich selbst erlaubt, bei Tisch zu schmatzen oder zu rülpsen. Warum sich unter Freunden Zwang antun? Man ist ja kein Diplomat, und ganz allgemein: Warum sollte man sich nicht so zeigen, wie man ist, wenn man sich nichts vorzuwerfen hat?

Zwar gibt es weniger einfache Menschen, die diese liebenswerte Herzlichkeit dazu missbrauchen, ihn anzupumpen. Aber das verfängt bei ihm nicht und bringt ihn keineswegs aus der Fassung. Mehr als je zuvor zeigt er sich dann so, wie er ist. Mit tiefem Bedauern und mitleidsfeuchten Augen wird er Ihnen sagen, dass er Verantwortung zu tragen hat, drückende Verantwortung, die es ihm nicht erlaubt, so zu verfahren, wie er wohl möchte, worauf er Sie ganz herzlich zur Treppe geleitet, ohne alle Umstände.

XIX. SICH NICHT LUMPEN LASSEN. Brief eines zum Tode Verurteilten am Vorabend seiner Hinrichtung:

»Lieber Freund, morgen werde ich in aller Frühe zur Guillotine geführt. Im Grunde sähe ich es lieber, wenn diese Operation nicht stattfände, da meine Gesundheit nichts zu wünschen übrigläßt, aber mir scheint, daß mein Fall keine Begnadigung zuläßt.

Ich habe mein Leben damit verbracht, *mich nicht lumpen zu lassen*. Damit ist das große Wort gefallen, und morgen werde ich mich noch weniger lumpen lassen, weil man mir den Kopf für alle diejenigen abhacken wird, die sich stets lumpen lassen und deswegen in der Kloake ihres Gewissens verkommen. Wie diese Herren Geschworenen glaubst Du wahrscheinlich, daß ich mich damit hätte zufriedengeben können, einige BÜRGER zu ermorden anstatt eine große Menge, aber mein expansives Wesen erlaubt es mir nicht, mich zu beschränken, und ich wollte mich nicht lumpen lassen.

Wenn ein Krämer oder ein Fischhändler seine Tochter verheiratet, könnte er sich mit einem Hochzeitsmahl zufriedengeben, bei dem die Überbleibsel seines Geschäfts oder sogar die Überbleibsel einiger anderer Geschäfte sparsame Verwendung finden. Er könnte es auch so einrichten, daß die zu seinem Vorteil höher angesetzte Rechnung dem jungen Gatten zu einem Zeitpunkt präsentiert wird, da seine Heiterkeit und Trunkenheit ihm eine genaue Prüfung unmöglich machen. Aber nein, er will sich nicht lumpen lassen, er will vor allem, daß man das sagt und ihn dafür achtet. In Wirklichkeit täuscht er sich, weil alle Tischgäste ganz im Gegenteil denken werden, daß er ein Idiot ist. Wer die ganze Hochzeit freizügig verhunzte, indem er keinerlei Interesse für irdische Belohnungen zeigte — das wäre einer, der sich nicht hat lumpen lassen.

Dieser Mann habe ich sein wollen. Man glaubt in mir einen mit ich weiß nicht welcher Bande verschworenen Anarchisten sehen zu müssen, während ich doch ein Einzelgänger und sanfter Träumer bin, dem Gesindel feind und immer bereit, es zu bekämpfen. Man begreift einfach nicht, daß der BÜRGER dieses Gesindel ist, daß er kein Teil der Menschheit ist und daß Wesen, die nach dem Ebenbilde Gottes geformt sind, das Recht und die Pflicht haben, ihn mit allen erdenklichen Mitteln zu vernichten. Man wird es später begreifen, wenn man die Adler herabstürzen sieht, die von den Schwaden des schrecklichen Misthaufens der Hausbesitzer und Händler erstickt wurden, am Großen Abend der verkündigten Zeichen und Umwälzungen.

Es ist unmöglich, Künstler zu sein, das heißt Zeuge des Höheren Lebens, ohne tagtäglich eine Schar BÜRGER zu vertilgen, zumindest durch das innere Verlangen, durch das lebendige und mächtige Verlangen nach dem Glanz, den sie verdunkeln. Und je liebesglühender ein Künstler ist, um so heftiger ist dieses Verlangen. Dichter wie Verlaine, Villiers de L'Isle-Adam oder Baudelaire haben Millionen davon vor dem Thron Gottes hingemetzelt, und ich werde morgen zur Guillotine geführt, weil ich ihr sichtbarer Arm gewesen bin.

Zwangsweise willige ich ein, im bitteren Bedauern darüber, so wenig Zeit gehabt zu haben, den Baum des Lebens zu entlausen. Wenn man mir den Kopf abgehackt hat, wird aus mir eine schöne Purpurhülle aufsteigen, die als Fußmatte für DENJENIGEN dienen kann, der da kommen muß am Ende der Zeiten und sich wirklich nicht lumpen lassen wird, weil er der eine und einzige Richter ist zur genauen Zuteilung der Heiligenscheine und Strafen.«

XX. JEMANDEM HERZLICHE GRÜSSE AUSRICHTEN LASSEN. »Richten Sie ihm herzliche Grüße von mir aus.«

Um sich dieser vertraulichen Mission prompt zu entledigen, ist es durchaus von Nutzen, stumm zu sein, sogar taubstumm. Wenn man diesen Vorteil nicht hat, kann man wenigstens zu dem Notbehelf greifen, irgend etwas daherzufaseln, und die Botschaft wird dergestalt getreulich übermittelt sein, weil die etikettentreue Absicht des Mandanten nicht den weiten Abgrund des Nichts überspringt, in dem sich die herzlichen Gefühle unserer Freunde und unserer unzähligen Brüder sammeln.

XXI. RUND UM SICH HERUM GUTES TUN.

Eine Frage des Umkreises. Je kleiner er ist, um so mehr tut man sich selbst Gutes. Das bedarf, glaube ich, keines Beweises. Aber welche Art von Gutem ist darunter zu verstehen?

Wenn es sich ganz prosaisch darum handelt, den Armen zu Hilfe zu kommen, was durchaus nicht im Einklang mit den Rudimenten der bürgerlichen Ökonomie steht, in welchem Umkreis um mich herum muß ich meine Brotränfte und Abfälle verstreuen, damit sie sie aufsammeln können, bevor die Schweine und streunenden Hunde zugreifen? Denn es kann keine Rede davon sein, ihnen Pfennige oder Groschen zukommen zu lassen, eine ganz absurde Freigebigkeit, die sie nur zu einem Leben in Saus und Braus verleitete, noch sie mit Brot- und Fleischleckerbissen zu belohnen, die ihnen Verdauungsstörungen und Schlaflosigkeit bereiteten.

Überdies darf man niemanden demütigen und muß gleichzeitig sehr sorgsam auf alle Entfernungen achten. Wenn ich eine alte Hose oder ein Paar seit dreißig Jahren nicht mehr getragener Latschen spende, muß das dann von Hand zu Hand vor sich gehen? In diesem Falle wäre ich gezwungen auszugehen, den Fuß auf die Straße zu setzen, wobei ich Gefahr liefe, Gesindel anzuziehen und rund um mich herum andere Zerlumpte auftauchen zu sehen, die um dieselbe Wohltat bettelten.

Aber hätte ich mit der Leistung dieses Aktes der Barmherzigkeit nicht gegen ein wesentliches Gebot verstoßen? Meine linke Hand wird zwangsläufig merken, was meine rechte getan hat und *vice versa*. Das ist außerordentlich verfänglich.

Wenn es sich andererseits darum handelt, den Seelen Gutes zu tun, wie man sagt, kann ich zwar mein Beispiel geben, das doch so geeignet ist, sie zu belehren, indem es sie erhebt, aber *ich sehe keine Seelen um mich herum,* nicht eine einzige Seele! Keiner von denen, die mir ähneln, hat durchblicken lassen, daß er eine Seele hätte. Mein Verstand kann nur begreifen, was sichtbar ist. Das Wort Seele hat für mich keinen Sinn. Wenn ich es buchstabiere, kann ich nicht erklären, was vor sich geht, aber urplötzlich sehe ich mich allein und fühle mich leer ... absolut, schrecklich allein und leer! ...

XXII. SEIN BESTES TUN. Glücklicherweise gibt es den folgenden Ausweg: sein Bestes tun. Das ist die Zuflucht, der Bahnsteig und der Regenschirm für das gute Gewissen, wenn ich so sagen darf. Wenn man gar nichts mehr machen kann, hat man sein Bestes gegeben, das ist unbestreitbar. Diejenigen, die das zum Widerspruch reizt, können ruhig behaupten, daß, in diesem wie in anderen Fällen, das Bessere des Guten Feind ist; nicht weniger gewiß ist, daß das Gewissen des ehrlichen Menschen im Schweigen und in der Untätigkeit sicherer geschützt ist als in Getöse und Auseinandersetzungen.

Wer mit Umsicht die Sinnlosigkeit ins Auge faßt, sich allem Möglichen ohne Aussicht auf persönlichen, handgreiflichen Profit auszusetzen, und sich leidlich aus der Affäre zieht, indem er die anderen sich abrackern läßt, soviel sie nur können; wer sich gar unauffällig zu einer entscheidenderen und vorteilhafteren Beilegung des Streites mit dem Feind verbündet — der, so kann man sagen, hat sein Bestes getan. Bei jeder anderen Verfahrensweise läuft man Gefahr, einen bösen Hieb abzubekommen, was ja absurd wäre.

Der ehrbare Mensch darf sich niemals bloßstellen, und man hat sehr zu Unrecht an Pilatus herumgemäkelt; er war der Typus des ehrbaren Menschen, der sein Bestes tut und sich die Hände in Unschuld wäscht — so wie es der Priester vor dem Meßopfer tut. *Lavabo inter innocentes manus meas,* ich werde mir die Hände waschen in der Gesellschaft der Unschuldigen.

Pilatus war der römische GROSSBÜRGER, als die Römer die Herren der Welt waren. Das dem modernen BÜRGER so teuere Mitglied der Akademie, Anatole*, ist wie geschaffen für die Rehabilitierung dieses Verkannten. Zweifellos würde er uns mit seiner überwältigenden Autorität und aufgrund seiner persönlichen Erfahrung zu verstehen geben, daß wir, wenn uns die schöne römische Bündigkeit zu Gebote stünde — im vorliegenden Fall also bei dem Gemeinplatz, von dem soeben die Rede war —, nicht sagen würden: Sein Bestes tun, sondern

---

* Anatole France (1844–1921), als Romancier und Mitglied der Académie française eine der weiteren *bêtes noires* von Bloy, den Frances Abgeklärtheit und radikaler Skeptizismus aufs äußerste erbitterten.

ganz einfach *Tun*. Das wäre viel stärker und um wieviel eindeutiger!

XXIII. EIN LIEDERLICHES LEBEN FÜHREN*.

Die ehrgeizigen Maler und auch diejenigen, die keinerlei Ehrgeiz haben, sagen gern: *Faire de la vie,* und man weiß ungefähr, was sie damit ausdrücken wollen. Der BÜRGER sagt mit absoluter Bestimmtheit: *Faire la vie,* und das ist etwas ganz und gar anderes. Er weiß vielleicht, was er sagen will, aber sicherlich weiß er nicht, was er sagt. Wenn er diese drei Worte ausspricht, findet er sich ganz ungewollt in der merkwürdigen Situation, auf die ich so oft aufmerksam gemacht habe. Er steht auf seinem Dreifuß und spricht eine Wendung aus, deren Gewicht ihm unbekannt ist. Er ist wie ein Reisender, der sich in einer von unterirdischen Geräuschen und prophetischem Gewölk erfüllten Höhle verirrt hat. Er plärrt im Unendlichen und Unerkennbaren.

Rembrandt oder Donatello schaffen Leben; der Medizin- oder Jurastudent, der sich mit leichten Mädchen im Quartier Latin vollaufen läßt, führt ein liederliches Leben. Verstehen Sie's oder verstehen Sie's nicht, aber das ist es. Der bürgerliche Vater, der so spricht, hat dennoch wie immer recht und dreimal recht, weil er Von-Unten spricht, weil seine Sprache niederträchtig ist und weil er schließlich und endlich nicht *von sich selbst* spricht.

Wenn er sagte, daß sein Sohn, der sympathische jugendliche Tunichtgut, Leben schafft, hätte das keinerlei Sinn, nicht einmal für die anderen Schluckspechte an der École des Beaux-Arts; aber er sagt: »Mein Sohn haut auf den Putz, der stolze Sprößling meiner Lenden besäuft sich jeden Abend bei Unzucht und Gotteslästerungen und ist in dieser Hinsicht Lebensspender, genau wie ich früher, als ich in seinem Alter war.« Zweifellos versteht der alte Schwachkopf nicht das geringste, es sei denn, daß ihn das einen Batzen Geld kostet und daß alle

---

* Frz. *faire la vie.*

diese Frauen des Quartiers für ihn »bitterer sind denn der Tod«*, wie der Prediger Salomo sagt; aber was soll's, er frohlockt, einen Sohn zu haben, der da ist wie Gott, weil er das Leben schafft, welche Bedeutung dieser Ausdruck auch haben mag.

Die Gotteslästerung, von der der BÜRGER lebt, ist ein Brot aus Buchstaben, die härter sind als der rote Marmor der Hölle und die er allein verdauen kann. *»Ego sum Vita«,* sagt der Erlöser der Lebenden. »Ich bin es, der das Leben gibt, und ich kenne Dich nicht«, antwortet der BÜRGER im Todeskampf, indem er die gewaltige Pforte des Todes hinter sich schließt.

XXIV. SEIN GLÜCK MACHEN. Man macht sein Glück beinahe ebenso, wie man das Leben macht, das heißt indem man sich hinreichend selbst beobachtet, um nicht den anderen etwas Anständiges oder Nützliches zu tun, das auch nur einen Hauch von Uneigennützigkeit aufkommen ließe. Also fliegt Ihnen das Geld zu, wie einer zu Boden gefallenen Frucht die Insekten und Schnecken zufliegen und -kriechen.

Man ist vollständig verrottet und von scheußlichen Tieren bedeckt, aber man hat sein Glück gemacht und wird mit devotester Hochachtung umhegt. Man ist widerwärtig, aber man hat Füße, von denen gleichsam der frische Duft blühender Akazien und Mandelbäume ausströmt. Man ist schrecklich häßlich, aber nicht einmal die Engel erscheinen schöner. Als der Milliardär Chauchard** starb, verbreitete sein Aas einen derart süßen Geruch, daß der alte Geistliche seiner Pfarrei nicht zögerte, ihm das Leichenbegängnis eines Heiligen zu gewähren. Wenn es keinen Panegyrikus gab, dann nur deshalb, weil selbst das weite Feld der Lobeshymnen hier zu weit war.

Wenn man dagegen kein Glück gehabt hat, wenn man das Mitleid derer geerntet hat, die da leiden, wenn man liebestrunken die Glückseligkeit und die Größe gesucht hat, schwebt man in den Wolken oder in den Sternen, das heißt sogar noch

---

* Der Prediger Salomo, VII, 26.
** Alfred Chauchard (1821–1909), frz. Kaufmann und Gründer des »Magasin du Louvre«, der als der »Erfinder des Warenhauses« mit Dumping-Preisen und Saison-Schlußverkäufen gilt.

weit unter den unreinsten Tieren. Ich nehme jede Wette an, daß kein schwachköpfiger Ordens- oder Weltgeistlicher diese Behauptung widerlegen wird. Öffnen Sie den Leichnam eines BÜRGERS, und Sie werden sie seinem Herzen einbeschrieben finden.

XXV. REGEN UND SCHÖNWETTER MACHEN oder HERR IM HAUS SEIN*.

Das ist nur möglich, wenn man sein Glück gemacht hat. Nur ein Mensch, der sein Glück gemacht hat, kann die Regenschirmhändler und Schuhputzer nach eigenem Gutdünken bereichern oder ruinieren. Aber da viel zu viele Menschen ihr Glück gemacht haben, seit der Unrat sich häuft, und der Wille aller dieser Menschen unstet ist, kann man nie genau wissen, welches Wetter herrschen wird. Es kann Dauerregen sein, es kann Trockenheit sein, es kann dürftiger Sonnenschein sein, der alle Augenblicke von Regenschauern unterbrochen wird.

Weiter ist da der geheimnisvolle und meteorische Einfluß der Frauen. Wenn sich unter den Männern eine allzu große Zahl von Hahnreien findet, kann eine Überschwemmung wahrscheinlich sein, und die ungleich große Zahl derer, die an die Treue ihrer Gattinnen glauben und schönes Wetter haben möchten, wird überflutet, besiegt und hört auf der Stelle auf, ihr Glück gemacht zu haben. Also eine unendliche Unordnung. Das ist der Ruin der Wetterkalender und die totale Entmutigung für alle Liebhaber der Sommerfrische.

Hier, in meinem reizenden Zufluchtsort Bourg-la-Reine, wo der Dreck und Unrat jedes Jahr wächst, habe ich darauf verzichten müssen, die Statistik weiterzuführen. Als ob sie alle meine Berechnungen über den Haufen werfen wollte, überschwemmt die Stadtverwaltung alle Straßen, wenn es gar nicht regnet, und verordnet Morast, indem sie sie aufreißen läßt, sobald der Regen einsetzt, so daß ich die Sitten dieses Landes überhaupt nicht mehr verstehe — weil es mir schlecht-

* Frz. *faire la pluie et le beau temps.*

hin unmöglich geworden ist, halbwegs wahrscheinlich abzuwägen zwischen der bekannten kleinen Zahl reicher Hauswesen und der fabelhaften Menge Mitteloser, die durch diese immerwährende Illusion scheußlichen Wetters nahegelegt wird. Was wohl andernorts passiert?

XXVI. BARMHERZIGKEIT ÜBEN. »*Date eleemosynam*, doch gebt Almosen von dem, was da ist*.«

Übersetzung zum Gebrauch der frommen BÜRGER: *Übet Barmherzigkeit.* Man hat dreihunderttausend Francs Rente, man spendet einige Sous am Kirchenportal, und dann steigt man in ein Auto, um irgendwelche Schändlichkeiten oder Dummheiten zu betreiben. Das heißt: Barmherzigkeit üben. Ah! Eines Tages wird Gott, der die Sprache des Menschen geschaffen hat, fürchterliche Rache für diese Schmähung üben müssen!

»Laß ihn durch seine eignen Augen gefangen werden, wenn er mich ansiehet«, sagt die blendendschöne Judith, als sie sich aufmacht, Holophernes den Kopf abzuschneiden, »und durch meine freundlichen Worte betrogen werden.« — »Haß erreget Hader«, sagt Salomo, »aber Liebe deckt zu alle Übertretungen.« — »[Mein Freund] führet mich in den Weinkeller, und die Liebe ist sein Panier über mir. Erquicket mich mit Blumen, und labet mich mit Äpfeln; denn ich bin krank vor Liebe ... Daß auch viele Wasser nicht mögen die Liebe auslöschen, noch die Ströme sie ertränken.« Es ist die schmerzbewegte Seele des gemarterten Sohnes Gottes, die so singt im *Hohenlied Salomonis*. — »Ich habe dich je und je geliebet, darum habe ich dich zu mir gezogen aus lauter Güte, [...] du Jungfrau Israel«, sagt der Herr durch den Mund Jeremias**.

Und wie viele andere derartige Wendungen bis hin zum späteren Matthäusevangelium, wo Jesus von der »Ungerech-

---

* Lukas, XI, 41.
** Judith, IX, 12 *(»tu la châtieras par les lèvres de ma charité«)*; Sprüche Salomonis, X, 12 *(»la charité couvre tous les crimes«)*; das Hohelied Salomonis, II, 4, 5; und VIII, 7 *(»et il a ordonné en moi la charité«)*; Jeremia, XXXI, 3 *(»je t'ai aimée de charité perpétuelle...«)*.

tigkeit« spricht, »die überhandnimmt, während die Liebe in Vielen erkalten wird«, und die Pharisäer verflucht, die »schwere und unerträgliche Bürden aufbinden«*; bis hin schließlich zu dem gewaltigen Kapitel des heiligen Paulus, das die Kirche am Sonntag Quinquagesima rezitiert, um ihren Gläubigen in Erinnerung zu rufen, daß der Menschensohn verraten werden wird, verhöhnt, beschimpft, angespien und zu Tode gemartert; ein schreckliches Kapitel, so schrecklich wie das Getümmel der Sterne, in dem die Liebe als *Person* geschildert wird, die nicht sterben kann, sitzend vor einer unbekannten Pforte** ... Man erfährt, was Sie alles erleiden kann, was Sie alles glauben, alles hoffen kann. Man wird gemahnt, daß ohne Sie alles sinnlos ist, daß es nichts nützte, alles herzugeben, was man besitzt, und selbst seinen Leib brennen ließe, »und hätte der Liebe nicht«. Und wenn man ein Kind der Heiligen ist oder Urgroßneffe der Kinder der Heiligen, liest man weinend und seufzend, daß es nichts ist, Weissagungen zu haben, Prophet zu sein, alle Geheimnisse zu kennen und alle Erkenntnis zu haben, denn das alles ist »Stückwerk«; daß man mit alledem nichts ist ohne Sie; daß die Liebe langmütig ist und freundlich; Sie eifert nicht und Sie treibt nicht Mutwillen, denn Sie bläht sich nicht und stellt sich nicht ungebärdig, Sie sucht nur das ihre, Sie läßt sich nicht erbittern, Sie rechnet das Böse nicht zu; denn die Liebe ist Gott selbst.

Dabei angekommen, wird man auf der Stelle gewahr, daß die Hebamme, der Weingroßhändler, der Klavierstimmer, die Gattin des Photographen, die Wirtschafterin des Stationsvorstehers Barmherzigkeit üben. Das ist bestürzend und geisttötend. Man weiß nicht mehr, ob man in Patmos oder in Lesbos ist, ob man für den Militärdienst taugt oder für das anthropometrische Labor, ob man hellsichtig ist oder dement, ob man an irgendeiner fröhlichen Festtafel sitzt oder lebendig begraben in einem Sarg liegt, der von gewissenhaften Totengräbern zugenagelt wurde.

---

* Matthäus, XXIX, 12.
** Der erste Brief des Paulus an die Korinther, Kap. XIII; Epistel am Sonntag Estomihi.

Man denkt und sagt sich staunensstarr, daß es seit der Großen Messe von Golgatha unzählige Christen gegeben hat, Millionen von Märtyrern, die freudig die schlimmsten Qualen auf sich genommen haben, Bekenner, Einsiedler, Jungfrauen, die auf alles verzichtet haben, was die Welt ihnen bieten konnte, die alles weggegeben haben, was man weggeben kann, bevor sie in absoluter Mittellosigkeit starben, und nicht einmal glaubten, genug getan zu haben, um als barmherzig zu gelten.

Das alles erscheint nichtig im Vergleich zum Heroismus eines Haus- und Grundbesitzers, der ostentativ jeden Sonntag dem Bettler am Kirchenportal zehn Centimes gibt, nachdem er die ganze Messe lang über das entscheidende Mittel zur Zwangsräumung der armen Familien nachgedacht hat, die ihm die Miete nicht zahlen können.

Ein weiser Alter, den ich um Rat fragte, sprach zu mir folgenden tiefgründigen Satz, den ich meinen Lesern weiterempfehle: »Die Heiligen *geben Almosen,* nur die BÜRGER *üben Barmherzigkeit.*«

XXVII. LIEBE MACHEN. Lassen wir den hier auf sich beruhen, weil er nur eine Wiederholung ist, eine Verdopplung vieler anderer wie *Die Wahl einer Laufbahn* oder die erhabene Empfehlung, *nicht alles auf eine Karte zu setzen**. Ich ziehe es vor, nicht weiter darauf einzugehen. Der BÜRGER ist von Natur aus gottesmörderisch, menschenmörderisch, vatermörderisch und kindsmörderisch, aber glorreich. *Qui potest capere, capiat***.

XXVIII. BESSER NEIDER ALS MITLEIDER. Versuchen wir die Sache von dieser Seite aus zu erhellen. Das Wort besser, *magis,* ist ja so aufschlußreich! *Melius est magis.* »Ein solch Gebet mit Fasten und Almosen«, sagt Tobias, »ist

---

* Frz. *ne pas mettre tous les œufs dans le même panier.*
** Matthäus, XIX, 12: »Das Wort fasset nicht jedermann, sondern denen es gegeben ist.«

besser, denn viel Golds zum Schatz sammeln*.« Das aber ist es offensichtlich nicht, wonach wir suchen. »Ich will lieber«, sagt David, »der Thür hüten in meines Gottes Hause, denn wohnen in der Gottlosen Hütten**.« Wir sind noch immer nicht fündig geworden. Blättern wir also weiterhin die Heilige Schrift durch. »Die Menschen liebeten die Finsternis mehr denn das Licht«, sagt Jesus zu Nikodemus. Ah! Diesmal, glaube ich, kommen wir der Sache näher. Etwas später sagt Jesus überdies, es gebe welche, »die hatten lieber die Ehre bei den Menschen denn bei Gott***«. Unnütz, weiter zu suchen, hier sind wir beim Kern.

Die Phrasendrescher haben oft genug von der Finsternis des Neides gesprochen, und umgekehrt hat man die Schwachköpfe glauben machen wollen, das Mitleid habe etwas Strahlendes an sich. Dagegen ist es ganz natürlich, den menschlichen Ruhm, der Geld einbringt und die hübschen Puppen tanzen läßt, dem Ruhme Gottes vorzuziehen, der, wie man nur zu oft gesehen hat, nichts als Demut und Erniedrigung einträgt. Unsere Wahl ist ganz unzweifelhaft. Wir lassen uns von den anderen beneiden, solange sie das in ihrer Finsternis wollen, und werden uns hüten vor dem strahlenden Mitleid *für uns selbst,* wohlweislich erwägend, daß es besser ist, festzuhalten als fahrenzulassen, und da wir nun einmal vergängliche Wesen von unbestimmter Lebensdauer sind, kommt es darauf an, sich unverzüglich alle erdenklichen Tröstungen zu verschaffen, sollen die Armen doch vor Neid platzen.

Das *Miserere* der Verstorbenen ist eine poetische Dummheit. Die Freunde der Liturgie reizt die Vorstellung, daß der Tod nicht existiert, daß es ein anderes, *gewandeltes* Leben**** gibt, in dem die Reichen, die sich hervorragend amüsiert haben, vielleicht Mitleid brauchen können, wenn man ihre Gerippe zum Friedhof trägt. Nun gut! Wir glauben an den Tod, wir anderen, an den vollständigen Tod, ohne Auferstehung oder

---

* Tobias, XII, 9.
** Psalm LXXXIV, 11.
*** Johannes, III, 19; und XII, 43.
**** *Vita mutatur, non tollitur* — »Das Leben wird gewandelt, aber nicht aufgehoben« (Beginn der Totenmesse).

Fegefeuer. Wir werden ihn mit aller Kraft herbeirufen, wenn wir nicht mehr genießen können, und wir wollen ihn *ewiglich*.

XXIX. ETWAS TOILETTE MACHEN. Der Henker stellt sich mit einer Schere ein, um seinem Opfer die Haare zu schneiden. »Auf geht's, lieber Freund«, sagt er leutselig zu ihm, »wir wollen mal etwas Toilette machen.« — »Du hast gut reden«, antwortet ihm der Verurteilte. Gewöhnlich geht die Konversation nicht sehr viel weiter.

Wenn ich einen BÜRGER erklären höre, er werde jetzt etwas Toilette machen, um *auszugehen* [*pour aller dans le monde*], denke ich an diese Szene, an jenen Verurteilten, der, vielleicht weniger Verbrecher als der erste, etwas Toilette macht, um in *die andere Welt* hinüberzugehen, und ganz deutlich sehe ich hinter meinem BÜRGER den Tod. Er kehrt, wie ich einräume, mit dem Kopf auf den Schultern zurück, aber wenn der so ist wie sein Herz, ist es ein Totenkopf, und die anderen BÜRGER mit Totenköpfen werden in ihm den Mann von Welt grüßen, der ihnen ähnlich, der ihresgleichen ist — und dabei die behördlichen Regeln vergessen, die die Schließung der Friedhöfe bei Anbruch der Dämmerung vorschreiben.

XXX. TUN SIE, ALS WENN SIE ZU HAUSE WÄREN. Vielen Dank, lieber Herr Lanson, ich tue gern so, als ob ich zu Hause wäre, und zwar um so lieber, als ich der Teufel bin oder, wenn Sie das vorziehen, ein Freund des Teufels, ein Tischgenosse der Hölle, und als ich, wie mir allen Ernstes scheint, in Ihrem Hause wirklich völlig zu Hause bin. Meine üblichen Gefährten ähneln Ihnen Zug für Zug, und ich sehe nicht, warum ich mich genieren sollte. Wenn Sie Ihrerseits so freundlich sind, mich zu besuchen, werde ich Sie auf eine Weise empfangen, die bei Ihnen keinerlei Zweifel an unseren gegenseitigen Gefühlen hinterlassen wird. *In pœnis tenebrarum clamantes et dicentes: Advenisti SOCIUS noster**.

---

* Wahrscheinlich eine eigene Formulierung von Bloy: »Weinend in den Qualen der Finsternis und sagend: Du bist gekommen, unser *Gefährte*.«

XXXI. SICH ETWAS ZUGUTE TUN*. Weder einen Schoppen noch einen halben Schoppen, sondern gut und gerne eine Pinte, das heißt einen Liter — nach altem Maß. Es bedarf nicht weniger als eines Liters Blut, um die Wonne eines Ehrenmannes wiederzugeben, der sich vor Lachen wälzt, wenn er erfährt, daß die Republik ihre Hand auf die Seelen im Purgatorium oder auf die Barmherzigen Schwestern der Krankenhäuser gelegt hat. »Die Weite dieses Herzens!« sagte Mme de Sévigné.

Zur guten alten Zeit der Sans-culottes, die, wie man sagt, die der Riesen war, trank man häufig davon und becherte mit den Freunden. Aber man muß es heiß trinken und sich deshalb in unmittelbarer Nähe der Guillotine aufhalten, direkt an der frischen Luft. Das war berauschend und patriotisch, aber unbehaglich. Heute, da die Guillotine nur noch gelegentlich eingesetzt wird, tut sich der dieses Labsals beraubte, aber immer noch genauso brüderliche und nicht weniger zum Jux aufgelegte Biedermann etwas zugute an den Tränen der Armen und Kinder, weil er, wie früher Moses, die Macht hat, dieses Wasser in Blut zu verwandeln. Er kann es bei sich zu Hause trinken, es sich in aller Ruhe vor einem schönen Kaminfeuer einverleiben, in Gesellschaft seiner lieben Frau oder der lieben Frau eines anderweitig beschäftigten Mieters, die beide genau den gleichen Geschmack haben wie er. Wenn die Pinte ausgetrunken ist, wird ihm sein Laufbursche eine andere, volle bringen, und das Fest geht weiter. Das Ganze ist beinahe ebenso lustig wie zu Zeiten der Terreur.

XXXII. ALLE GUTEN DINGE GIBT'S NUR EINMAL. Leider! Ja. Der vom BÜRGER und vor allem von der BÜRGERIN geliebte Walzer gehört also nicht zu den besten Dingen, weil er drei Taktschläge hat. Wenn man die wahre Religion der Gemeinplätze praktizieren will, muß man, genau wie hier, viele Illusionen aufgeben. Im Grunde handelt es sich um eine Religion des Verzichts.

---

* Frz. *se faire une pinte de bon sang.*

Die Jugendzeit beispielsweise gilt allgemein als etwas ganz Köstliches, aber kann man denn guten Gewissens sagen, daß man nur einmal jung ist, während man doch so häufig sagt, diese oder jene Frau sei nicht mehr ganz jugendfrisch? Es gibt also mehrere Jugenden, zumindest für die Damen, und damit auch die Zeit der ersten, der zweiten, der dritten und vielleicht sogar der vierten Jugend. Das ist ein ganz einzigartiger Widerspruch, und die Jugend sieht sich der höchst bedrohlichen Gefahr ausgesetzt, keines der besten Dinge zu sein.

Dann gibt es noch die Zeit des Alters, das deshalb einzigartig erscheint, weil dafür in der Alltagssprache nicht dieselben Definitionen gebräuchlich sind. Wird man sagen müssen, daß das Alter und erst recht die völlige Altersschwäche die besten aller Dinge sind? Ich fürchte, daß dabei eine andere Illusion entsteht. Alle Grammatiker lehren, daß das Verbum vier Zeitformen und deren Ableitungen hat. Wer würde indessen zu behaupten wagen, daß das Wort [verbe] nicht das beste aller Dinge sei, weil es der ureigenste Name des Schöpfers aller Dinge ist?

Das alles ist sehr schwerwiegend.

Die praktizierenden Bekenner des Gemeinplatzes sollten folgende starke Wendung in ihren Herzen bewegen, die mir eines Tages von einer reizenden Frau anvertraut wurde und mich besonders erbaut hat: »Bevor man spricht, muß man seine Rede siebenmal im Munde des Nachbarn umdrehen*.«

XXXIII. EIN GLÜCKSFALL KOMMT SELTEN ALLEIN.

Dieser Gemeinplatz ist wie die Wanzen im Bett des Armen. Das Glück kommt also stets in Begleitung. Ich glaube es, weil Sie es mir ja sagen. Bleibt herauszufinden, von wem oder was es begleitet wird. Wenn mir eine unerwartete Geldsumme in den Schoß fällt, halte ich das ganz natürlich für einen Glücksfall, aber beinahe auf der Stelle sehe ich meine Gläubiger auftauchen, und schon verflüchtigt sich das Glück.

---

* Bloy hat diese Bemerkung von Marie Krysinska gegen Ende einer seiner *Histoires désobligeantes* (»Le Cabinet de lecture«) zitiert.

Glauben Sie nicht, es sei zutreffender, zu sagen, daß das Glück immer allein von dannen geht? »Das Glück der Bösen ergießt sich wie ein Strom«, sagte Racine*. Das Glück der Guten tut genau das gleiche und läßt eine widerliche Schleimspur hinter sich zurück.

XXXIV. AUCH DIE BESTE GESELLSCHAFT MUSS MAN VERLASSEN. Offensichtlich ist die gute Gesellschaft diejenige, in der man sich amüsiert. Auch ich als Lebemann stelle sie mir nicht anders vor. Ich bin Klempner und meine Frau Schneiderin. Mehr brauche ich Ihnen nicht zu sagen. Als wir uns eines Tages amüsieren wollten, hatten wir sonntags einige sorgfältig handverlesene Freunde eingeladen. Wir wollten in einer bezaubernden Gegend auf dem Lande picknicken.

Das Ganze begann schon mit einigen Hindernissen. Weil wir gezwungen waren, aufeinander zu warten, verfehlten wir mehrere Züge, und es begann zu regnen. Endlich kamen wir sehr spät, durchnäßt und schmutzbespritzt im *Cochon d'or* an. Meine Frau, eine sehr sanfte Person, hatte bereits den Maler Isidore und den alten, ordengeschmückten Herrn der Lehrervereinigung geohrfeigt, der uns mit seiner Anwesenheit beehrte, weil sich beide Freiheiten herausgenommen hatten, die allerdings an einem solchen Festtag entschuldbar waren.

Dennoch ging alles gut, und wir konnten uns in einer Art Scheune auftischen lassen, wo sich der Geruch von Schimmel mit dem des benachbarten Misthaufens mischte. Das alles war ganz und gar ländlich, die Phantasie der Tischgenossen ging mit ihnen durch, und die Blaskapelle von Seine-et-Oise, die gerade vorbeizog, erfüllte uns mit überbrodelnden Gefühlen, als die Gefährtin unseres Freundes, des Gärtners vom Obelisk, sich versah, ich weiß nicht mehr welches Hutproblem aufzuwerfen, das meine Frau in Wallung versetzte. Alsbald kam es zu einem Austausch ländlicher Epitheta, unter denen ich die Namen einiger Geflügel- und Vierfüßlerarten wieder-

---

* *Athalie,* III, 7; Erwiderung von Joas an Athalie.

zuerkennen glaubte, denen man auf dem Lande ohne allzu großes Erstaunen begegnen kann. An dieser Stelle ist meine Erinnerung, wie ich zugeben muß, etwas getrübt. Wir hatten seit zwei Stunden getrunken, eine beträchtliche Zahl von Litern, und ich weiß nicht mehr genau, was dann passierte. Ich erinnere mich lediglich, wie im Traum einige Wurfgeschosse fliegen gesehen und verwirrte Schreie gehört zu haben...

Als der Feldhüter mich — es ging schon fast auf sieben Uhr abends zu — unter dem Tisch aufsammelte, war ich ganz allein unter merkwürdigen Überbleibseln und hatte eine hübsche Rechnung zu bezahlen. Aber ich hatte die Befriedigung, zu erfahren, daß meine Frau mit der rührendsten Aufmerksamkeit von dem alten Herrn der Lehrervereinigung heimgeleitet worden sei, der offenbar eine über jedes Lob erhabene Ritterlichkeit entfaltet hatte. Er brachte sie mir am nächsten Tag in sehr gutem Zustand zurück, wenn auch noch etwas erregt und aufrichtig betrübt, daß sie gezwungen gewesen war, sich von mir zu trennen, um nicht zusammen mit den anderen den Zug zu versäumen. Ich tröstete sie nach besten Kräften und machte sie darauf aufmerksam, daß es keine noch so gute Gesellschaft gibt, die man nicht etwas früher oder später verlassen sollte, und ich bewahre das Andenken an diesen schönen Tag als kostbare Erinnerung.

XXXV. ORDNUNGSLIEBEND SEIN. Eine höchst banale Wendung. Ein Herr ist ordnungsliebend, wenn er seine Rechnungen begleicht und seine Zahlungstermine einhält. Eine Dame ist ordnungsliebend, wenn sie tagtäglich die Einkaufslisten ihrer Köchin überprüft; wenn sie darauf achtet, keine schmutzige Wäsche in der Nähe der Töpfe herumliegen zu lassen; wenn sie sich nicht gewohnheitsmäßig die Haare über der Suppe richtet und sich nicht der Zahnbürste ihres Gatten für ihre Nagelpflege bedient usw.; vor allem aber dann, wenn sie ständige Sorge auf die gewissenhafteste Haushaltsführung verwendet und sich bemüht, jede Ähnlichkeit mit jenen ruinösen Personen zu vermeiden, die sich manchmal mit Bedürftigen abgeben, als ob es gar keine Büros der Sozialhilfe gäbe. Das alles versteht sich von selbst.

Aber es gibt ein schwierigeres Problem, wenn es denn überhaupt etwas Schwierigeres geben kann als die Umsicht bei der Führung eines bürgerlichen Haushalts. Ist Gott ordnungsliebend, ja oder nein? Nun gut, das ist, glaube ich, eine verteufelte Frage, wie man schon sagen muß, und keck aufgeworfen, wie es sich gehört.

Ich kenne wirklich einflußreiche BÜRGER, die Schopenhauer und Nietzsche gelesen haben und gern mit Herrn Bergson ins Bett gehen*. Aufrichtig in die Wahrheit vernarrt, beklagen sie guten Gewissens und mit großer Betrübnis die erschreckende Unordnung der Werke Gottes. Sie sehen — und sind zutiefst beunruhigt darüber —, daß nichts an seinem Platz ist, weder die Menschen noch die Dinge, angefangen mit ihnen selbst, und daß es unendlich bedauerlich ist, daß der Schöpfer sie zu konsultieren vergessen hat. Es wäre kindisch, ihnen die Fabel von der Eichel und dem Kürbis entgegenzuhalten, die sie in ihrer Kindheit mit gehöriger Verachtung gelesen haben. »Was Gott tut, das ist wohlgetan«, sagt La Fontaine**, »und alle Dinge preisen Gott.« Dieses Loblied ist ihnen vertraut und beeindruckt sie nicht mehr. Laut fordern sie die Rechte des Kürbisses und setzen sich an die Stelle dieser Kukurbitazee, die keine Ranken bilden sollte. Und so auch alles übrige.

Die Schöpfung läßt viel zu wünschen übrig. Sie ist, sagen wir's nur ruhig, verschludert und verpfuscht. Gott hat nicht getan, was man von ihm erwarten durfte, und es ist völlig ungerecht, daß er ein Anbetungshonorar erwartet. Ein Arbei-

* Léon Bloy hat Henri Bergson (1859–1941) als Philosophen und Akademiemitglied wenig geschätzt. Vgl. sein *Journal*, Bd. III, S. 320: »Der bergsonsche Evolutionismus, der es unternommen zu haben scheint, zu den Sternen aufzusteigen, und für mich die Wirkung einer Art *Jongleurtums* hat...« Jacques Maritain hatte gerade *La Philosophie bergsonienne* veröffentlicht; Bloy billigt sein Unternehmen und nimmt sich vor, »den Träumereien des lästigen und verdammenswerten Schulfuchses entgegenzutreten, denen von der Dummheit eines großen Teils unserer Katholiken Beifall gespendet wird«.
** Jean de La Fontaine, »Die Eichel und der Kürbis«, *Fables*, IX, 4.

ter, der solche Arbeit ablieferte wie er, hätte sicherlich nicht einmal sechs Tage an seinem Arbeitsplatz in der Fabrik bleiben dürfen. Ganz zu schweigen von Wärme und Kälte, die so schlecht gegeneinander ausbalanciert sind, von ungerechten Überschwemmungen und unbilligen Trockenzeiten, von Pest- und Choleraepidemien, die sich unterschiedslos gegen Reiche und Arme wenden; ohne sich lange bei jenen schrecklichen Kriegen aufzuhalten, deren Ausgang unvorhersehbar ist und die plötzlich finanzielle Zusammenbrüche auslösen können; und schließlich ohne jedes weitere Wort zu bestimmten unerwarteten Hungersnöten, die im voraus zu organisieren man nicht das Fingerspitzengefühl hatte, so daß sie die in anderen Geschäften engagierten Kapitalisten manchmal mit geringeren Renditen überraschen; ja, selbst wenn man mit alledem reinen Tisch macht, was ist denn von den despotischen Verirrungen der vermeintlichen christlichen Moral zu halten?

Wenn man einmal annimmt, daß der Dekalog ausschließlich für die Sklaven und Elenden verkündet worden ist, könnte man ihn notfalls gelten lassen, wenn auch mit bestimmten Abschwächungen. Aber es ist unerträglich, beispielsweise zu behaupten, daß ein Haus- und Grundbesitzer der Vorschrift unterworfen sein soll, nur einen einzigen Gott anzubeten, oder daß ein Handeltreibender nicht mehr stehlen darf und ihm sogar das Lügen untersagt sein soll. »Überdies und kurz gesagt«, wird der bürgerliche Philosoph einwenden, »steht in den sogenannten Heiligen Schriften, die angeblich vom Heiligen Geist inspiriert sind, nicht zu lesen, daß der Sohn Gottes, der gekommen ist, die Welt zu retten, sich für die Narrheit entschieden und die Narrheit auch gelehrt hat?« Und er wird nicht verfehlen hinzuzufügen, daß dieses Geständnis beweiskräftig, daß der göttliche Wirrwarr manifest und daß die eben gestellte Frage müßig ist.

XXXVI. HAARE AUF DEN ZÄHNEN HABEN.
Dieser Gemeinplatz geht nicht direkt die Friseure an. Bei hnen ist nicht die Rede davon, eine Chuzpe [*toupet*] zu frisie-

ren oder zu ondulieren oder gar nachzuschneiden. Man kann Haare, sogar ein gewaltiges Haarbüschel, wenn Sie so wollen, besitzen, ohne ein einziges Haar auf dem Kopf zu haben. Das Beispiel von Caesar auf dem Rubikon ist in dieser Hinsicht unwiderleglich. Zwar haben wir Karl den Kahlen gehabt, »*Josiae similis parque Theodosio,* Josias ähnlich und Theodosius ebenbürtig«, nach der halbwegs ironischen Legende eines Bildes in einem alten Stundenbuch, wo er übrigens mit einer wallenden Haarpracht dargestellt ist. Gleichwohl erwähnt die Geschichte keinerlei ausgezeichnete Tat dieses verstaubten Karolingers. Es besteht also kein Anlaß, auf der Kahlköpfigkeit zu beharren, von der ich nur gesprochen habe, um die Perückenmacher auszuschließen.

Fügen wir hinzu, daß jene Haare auf den Zähnen bereits ein bejahrter Ausdruck sind. Heute sagte man: unverfroren, dreist sein [*avoir du culot*], ein reizender Ausdruck, den alle Welt zu verstehen scheint, selbst an der Académie française, wo Hanotaux ihn benutzte, als er zur Begrüßungsansprache für M. de la Palice ausgewählt wurde, der, wenn mich mein Gedächtnis nicht täuscht, an die Stelle irgendeines Gichtgreises aus dem Episkopat oder an die des vorzeitig verstorbenen Paul Bourget trat. Aber *toupet* oder *culot,* Haare auf den Zähnen oder Unverfrorenheit — der BÜRGER verabscheut das, was von diesen Redewendungen bezeichnet wird.

Beispiele: Ein hübscher junger Mann, der keine andere Aufgabe hat, als allmorgendlich den Mandarin zu töten* oder Sehgläser für die Sonnenfinsternisse zu schwärzen, und sich um die Hand der ältesten Tochter eines steinreichen Notars bewirbt; ein gesuchter Anarchist, der eigenhändig eine Umsturzbombe in den Hut von M. Lépine** schmuggelt; ein insolventer Mieter, der seinem Hauswirt am Zahltag ein Präzisionsinstrument zur Extraktion des Balkens anbietet, den er im

---

* Berühmtes Paradox aus Chateaubriands *Le Génie du Christianisme* (Erster Teil, Buch I, Kap. 2): »Wenn Du durch einen bloßen Gedanken einen Menschen in China töten und sein Vermögen in Europa erben könntest, in der übernatürlichen Überzeugung, daß man nie davon erführe — würdest Du diesen Wunsch nicht billigen?«
** Louis Lépine (1846–1933), von 1893 bis 1913 Polizeipräfekt von Paris.

Auge hat; ein vierter Vikar an Sainte-Clotilde oder Saint-Roch, der über die Notwendigkeit des Leidens predigt oder über die Pflicht zur evangelischen Schlichtheit; schließlich und endlich ein Dichter, den wir uns als den größten der Welt vorstellen wollen, sagen wir: Dante, ja, Dante selbst, der die *Göttliche Komödie* dem Verleger von François Coppée anbietet! Das sind die gebräuchlichsten Praktiken des Menschen, der Haare auf den Zähnen hat, durchschnittlich viele oder einen wilden Haarschopf, je nachdem, aber immer haarsträubend auf den BÜRGER wirkt, dem es dabei unfehlbar den Atem verschlägt.

XXXVII. SICH BEWÄHRT HABEN. Bekanntlich hat ein Mann seine Prüfungen bestanden und sich bewährt, wenn er jemanden im Duell getötet oder mehrere Familien ruiniert hat. Eine Frau kann ebenfalls ihre Prüfungen bestehen und sich bewähren, wenn auch auf etwas andere, aber identische Weise, sofern man nur auf das Ergebnis sieht. Die Prüfungen oder die Prüfung, die Beweise oder der Beweis von was? Ich würde es nur zu gern wissen.

Es gibt noch Professoren aus der Schule von Fénelon*, die die Existenz Gottes aus der Flüssigkeit des Wassers oder der Festigkeit des Felsens beweisen. Das wurde mir Mitte des vorigen Jahrhunderts von einem Gymnasiumspedell beigebracht, dessen junge, sehr reizvolle Frau sich mit gesicherteren und schätzenswerteren Beweisen beschäftigte. Aber darum handelt es sich nicht.

Wenn man mir von einem Geschäftsmann oder einfach von einem halbwegs bekannten Schriftsteller erzählt, er habe sich bewährt, schweige ich dazu still, weil ich nicht als Schwachkopf gelten will, aber ich erinnere mich auf der Stelle einiger mehr oder weniger bekannter Größen und frage mich bei mir selbst, ob die Persönlichkeit, die mir da bezeichnet wurde, auch nur

---

* Fénelon (i.e. François de Salignac de la Mothe, 1651–1715), einflußreicher Theologe und Philosoph, Erzieher der Enkel Ludwigs XIV. und seit 1695 Erzbischof von Cambrai; vgl. etwa seinen »Traktat über die Existenz und die Attribute Gottes« (1688) mit seiner Beschwörung des »herrlichen Schauspiels Deiner Schöpfung«.

ihre eigene Existenz bewiesen hat. Diesen Beweis brauche ich und keinen anderen. Denn ich bin äußerst mißtrauisch geworden seit dem Tage, an dem ich die Nichtexistenz einer sehr großen Zahl von Individuen bemerkt habe, die im Raum situiert und doch unmöglich unter diejenigen einzureihen sind, die eine schätzenswerte und hinreichende Daseinsberechtigung haben.

Wenn Sie etwas Zeit übrig haben, versuchen Sie sich Hanotaux beispielsweise als Minister oder Hanotaux als Schriftsteller vorzustellen. Bemühen Sie sich daraufhin, sich Anatole France vor Augen zu führen, wie er Hanotaux oder Paul Bourget zärtlich auf seiner *Barricade* streichelt, es wird Ihnen schwerlich gelingen. Das Nichts, erschöpft davon, so viele illustre Männer ausgespien zu haben, war bereits völlig geleert, als Gott sie ihm seinerseits entreißen wollte.

Wenn solche Nummern nichtexistent sind, wie auch die rascheste Prüfung mit Leichtigkeit verrät, was ist dann von einem Apotheker, einem Billardlehrer oder einem Stadtrat zu halten, die ihre Prüfungen abgelegt und sich bewährt haben, noch einmal: welche Prüfungen?

Die Volkszählungen bedeuten da gar nichts. Niemals wird man wissen, wie unendlich klein die reale Zahl der Bewohner unseres Erdballs ist. Ein Visionär, den ich einst auf dem Misthaufen kennenlernte, bewies mir mit drei Worten die Nichtigkeit der Zahlen. Als ich eines Tages mit ihm über das Tal Josaphat sprach, wo der Prophet Joel alle Heiden und Geschlechter und alle Generationen *in circuitu* zusammenzuführen und zu richten verhieß, wunderte ich mich über die nachweisliche Kleinheit dieses geographischen Ortes und über die materielle Unmöglichkeit, dort eine so wunderbar zahlreiche Menge zur Verwirklichung der Prophetie zu versammeln. Er blickte mich mit freundlichem Lächeln an, und nachdem er sich einige Minuten gesammelt hatte, antwortete er mir ganz einfach: »Wir werden zu DRITT sein! ...«

Nie werde ich die überwältigende Empfindung vergessen, die mir dieser Ausdruck einflößte.

XXXVIII. MEHRERE EISEN IM FEUER HABEN*.

Der Bogen ist eine Kriegswaffe, die seit der Erfindung der Maschinengewehre und der Schrapnellkugeln ganz besonders veraltet ist, und unser Strafrecht hat den Handel mit Seilen ruiniert. Ein Verzweifelter, der sich mit Glanz und Gloria an einer Gesimsleiste des Arc de Triomphe erhängen möchte, wäre genötigt, um ein oder mehrere geeignete Seile zu finden, ziemlich weit die Avenue de la Grande-Armée hinaufzulaufen, wo die Geschäfte selten sind. Überdies würde man ihm wahrscheinlich noch schäbige Verpackungsseile verkaufen, die seinen Selbstmord herabwürdigten, und er sähe sich gezwungen, darauf zu verzichten. Also muß man sich an den metaphorischen, übrigens sehr dunklen Sinn halten.

Man sagt, daß ein StaatsBÜRGER der Republik mehrere Eisen im Feuer hat, wenn er gleichzeitig oder sukzessiv ein ehrbarer Mann und ein Erzgauner sein kann; wenn er gleichermaßen fähig ist, in eine Vorstadtvilla einzubrechen und einem Temperenzlerverein vorzustehen; wenn er geistig wendig genug ist, nebeneinander Mathematikstunden und Anstandsunterricht zu geben, um sowohl Versicherungsvertreter werden zu können als auch Wahlstimmenwerber, Zeremonienmeister bei Beisetzungen erster Klasse, Dramenautor oder Betreiber eines Freudenhauses; wenn er schließlich, im Café wie im Omnibus, beidhändig geschickt genug ist, zur gleichen Zeit die eine in der eigenen Tasche und die andere in der des Nachbarn zu haben. Das führt uns zweifellos weitab vom Bogen des Odysseus, aber der moderne Weise würde sich hüten, mit seinen Pfeilen die Freier Penelopes zu durchbohren, und zwar mit Rücksicht darauf, daß die Weberei dieser Fürstin, die nachts wieder auftrennt, was sie tagsüber angefertigt hat, eine gewisse Anziehungskraft für die Liebhaber haben mag, die sich ein gewitzter Gatte gut zunutze machen kann.

---

* Frz. *avoir plusieurs cordes à son arc* — »mehrere Sehnen für seinen Bogen haben« bzw. »in allen Sätteln gerecht sein«.

XXXIX. HEU IN DEN STIEFELN, GELD WIE HEU HABEN. Sicherlich sind die Stiefel eine erbärmliche Heuraufe für das Futter der Grasfresser. Aber es ist sinnlos, sich dumm zu stellen. Alle Welt weiß, daß Heu Geld bedeutet und die Stiefel die Kasse. Dennoch sollte es erlaubt sein, merkwürdig zu finden, daß diejenigen, die das Geld besitzen, mit Vieh verglichen werden und die Stiefel allem möglichen vorgezogen werden, um deren Allmacht zu symbolisieren. Man sollte sich in Erinnerung rufen, daß die Armen Barfüßige und Habenichtse geheißen werden und die Reichen manchmal ihr Geld verzehren, was immerhin die Trivialität dieser sprichwörtlichen Wendung erklären würde. Dennoch ist sie ganz besonders respektlos. Ich stelle mir unseren Präsidenten Fallières* nicht vor, wie er, einer alten Schindmähre gleich, im Begriff ist, seinen Rücktritt zu vollziehen, indem er sich die metaphorischen Stiefel eines Gendarmen des Élysée-Palastes ausborgt, um darin seine bescheidenen Einkünfte zu verstauen.

XL. EIN HERZ AUS GOLD HABEN. Welch ein Privileg! Kein Herzklopfen mehr, keine Gefühlsaufwallungen, keine blinde Liebe, kein unüberlegtes Sich-Hinreißen-Lassen. Man ist ruhig wie Baptiste und glücklich wie die Schweine. Alle absurden Phänomene erlöschen. Man zerreißt sich nicht mehr das Herz, das Herz blutet einem nicht mehr. Man hat kein Eisenherz, kein Herz aus Stein, auch kein Löwenherz, sondern ein schönes, glänzendes, kegelförmiges und hohles Organ, ganz aus Gold und vollkommen fühllos. Das ist das unschätzbare Privileg des wahren BÜRGERS. Das höchste Lob, das man ihm spenden kann: er habe ein Herz aus Gold. Die Haus- und Grundeigentümer, die Gerichtsvollzieher, die Geldverleiher haben beinahe immer ein Herz aus Gold, und man sieht es ja so deutlich! Wenn Sie versuchen, sie zu beunruhigen, sie zu beeindrucken, sie auf irgendeine Weise aufzu-

---

* Armand Fallières (1841-1931), seit 1882 Inhaber verschiedener Ministerposten, seit 1899 Senatspräsident und seit 1906 Président de la République.

stören, werden Sie sich vergebens bemühen. Das Herz aus Gold spickt Ihnen den Kopf mit Blei, die Beine mit Blei, und bald werden Sie eine Bleimine haben.

Nun ist das Herz aus Gold aber ein Geschenk der Natur. Man findet es nicht bei den Juwelieren, die gewöhnlich nur Dublee verkaufen und damit so viele arglose junge Ehepaare täuschen, indem sie ihnen unangenehme Überraschungen im Pfandhaus bereiten. Wenn die stiefmütterliche Natur Ihnen nur ein gewöhnliches Herz geschenkt hat, bleibt Ihnen als einziger Ausweg die Ehe mit einem jungen Mädchen, das ein Herz aus Gold und sehr wenig Heu in den Stiefeln hat. Von morgen an werden Sie Ihr Glück kennen. Das ist der Ratschlag, den ich Ihnen gebe.

XLI. SEIN GEWISSEN ALS ZEUGEN ANRUFEN.

»Herr Zweischale, seien Sie so freundlich, einzutreten.«

»Ich danke Ihnen, Verehrteste, ich habe mich verpflichtet gefühlt, Sie im Vorbeigehen zu grüßen, aber ich fürchte, ich werde Ihnen indiskret erscheinen.«

»Aber nicht um alles in der Welt, seien Sie versichert. Legen Sie also Hut und Regenschirm ab. Sehr gut. Jetzt setzen Sie sich in diesen Sessel, der Ihnen bequeme Armstützen bietet, und erzählen Sie mir von Mme Zweischale. Sie erschien mir erschöpft, als ich sie das letzte Mal sah.«

»Richtig, meine arme Frau überanstrengt sich. Ich versuche zwar manchmal, sie zu Hause zurückzuhalten, aber sie will davon nichts hören. Sie kennt nur die Selbstaufopferung.«

»Sie gibt zu viele Stunden, nicht wahr?«

»Oh! Madame, reden Sie nicht davon, ich weiß nicht, wie sie das aushält. Klavierstunden, Gesangsstunden, Englischstunden, Deutschstunden und manchmal sogar Russischstunden. Man sieht sie nur noch in der Métro und in den Omnibussen. Wenn sie nicht bei ihren Amerikanern im Trocadéro ist, dann ist sie in Montmartre oder Montparnasse. Sie hat Schüler bis weit hinaus in die Vororte. Deshalb esse ich beinahe immer allein. Auf alle meine Vorhaltungen antwortet sie gleichbleibend, daß sie ihr Gewissen als Zeugen anruft, und damit bin ich beruhigt. Ich arbeite meinerseits an meinem Werk.«

»Ja, ich weiß, daß Sie ein bemerkenswertes Werk in Angriff genommen haben, das Ihnen mit Sicherheit die Pforten des Institut de France öffnen wird. Aber erlauben Sie mir, auf unsere liebe Mme Zweischale zurückzukommen. Ich will doch hoffen, daß ihre maßlose Aktivität auch angemessen entlohnt wird.«

»Oh! Zweifellos, und eben das macht sie so unermüdlich. ›Du hast deine Arbeit‹, sagt sie zu mir, immer wenn sie ihren Hut aufsetzt, ›Du hast eine glorreiche Mission, ich will Dir alle Alltagsbelastungen ersparen.‹ Und schon ist sie weg. Oh! Es fehlt uns an nichts, ganz bestimmt nicht. Manchmal bereitet sie mir hübsche Überraschungen. Hat sie nicht erst jüngst, weil sie meine weidmännischen Neigungen kennt, denen allerdings immer das Studium entgegenarbeitet, die reizende Idee gehabt, unser Eßzimmer mit wunderbaren Hirschgeweihen zu schmücken, untermischt mit Auerochsen- und Bisonhörnern, die wahrscheinlich sehr teuer waren und die ich während meiner Mahlzeiten bekümmert betrachte. Ist das nicht bewundernswert?«

»Ah! Ja, das Wort bewundernswert ist nicht zu hoch gegriffen. Was mir vor allem auffällt, ist der durchaus weibliche Takt dieses Geschenks, das Ihnen eine hohe Vorstellung vom Gewissen Ihrer Frau vermittelt haben muß. Offenbar brauchte sie einen Gatten wie Sie, und sie weiß es.«

»Madame, ich bitte Sie, bringen Sie mich nicht in Verwirrung. Ich fühle mich einer solchen Gefährtin ganz und gar unwürdig, und da Sie von Gewissen sprechen, so ruft das meine mich als Zeugen auf, daß ich nichts dazu getan habe, sie zu verdienen. Erlauben Sie mir also, mich jetzt zu verabschieden. Meine Bücher rufen mich, und ich brenne darauf, auf einen bedauerlicherweise sehr ungenauen Hinweis von Molière hin ein erleuchtetes Kapitel von Aristoteles oder Thukydides mit Bezug auf die Haartracht der verheirateten

Männer in den heroischen Zeiten Griechenlands zu untersuchen. Ich habe die Ehre, Sie zu grüßen.«

M. Zweischale ist der bekannte und gefürchtete Autor der *Selection des témoignages historiques;* Mme Zweischale hat andere Geschäfte, die wir nicht zu kennen brauchen und die uns nichts angehen; beide aber haben ihr Gewissen als Zeugen. Sie hören nicht auf, das zu bekräftigen, und es wäre beleidigend, es ihnen nicht zu glauben. Während M. Zweischale seine dicken Schwarten mit Anmerkungen und Referenzen spickt, von denen die Originaltexte der alten Chronisten hoffnungslos erdrückt werden, ist Mme Zweischale abwesend und kehrt erst heim, wenn es ihr beliebt, wobei sie diesem gelehrten Mann die gemeine Sorge um eine Küche überläßt, von der er nichts versteht, und um Näh- und Flickarbeiten, zu denen er sich, wiewohl sie dringlich sind, unfähig fühlt. Das ist übrigens eine vollkommene Ehe, weil jeder, wie bereits gesagt, sein Gewissen als Zeugen aufruft, ein wesentlicher Punkt zur Gewährleistung des ehelichen Glücks und zur Abwehr der bösen Zungen. Wenn der Gatte in den schamlosen Zeitungen als Krüppel bezeichnet wird oder eine Sintflut von anonymen Briefen eintrifft, die ihn über das skandalöse Verhalten seiner Frau aufklären, ziehen sich beide auf der Stelle unter ein und denselben undurchdringlichen Schutzschild zurück, und ihre heitere Gelassenheit wird auch nicht einen Augenblick getrübt.

Das ergötzliche Gleichgewicht dieses Paares ist für mich Anlaß zu tiefem Nachdenken über das Gewissen gewesen. Wie dieses gibt es viele häufig gebrauchte Wörter, deren eingehende Prüfung man sich gewöhnlich erläßt. Das Gewissen, sagen die Philosophen, ist das Gefühl, das man von sich selbst hat, ein nahezu immer angenehmes Gefühl. Das Gewissen ist also gleichsam ein Spiegel, der in die Person verliebt ist, welche hineinschaut. Es ist eine innere Stimme, ein geheimes Urteil, das die löblichen Handlungen billigt und die verwerflichen verurteilt. Im ersten Falle — zweifellos der häufigere — ist die Billigung vorbehaltlos. Im zweiten, an den man besser nicht denkt, wird die Verurteilung der bösesten Schändlichkeiten glücklicherweise durch eine unerschöpfliche Nachsicht und durch die barmherzige Verlängerung aller Gnadenfristen gemildert, denn es steht fest, daß man sich selbst keinerlei Übel will. Wenn es sich darum handelt, ins Gewissen der anderen einzudringen, was sehr viel leichter und vor allem sehr viel vergnüglicher ist, wie jeder weiß, ist natürlich Strenge geboten, äußerste Strenge, wobei wohlgemerkt die Moral, ja, sogar die Barmherzigkeit es erfordern, daß man den anderen größere Aufmerksamkeit schenkt als sich selbst. Aber das würde zu weit führen.

»Ich beklage mich weniger als früher«, hat unser François Coppée in *La Bonne Souffrance* gesagt. Wie könnte ich die Rührung vergessen, die dieser Satz mir einflößte! Früher, als er noch das armselige Leben führte, das ihn, gleichsam an der Hand, ins mechanische Bett führte, beklagte er sich nicht allzusehr, glaube ich; immerhin aber beklagte er sich. Später, als er sich einfallen ließ, auf gut Glück die Gebote Gottes und der Kirche zu praktizieren, beklagte er sich weniger, und da die Schönheit seiner Seele ihm von Tag zu Tag mehr enthüllt wurde, hörte er völlig auf, sich zu beklagen, wie ich gern glaube.

Ein großes und berühmtes Beispiel, und es steht uns frei, es jenen wilden Heiligen entgegenzusetzen, die behauptet haben, die Suche nach der Tugend führe dazu, daß wir unserer selbst mehr und mehr überdrüssig würden. François Coppée, der von *La Bonne Presse* als Dichter und Christ so scharfsinnig bewundert wird, konnte also in höchstem Maße sein Gewissen als Zeugen anrufen. Sein Fall ist unwiderleglich und unabweisbar. Er ist ohne Zweifel auch der von M. und Mme Zweischale und vieler anderer.

Die Konsequenz springt einem ins Auge. In welchem Pfuhl von Schande sieht man nicht diejenigen versunken, die sich fortgesetzt beklagen? Der gerechte Mensch muß mit sich selbst im reinen sein, genau wie der Metzger, der am Abend des 14. Juli bei geschlossenen Fensterläden seinen Kassensturz macht, nachdem er den ganzen Tag lang eine außerordentliche Menge von Schweinereien in Umlauf gebracht hat. Wer wagte zu sagen, das sei keine nützliche Gewissensprüfung, und wie könnte das Gewissen ihm das schmeichelhafteste Zeugnis verweigern?

Der tugendhafte Fouquier-Tinville* sagte in dem Augenblick, als er zur Guillotine geführt wurde, auf die er so viele andere geschickt hatte: »Ich habe mir nichts vorzuwerfen, ich sterbe untadelig.« Dieses Zeugnis seines Gewissens wird in den Archives nationales aufbewahrt. Eine solche Reliquie ist wahrscheinlich wunderbar, und man sollte sie den von Sanftmut befallenen Schwachköpfen zum Anfassen empfehlen.

Die Theologen, die vom Gewissen sprechen, machen den Eindruck, als wüßten sie nicht, daß es nicht *identisch* sein kann. Das Gewissen Neros beispielsweise, der sich seiner Rolle als Muttermörder, Weltherrscher und Künstler obersten Ranges bewußt war, hatte zweifellos nichts gemein mit dem Gewissen der zerlumpten Christen, die er zu flackernden Lichtzeichen machte. Ebenso gibt es heute das Gewissen des Schwerindustriellen und das seiner Arbeiter, ihrer Frauen und kleinen Kinder, die er benutzt. Es gibt das Gewissen der Reichen und das Gewissen der Armen, das Gewissen der BÜRGER und das offensichtlich disparate Gewissen der Künstler. Schließlich und endlich gibt es ganz allgemein diejenigen, die nichts auf dem Gewissen haben, und diejenigen, die vieles auf dem Gewissen haben, wie immer man diese Worte und Wendungen verstehen will. Das ergibt ebenso viele Zeugen, und man kann sich regelrecht dabei verzetteln. Manchmal stelle ich mir vor, daß die Welt in einer Sintflut aus Zeugen zugrunde geht.

XLII. FÜRS SOLIDE SEIN. Es hat mich häufig in Erstaunen versetzt, wenn ich einen Betrunkenen erklären hörte, er sei fürs Solide. Ich habe sogar bemerkt, daß er diese unvorstellbare Vorliebe um so verbissener beteuert, je betrunkener er ist. Ich weiß zwar, daß es Leute gibt, die durchaus keine

---

* Antoine Fouquier-Tinville (1746–1795), ein Freund von Camille Desmoulins, wurde im März 1793 zum »Öffentlichen Ankläger« des Revolutionstribunals ernannt. Wegen seiner besonderen Unbarmherzigkeit berüchtigt, wurde er selbst am 9. Thermidor hingerichtet.

Gewohnheitstrinker sind und doch mehrmals täglich dasselbe sagen. Gleichwohl hat die angeführte Tatsache ihre Bedeutung, und es wäre wohl gar nicht unvernünftig, sich davon etwas Aufklärung zu erhoffen. Lehrt uns die Weisheit der Völker nicht, daß »im Wein Wahrheit« liegt? Und erst recht im Schnaps, der ja der Geist des Weines ist, wenn nicht gar der Geist des Holzes oder jedes anderen tierischen oder pflanzlichen Stoffes. Hier mache ich im Vorbeigehen, lediglich im Vorbeigehen, darauf aufmerksam, daß eine hübsche Schmähung im ständigen Gebrauch dieses alten Sprichwortes liegt, wenn man sich darüber klar wird, daß die Wahrheit einer der Namen Jesu und seine Präsenz im transsubstantiierten Wein des Abendmahles *real* ist. Aber *non est hic locus*. Ich werde später darauf zurückkommen.

Im Augenblick handelt es sich darum, herauszufinden, was denn unter Solidem oder Festem zu verstehen ist. Die Klippschulen lehren uns, daß es ein Teil des geometrischen Raumes mit seinen drei Dimensionen ist, und das scheint unbestreitbar. Was aber ist von solider Frömmigkeit oder solider Freundschaft zu halten? Woher nimmt man ihre Dimensionen? Was tut man, um sie zu messen? Wäre die Rolle der Geometrie diesbezüglich nicht merkwürdig hinfällig? Eine dreieckige oder polygone Freundschaft läßt sich nicht besser vorstellen als eine kugelförmige oder rechteckige Freundschaft in Potenz. Man spricht manchmal von soliden Büchern, was verständlich ist, wenn man darin Kuben sieht, die mehr oder weniger Raum in der Bibliothek eines BÜRGERS einnehmen können. Fürs Solide kann man nur offen oder geradeheraus sein, das ist völlig klar, und jede andere Vorstellung wäre illusorisch.

Der Mensch, der fürs Solide ist, der das Solide will, muß sich also so fern wie möglich von der Religion halten, die ja offensichtlich flüssig oder gasförmig ist, weil sie nur Gegenstände präsentiert, die für die Hand des Metzgers ungreifbar und für das Auge des Ochsen nicht wahrnehmbar sind. Befragen wir Herrn Bergson. Wenn seine Verdauung ungestört war oder sein neuestes Porträt von einem kühnen Kubisten seine Ästhetik zufriedenzustellen vermocht hat, wird er Ihnen, wie ich gern glauben will, ungesäumt zugeben, daß der Heilige Geist noch nicht in ihn herniedergefahren und die Fleischwerdung des Sohnes Gottes noch unerledigt ist; daß aber die Lammkeule mit oder ohne Knoblauch eine Speise von unbestreitbarer Solidität ist, daß alle Religionen ihr Gutes haben, daß auch das hübscheste Mädchen der Welt nicht mehr geben kann, als es hat, und daß Paris nicht an einem Tage erbaut worden ist. Und dann werden Sie voll erleuchtet sein.

XLIII. MAN MUSS GLEICH VOR DIE RECHTE SCHMIEDE GEHEN. Das ist der überaus wertvolle Ratschlag beschlagener Leute, die wissen, woran man sich zu halten hat*. Früher, vor langer Zeit, als die Protestanten und die Modernisten noch nicht geschaffen waren, glaubte man, daß die Heiligen über die Macht verfügten, denjenigen zu Hilfe zu kommen, die sie inbrünstig anflehten. Es gab berühmte Märtyrer, gewichtige Fürsprecher, die mit ihrem Beistand für die armen Christen nicht knauserten, welche sie ihrerseits zum Gedenken an ihre Qualen ehrten. Es gab auch und vor allem himmlische Schutzheilige für die verschiedenen Zünfte: den heiligen Blasius für die Weber; den heiligen Bartholomäus für die Schneider; den heiligen Krispin für die Schuster; den heiligen Eligius für die Goldschmiede und Schlosser; die heilige Katharina für die Stellmacher; den heiligen Joseph für die Zimmerleute oder Schreiner; die heiligen Cosmas und Damian für die Ärzte; den heiligen Isidor für die Ackersleute; den heiligen Fiakrius für die Gärtner; den heiligen Iwein für die Advokaten; den heiligen Lukas für die Maler; den heiligen Michael für die Pastetenbäcker; den heiligen Franz für die Dekorateure und wer weiß wie viele andere, die ich nicht kenne oder vergessen habe.

Jeder dieser Insassen des Paradieses wurde auf ganz besondere Weise geehrt und war Gegenstand eines Vertrauens, das durch nichts geschwächt werden konnte. Zweifellos hatte man mit

---

* Frz. *il vaut mieux avoir affaire à Dieu qu'à ses saints.*

Gott zu *schaffen,* aber auf dem Wege über seine Heiligen; nicht nur in Frankreich, sondern in allen christlichen Ländern. Es war ein Widerschein der wesenhaften Glorie in den bescheidensten Wohnstätten, und so bildeten sich die geduldigen und wunderbaren Orden des Mittelalters. Allein die Bettelmönche, die Barfüßer, die sich ihr Brot von Haus zu Haus zusammentrugen, hatten das Ehrenprivileg des direkten Schutzes Jesu Christi, weil sie mehr als die anderen Christen dem Erretter der Welt nachlebten, und deshalb war es eine sehr große Ehre und Wonne, sie gastfreundlich zu empfangen. Wenn man einem von ihnen in dürrer Einöde begegnete, glaubte man auf eine lebendige Quelle gestoßen zu sein ...

Die moderne Frömmigkeit hat mit ihrer Tilgung dieser großartigen Poesie dazu beigetragen, daß die Heiligen von einst als eine Art wenig vertrauenswürdiger Domestiken betrachtet wurden, im Dienst eines möglichen Gottes, der für problematisch gehalten werden konnte; so daß es heute das sicherste zu sein scheint, mit *niemandem* zu schaffen zu haben, es sei denn mit dem Gerichtsvollzieher oder mit dem Steuererheber. Das ist, glaube ich, alles, was auf dem Boden des Siebes verblieben ist, durch das die Asche der Jahrhunderte gerieselt ist. Und das genügt unserem BÜRGER, der nichts wissen will vom Heiligenkalender und sich doch nicht für gottlos hält. Es genügt gleichfalls vielen Priestern, die Feinde des religiösen Überschwangs sind und verkünden, daß der Glaube vorankommt, wenn ihre Pfarrkinder die Güte haben, ihren Unrat nicht mehr mitten in der Kirche abzuladen, und wenn sie höflich den Schlüssel zum Örtchen verlangen.

XLIV. DIE RELIGION IST JA SO TRÖSTLICH!
Diese Behauptung wird gewöhnlich von Personen ausgesprochen oder gesäuselt, die keinerlei Bedürfnis nach Tröstungen haben. Sie setzt stillschweigend voraus, daß man hinreichend religiös sei, um nicht jenen Zöllnern zu ähneln, die von Anfang des Jahres bis Ende grämlich fasten, während man selbst es sich

fortwährend mit großem Gewissensfrieden bei Festmählern wohl sein läßt. Es liegt ganz bei ihnen, ihre Brotränfte mit Wonne zu verspeisen oder sich gar zu erbauen, indem sie absolut nichts essen. Die hohlen Bäuche sind ausgezeichnete Trommeln zur Ertüchtigung der Elenden für die Eroberung des Paradieses. Um so schlimmer für sie, wenn sie ihr Glück nicht verstehen.

Besuch eines meiner Freunde beim Geistlichen einer der reichsten Pfarreien von Paris. Blitzende Equipagen warten vor dem Portal. Es heißt warten, bis die schönen Damen oder hohen Herren ihre Aufwartung gemacht haben. Endlich führt man den Fußwanderer hinein. »Hochwürden«, sagt er, »das wird Ihre Meinung über M... sehr ändern«, wobei er eine sehr arme Pfarrei nennt, die seinem Gesprächspartner wohl bekannt ist. »Wirklich«, antwortet der, »*das ist eher tröstlich!*« Ich unterstreiche diese Worte, denen man vielleicht sonst nicht allzuviel Aufmerksamkeit schenken würde. Sie sehen unscheinbar aus, und doch ist in ihnen die ganze Geschichte unseres schönen, religiösen Frankreich zu Beginn des 20. Jahrhunderts enthalten. Dieser würdige Geistliche trug keine Scheu zu sagen, daß er trostbedürftig war. Der Anblick der Armen zog sein priesterliches Herz in Mitleidenschaft. Bei denen, die da leiden, war er nicht am Platz, und man hatte ihm eine Herde anbieten müssen, die er besser zu weiden verstand. Denn die Reichen sind tröstlich, weil sie selbst manchmal das Bedürfnis haben, getröstet zu werden.

Um genau zu sein, müßte man sagen, daß dieses Bedürfnis bei ihnen noch viel stärker ist als bei den Armen, weil sie eine sehr viel *feinfühligere* Seele haben, wie das so taktvoll unser Paul Bourget beobachtet hat, der selbst mit einer so feinfühligen Seele ausgestattet ist, daß sie nur eine der drei für die geometrische Abgrenzung der rohen und handgreiflichen Dinge erforderlichen Dimensionen besitzt. Ebendas wird auf bewundernswerte Weise von den Geistlichen der Damen empfunden. Sie trösten sie, und die Damen trösten sie ihrerseits. Die Religion ist damit ein Bazar gegenseitiger Tröstungen, ein Luxusbazar, von dem fortgesetzt Trostworte aufsteigen, *verba consolatoria,* wie sie der Engel des Propheten Sacharja aussprach*, wo aber die grobgeschliffenen Seelen der Bedürftigen keinen Zutritt haben.

Ohne bis in die Zeiten der Märtyrer zurückzugehen, deren Geschichte durchaus nicht tröstlich ist, kann man in außergewöhnlichen Büchern lesen, daß es weit vor dem Jesuitenorden und seiner Gründung Epochen gegeben hat, in denen von Tröstung sehr viel weniger die Rede war. Die Tröstung war auf die Ankunft des Parakletors vertagt, eine Ankunft, die man noch sehr fern glaubte, und in Erwartung dieses Dritten Reiches Gottes auf Erden meinte man, zu Füßen des Kreuzes leiden zu müssen, im Blut des Vaters der Armen. Und das meinte man entschieden, absolut, und die Frömmigkeit hatte nichts Sentimentales an sich. Die »hervorragende Würde der Armen«, von der Bossuet sehr viel später sprach, war keine leere, an Perücken- und Federbuschträger gerichtete Rede, sondern greifbare, unbestreitbare Realität, so unbestreitbar, daß man weitverbreitet Reiche und manchmal auch sehr hohe Herren sehen konnte, die sich zur Armut bekehrten, um daran teilzuhaben. Zwar hat man damals Furcht vor dem Evangelium gehabt, während man seither tapfer geworden ist. »Wohlan nun, ihr Reichen, weinet und heulet über euer Elend, das über euch kommen wird**!« Versuchen Sie also heute einmal, mit diesem Wort Jesu Christi irgend jemanden in Schrecken zu versetzen!

Aber ich sehe, daß der eben zitierte Geistliche mich allzu weit vom Thema abgeführt hat. Das moderne Trostbedürfnis ist bei den Armen nicht weniger zu verspüren als bei den Reichen, und ebendas würde Bourget nicht verstehen. Ich übrigens auch nicht, obwohl ich in einiger Entfernung vom hochberühmten Psychologen angesiedelt bin. »Ich will lieben, aber ich will nicht leiden«, läßt Alfred de Musset dümmlicherweise eine seiner Heldinnen sagen***. Das ist das allgemeine Gefühl

---

* Sacharja, I, 13: »Und der Herr antwortete dem Engel, der mit mir redete, freundliche Worte und tröstliche Worte.«
** Der Brief des Jakobus, V, 1.
*** *On ne badine pas avec l'amour,* II, 5 — so Camille zu Perdican.

unserer Frömmler und Frömmlerinnen, reich oder arm. Auf seiten der Armen ist es umgekehrt.

Das Leiden und die Schande als Gewährende in Reichweite haben und keine der beiden wollen! Mit anderen Worten, über das Mittel verfügen, eine spirituelle Kathedrale zu erbauen, die prächtiger und höher ist als die berühmten Basiliken, und doch dem ersten Stein eine kleine, im Halbschatten geflüsterte honigsüße Phrase vorziehen! Gott existiert vielleicht nicht, aber die Religion ist ja so tröstlich! Ah! Sie ist schon eigenartig, diese Religion der Pharisäer und Pharisäerinnen mit verkauftem Herzen, die vom Schweiß und Blut des Gottessohnes *getröstet* werden!

XLV. HINTERGEDANKEN. Man sagt, daß ein Mensch Hintergedanken hat, wenn er nicht alles sagt, was er denkt oder will. Das ist ein ganz gewöhnlicher Fall, und damit bezeichnet dieser Ausdruck nichts Außergewöhnliches. Wer alles sagte, was er denkt, und alle seine Absichten erklärte, hätte nur Vordergedanken, nur *Fassaden*-Gedanken, wenn man so sagen kann, und wäre eine Art Monster. Sein Kopf ähnelte einem unmöglichen Haus, ohne Höhe noch Tiefe, ohne Dach, ohne Keller, ohne Treppe, ohne Hauswirt, in dem man sich zum Schlafen nur hinlegen könnte, wenn man die Füße oder sogar die Beine zum Fenster hinausstreckte, zum ständigen Ärgernis der eleganten oder rechtschaffenen Persönlichkeiten, die auf der Straße vorbeigingen. Etwas Absurderes kann man sich nicht vorstellen. Angenommen, eine solche Bleibe erschiene für Unglückselige bewohnbar, die an die Zurschaustellung ihres Elends gewöhnt sind, wie könnten schätzenswerte Leute, *die sich nichts vorzuwerfen haben,* es ertragen, sich allen denen als Schauspiel anzubieten, die versucht wären, einen Blick in ihr Inneres zu tun?

Ein Mensch, der Hintergedanken hat, ist im Gegenteil ganz einfach ein gescheiter Mensch, der ein gut instand gehaltenes Haus bewohnt, das entsprechend mit einer Rückzugsmöglichkeit ausgestattet ist, wo es ihm freisteht, in Ruhe nachzudenken, und mit einer anderen, von der ersten etwas entfernten Rückzugsmöglichkeit, wo er manchen Regungen der Natur nachgeben kann, ohne daß jedermann Kenntnis davon hätte. Ideal wäre es, wenn es nur einen einzigen Ort für beide Möglichkeiten gäbe, die in diesem Falle eine geheimnisvolle und tiefe Übereinstimmung verrieten. Die Spekulanten und die Soziologen werden mich verstehen!

XLVI. ZWISCHEN DEN ZEILEN LESEN. Das ist äußerst leicht. Es genügt, für zwei Groschen Scharfsinn zu besitzen, dieses und jenes erlebt zu haben und von dem gewohnheitsmäßigen Willen beseelt zu sein, sich keinen Bären aufbinden zu lassen. Ein Beispiel unter hunderttausend anderen:
»Lieber Meister, ich habe gerade mit grenzenloser Begeisterung Ihr unvergleichliches Werk über die *Division du travail sexuel envisagée comme la source de la solidarité conjugale* gelesen, und ich weiß nicht, wie ich Ihnen meine Bewunderung zum Ausdruck bringen soll, usw.«

Der glücklicherweise beschnittene Autor, M. Émile Durkheim*, Soziologiepapst der Sorbonne und zweifellos an die Lektüre zwischen den Zeilen gewöhnt, wird mit Sicherheit folgendes herauslesen:
»Dreifacher Idiot, ich habe gerade mit unsäglichem Abscheu das Hauptwerk des Kretinismus in mich hineingestopft, das Du zu veröffentlichen die unbeschreibliche Abgeschmacktheit gehabt hast, und ich will keinen Augenblick vergeuden, es Dir ungesäumt wieder ins Gesicht zu spucken, usw.« Achten Sie bitte darauf, daß ich die vermutlich in einem einfachen Brief an einen verehrten Professor gebrauchten Ausdrücke merklich abschwäche.

Was soll ich von einem ganzen Buch sagen, das auf ebendiese Art und Weise geschrieben worden wäre. Zwar wäre es in diesem — neuen — Falle der Autor, der sich an seinen Leser wendete, aber der Stil wäre nicht weniger freizügig, und hier

---

* Durkheims Werk, von Bloy entstellt, trägt den Titel *La Division* sociale *du travail*. Vgl. S. 287 dieses Bandes.

die ganz aufrichtige Meinung, die man zwischen den Zeilen eines vierhundert Seiten starken Romans von Paul Bourget, Maurice Barrès oder ganz einfach von Weber Zettel fände:

»Ihr schwachköpfigen Snobs und teuren Nutten der Welt, hier ist mein Dreck, verschlingt ihn. Er ist Eurer ganz und gar würdig, und Eure unfehlbare Vorliebe für Schmutz und Schund wird nicht verfehlen, ihn entsprechend zu würdigen, usw.«

Man müßte einen Lehrstuhl für das Fach Lektüre zwischen den Zeilen einrichten.

XLVII. IN RUHE LESEN, MIT ZURÜCKGELEGTEM KOPF.

Es gibt nur ein einziges Buch, das *mit zurückgelegtem Kopf* gelesen werden kann. Das ist das Buch des Lebens, und darin steht nur eine einzige Zeile: *Electus vel Damnatus* — auserwählt oder verdammt.

XLVIII. GOTT UND DEM TEUFEL SCHULDEN.

Offenbar ist das genau dasselbe. Man schuldet Gott, sagen die asketischen Kirchenlehrer, das Opfer seines Willens, seiner Affekte, seiner Vorlieben, ja, sogar seines Lebens; und der Teufel verlangt ein ähnliches Schlachtopfer. Der einzige Unterschied, den man für wesentlich halten könnte und der umgekehrt eine Bestätigung der Identität ist, liegt darin, daß Gott fordert, dem Teufel abzuschwören, und daß der Teufel seinerseits wild entschlossen fordert, Gott abzuschwören.

Was tun, um beide zufriedenzustellen? Leicht gesagt, daß dies unmöglich ist. Der BÜRGER, der religiöse Gefühle hat, sieht mit aller Deutlichkeit, daß es unerläßlich ist, zwei Herren gleichzeitig zu dienen, um seine Geschäfte ordentlich zu führen, die natürlich Vorrang vor allem anderen haben. Er spürt überdies in sich, und zwar in jedem Augenblick, die beiden Herren in jenem beständigen Kampf miteinander liegen, von dem im Buch der Bücher die Rede ist, und zwangsläufig muß jeder der beiden seine angemessene Rolle spielen. Und da greift dann eine dunkle Buchführung ein. Haben wir heute genug getan, um Gott zu gefallen, ohne den Unwillen des Teufels zu erregen, und *vice versa,* sind wir heute Gott gegenüber auch nicht ausfallend gewesen, indem wir seinem Widerpart allzu viele Zugeständnisse gemacht haben? Wer kann sich schon schmeicheln, das für die Handhabung einer solchen Waage erforderliche Feingefühl aufzubringen?

Wer? Der BÜRGER natürlich, der BÜRGER mit seinem Soll-und-Haben-Buch. Die große Kunst, in der er brilliert, besteht darin, Gott und Teufel abwechselnd und listenreich in die beiden Spalten einzutragen, und zwar so, daß er sie sich nicht zu Feinden macht und sie gleichzeitig einen nach dem anderen profitabel einwickelt. Das ist eine sehr heikle Gleichgewichtsübung, die sowohl Erfahrung als auch Behendigkeit und einen guten Magen verlangt.

Man wird vielleicht einwenden, daß ich hier Schwierigkeiten sehe, wo keine sind, daß diejenigen, die diesen Gemeinplatz benutzen, einfach nur ganz dümmlich sagen wollen, daß man eben aller Welt Geld schuldet. Ich antworte, wie ich das bereits mehrfach getan habe: Da die Rede des BÜRGERS etwas Prophetisches hat, geht sie sehr viel weiter als sein Denken, welches gewöhnlich nirgendwohin geht, und was ich gerade beschrieben habe, ist genau, was er in Wirklichkeit sagt.

XLIX. WIE MAN SICH BETTET, SO LIEGT MAN.

Ein alter Historiker drückte sich im Zusammenhang mit Karl dem Kühnen folgendermaßen aus: »Derjenige, der sein Bett erbte, mußte es fortgesetzt ausleihen, weil man der Meinung war, daß in einem Bett, in dem ein Mann von solch kriegerischer Unrast Schlaf gefunden habe, doch gut Ruhen sein müsse.« Der Satz ist zitierenswert, aber wir wissen nicht, wie das Bett dieses hochfahrenden Fürsten beschaffen war, und man darf vermuten, daß er kaum je darin geschlafen hat.

Das aber hat nichts zu schaffen mit den Betten unserer BÜRGER, in denen gewöhnlich weder Heroismus noch kriegerische Unruhe schlummern. Diese tapferen Leute lassen sich ihre Betten von mehr oder weniger aufmerksamen Dienstmädchen machen, und sie schlafen ziemlich regelmäßig ohne die geringste Sorge darin, wenn die Geschäfte gut gehen. Diejenigen, die sie nach ihrem Tode erben, lassen sie sorgfältig desinfizieren, um dann den gleichen Schlaf darin zu schlafen, und damit hat sich's. Es ist wie ein geschmücktes und bequemes Grab, in dem ein Aas ohne jede Unannhemlichkeit oder Peripetie die Stelle eines anderen einnimmt.

Wenn man aber positiv sagen will, daß ein BÜRGER sich selbst bettet, muß man auf den bildhaften Sinn achten. Dann ist es nicht *kühn,* zu behaupten, daß die Mehrheit der BÜRGER im Schmutz schläft und eine ziemlich große Zahl im Schmutz des Blutes der Armen, in Erwartung des Polsters aus glühenden Kohlen, das sie sich für die Ewigkeit bereiten.

L. WASSER IN SEINEN WEIN GIESSEN. Das ist eine Antiphrase. Der kluge Mann gießt Wasser in den Wein der anderen, so viel Wasser wie möglich, und trinkt selbst reinen Wein, vor allem dann, wenn er einem Temperenzlerverein angehört. Aber das ist nur der Weisheit Anfang. Das Ende der Weisheit wäre die Sintflut, und so weit möchte man schließlich nicht gehen. Man darf weder den Kunden ertränken noch die Weinlesen gefährden. Unterscheidungsvermögen und gerechtes Maß, ebendas fordert die Vernunft. Manchmal ist es geboten, den Kunden betrunken zu machen, ein andermal ist es vorteilhafter, ihn verdursten zu lassen.

Die einzige unwandelbare Regel ist die, stets die Begeisterung zu dämpfen und die Lichter der Hoffnung auszublasen.

ZWISCHENSPIEL

TUE RECHT UND SCHEUE NIEMANDEN. Vorgestern, am 19. Januar 1913, feierte man an der Sorbonne den fünfzigsten Jahrestag der Aufnahme von M. Judas-Ernest Lavisse, Mitglied der sogenannten Académie française, in die École normale supérieure, deren Leiter er heute ist*. M. Raymond Poincaré, eben gekürter oder frisch gewählter Präsident der Republik** und folglich von bewundernswerter parlamentarischer Gediegenheit, war darauf bedacht gewesen, diese Jubelfarce mit seiner Anwesenheit zu ehren.
 Natürlich gab es Reden, und was für Reden! Man hörte einen M. Guist'hau, Minister für was weiß ich, der sich einer alten Selbstanpreisung erinnerte, bei der dieser Lavisse von der »einzigen fortan souveränen Macht« gesprochen hatte, von der »erneuernden Wissenschaft, der Philosophie der Zukunft und der hoffnungsträchtigen Religion«. *Die hoffnungsträchtige Religion!* Auf dieser letzten Stufe des akademischen Kretinismus hat Poincaré, der Nachfolger von Ludwig XIV., von Napoleon und von Fallières, dem Gelehrten Lavisse*** die Hand geschüttelt, der früher einer seiner Laufburschen war. Aber es hätten auch viele andere Hände geschüttelt werden müssen, weil Lavisse nur ein Mitglied einer ganzen Herde war.

 * Ernest Lavisse (1842–1922), Historiker und *pape de l'histoire officielle*, einer patriotischen und sehr konservativen Geschichte, war Mitautor und Herausgeber der großen Sammelwerke *Histoire générale* (mit Rambaud; 1893–1901, 12 Bde.) und der *Histoire de France depuis les origines jusqu'à la Révolution* (1908–1911, 9 Bde.), ebenso eines Sammelwerkes über die Zeit bis zum Ende des Ersten Weltkrieges.
 ** Raymond Poincaré (1859–1934), ursprünglich gemäßigter frz. Politiker, der jedoch die bürgerlich-klerikale Rechte bekämpfte, seit 1906 Finanz-, später Außenminister, wurde am 17. Januar 1913 zum Président de la République gewählt und führte Frankreich durch den Ersten Weltkrieg. Nach dem Sturz Briands war er 1922–1924 erneut Ministerpräsident und Außenminister.
 *** Lavisse, vor allem Historiker, hatte darüber hinaus eine bedeutsame Rolle bei der Reorganisation des höheren Bildungswesens gespielt und als Direktor der Eliteschule École normale supérieure großen Einfluß, gegen den etwa auch Péguy protestierte.

Nicht vergessen werden darf, daß es Sorbonne-Löwen gibt wie Aulard, Lanson, den Erfinder der »sechs großen Gesetze der Literatursoziologie«, die vor ihm vollkommen unbekannt waren; Langlois und den Kalvinisten Seignobos, den Wegbereiter der historischen Reblaus in Frankreich; schließlich und vor allem den unvorstellbar großen Papst Durkheim, dem die künftige Gesellschaft, glücklicherweise von Gott und der Intelligenz betrieben, den *Totemismus* (?) und die »sexuelle Arbeitsteilung« (!) zu verdanken haben wird. Die Zeitungen, die über die Jubelfeier des Schmierfinken Lavisse berichteten, haben, soweit ich sehe, keinen dieser illustren Professoren erwähnt, die zärtlich zu tätscheln der neue Kaiser der Republik, der doch so fähig ist, sie zu verstehen, glücklich gewesen wäre*.

»*Tue recht und scheue niemanden*«, hätte er ihnen gesagt. »Was verschlägt es, daß eine blinde Mehrheit Sie als gottlose Schwachköpfe oder als unsaubere Schulfüchse betrachtet, die bei den Mördern Frankreichs in Stellung sind? Was verschlägt es, daß sogar ich, Sühneopfer mit zwölf Millionen Francs jährlich, in der allernächsten Zukunft als dummer Kuhhirt im Dienste der Ackerbauern der Scham und der Verzweiflung betrachtet werde? Können wir nicht unser republikanisches Gewissen als Zeugen anrufen? Sind wir nicht die Söhne der Riesen der Revolution? Wir wissen, daß es keinen Gott gibt und daß die Geschichte 1789 begonnen hat. Diese Gewißheiten, meine Herren, sollten uns genügen.«

Derlei stolze Worte aus dem Munde eines solchen Oberhauptes hätten sicherlich nicht verfehlt, die Brunnen der

---

* Bloys Invektiven (und falsche Zitate) sind sämtlich aus »zweiter Hand« gewonnen, nämlich dem weiter unten zitierten Buch von Pierre Lasserre. — Alphonse Aulard (1849–1928) war Historiker mit eigens eingerichtetem Lehrstuhl für die Geschichte der Französischen Revolution. — Gustave Lanson (1857–1934) war der Autor einer zweibändigen *Histoire de la littérature française* (1894). — Jean Paul Langlois (1862–1923) war Mediziner und Physiologe. — Charles Seignobos (1854–1942) war einer der Hauptvertreter der »positivistischen« Geschichtsschreibung, gegen die sich der spätere *Annales*-Kreis richtete. — Émile Durkheim (1858–1917) hat mit seinen Werken über *Les règles de la méthode sociologique* (1895), *Le Suicide* (1897) und den hier verballhornten Arbeiten über Totemismus und *gesellschaftliche Arbeitsteilung* (1893) die moderne Soziologie im engeren Sinne mitbegründet.

Wissenschaft an der Sorbonne zu entfesseln und die Füße einer großen Zahl von Hörern zu beflügeln. Aber die allzu schönen Dinge treten nie ein, und die Jubelfeier mußte ein ziemlich plattes Ende nehmen.

»Was verschlägt das?« frage ich meinerseits. Da sind Menschen, eine ganze Herde von Menschen, in dem hochfahrenden Willen vereint, das Christentum zu vernichten und Frankreich in den Schwachsinn zu treiben. Auf ihrer Seite haben sie die beinahe unendliche Macht einer Ausdauer, die kein Insektizid zu brechen vermag, und den heftigen Fanatismus der absoluten Dummheit. Wer wollte zu sagen wagen, das sei nichts?

Denken Sie daran, daß M. Durkheim sich damit befaßt, uns *eine Moral zu zimmern,* und wir ihm den unerhörten Fund verdanken, daß die Liebe nur ein Fall von Arbeitsteilung ist! Und ebendieser beschnittene Soziologe hat die erleuchtete Unterscheidung von *einfachen poly-segmentären Gesellschaften, poly-segmentären einfach zusammengesetzten Gesellschaften* und *poly-segmentären doppelt zusammengesetzten Gesellschaften* getroffen. Er ist es überdies, der folgende lapidare Definition gegeben hat: »Die administrativen Funktionen sind die zerebral-spinale Funktion des sozialen Organismus!«

Es ist vielleicht nicht ganz unnütz, an dieser Stelle zu erklären, daß ich die Kenntnis dieser Dinge einem sehr interessanten Buch von M. Pierre Lasserre über *La Doctrine officielle de l'Université* verdanke. Ich hätte mich nicht ohne Gefahr für Leib und Leben den schrecklichen Lektüren unterziehen können, die dieser heldenhafte Schriftsteller überlebt hat*.

Am stärksten hat mich an diesem Abriß der akademischen Lehre beeindruckt, daß Frankreich im Begriff ist, das Gespür für das Lächerliche einzubüßen. Mit gewaltiger Autorität schreibt man gravitätisch unendlich putzige Sachen, unendlich viel putziger als alles, was es bei Molière oder Courteline zu lesen gibt, und niemand denkt daran, sich am Boden zu wälzen,

---

* Pierre Lasserre (1867–1930), Literaturhistoriker; erbitterter Gegner des 19. Jahrhunderts und Parteigänger der nationalistischen Bestrebungen von Charles Maurras; das zitierte Buch mit dem Untertitel *Critique du haut enseignement d'État* war 1912 erschienen (Paris: Mercure de France).

im Gegenteil: Man ist von Respekt und einer Art religiöser Scheu ergriffen. Das ist der unmittelbar bevorstehende Tod, vom unwiderleglichsten Symptom angekündigt.

Man kann sich Frankreich krank, schwach, ruiniert, entehrt vorstellen, um Almosen bettelnd und nur Beschimpfungen erntend, wenn auch lebendig und trotz allem fröhlich im Gedanken daran, daß es in sich ein Lebensprinzip spürt, eine unfehlbare Verheißung von Erneuerung, von vollständiger Wiederherstellung seiner Jugend und Kraft nach den maßlosen Mißgeschicken und unvergleichlichen Demütigungen; aber ein Frankreich, das nicht mehr in der Lage wäre, die Lächerlichkeit zu spüren und doch weiterzuleben — das ist schwer vorstellbar. Die germanisierte gallische Lerche, judaisiert, laisiert, verfreimaurert, und zwar so weit, daß man das Lachhafte nicht mehr vom Ernsten und Gewichtigen, das Groteske nicht mehr vom Erhabenen unterscheiden könnte — dieses Frankreich kann ich mir nicht anders als tot vorstellen.

Die anderen Nationen können auf ihre Weise im Schmutz der Pädagogen weiterexistieren. Aber das ist unmöglich für die älteste Tochter der Kirche, für die Lieblingsgattin Jesu Christi, und doch könnte man glauben, daß genau dieses schreckliche Unglück ihr gegenwärtig droht. Es ist schon schrecklich genug, daß wir morgen früh oder morgen abend völlig ohne Gott sein könnten; aber so weit unter die Neger abzusinken, Exkremente anzubeten oder von unseren Kindern anbeten zu lassen, die von Hohenpriestern wie dem Renegaten Lavisse oder dem unvergleichlichen Schwachkopf namens Durkheim dargeboten würden, wenn er nicht gerade Lanson oder Seignobos hieße, das wäre der Gipfel der Schande, den das französische Denken nicht ertragen könnte.

Zwar haben sich bereits einige Stimmen erhoben, und man beginnt auf die Ebbe des akademischen Kretinismus zu hoffen. Vergebens, wie ich fürchte. Die Sorbonnarden haben den Händedruck des bestallten Präsidenten erhalten, der in ihnen Verdummungsstrategen sieht, die zu seinen Absichten passen und in der Lage sind, sein Regime berühmt zu machen. Durch diesen Kontakt aufgerüttelt, werden sie wieder Mut fassen, werden sie zu neuem Leben erwachen, Wurzeln schlagen und auf intensivere und lückenlosere Weise Schwachsinn verbreiten. Stärker und dickhäutiger geworden, werden sie den Ohrfeigen der Kritik eine eiserne Maske und dem Gespeie allgemeinen Abscheus den Regenschirm ihres guten Gewissens entgegenhalten. *Tue recht und scheue niemanden,* werden sie dann denken, wenn sie sich wie schmutzige Preußen über der christlichen Zivilisation niederhocken.

LI. DAS KÜCHENLATEIN. Das erste, dem man begegnet, wenn man die Universität verläßt, ist das Küchenlatein. Ich werde niemandem beibringen, daß das Küchenlatein die Sprache der Kirche ist, die Sprache Gottes, diejenige, die Cicero nicht in den Mund nahm. Sogar die Handlungsreisenden, die unfähig sind, *rosa,* »die Rose«, zu deklinieren, wissen, daß die Heiden ein Latein sprachen, das dem der Vulgata sehr überlegen war. Das ist die einzige Vorstellung, die sie sich erworben haben, aber sie ist felsenfest verwurzelt und allen Humaniora vorzuziehen. Damit sind sie auf dem Niveau der Sorbonnarden, die sich so freimütig mit der Tilgung der klassischen Bildung befassen.

Die Kirche spricht Latein, also ist das Lateinische verderblich. Das ist doch ganz einfach und klar. Das Glaubensbekenntnis ist lateinisch, ebenso das *confiteor;* die Absolution des Priesters vollzieht sich auf lateinisch, ebenso die Messe und alle kultischen Zeremonien. Mehr braucht's nicht. Alle diese abgedroschenen Ladenhüter sind unvereinbar mit dem Sport und den anderen Äußerungen des praktischen Lebens. Setzen wir also die veraltete Sprache außer Kraft, die sie zum Ausdruck bringt, und wir werden einen großen Schritt nach vorn getan haben. Weiter und erneut gesagt: Diese Sprache, die so schön war zu Zeiten der antiken Abgötter, ist nichts mehr wert, seit die Christen sie in Gebrauch genommen haben und sie durch ihr Zutun zum Küchenlatein geworden ist.

Warum *Küchen*latein? Ich habe nie bemerkt noch sagen hören, daß Köche und Köchinnen über den Brauch verfügten, für ihre vertrackten Mischungen irgendein Latein zu benutzen. Könnte das daran liegen, daß die ganz und gar weltliche Überlieferung irgendwelcher Rezepte des Apicius den Gedanken nahelegt, sie hätten diesen alten Autor studiert? Aber Cœlius Apicius, der berühmteste antike Feinschmecker, lebte zu Zeiten des Tiberius, und sein Traktat *De re coquinaria** ist in der Sprache des Petronius geschrieben, der zweifellos kein Christ war. Man muß also anderswo nach dem Ursprung dieses Gemeinplatzes suchen; ich verzichte und beschränke mich darauf, eine dunkle Furcht vor den glühenden Kohlen und Bratrosten der Hölle zu vermuten, die, insgeheim und trotz allem, die stolzesten Feinde des Kirchenlateins umtreibt.

LII. DAS LATEINISCHE SPOTTET ALLEN ANSTANDS.

Allen Anstands spotten — damit scheint stillschweigend vorausgesetzt, daß man unanständig ist, was bei einer angeblich toten Sprache verwundert. Wenn Ehrlichkeit Scham bedeutet wie zu Zeiten von Boileau, so folgt daraus zwangsläufig, daß man auf lateinisch die schlimmsten Obszönitäten sagen kann, ohne Furcht, die keuschesten Personen zum Erröten zu bringen, und zwar selbst dann, wenn sie es verstehen. So erklärt sich wahrscheinlich die verbissene Gegnerschaft unserer Akademiker gegen eine Sprache, die ihre Reinheit kränkt, und die Schamlosen wären gut beraten, sie energisch zu bekämpfen. Dann hätte man ein nur allzu schönes Schauspiel vor Augen: den Konflikt von Sorbonne und Puff.

Die Gegner wären nur in einem einzigen, wesentlichen Punkt einverstanden: der Notwendigkeit, die Kirche zu erledigen, die ihr Latein wirklich mißbraucht. Fragen Sie alle BÜRGER, vor allem diejenigen, die nie ein Wort Latein gelernt haben, Sie werden nicht einen einzigen darunter finden, der nicht davon überzeugt wäre, daß die Bibel voller Zoten steckt, die lateinische Bibel wohlgemerkt, weil die anderen Bibeln ja glücklicherweise von seraphischen Protestanten gereinigt worden sind. Diese Sittenrichter werden nicht verfehlen, Ihnen zu sagen, daß sogar die Bücher von Zola, die doch auf französisch geschrieben sind — und in was für einem Französisch! —, im Vergleich dazu jungfräulich seien, daß aber das Lateinische

---

* Marcus Gavius Apicius, unbezeugter römischer Feinschmecker zur Zeit des Tiberius (17–34 n. Chr.), dessen Autorschaft an jenem durch jahrhundertelange Bearbeitung »verderbten« Kochbuch wahrscheinlich eine mythopoietische Fiktion ist.

mit dem skandalösen Geheimnis seiner Deponentien und Gerundien eine ganz und gar heimtückische Sprache sei. Ich kenne Leute von erhabener Frömmigkeit, die Abscheu vor dem *Ave Maria* haben, und zwar wegen des Wortes *ventris* [Frucht Deines Leibes], das ihnen als schimpfliche Profanierung erscheint.

LIII. DAS LATEINISCHE IST EINE TOTE SPRACHE. Warum begräbt man sie also nicht? Sie werden sehen, daß sie schließlich zu stinken beginnt und zu einer öffentlichen Gefahr wird. Der Papst, der sich darauf versteift, im Umgang mit der ganzen Welt nur Latein zu sprechen, während ihm doch das Esperanto zur Verfügung stünde — bietet dieser Papst uns von der Höhe seines Sitzes nicht den unanfechtbarsten Beweis für diese schreckliche Gefahr, und müßte man nicht allen pontifikalen Akten eine sehr strenge Quarantäne auferlegen, sie mit größter Aufmerksamkeit desinfizieren, bevor man ihnen Zutritt gewährt, ganz besonders in Frankreich, wo man die Ansteckung von allem am meisten früchtet?

Dieses unglückselige Land ist derart mit Blindheit geschlagen, daß man nicht einmal Vorsichtsmaßnahmen ergreift; man findet sogar Leute, die überzeugt sind, daß Tacitus und Juvenal auch von Menschen gelesen werden können, die noch nicht auf dem Friedhof sind, oder daß die Vulgata die Macht hat, die Geister wiederzubeleben.

Glücklicherweise hat die Republik gerade erneut das Hemd gewechselt und scheint endlich begriffen zu haben, daß das sicherste Mittel, dem Lateinischen den Garaus zu machen, darin besteht, die französische Sprache abzuwürgen. Unsere Professoren arbeiten schon daran. Wenn niemand in Frankreich mehr Französisch spricht, wird man nicht einmal mehr wissen, was der Ausdruck *de nation latine* [lateinischer Herkunft] bedeutet. Man wird das Leben aus den üppigen Brüsten Englands, Deutschlands oder vielleicht sogar Bulgariens saugen. Aber ich versichere, daß man dann auf das Wunder einer Universalsprache zählen kann, die lebendiger ist als alle heute auf der Welt gesprochenen Sprachen, und das wird die Sprache von Cambronne* sein!

LIV. MIT SEINEM LATEIN AM ENDE SEIN. So etwa lautet das merkwürdige Geständnis Ihrer Concierge oder Ihrer Putzfrau, wenn sie Ihnen eingestehen, sie könnten ein Geldstück, das Sie leichtsinnigerweise haben fallen lassen, nicht wiederfinden — weil sie es eben erst in die eigene Tasche gesteckt haben.

Im Banne eines sehr alten und sehr dunklen Triebes versichern diese arglosen Diener, ohne es zu wissen, daß der Verlust *ihres* Lateins in diesem Falle ein Verhängnis ist, welches dem ihrer Jungfräulichkeit zumindest gleichkommt. Das Latein gehörte ihnen genauso wie das Geldstück, das sie nicht wiederfinden konnten, und dieser unwiederbringliche Verlust überhäuft sie mit Schimpf und Schande.

Wenn Sie einen völlig ungebildeten BÜRGER sagen hören, daß er mit seinem Latein am Ende ist, seien Sie überzeugt, daß in ihm etwas Ähnliches vor sich geht, daß er mit einer Gewissensnot kämpft und daß er wahrscheinlich einen schlechten Griff getan hat. Dehnen Sie diese einfache Überlegung auf die Nationen aus, die mit ihrem Latein am Ende sind, und ich verheiße Ihnen eine tröstliche Aussicht.

LV. DIE EHE IST EIN LOTTERIESPIEL. Lange hat man geglaubt, sie sei ein Sakrament. Seit der Möglichkeit der Scheidung wissen wir, daß sie ein glücklicherweise wiederholbares Lotteriespiel ist. Wenn man auch nicht das große Los gewinnt, kann man doch immer noch den Hauptgewinn ziehen, und das Leben hört auf, trübselig zu sein. Sollten die

---

* Pierre Cambronne (1770–1842), jener frz. Brigadekommandant, der nach der Schlacht von Waterloo den Ausspruch tat: »Verdammt! Die Garde stirbt, aber sie ergibt sich nicht.«

Aufregungen des Lotteriespiels Ihrem Temperament nicht gelegen kommen, verzichten Sie ganz einfach auf die Ehe.

Aber bemerken Sie denn nicht die äußerste Schönheit dieser neuen Weltordnung? Früher war die Ehe eine schreckliche Geschichte. Man mußte lieben und geliebt werden, man mußte mehr oder weniger lange den Hof machen, in langweilige Zeremonien und leere Formalitäten einwilligen. Schließlich und endlich mußte man sich unauflöslich binden, und zwar für das ganze Leben. Heute nehmen Sie ein Los und warten in aller Ruhe auf den Tag der Ziehung.

Wenn Sie zu den Gewinnern gehören, sehen Sie eine kleine, mehr oder weniger wertvolle Frau auf sich zukommen, die Sie alsbald zum Standesamt führen dürfen, wo der Standesbeamte Sie ohne viel Federlesens paart. Wenn Sie mit Ihrem Los unzufrieden sind, brauchen Sie etwas später nur das Ehegespons zu wechseln, indem Sie ein neues Los nehmen. Das Gesetz ermächtigt Sie, ja ermutigt Sie dazu, und die Lotterie ist ganzjährig offen. Falls Kinder da sind, übernimmt es die Öffentliche Wohlfahrt, für ihr Wohl zu sorgen. Dieselben Vorteile für die Frau, die mehrere Gewinnchancen haben und sie noch selbigentages verwirklichen kann, was Ihre Hoffnung auf Nachkommenschaft vermehrt. Das Leben wird dann gleichsam zum Paradies.

LVI. SEINEN GATTEN BETRÜGEN. Wollen Sie wissen, was ich darüber denke? Seinen Gatten betrügt man nie. Es gibt kein Beispiel dafür, daß je eine Frau ihren Mann betrogen oder daß sie ihn glauben gemacht hätte, sie könne ihm mit ihren Liebhabern ein X für ein U vormachen. Es ist der Gatte, der sich selbst betrügt, und das ist ein ganz gewöhnlicher Fall von Autosuggestion.

Da ich, wie bekannt, für junge Mädchen schreibe, möchte ich ihnen keine Unschicklichkeiten zu lesen geben. Dennoch sehe ich mich gezwungen, die Wahrheit zu erklären. Jeder BÜRGER hat den Ehrgeiz, gehörnt zu werden. Ein versteckter Ehrgeiz, wie ich wohl weiß, und ein Ehrgeiz, der manchmal sogar vom Ehrgeizigen selbst verkannt wird, aber völlig unzweifelhaft ist. Man muß den BÜRGER schon ganz unerforscht gelassen haben, um nicht zu wissen, daß er seit Napoleon von der Begierde verzehrt wird, Caesar zu sein. Messalina kann ihm diese Illusion verschaffen. Er wird also Messalina oder Joséphine suchen. Ganz einfach. Wenn seine Frau nicht das Temperament dieser freizügigen Kaiserinnen hat, wenn sie andererseits sogar wenig anziehend ist, was nur allzu häufig vorkommt, wird er sich bemühen, sie trotzdem anzuspornen, in der Überzeugung, daß die Hahnreischaft das Schicksal überlegener Männer ist. Ein kleines Abenteuer mit dem Metzgergesellen als Vorspiel würde ihm nicht mißfallen, und der darauffolgende Zahnarzt wäre ihm sogar eher angenehm. Daraufhin würde er seine Hoffnungen auf den Ersten Beigeordneten oder einen durchreisenden Erzherzog richten. Seine Rolle würde dann um so bemerkenswerter, und sein Glück beim Manille- oder Dominospiel wäre geradezu unverschämt.

Diejenigen, die in einem solchen Mann einen betrogenen Gatten sähen, verrieten sehr wenig Einsicht. Er sieht und weiß alles. Wenn die Streiche seiner Frau ihn auch nicht in den Himmel erheben, so verleihen sie ihm doch zumindest ein gewisses Ansehen, und seine Geschäfte gehen dadurch auch nicht schlechter. Ich würde sogar so weit gehen und behaupten — die reinen Seelen mögen Augen und Ohren schließen —, daß dieser Gatte sich gewissermaßen selbst zum Hahnrei macht und eine Quelle der schmutzigen Lüste, nur ihm selbst bekannt, im tiefsten Grunde des Liebesgartens sprudelt, in dem die Nachtigallen seiner Gattin singen. Welches von den modernen Schweinen würde mir zu widersprechen wagen?

Der Gemeinplatz des betrogenen Ehemannes ist also völlig sinnlos, und die Frau, wie dumm sie auch sei, weiß das selbst sehr wohl. Diese beiden Elenden sind in Wirklichkeit zwei Tote, die ihre eigenen Seelen ermordet haben, und die Toten betrügen nicht, noch lassen sie sich betrügen. Sie sind füreinander zwei Elfenbeinspiegel auf der Sohle des Abgrundes.

LVII. NICHTS MACHT SO SCHMUTZIG WIE DER SCHMUTZ. Das hängt davon ab. Es gibt den materiellen und den spirituellen Schmutz. Es kann vorkommen, daß eine BÜRGERIN voller spirituellen Schmutzes sich darüber beklagt, von einem Omnibus mit Dreck bespritzt worden zu sein. Sie ist dann gezwungen, sich umzuziehen und ihren inneren Unrat erneut zu parfümieren. Es kann ebenso vorkommen, daß eine andere, nicht weniger elegante und parfümierte BÜRGERIN den Lästerzungen der Geschäftsinhaber ihrer Straße zum Opfer fällt. »Nichts macht so schmutzig wie der Schmutz«, wird sie achselzuckend sagen. »Diese Leute ziehen mich in den Dreck, aber ich rufe mein Gewissen als Zeugen für mich an.« Auf diese Weise bezeugt sie ihre Geringschätzung für einen gewissen spirituellen Schmutz, den sie bei den anderen sieht und deren *Minderwertigkeit* sie kennt.

Diese beiden BÜRGERINNEN, die in Wirklichkeit in ein und derselben Person vereint sein könnten, haben vollkommen recht. Der spirituelle Schmutz, der nur die Seele überzieht und von dem man selbst mehr als genug hat, verdient nur Geringschätzung; der andere Schmutz aber, der die Kleidung in Mitleidenschaft zieht, ruft natürlicherweise Empörung und sogar Wut auf den Plan. Er ist der einzige Schmutz, der zählt.

»Wie das bei Ihnen stinkt!« sagte ich eines Tages zu einer liebenswerten Person, die mich in Abwesenheit ihres Gatten empfing. »Spüren Sie diesen scheußlichen Geruch, der da plötzlich bei Ihnen aufsteigt?« — »Das ist die Nachbarin, die ihr Herz öffnet«, erklärte sie mir. — »Nichts macht so schmutzig wie der Schmutz«, antwortete seelenruhig die Nachbarin, die alles mit angehört hatte.

LVIII. DAS FEUER REINIGT ALLES. »Paris ist gereinigt!« rief 1871 der pestverbreitende Edgar Quinet angesichts der qualmenden Ruinen, die von der Kommune hinterlassen worden waren. Er wurde nicht selbst »gereinigt« im Feuer der Exekutionskommandos, weil er es verstanden hatte, sein überaus kostbares Gerippe in Sicherheit zu bringen*. Die Denker seines Schlages hatten zweifellos keinen Gebrauch dafür, und endlich war bewiesen, daß Paris von allem Unrat gereinigt war. Nach vierzig Jahren Republik ist in dieser Hinsicht keinerlei Zweifel mehr erlaubt. Es genügt, sich umzuschauen. Welche Sauberkeit! Welche frühlingshafte Frische! Was für eine gesunde Luft! Was für aufrichtige Präsidenten und Minister! Welch blütenreine und jungfräuliche Verwaltung! Offensichtlich hat das Feuer alles gereinigt.

Gleichwohl sind die Reinen nie rein genug, und Hiob versichert uns, daß nicht einmal die Sterne rein sind vor den Augen des Herrn**. Das Feuer hätte also noch einiges zu tun, und die Versicherungsgesellschaften sind nicht ganz sorglos.

»Muß also das Gewissen der ehrbaren Menschen gereinigt werden?«, wird man mich fragen. Zweifellos, und mehr als das der anderen, weil es überall durchscheint wie das Licht eines unheildrohenden Gestirns, das bis in die dunkelsten Höhlen dringt, wo sich noch die letzten Monstren des religiösen Fanatismus verbergen. Das Gewissen eines Émile Combes*** beispielsweise, das eines Hanotaux oder das eines Anatole — werden sie jemals rein genug sein? Sie sind es vielleicht, aber noch nicht genug, und ich bin der Meinung, daß eine hübsche Feuersbrunst ihnen nicht schaden könnte. Überdies können wir auf diejenigen zählen, die sie als Lieferanten der ersten Reisigbündel bewundern. Es gibt zur Reinigung der Lehrer nichts Besseres als die Schüler, die ihnen Feuer unterm Arsch machen.

LIX. DEM FEUER ÜBERLASSEN, WAS NICHT ZU RETTEN IST. Ein Weinhändler überläßt alles dem Feuer, wenn er ein Faß Wasser aus seinem Brunnen abfüllt und

---

* Edgar Quinet (1803–1875), frz. Dichter und Publizist, der nach langer Verbannung seit 1871 zu den Vertretern der äußersten Linken gehörte.
** Hiob, XXV, 5.
*** Émile Combes (1835–1921), als frz. Politiker und Minister heftigster Anti-Klerikalist, der seit 1902 die Trennung von Kirche und Staat durchsetzte.

dennoch so viel Wein dazufügt, daß wenigstens die Farbe erkennbar bleibt. Ein Apotheker überläßt alles dem Feuer, wenn er eine verhängnisvolle Arznei, die ihn höchstens sechzig Centimes gekostet hat, für nicht weniger als zehn Francs verkauft. Ein Ehegatte überläßt alles dem Feuer, wenn er seiner Frau erlaubt, einige schmachtende Liebhaber zu trösten. Man kann auch sagen, daß er selbst die Rolle des Feuers bei dieser leicht entflammbaren Gattin übernimmt, usw.

Die Christen überlassen alles dem Feuer, wenn sie Gott einiges zu gewähren geruhen, der das wesentliche Feuer ist, das Hauptfeuer, in Ewigkeit angezündet, um alles zu verzehren am Ende der Zeiten.

LX. DAS HEILIGE FEUER, DAS RAUCHENDE FEUER, DAS STROHFEUER. Gewöhnlich sind diese drei Feuer identisch. Schwer anzuzünden, erlöschen sie mit unglaublicher Leichtigkeit. Manchmal lassen sie sich auch gar nicht entflammen, ähnlich jenen berühmten Kerzen von Robert Macaire, deren Ende man niemals zu sehen bekam, weil es einem nie gelang, sie anzuzünden.

Dieser letztgenannte Fall scheint der einiger unserer erlauchtesten Akademiemitglieder wie Paul Bourget oder René Bazin zu sein, deren Bücher ohne jede Gefahr auf den leichtentzündlichsten Speichern gelagert werden können. Ich könnte noch mehrere andere nennen, die, wie man sagt, mit dem Feuer spielen und deren gewöhnlich für Sommerfrischenaufenthalte empfohlene Werke den Vorteil haben, ihren Lesern das erwünschte Gefühl des Erstarrens der Fingerspitzen oder der Brunnenfrische vermitteln. Auf diese Weise läßt sich der immerwährende Fortbestand ihres Erfolges erklären.

LXI. ÖL INS FEUER GIESSEN. Das ist die altbewährte Methode, ersterbende Feuer, die nicht mehr recht brennen wollen, neu zu entfachen. Man hat beispielsweise das Petroleum geeigneter gefunden, dessen magische Wirkungen zu

Zeiten der Kommune ersichtlich geworden sind. Ich erinnere mich jener Feuerspritzen, die Ströme von Petroleum auf das bereits brennende Hôtel de Ville spieen. Nie ist Paris so gut beleuchtet gewesen.

Aber es handelt sich gar nicht um Licht. Was gefordert wird, ist die Zerstörung, und dem Liebhaber stehen heute Sprengstoffe wie das Dynamit, das Melinit oder das Panklastit zur Verfügung, jener *Haus-Ätna,* wie Villiers sagte. Das alte Öl unserer Vorväter gibt daneben eine schlechte Figur ab, sogar bei den Concierges, und ich stelle mir vor, daß eine Korbflasche voll des einen oder anderen dieser Produkte, vorsichtig in den Brand einer üblen Nachrede oder einer Verleumdung gelegt, eine sofortige, unvergleichlich überlegene Wirkung hätte. Ich biete diese Idee denjenigen an, die sich fortwährend über die Streichhölzer der Tabakregie beklagen.

LXII. MIT DEM FEUER SPIELEN. Man behauptet, dies sei ein Spiel, das gewöhnlich böse endet. Das kommt wahrscheinlich daher, daß seine Regeln nur ungenau bekannt sind. Man sagt, eine Dame spiele mit dem Feuer, wenn sie sich in allzu großer Nähe eines entflammten Herrn aufhält, und *vice versa.* Ich habe einen Feuerwehrhauptmann gekannt, dessen Frau und dessen beide Töchter fortgesetzt mit dem Feuer spielten. Barbey d'Aurevilly, der mich in sein Haus einführte, sagte, daß die Ausrüstung der benachbarten Feuerwache sie schützte. Ich weiß nicht, wie die ganze Sache ausgegangen ist.

Ich habe übrigens ganz andere Gedanken, in denen die Damen gar keine Rolle spielen. Ich weiß, daß ein viel schrecklicheres Feuer existiert als das der Vulkane, eines, dessen Annäherung wohltätig und heilsam ist, und es ist eine großartige Freude, mit diesem Feuer zu spielen, meine lieben Freunde, die euch den kleinen Kindern ähnlich macht und an der man sterben kann. Man muß aber zuvor auf dem Wasser der Sintflut geschwommen sein und keine Angst haben, im Garten des Todes zusammen mit Jesus Blut zu schwitzen.

LXIII. ZWISCHEN ZWEI FEUERN ODER STÜHLEN SITZEN.

Ein guter Soldat sitzt zwischen zwei Feuern, wenn er vor dem Feind nicht mehr die Flucht ergreifen kann, ohne daß er auf der Stelle von seinem eigenen Hauptmann einen Kopf kürzer gemacht wird. Das ist, auf diese oder jene Weise, die Situation aller tapferen Leute, die zwischen zwei Stühlen sitzen.

Man ist wie geschaffen, Böses zu tun, man verlangt nichts anderes als das, und das ist ganz und gar menschlich, weil der Instinkt der meisten Menschen so beschaffen ist. Vor sich hat man das brennende, nahezu unwiderstehliche Verlangen der Begierden; hinter einem aber drohen die Gendarmen, und wenn nicht sie, dann die schallenden Ohrfeigen und brennenden Fußtritte in den Hintern all derer, die noch nicht ertappt worden sind; schließlich die öffentliche Meinung, gleichgültig, wenn man so will, aber den späteren Unternehmungen abhold. Und man hat nicht einmal die Möglichkeit, die Hände in den Schoß zu legen. Man muß dieses tun oder jenes, ganz entschieden.

All denen, die sich in diese beängstigende Alternative verstrickt sehen, kann ich nur die großartige Uneigennützigkeit eines berühmten Bohèmiens empfehlen, dessen Geschichte hier folgt.

Es war 1848, zur Zeit der Barrikaden. Dieser Mensch fand sich plötzlich mitten auf einer Straße, die keiner der kämpfenden Parteien gehörte. Regierungstruppen auf der einen, Aufständische auf der anderen Seite. Keine Fluchtmöglichkeit. Natürlich wurde er gefragt, was er da so trieb. Da er sich näher auf der Seite der Patrioten findet und einen darunter sieht, der schlecht schießt, nimmt er ihm ganz sacht das Gewehr aus der Hand, zielt auf einen Offizier und tötet ihn. »So muß man's machen«, sagt er nach diesem schönen Handstreich, »hier hast Du dein Gewehr zurück, mit dem ich nichts anfangen kann. *Ich halte nichts davon.*« Daraufhin konnte er in aller Ruhe abziehen, erhobenen Hauptes und ruhmbedeckt.

LXIV. FÜR JEMANDEN DURCHS FEUER GEHEN. »Für meinen Mann würde ich durchs Feuer gehen«, sagte eine tugendhafte Frau. Warum nicht durchs Wasser? »Zweifellos deshalb, weil das Feuer ihr Element ist und das Wasser es zu löschen drohte«, antwortet einer meiner Schüler. Diese Antwort mag, wie ich zugebe, recht dümmlich erscheinen. Springt es einem nicht geradezu ins Auge, daß diese ausgezeichnete Person auf diese Weise ihre Entschlossenheit bekräftigt, für den Mann, den sie liebt, allem die Stirn zu bieten? Stellen wir sie auf die Probe, und Sie werden ihren Mut kennenlernen.

Gleichwohl mutet es hart an, für einen BÜRGER durchs Feuer zu gehen. Zweifellos steht es Ihnen frei, ihn in Ihrer Vorstellung durch einen Paladin zu ersetzen, durch einen jener erhabenen Helden, in deren Schatten zu sterben man glücklich wäre. Aber diese Paladine sind nur selten Ehegatten. Man stellt sich Habgötter nicht mit einer Ehefrau vor, die seine Eskapaden billigt und bereit ist, deren Risiken zu teilen. Das findet man heute nicht einmal mehr in den Abenteuerromanen, die auch die Stenotypistinnen nicht mehr lesen.

Es wäre also vernünftig, diesen Gemeinplatz gewissermaßen geographisch zu lokalisieren und mit größtmöglicher Genauigkeit die Art von Aufopferung herauszuarbeiten, die er stillschweigend voraussetzt. Das ist durchaus keine leichte Sache, und ich will mich dieser Aufgabe nicht unterziehen. Ich bitte lediglich darum, mir die Erlaubnis zu erteilen, hier eine aus meinen Erinnerungen herausgegriffene Beobachtung zu präsentieren.

Wenn Mme Prud'homme ihren Gatten inmitten eines Flammenmeeres sieht, wird sie dann nicht zuallererst daran denken, als wahre Christin die Seele dieses Mannes zu retten, das heißt die Kasse, die ja auch ihr Augenstern ist? Er hat es ihr doch so oft gesagt! Dafür würde sie sich geradezu bereitwillig aufopfern, indem sie sich bis zur innersten Offenbarung ihrer Person einem ritterlichen Feuerwehrmann anböte, der verspräche, sie beim Kommen und Gehen mit Wasser zu besprengen. Wenn M. Prud'homme, im Begriff zu rösten, einen

Hund hat, an dem er hängt, wird auch die Verehrung seiner Gattin es ihm nicht erlauben, diesen getreuen Vierfüßler zu vergessen, und sie wird so bald wie möglich vor Heroismus in den Armen ihres Feuerwehrmannes vergehen. Wenn nach alledem der wie durch ein Wunder aus den Flammen gerettete Gatte in den Fluß fällt, muß sie sich dann auch noch hineinstürzen? Auf Ehre und Gewissen — ich glaube es nicht. Ihre Rolle ist es einzig und allein, durchs Feuer und die Feuerwehrleute zu gehen.

LXV. DIE FEUERTAUFE. Ich habe mich danach gesehnt, bei diesem Gemeinplatz anzulangen. Der berühmte bilderstürmerische Kaiser Konstantin V. mit dem Beinamen *Kopronymos,* der »Mistnamige«, von den Protestanten so billig bewundert, verdankt seinen unsterblichen Übernamen dem Umstand, daß er im Augenblick seiner Taufe durch den Patriarchen der gottbehüteten Stadt mit seinen Exkrementen das Wasser des Taufbeckens verunreinigte.

Bei der Feuertaufe geht das ganz anders vor sich. Es gibt keinen Patriarchen, und das Taufbecken wird durch die Hosen der Rekruten ersetzt. Das macht einen großen Unterschied. Letztlich aber ist es doch eine Taufe, eine der zwölf oder fünfzehn Taufen, die das 20. Jahrhundert erfunden hat.

Es gibt allen Ernstes die *Schwerttaufe,* wie sie an deutschen Universitäten in Gebrauch ist, und die »akademische Wissenschaftstaufe«, wie sie vor dreißig Jahren von Pater Didon judaischen Angedenkens entdeckt wurde*. In jüngerer Zeit hat es die von einem unserer lyrischsten Abgeordneten gestiftete Ziviltaufe gegeben. Warum also nicht die Ohrfeigentaufe oder die Arschtrittaufe? Warum nicht die Taufe der Berichterstattung, des Feuilletonromans, der überfahrenen Hunde, des Notariats, der Meldebehörde, der Hahnreischaft, des betrügerischen Bankrotts oder der Besserungsstrafe? Man

---

* Henri Didon (1840-1900), frz. Dominikaner, der gerade den Antagonismus von Wissenschaft und Glauben hervorhob und den Bloy in einem Artikel mit dem Titel »Un Savonarole de Nuremberg« (1894) befehdete. — »Judaisch« hier im Sinne der Herkunft von Judas, dem Verräter.

fände gar kein Ende, und es wäre nicht zuviel, alle Minen springen zu lassen, wenn es sich darum handelte, alle erdenklichen Taufen aufzuzählen.

Das einzige, was nicht zählt, ist das Sakrament der Kirche, das aufgehört hat, für die Erben des Kopronymos eine Realität zu sein.

LXVI. WOHER NEHMEN SIE NUR DIE SCHÖNEN DINGE, DIE SIE SAGEN? Das ist ganz einfach, Madame. Ich sammle die Blütenblätter Ihres Denkens. Nach besten Kräften übersetze ich das »geheimnisvolle Lächeln der Mona Lisa«, das ich auf Ihren Lippen lese und das mir vollauf genügt, in meine armselige Sprache. Wenn Sie nicht mit mir reden, erscheint mir das wie eine Gnade, die Sie mir erweisen. Mein Geist erhebt sich dann ganz sanft. Wenn Sie aber das Wort an mich richten, wird er kopfscheu und verflüchtigt sich in weite Ferne. Ich fürchte sehr schöne Dinge zu hören, die angemessen auszudrücken ich zu ungeschickt wäre. Fragen Sie mich also nicht, ich bitte Sie. Begnügen Sie sich damit, mich durch Ihr Schweigen zu inspirieren und mit dem Wissen, daß ich alle Gemeinplätze auf Ihrem reizenden Antlitz lese, wie ich ein sehr schwieriges Gedicht in einem Manuskript läse, das mit aller erfinderischen Freiheit von einem großen, vergessenen Künstler ausgeschmückt worden wäre.

LXVII. SIE SIND EIN ORIGINAL. Eine schreckliche Anklage. Für alles gibt es Verzeihung, nur dafür nicht. Ein BÜRGER wird seine Tochter einem Bankrotteur geben, einem Mörder; er wird sie mit beiden Händen einem infamen Kuppler geben, einem Makler in Verrätereien und Schändlichkeiten, ja, einem Minister! Einem Original aber wird er sie nicht geben. Dagegen hat er einen solchen Abscheu, daß sogar der Reichtum, wie verehrungswürdig und heilig er in seinen Augen auch sein mag, in dieser Hinsicht nichts oder doch beinahe nichts vermag.

Die Dichter, die Heruntergekommenen, die Bohèmiens gefallen sich in dem Glauben, daß Originalität irgend etwas sei. Diese armen Teufel halten es beispielsweise für ein Loblied auf einen Schriftsteller, wenn sie sagen, daß er ein Original ist, daß er ganz er selbst und kein anderer ist, und sehen nicht, daß dieses Lob ihn entehrt. Würden sie es wagen zu sagen, daß ein Haushaltswarenkrämer oder ein Anwalt der ersten Instanz Originalität haben? Der Eindruck der Lächerlichkeit würde sie alsbald erdrosseln. Was will man Schlüssigeres!

Ein guter Schriftsteller, der Académie française würdig, darf nicht origineller sein als ein Schuster oder Lohgerber. Ziehen Sie diesbezüglich die Damen von Périgueux zu Rate oder die Professoren von Brive-la-Gaillarde. Er hat sogar die Pflicht, die tiefinnerste Originalität seines Herzens zu verabscheuen. Ein schönes Buch von Anatole France oder des ehrlichen Lavedan* erkennt man ebendaran, daß es niemanden schockiert und daß alle Welt es mit Genuß lesen kann. Ein Gemälde, eine Skulptur müssen von den geachtetsten Perückenmachern geschätzt werden können, und ein öffentliches oder privates Denkmal, von einem gewissenhaften Architekten ausgeführt, darf nicht mehr Erfindungsgabe erfordern als ein Schweinekoben. Das lehrt die Erfahrung von Jahrhunderten.

Ein Mensch ist soviel wert wie der andere, und das allgemeine Wahlrecht, dem wir so viele Wohltaten verdanken, beweist das im Überfluß. Anders denken oder handeln als alle Welt ist ein Schimpf für die Mehrheit. Platon, der seine Republik mit den uneinnehmbarsten Wällen umgeben wollte, indem er alles fernhielt, was die Moral hätte antasten können, verbannte erbarmungslos alle Dichter und all die anderen Unruhestifter daraus, die man heute Originalgenies nennt. Das Sicherste wäre gewesen, sie umzubringen. Die wirkliche Moral, wie sie der göttliche Platon erschaute, ist die der Herde, der Ähnlichkeit oder Gleichheit mit aller Welt, und die strenge Rechtschaffenheit des BÜRGERS besteht darin, das Vertrauen des

---

* Henri Lavedan (1859-1936), frz. Journalist und Dramatiker mit gesellschaftskritischer Tendenz, seit 1899 Akademiemitglied.

Hauswirts nicht dadurch zu mißbrauchen, daß er die Sterne vom Himmel herunterholt.

LXVIII. DIE EHRE. Was könnte heute wohl der Sinn dieses alten Wortes sein? Ein Mensch, der zum Ritter der Ehrenlegion geschlagen worden ist, weil er fruchtbar in der Politik, der Kunst oder der Finanzwelt herumgepanscht hat, braucht durchaus nie auf dem Feld der Ehre gewesen zu sein, braucht nicht das mindeste Ehrgefühl zu haben, braucht keine Ehrensache zu kennen, vor keinem Ehrenhandel zurückzuweichen, seinen Geschäften keine Ehre zu machen und schließlich auch keine höchsten Ehren zugesprochen zu bekommen. Es hat den Anschein, daß dies alles von selbst geht.

Derselbe Ritter wird sein Ehrenwort bereitwillig brechen, um sich mit kriegerischen Ehren aus einer schmutzigen Affäre ziehen zu können. Bei einem Diner in der Stadt wird man es sich zur Ehre anrechnen, ihn zu seinen Gästen zu zählen, wird man ihm den Ehrenplatz anbieten, und er wird der Mahlzeit mit ausgezeichnetem Appetit Ehre antun. Wenn es etwas Verdächtiges in seinem Falle gibt, das einen Polizeieinsatz erforderlich machen könnte, wird er ganz artig über die Dienstbotenstiege das Weite suchen, während der Kommissar über die Ehrentreppe heraufkommt. Noch immer geht das alles sehr gut. Eine Frau ohne einen Funken Ehre kann zweifellos und besser als jede andere Ehrendame einer Königin und sogar einer Kaiserin sein. Das hat es alles schon gegeben.

Was es allerdings noch nicht gegeben hat, ist eine bürgerliche Hochzeit ohne Ehrendame und Brautführer. Eine Familie, die etwas auf sich hält, gibt sich die Ehre, nicht auf diese beiden Ingredienzien zu verzichten, ohne die es als sicher gelten darf, daß die Ehe schiefgeht.

Darüber hinaus gibt es die Ehrenschulden, die zu bezahlen man nicht gezwungen ist, vor allem wenn man auf seine Ehre versprochen hat, keine Schwierigkeiten zu sehen, wo keine sind. Man wird vielleicht einwenden, es gebe immerhin die Gesetze der Ehre, aber dieser gothische Kodex, von den Kopisten schlecht überliefert und von allzu vielen Interpreten verfälscht, bleibt unendlich dunkel. Das Resultat dieses Bündels von Beobachtungen ist, daß es kein Mittel gibt, genau herauszufinden, was man unter Ehre versteht.

Nach nicht ungewichtigen Meditationen und einer Menge überreichlicher Mahlzeiten bin ich zu dem Schluß gekommen, daß die Ehre eine Art Untergangsgott ist, ein falscher Gott, ein Götze, der wie die anderen gestürzt werden muß, und daß dem großherzigen Gesetzgeber, der seine Abschaffung verfügt hat, ein Denkmal errichtet werden sollte — hoch wie der Mond.

LXIX. DIE EHRBARKEIT. Ebendas brauchen wir, die Ehrbarkeit, das heißt die Kunst, sich aller Welt geschickt anzupassen, so daß es keinerlei statthaften Unterschied mehr macht, auf welche Weise die Leute ihr Geld verdienen. Und es wäre sinnlos, den Unterschied anderswo zu suchen. Der Besitz von Geld ist das Zeichen der Ehrbarkeit, ist die absolute Ehrbarkeit.

In anderen, weniger fernen Zeiten glaubte man, obwohl die alte Ehre bereits vollständig außer Kraft gesetzt war, wenigstens noch etwas an die Ehrbarkeit der Armen. Dieser Irrtum ist glücklicherweise ausgemerzt worden. Damals achtete man noch nicht genau genug auf den gewaltigen Niveauunterschied zwischen dem ehrbaren Menschen und dem *Ehrenmann,* zwischen der anständigen Frau und der *ehrbaren Frau,* das heißt zwischen denen, die auf der Reise sind, ohne die Wege zu kennen, und denen, die sie sehr wohl kennen und ohne Zwischenfall ans Ziel gelangen. Zweifellos kann diese Ungleichheit manchmal abrupt zu Ende gehen, etwa durch einen grandiosen Diebstahl oder die segensreiche Ermordung eines bemittelten Vorfahren. In diesem Falle* geht das Bestimmungswort dem Substantiv voraus, anstatt ihm zu folgen, und mehr ist dazu nicht zu sagen.

---

* Der ganze Paragraph spielt mit der frz. Wortstellungsmöglichkeit des *unbetonten* (vorangestellten) und des *betonten* (nachgestellten) Adjektivs, wobei das nachgestellte *gens honnêtes* hier einen zusätzlichen ironischen Beigeschmack hat.

Der anständige Mann, die anständige Frau sind zwangsläufig minderbemittelt und in jener unteren Gesellschaftsschicht beheimatet, wo man arbeiten muß, um sich seinen Lebensunterhalt zu verdienen. Sie haben keinerlei Anteil an jener durch Großbuchstaben bezeichneten übervortrefflichen EHRBARKEIT. Die ehrbaren Leute, im Zwischengeschoß oder im ersten Stock angesiedelt, behandeln sie mit Vorsicht und verdienen entsprechend eine ganz andere Hochachtung.

Ich fürchte, man wird mir vorwerfen, ich argumentierte ohne jede Klarheit. Was könnte man mehr von mir verlangen? »Die Wahrheit ist auf dem Vormarsch«, sagte Émile*. *Omnia tempus habent***. Nach der Ehre die Ehrbarkeit; nach der Ehrbarkeit die Großmäuligkeit und das Pack der Hölle, von ihr in Liebe gezeugt. Wir werden noch weiter gehen.

LXX. TAUBEN OHREN IST SCHLECHT PREDIGEN. Das wird der BÜRGER sagen oder denken, der gezwungen ist, sich die *Pastoralsymphonie* oder ein Oratorium von Händel anzuhören. Wenn er ertaubte wie Beethoven, würde er ihm zweifellos in dieser Weise ähnlich, aber um welchen Preis! Stellen Sie sich vor, er könnte dann nicht mehr den göttlichen Klang des Gold- oder Silbergeldes auf seiner Ladentheke hören, und die ergötzliche Musik der Seufzer der Armen schmeichelte seinem verschmalzten Trommelfell nicht mehr! Welches Interesse hätte der rechtschaffene Mensch dann noch am Leben, und was wäre die Belohnung für seine Mühen, wenn er nicht mehr die Verzweiflung der ihn anflehenden Armen genießen dürfte, hat er diese Verzweiflung doch so viele Jahre lang und mit so großer Mühe gehegt und gepflegt wie die Schmerzensblume, deren vollständige Entfaltung für ihn die Wiederherstellung des verlorenen Gartens Eden sein sollte!

---

* Émile Zola, der am 25. November 1897 einen Artikel über die Dreyfus-Affäre publiziert hatte, und zwar unter dem Titel »La vérité est en marche et rien ne l'arrêtera«.
** Der Prediger Salomo, III, 1: »Ein jegliches hat seine Zeit...«

Denn der BÜRGER ist sehr viel tiefer, als man annimmt und als er selber glaubt. Der Arme — das ist Jesus Christus, der Erlöser der Menschen. Er weiß nichts davon, wohlgemerkt, aber er spürt und ahnt es. Verschwommen sieht er, daß der Sieg dieses Siegers über den Tod ihm abträglich und nachteilig wäre. Er muß ihn daran hindern, um welchen Preis auch immer. Wenn es unmöglich ist, wird er sich wenigstens ein anderes irdisches Paradies zusammenzimmern, indem er die Elenden leiden läßt, deren Vater Jesus ist, indem er den Garten der Wonne für sie durch den Garten der Qualen ersetzt, indem er an die Stelle ihrer schrecklichen Klagen für sich selbst die unendlich süßen und unendlich verlorenen Gesänge der ewigen Nachtigallen treten läßt.

Aber nach dem Verlust des Gehörs bleibt ja noch der Gesichtssinn, das Augenlicht erhalten, und es ist gewiß schon etwas, Jesus in seinen armen Gliedern leiden zu sehen; aber ihn aus dem Munde von kleinen Kindern und Müttern seufzen, aus dem Munde von Greisen schluchzen zu hören! Welch unvergleichliche Symphonie! Und welche Hölle für den Ehrenmann, nicht mehr im trunkenen Dasein stehen zu können.

LXXI. WO NICHTS IST, HAT DER KAISER SEIN RECHT VERLOREN.

Ebendas passiert dem Haus- und Grundbesitzer, der sich in Unkosten gestürzt hat und dann nichts zu pfänden findet. Die merkwürdige Situation eines modernen Königs, dessen Majestät auf diese Weise verletzt worden ist und der nicht einmal ein Mittel in der Hand hat zu strafen. Wenn die wohltätigen, seine Macht einschränkenden Gesetze, die zu verkünden er so unvorsichtig war, ihm wenigstens das Privileg ließen, seinen Mieter zu rösten und zu verspeisen, wäre das zweifellos eine wenn auch unzureichende Entschädigung, aber er hätte nicht alles verloren. Er vermöchte noch an jene immanente Gerechtigkeit zu glauben, die die leibliche Kusine des verstorbenen Gambetta* war, und könnte

---

* Léon Gambetta (1838–1882), frz. Politiker und als Innenminister vor allem bekannt geworden durch seine Losung »Der Klerikalismus ist der Feind«.

von Zeit zu Zeit wenigstens vorübergehend Gerechtigkeit genießen.

Das alles muß um- und umgestülpt werden. Wenn die bürgerliche Zivilisation einmal vollends über die christliche Barbarei triumphiert hat, wird endlich die Anthropophagie wiederauftauchen; veredelt zwar, verfeinert, vervollkommnet, sportlich und philanthropisch *par excellence,* aber erhöht und sogar ins Übernatürliche gesteigert durch all die Wunder einer kulinarischen Kunst, und die Tafel des Königs wird *eucharistisch* werden, wenn ich mich einmal so ausdrücken darf, weil man daran den Armen verspeisen wird. Schon jetzt glaube ich den folgenden köstlichen Brief lesen zu können: »M. und Mme Ducrétin [*i.e.* Herr und Frau von Schwachkopf] geben sich die Ehre, Sie am Karfreitag zu einem Zufallsmenü einzuladen. Es gibt Übermensch.« Die Rechte des Monarchen wären dann unverlierbar, der für eßbar erklärte Mieter könnte also schon lange vor der Stunde erlegt werden, wo er keine Haut mehr auf den Knochen hätte, das heißt in ebendem Augenblick, da die wirklichen Kenner in ihm ein gutes Stück sähen. Aber wie weit sind wir noch von diesen glücklichen Tagen entfernt!

LXXII. VIEL FEIND, VIEL EHR. Wäre das nicht eine wertlose Wiederholung, eine leere Tautologie, ein Pleonasmus? Wir haben bereits gesagt und gezeigt, daß die Ehre etwas ganz und gar Undefinierbares ist. Warum also soll es eine Belohnung sein, in Ehren zu stehen, wenn man unter Strafe steht? Worin, frage ich, mag dieses Entgelt bestehen?

Als man mich vor sechsundsechzig Jahren ins Zuchthaus schickte, weil ich in die Banque de France eingebrochen war und die Hälfte der Angestellten ermordet hatte: soll ich glauben, daß ich da in Ehren stand, und zwar als Ausgleich für die Strafe, die diese glanzvolle Aktion mir eingebracht hatte? Um Haaresbreite hätte man mich sogar auf die Guillotine geschickt. Wäre die Ehre in diesem Falle größer gewesen? Ich verstehe gar nichts, es sei denn, daß die französische Sprache überaus schwierig ist. Wenn ein Akademiker oder ein Soziologe mir schreibt, daß er die Ehre hat, mich zu grüßen, bin ich dann nicht ermächtigt anzunehmen, daß dieser Mensch endlich den Knast als Belohnung für seine Arbeit erhalten hat und seine Botschaft mich aus Guayana oder Neu-Kaledonien erreicht? Soll ich ihn beglückwünschen oder beklagen? Ich bitte meine leutseligen Briefpartner, mir — mit Einschreiben — die Erklärungen zu schicken, die sie sich zu diesem wichtigen Gegenstand verschaffen können.

LXXIII. BEGÜTERT SEIN. Wenn Sie einen gutsituierten Herrn beim Büchsenmacher eintreten sehen, werden Sie sagen, daß er begütert ist. Sie werden mir vorwerfen, daß dies wenig Sinn habe, und ich glaube es mit Ihnen. Aber wir sind Grönländer, und man kann von uns nicht verlangen, daß wir alle Feinheiten der Sprache kennen.

Man behauptet, daß ein Mann begütert oder in glücklichen Umständen lebt, wenn er ein Liebesstelldichein hat. Ebendeshalb geht er zunächst zum Büchsenmacher, um sich mit einem guten Revolver auszustatten. Seine geliebte Frau tut ihrerseits ähnliches. Manchmal versorgt sie sich mit einem Fläschchen Vitriol, und da haben wir doch einmal ein Paar, das sich hübsch amüsiert. Bis hierher geht alles gut; man muß es glauben, ohne es verstehen zu können. Alle Morgen- und sogar alle Abendzeitungen belehren Sie darüber, daß ebendas die üblichen Sitten und Gebräuche sind, und das ist unwiderleglich.

Aber da ist noch etwas anderes. Warum sagt man, daß ein Mann in glücklichen Umständen lebt, aber nie, daß eine Frau in glücklichen Umständen lebt? Warum sagt man nicht überdies noch, daß ein Individuum des einen oder anderen Geschlechts, wenn es kein Stelldichein hat, in unglücklichen Umständen lebt? Fragen über Fragen, Fragen ohne Antworten — wie so viele andere.

Einst habe ich geträumt, daß irgend jemandem die Haut vom Leibe gerissen und er auf kleinem Feuer gebraten wurde. Das fand in Ozeanien oder Mazedonien statt, ich weiß nicht mehr genau, aber ich glaube mich zu erinnern, daß der Patient Missionar war, daß er das Lächeln einer kleinen Jungfrau hatte und daß er angeblich in glücklichen Umständen lebte — oder etwas Ähnliches.

LXXIV. KRIEG IST KRIEG. Ich wurde geweckt von jemandem, der im Dunkeln weinte. Es war zweifellos schon weit nach Mitternacht. Die beiden Hörner des abnehmenden Mondes rückten über meinem Kopf fort, hoch oben an der schwarzen Kuppel, und die hellglänzenden Sterne des frühen Morgens funkelten noch kältestarr an den Rändern der Milchstraße.

Zuerst spürte ich nur ein sehr lebhaftes Unbehagen. Das Mitleid fällt nicht eben leicht, wenn man halb erfroren ist und seit langem nichts mehr gegessen hat, und schon schwebte mir ein Fluch auf den Lippen, als ich, durch die Tränen — und ohne ihn je wieder vergessen zu können —, den zentralen Vers des MAGNIFICAT hörte: *Et misericordia ejus a progenie in progenies timentibus eum**.

In der dunklen Nacht und der großen polaren Stille war das so merkwürdig, daß ich etwas zu hören glaubte, was nicht von dieser Welt zu sein schien.

Wir hatten uns in der Nachbarschaft von Toten schlafen gelegt und waren durchaus nicht sicher, noch zu den Lebenden zu zählen. Am Vorabend hatten wir an ebendieser Stelle kämpfen müssen, und manche von uns, vielleicht die Glücklicheren, speisten jetzt schon in der anderen Welt. Drei oder vier Stöhnende waren von schattengleichen Sanitätern weggetragen worden, und die Überlebenden unserer armseligen Kompanie hatten sich mit knurrendem Magen auf der Erde ausgestreckt, in Erwartung des für den folgenden Tag angekündigten Kampfes. Einige andere hatten sich, bevor sie die Augen schlossen, gefragt, was wohl der wirkliche Name des Schlafes sei, den sie schlafen würden. Es gab welche, die daraus nicht wieder erwachten ...

* »Denn seine Barmherzigkeit ist bei denen, die ihn fürchten, von Geschlecht zu Geschlecht.«

Timentibus eum ... diese beiden letzten Worte wurden dreimal ausgesprochen, in regelmäßigen Abständen, wie von einer phantastischen Uhr mit abgestimmtem Schlagwerk, das drei Uhr läuten sollte, dabei aber mit jedem Schlag schwächer wurde. Dann Stille ... Man spricht manchmal vom kalten Schweiß, wenn man die physische Empfindung einer großen Herzensangst zum Ausdruck bringen will ...

Es war meine Pflicht, aufzustehen und zu dem sterbenden Kameraden hinüberzugehen, dessen letzter Gedanke DERJENIGEN galt, die noch vor den Hügeln geboren wurde*. Es gelang mir nicht ohne Mühe. *Timentibus eum*. Die Barmherzigkeit Gottes für die, die ihn fürchten ... Wo sind sie, alle diese? Und wo war er, der ein solches Wort unmittelbar vor dem Tod sprach? Endlich erkannte ich ihn. Es war ein kleiner, ganz unerschrockener Seminarist, der nicht wollte, daß die häretischen Preußen die Herren Frankreichs würden. Er hatte, ohne sich zu beklagen, eine böse Verwundung abbekommen, und es war nichts mehr zu machen. »Krieg ist Krieg«, murmelte er, als er mich sah, und verschied.

Wenn ich einen BÜRGER in der Sommerfrische diese armselige Phrase im Zusammenhang mit irgendeinem Wehwehchen oder einer Leckerei aussprechen höre, die ihm abgeht, muß ich mich mit äußerster Kraft zurückhalten, um ihn nicht auf der Stelle zu erwürgen.

LXXV. ES IST NOCH KEIN MEISTER VOM HIMMEL GEFALLEN.

»Wie gut Du doch aussiehst, mein lieber Léon, wie schön Du mir erscheinst! Die Jahrbücher sagen, daß Du alt bist, aber das scheint wirklich nicht der Fall zu sein, und wir vertrauensvollen Frauen erwarten noch immer den Beginn Deiner Karriere, den Anfang Deines Ruhmes. So lange schon ist er angekündigt! Zu jener sehr fernen Zeit, da man ihn bereits für ganz nahe hielt, wurden kleine Menschen geboren, die heute schon ihren Militärdienst geleistet und Kinder gezeugt

---

* »Ehe denn die Berge eingesenkt waren, vor den Hügeln war ich [die Weisheit] geboren« (*Sprüche Salomonis*, VIII, 25).

haben, die fähig sind, Barrès zu bewundern. Aber es ist noch kein Meister vom Himmel gefallen, alles hat seinen Anfang, und es ist nie zu spät.« So sprach zu mir eines meiner Opfer.

»Mein liebes Kind, ganz falsch«, habe ich ihr gutmütig geantwortet. »Ich gehöre nicht zu denen, die anfangen, und ich lehne das absolut ab, weil ich nicht zu denen zählen will, deren Schicksal es ist aufzuhören. Sehen Sie denn nicht, daß es gerade dieser Lebensweise bedarf, damit ich Gott etwas ähnlicher werde, der da weder Anfang hat noch Ende? Die schmutzigen BÜRGER, deren Sprache Sie sich ausleihen, verkennen die Ewigkeit mit unanfechtbarer Ignoranz, und diese Ignoranz wird auf geradezu furchtbare Weise von diesem Gemeinplatz bestätigt, der Ihnen ganz unschuldig erscheint.

Wenn ich kommen sähe, was Sie seltsamerweise meinen Ruhm nennen, wenn die Leute mich zu lesen begännen, wenn die jungen Menschen sich von Barrès und einigen anderen, die ihm ähneln, *losrissen* und sich in mich vertieften, verstehen Sie nicht, daß die Erfolglosigkeit meiner Bücher, die dann mit einem Schlage aufhörte, ewig zu sein, daß sogar die Vorstellung der göttlichen Ewigkeit, die in manchen Hirnen immerhin noch fortbesteht, in Frage gestellt wäre und Gefahr liefe zu erlöschen? Gleichzeitig hätte ich dann das, was Sie einen Anfang nennen, das heißt ein wahrscheinliches, unvermeidliches und wenig fernes Ende. Von morgen an fänden meine glühendsten Bewunderer mich schablonenhaft, zerrüttet, ruiniert, abgewrackt, gebrochen, eingerostet, fadenscheinig wie einen alten Gehrock, verstaubt, abgeblättert, rissig, überholt, altersgrau, archaisch, leitfossilhaft, antediluvianisch, prähistorisch, paläontologisch, unvordenklich alt und — das Allerschlimmste! — romantisch!

Ah! Tausendmal lieber die immerwährende Dunkelheit, die glückselige Dunkelheit, die schwarze Jungfrau mit den stacheligen Fingern, die stets meine Gefährtin war und deren Treue mir ewige Jugend verleiht!«

LXXVI. NICHTS WÄHRT EWIG. Identisch mit dem vorhergehenden. Gleichwohl hat Deine Dummheit, o BÜRGER, durchaus den Charakter der Ewigkeit. Ich kann tun, was ich will, ich vermag mir keine geringere Dauer vorzustellen, und es gelingt mir nicht, mir einen Augenblick dieser Dauer auszumalen, da Du aufhörtest, ein Dummkopf zu sein. Allein das schon nötigt einen zum Glauben an die göttliche Ewigkeit.

Sogar wenn man einräumte, daß Du keine unsterbliche Seele hast, was Deinen Wünschen ja entgegenkäme, würde Deine Dummheit doch und immerwährend weiter über Deinem elenden Staub schweben wie der Heilige Geist über den Gebeinen der Märtyrer. Was Deinen Anfang betrifft, so gelingt es mir ebenfalls nicht, ihn zu erkennen, so daß Du mir als ein reines Wunder erscheinst.

Du bist dermaßen schwachköpfig, mein armer Junge, daß Du sowohl der Metaphysik als auch der Zoologie allen Mut nimmst, die neugierig sind auf Deine Ursprünge. Deine stets automatische, unwandelbare Gestik und die mehr oder weniger artikulierten Laute, die Du aussprichst, machen Dich zum Ebenbild der Tiere, die nur kollektiv existieren und genau das tun, was ihre Vorfahren bereits vor Tausenden von Jahren getan haben, ohne daß Erziehung oder Kultur irgendwelcher Art sie von diesem Instinktverhalten abzulenken vermöchten! In diesem Sinne bist Du unklassifizierbar. Könnte es sein, daß Du wirklich nur eine Illusion bist, eine Art Dunsthauch, wie er im Strom der Zeiten von jenem schrecklichen Engel ausgeschwitzt wurde, der das *juste milieu** des Louis-Philippe vorwegnahm, bevor er gestürzt wurde?

LXXVII. GUTER DURCHSCHNITT. Präsident Jules Grévy** hatte gerade den Salon der Champs-Élysées eröffnet. All denen, die ihn zum Ausgang zurückgeleiteten, sagte er:

---

* Die »richtige Mitte«, besonders seit der Juli-Revolution von 1830 als Schlagwort gebraucht.
** Jules Grévy (1807-1891), seit 1879 Nachfolger von MacMahon als Président de la République, 1887 zur Abdankung gezwungen.

»Das war's, meine Herren, das war's. Kein Genie, aber guter Durchschnitt, genau das, was unsere Demokratie braucht!«

LXXVIII. DIE EXTREME BERÜHREN EINANDER. Ebendas sollen diese Worte wahrscheinlich besagen. Wenn Sie mit Ihrer Geduld am Ende und im Begriff sind, sich alsbald einem Wutanfall zu überlassen, zeigt Ihnen ein Funke von gesundem Menschenverstand, daß Sie nicht der Stärkste sind und Ihr Wutausbruch wahrscheinlich für Sie selbst gefährlich wäre. Also werden Sie urplötzlich einem Lamm ähnlich. Das ist der allernormalste Fall. Aber es gibt dafür noch viele andere Deutungen.

Beispielsweise können Sie, Madame, gleichzeitig äußerst schön und äußerst dumm sein. Ein unbestechlich solider Finanzmann kann in ebendem Augenblick mit dem Gold seines Mandantenstammes das Schiff besteigen, da die sprichwörtliche Durchschaubarkeit seiner Transaktionen mit dem Kreuz der Ehrenlegion belohnt wird. Ein Politiker, dessen bloßer Name bereits die denkwürdigsten Verwünschungen heraufbeschwört, kann auf der Stelle zu einem Aristides werden, wenn der Zephyr der Tugend plötzlich seine Flügel in Richtung des Goldenen Vlieses bläht. Ein mit angeborener Idiotie geschlagener berühmter Schriftsteller kann sich von einem Tag auf den anderen als Mann von Genie profilieren, wenn er den guten Riecher gehabt hat, das Manuskript eines Hungers sterbenden Träumers zu veredeln. Es kann sogar vorkommen, daß ein höchstrangiges, erhabenheitsgeschwelltes Akademiemitglied wie Paul Bourget heldenhaft darauf verzichtet, etwas anderes zu schreiben als Platitüden, um seine Kollegen nicht zu demütigen, indem er seine Leser aufschreckt, usw., usw.

Alle BÜRGER werden Ihnen sagen, daß zwischen den Extremen auch nicht eine einzige Haaresbreite liegt. Ebendeshalb haben sie Angst davor und empfehlen das Mittelmäßige, das *juste milieu*, den guten Durchschnitt, der das Pulver nicht erfunden hat, weil sie aus der Tiefe ihrer Weisheit davon überzeugt sind, daß die Maulwürfe keinen Augenarzt brauchen und die Kröten den Sonnenstrahlen weniger ausgesetzt sind als die Einhörner oder die Adler.

LXXIX. WOHLTÄTER SEIN oder ALLES ZÖGERN HILFT NICHTS. Man ist Wohltäter, so wie man früher ein armer Schlucker war, das heißt nichts oder beinahe nichts zu beißen hatte. Man weiß, wie sehr ich darauf bedacht bin, es niemandem gegenüber an Respekt fehlen zu lassen, aber ich sehe keine Möglichkeit, dem Grafen de Mun* irgendeine Art von Denken zuzubilligen, der seit mehr als dreißig Jahren das Oberhaupt der *Bien Pensants* und allenfalls mit dem Oberschwachkopf beider Welten vergleichbar ist, nämlich dem Marquis de La Fayette, nach dem in Paris eine mehrere Kilometer lange Straße benannt ist.

Man möge danach die Reichweite der Guten Denkungsart bei den gegenwärtigen Katholiken beurteilen, die von einem solchen Oberhaupt geleitet werden! Dieses ganz und gar militärische Denken ist sehr viel tiefer, als man glauben möchte, und besteht darin, unendlich weit zurückzuweichen, um desto besser attackieren zu können. Das ist eine bewundernswerte Strategie. Man steht dem Feind von Angesicht zu Angesicht gegenüber. Vielleicht wäre es ein leichtes, ihn zu besiegen, wenn man sich entschlossen auf ihn stürzte. An Gelegenheiten dazu hat es nicht gefehlt. Aber es ist eine Sache, Wohltäter zu sein, und eine andere, Draufgänger zu sein, vor allem wenn man Geld und eine Haut hat. Dann ist das klassische *Zögern* angezeigt. Man weicht stolz und geschickt zurück, indem man dem Gegner alles überläßt, was er haben will, und ihm notfalls sogar noch großzügig Waffen, Munition und Deserteure hinüberschickt, wenn man seine Schlachtordnung wanken sieht.

---

* Albert de Mun (1841-1914), frz. Politiker, der zwar zum Sturz der Kommune beitrug, aber zur Schließung der Kluft zwischen der Arbeiterklasse und der katholischen Bourgeoisie die »Cercles catholiques d'ouvriers« gründete — die katholischen Arbeitervereine. Als Monarchist zur äußersten Rechten zählend, bekämpfte er insbesondere den Antiklerikalismus von Émile Combes.

Überdies gibt es noch die Möglichkeit, ihn zu belustigen und zu beschäftigen, indem man ihm die Plünderung der religiösen Einrichtungen und die Marter der armen Geistlichen und der wehrlosen Familienväter erlaubt. Die christliche Barmherzigkeit der Wohltäter untersagt es ihnen, dem allem mit Tätlichkeiten entgegenzutreten, die Unannehmlichkeiten für sie selbst mit sich bringen könnten. Keine Geschichten, sagen diese Beherzten, vor allem keine blutigen Geschichten. Genügt es denn nicht, von weitem einige Bomben oder Granaten legalen Widerstandes abzufeuern, die von unbestreitbarer Wirksamkeit sind? Schließlich hat man ja, wenn es nicht genügen sollte, immer noch den Notbehelf, ehrenvoll zu kapitulieren und von der Höhe der Wälle in den kristallklaren und ruhigen Fluß seines guten Gewissens hinunterzuspringen, nach einer überreichlichen Tracht von Arschtritten.

LXXX. SEINE RELIGIÖSEN PFLICHTEN ERFÜLLEN. Das Wort »erfüllen« läßt mich an das durchbohrte Faß der Danaiden denken. Lehrfabel oder Ähnlichkeit. Sind nicht jene, die ihre religiösen Pflichten erfüllen, in gewissem Sinne dazu verdammt, eine Aufgabe zu übernehmen, deren Sinnlosigkeit ihnen bekannt ist? Wie dümmlich diese Galeerensklaven der Schicklichkeit und der Gewohnheit üblicherweise auch sind, müssen sie doch sehen, daß das auf diese Weise benutzte Wort *erfüllen* eine regelrechte Täuschung ist und sie in Wirklichkeit überhaupt nichts erfüllen. Da sie selbst leer sind, leer vor einer geradezu unendlichen Leere, wie kann es da sein, daß durch sie irgend etwas aufhörte, leer zu sein! Religiöse Pflichten, *weltliche Pflichten,* Verpflichtungen gegenüber dem Staat, staatsbürgerliche Pflichten, Grablegungspflichten — allesamt durchbohrte Fässer. *Vacuitas vacuitatum.* Die Leute von Welt, die ihre religiösen Pflichten erfüllen, indem sie bestimmte, im strengen Sinne unerläßliche Gesten vollführen, ohne sich auch nur eine Minute lang von jener rudimentären Idee anrühren zu lassen, daß ihnen die *Heiligkeit —* im strengen Sinne — am Jüngsten Tage von irgendwelchen

Insekten abgefordert wird; werden diese Leute von Welt nicht gerichtet und verdammt?

Früher, in den unvordenklich alten Zeiten, als es diesen Gemeinplatz noch nicht gab, erstrebte man die »Fülle des Zeitalters Christi« — nach dem sehr geheimnisvollen Ausdruck des Apostels, der mit der Bekehrung der Heiden betraut und selbst das Gefäß war, das nie ausgeschöpft werden konnte. Jeder anderen Fülle gegenüber herrschte Verachtung; man ließ sich in Stücke hauen oder von wilden Tieren zerreißen, und alle Zuber der nicht enden wollenden Wonne füllten sich unter der Kelter der Märtyrer.

Heute geht es um die Fülle der Ausnahmegenehmigungen und um die Fülle der Bäuche an Fastentagen. Es gibt an die dreißig Wasservögel, die zur Fastenzeit erlaubt und Fischen gleichgestellt sind. Ein entscheidender Sieg der Ente über den Kabeljau, aber es ist die arme, todwunde Religion, die auf dem Schlachtfeld auf der Strecke bleibt.

LXXXI. ARBEITEN HEISST BETEN. *Labus orare*, mit den Lippen beten — das ist die wahrscheinliche Etymologie des lateinischen Verbums *lab-orare*, das arbeiten und dabei leiden bedeutet. Die BÜRGER von Babel, die sich dieses Gemeinplatzes bedienen, ahnen kaum etwas davon. Zwar befaßte man sich mit dem Bau von Babel zwei- oder dreitausend Jahre vor der Geburt der Sorbonnarden, die sich heute bemühen, den berühmten Turm erneut aufzubauen, auf dem die menschliche Rede durch Gebell ersetzt wird. Das ist eine Entschuldigung.

Aber muß denn die Sprache, selbst die verwüstete, grabesähnlich gewordene Sprache noch immer in göttlicher Obhut stehen, um die erbärmlichsten Schwachköpfe zu zwingen, dennoch die Wahrheit zu sagen, genau wie der Teufel durch die Macht des Exorzismus gezwungen wird, Jesus Christus zu bekennen?

»Ich gehe nicht zur Kirche«, sagt die Hausbesorgerin, »weil ich sonst nicht die Zeit hätte, die Treppe zu fegen oder die

Briefe der Mieter zu lesen, und die Tage, an denen ich *zur Beichte* gehen könnte — übrigens ganz sinnlos, weil ich mir nichts vorzuwerfen habe —, sind gewöhnlich diejenigen, an denen ich aufräumen und putzen muß, weil ich Besuch zu empfangen habe.« — »Sie machen mir den Vorwurf, nicht gottgefällig zu leben«, schreit der Krämer. »Vor allem habe ich meine Kunden zu bedienen, angefangen mit Ihnen selbst, der Sie mir gerade in dem Augenblick die Leviten lesen, da ich Ihnen Ihren Käse abwiege«, usw. Arbeiten heißt übrigens beten, versichern beide unumstößlich. So sprechen sie in der Dunkelheit des Todes, alle diese Niederträchtigen, die für immer unfähig sind zu verstehen, daß sie sich selbst erbarmungslos verhöhnen und verunglimpfen.

Ich habe Babel ins Feld geführt. Ich denke plötzlich wieder an dieses wunderliche menschliche Unterfangen, das wir Mühe haben uns vorzustellen und das nur durch das Wunder der Verwirrung der Sprachen unterbrochen werden konnte, und sage mir verblüfft, daß diese Gemeinplätze uns in ebendie wenig bekannte Epoche zurückführen, die der Katastrophe unmittelbar vorausging. »Es hatte aber zu dieser Zeit«, sagt die *Genesis**, »alle Welt einerlei Sprache und Zunge.« Sieht man denn nicht, daß die Gemeinplätze etwas Ähnliches verwirklichen und daß sie in Wirklichkeit die Baumaterialien der unzerstörbaren Dummheit bilden, die uns zum Wiederaufbau jenes prächtigen Turmes dienen werden, den der Herr, unser Gott, nicht wollte?

LXXXII. DER FANATISMUS. Fanatismus — das ist, wenn man in Hinsicht auf etwas Beliebiges *ja* oder *nein* sagt. Es gibt keine andere Definition. »Eure Rede sei ja, ja; nein, nein. Alles, was darüber ist, das ist vom Übel.« Das ist die Formel des Fanatismus in der Bergpredigt. Sie sehen, wie einfach das ist. Man muß es nur wissen.

Wenn man Sie fragt: »Sind Sie Christ?«, und Sie umstandslos mit Ja antworten, sind Sie ein Fanatiker. Wenn Sie mit

* *Genesis,* XI, 2.

Nein antworten, sind Sie immer noch ein Fanatiker. Wenn Sie gar nicht antworten, wird man Sie des gefährlichsten Fanatismus zeihen. Und ebenso wird es sein, wenn es sich um irgend etwas anderes Religiöses handelt.

Im allgemeinen sind Lakonismus, bündige Knappheit und folglich auch jede Art von Präzision des Fanatismus verdächtig, und die Reisigbündel entzünden sich ganz von allein. Ein Sekretär, der in der Lage ist, übermäßig zu plärren, ein geschwätziger Advokat, ein redseliger, sogar bauchrednerischer Abgeordneter oder ein Seiltänzer auf seinem Gerüst werden niemals Fanatiker sein. Ich denke, das bedarf keines weiteren Beweises.

LXXXIII. DAS WORT GOTTES. Um den Verdacht des Fanatismus mit Sicherheit abzuwenden, sind die modernen Prediger auf das verfallen, was sie in aller Bescheidenheit das Wort Gottes nennen. Es besteht darin, ganze Stunden lang zu palavern, indem man mit aller Geschicklichkeit das Ja oder Nein vermeidet.

»Hören Sie sich doch einmal die Predigten von Pater Machin an«, sagt man mir. »Das schadet Ihnen nicht, tut Ihnen auch sicherlich nichts Gutes, ist aber doch recht geeignet, die Zeit totzuschlagen.«

Gefügig wie ein kleines Schaf gehe ich Pater Machin hören, der offenkundig der am wenigsten fanatische aller Prediger ist. Er spricht so lange und so eindringlich, daß man regelrecht nach ihm lechzt. Was ich an ihm vor allem bewundere, ist die gazellenhafte Lebhaftigkeit, mit der er alle Hindernisse überspringt, die ihn von seinen Zuhörern trennen könnten: die Zwölf Artikel des Glaubensbekenntnisses, die Heilige Schrift, die Überlieferung, die Heiligenverehrung, die Buße, die Letzten Dinge, die Hölle vor allem und mehrere andere alte Abgeschmacktheiten, auf denen zu beharren lächerlich wäre. Die moderne Philosophie, wohlgemerkt die von M. Bergson*, ist dabei von großer Hilfe und ersetzt sehr vor-

---
* Vgl. S. 246 des vorliegenden Bandes.

teilhaft die Offenbarung. Damit kann man sicher sein, sein Publikum in Bann zu schlagen, wenn man dafür sorgt, einige diskrete Anspielungen auf die Wohltaten der Demokratie und die aufgeklärte Toleranz der gegenwärtig Herrschenden unterzumischen, wodurch sich die unbestreitbaren und wunderbaren Fortschritte des Glaubens gesichert finden. Von der Liebe Gottes kein Wort. So und nicht anders wird das Wort Gottes verkündet. Gewöhnlich schlafe ich dabei ein und schnarche vor Bewunderung.

LXXXIV. EIN ERBAULICHES LEBEN. Ein erbauliches Leben ist das von Mlle Purge, der alle Welt Tag für Tag und zu jeder Stunde in der Kirche der Saints-Innocents begegnen kann. Man wird nicht müde, diese vom Klerus der Pfarrei gefürchtete Christin zu bewundern, die äußerlich einer Gewissensprüfung ähnelt, einer Prüfung Deines Gewissens, o lauer Gläubiger! Ganz genau zwischen fünfunddreißig und sechzig Jahren alt, wie es sich für diese andächtigen Jungfrauen gehört, die, weil sie immer Öl in ihren Lampen haben, nicht eigens mitten in der Nacht zum Krämer zu laufen brauchen, erkennen sogar die Fremden sie wieder, im Glauben, sie hätten sie hier oder da schon einmal in ihrer entlegensten Kindheit gesehen.
Ihre Kleidung gemahnt an die unüberwindlichen Mauern Babylons, auf denen die assyrische Kavallerie nach Belieben exerzieren konnte. Der bloße Anblick dieser Festung der Tugend entmutigt die erfahrensten Hauptleute und läßt die verwegensten Infanteristen zurückweichen.
Was ihr Gesicht oder eher ihren kaleidoskopartig wechselnden Gesichtsausdruck betrifft, so stellt er einen solchen Konflikt zwischen Gehässigkeit und Zerknirschung dar, eine solch wütende Mischung aus Ohnmacht und Bitterkeit, aus Süßem und Essigsaurem, aus Benediktinerlikör und Rohöl, daß es unmöglich ist, ihn in aller Genauigkeit festzulegen. Wer etwas Phantasie besitzt, dem vermittelt der Anblick dieser undefinierbaren Person den Eindruck eines wirren Durcheinanders auf

einem großstädtischen Bazar, auf dem alle Artikel im Preis reduziert sind, so daß die fliegenden Händler, von den Bullen verfolgt, gleichsam schreckensstarr davor innehalten.

Ihre Feldwebelstimme, die ertönt, wenn eine Fremde sich auf ihrem Platz niedergelassen hat, nimmt die kristallische Schärfe der Harmonika oder die verhauchende Sanftheit der Viola d'amore an, wenn sie den Rosenkranz oder die Litaneien betet. Wer sie nicht gehört hat, der weiß nicht, was Hören ist.

Mlle Purge ist Rentnerin und Eigentümerin eines von mittellosen Arbeitern bewohnten Hauses, die selbst noch die Neger um ihr Schicksal beneiden müßten. Sie war es, die eine Familie von Armseligen zwangsräumen ließ, die sie um Geduld anflehte, so wie sie den Pic du Midi angefleht hätten, und ihnen folgende corneillesche Antwort zuteil werden ließ: »Auch Hauswirte müssen essen!«

Auch die Pfarrkirche gehört ihr, genau wie der Schießplatz den Artilleristen gehört. Der Geistliche und seine Vikare zittern vor ihr, weil sie nur allzu genau wissen, daß ohne diesen barmherzigen Maikäfer nichts geht, der an der Spitze aller Wohltätigkeitsorganisationen steht. Wenn sie die Kollekte macht, was sehr häufig vorkommt, bedürfte es einer mehr als gewöhnlichen Kühnheit, sich ihr zu entziehen. Sie hat eine Art und Weise, Ihnen hartnäckig den Almosenbeutel unter die Nase zu halten, die keinerlei Entkommen zuläßt.

Weil sie zur Diözese von Versailles gehört, hat sie sogar einen Turnverein gegründet, dessen Mitgliedsbeiträge sie verwaltet und den Hochwürden gesegnet hat. Es wird glaubhaft versichert, daß sie bei sich zu Hause ein Trapez hat, an dem sie zwischen den Gottesdiensten Aufschwünge übt, und daß sie mit Hanteln trainiert.

Von ihrem Vater, einem ehemaligen Professor, dem wir eine Catull-Übersetzung in Akrostichen verdanken und den ein sanfter Tod dahinraffte, hat sie den süßen Namen Lesbie erhalten, der ihr Wesen bewundernswert ergänzt. Ihr ganzes Leben ist durchsichtig wie Kristall und sogar gitterartig durchbrochen. Es wäre geradezu wahnhaft, bei ihr nach Abenteuern zu suchen. Sie hätte leicht einen der zahlreichen, von ihren

Talern angelockten Böcke heiraten können, aber die Vorsehung, die über den Schafen wacht, ließ es nicht zu, und so ist ihr Platz in der Gemeinschaft der Jungfrauen, denen es nur an einem Märtyrer oder einer Gelegenheit gefehlt hat.

Ein säkularisierter Auferstehungsfreund, großer Liebhaber von Gebratenem und stets mit begehrlichen Augen auf der Lauer, ist im Begriff, ihre Geschichte zu schreiben, die er zweifellos *Ein erbauliches Leben* betiteln wird und die dann mit Imprimatur des bischöflichen Ordinariats und Billigung mehrerer Oberhirten publiziert werden kann. Diese wenigen gerührten Zeilen könnten ihm als Vorwort dienen.

LXXXV. NICHT EIN NOCH AUS WISSEN*. Das ist eine häufige Klage bei Leuten, die nicht an die Heiligen glauben und nicht in der Lage sind, für sich selbst irgendein Heiligkeitsgelübde abzulegen. Gerade ihnen empfehle ich den heiligen Expeditus, den es vor allen anderen Heiligen auszeichnet, daß er nie existiert hat. Dieser angebliche Märtyrer, dessen Geschichte unauffindbar ist, wurde, glaube ich, in den letzten zwanzig Jahren des vergangenen Jahrhunderts erfunden. Man rief ihn an, wenn bestimmte Geschäfte schlecht gingen und man sich von ihm eine rasche Beschleunigung erhoffte.

Ein lehrreiches Bild, das in einer Devotionalienhandlung in der Nähe des *Bon Marché* angeboten wurde, stellte ihn dar, wie er ein Schwert schwang, in dessen Klinge das Wort HODIE, »heute«, eingraviert war, während er einen schwarzen Raben mit Füßen trat, der ein Spruchband mit dem häßlichen Adverb CRAS, »morgen«, aus dem Schnabel fahrenließ. Wenn man einen Wechsel für heute besaß, half einem der heilige Expeditus unverzüglich aus der Bredouille. Wenn der Zug dagegen Verspätung hatte und man unbedingt noch am selben Tag ankommen mußte, genügte es, den heiligen Expeditus anzurufen, und man durfte sicher sein, daß der Zug um fünf vor zwölf in den Bahnhof einfuhr. Wenn irgendeine Schandtat nach Sonnenuntergang fehlzuschlagen drohte, griff alsbald der heilige

---

* Frz. *ne savoir plus à quel saint se vouer.*

Expeditus ein. So bei allem, bis hinab zu den geringfügigsten Dingen. Ein Fausthieb ins Gesicht oder ein Tritt in den Arsch kamen mit derselben Raschheit an wie ein Eilbrief oder eine vagabundierende Ehefrau, und der unheildrohende Rabe hauchte *krächzend* sein Leben aus.

Es ist unendlich bedauernswert, daß die geistliche Obrigkeit seine Verehrung verboten hat, die sich so gut mit der Intelligenz und der Größe unserer BÜRGER verträgt!

LXXXVI. DER MENSCH DENKT, GOTT LENKT. Herr Gifthauch schlägt ein ganz und gar amerikanisches Geschäft vor, das sechzehn oder achtzehn Prozent Profit garantiert und die Zahl der tödlichen Abgänge in unbekanntem Ausmaß steigern kann. Die Armen werden das auf wunderbare, bisher ungeahnte Weise ausbaden. Aber Gott verfügt über ein schreckliches Insekt, den *pavor participium prædæ* der Entomologen, der bisher nur unter dem Namen *Bammel der Aktionäre* bekanntgeworden ist; er befällt vor allem das Zwerchfell und die Ausscheidungswege, und ebendamit stürzt die gewaltige Spekulation des Herrn Gifthauch plötzlich in sich zusammen.

Herr Émile Combes, leiblicher Vetter von Herrn Gifthauch, schlug die Vernichtung der Kirche vor, aber ein von der Hand Gottes gelöster Dachziegel fiel ihm aufs Haupt, und man hofft, ihn nicht mehr retten zu können. Heute morgen werde ich davon in Kenntnis gesetzt, daß er nur noch wenige Tage zu leben hat.

LXXXVII. ERWARTET WIE DER MESSIAS. Bekanntlich erwartet niemand mehr, nicht einmal in der jüdischen Gesellschaft, irgendeinen Messias. Aber in der bürgerlichen Gesellschaft wird man wie der Messias erwartet, wenn man unersetzbar scheint, und man wird fallen gelassen wie ein nasses Handtuch, wenn man nutzlos geworden ist.

LXXXVIII. WER DEN ARMEN LEIHT, LEIHT GOTT. Was halten Sie davon? Das ist die allergefährlichste Situation. Wer Borger sagt, sagt Gläubiger. Der Todfeind des Gläubigers ist der Schuldner. Die Konsequenz daraus ist schrecklich. Wenn man den Armen gibt, setzt man sich der Feindschaft Gottes aus, weil man dann ja ihm borgt. Also darf man niemals den Armen geben, wenn man sich die Freundschaft Gottes bewahren will. Man muß sich hüten, Almosen zu verteilen wie Lavendel oder Basilikum. Das springt doch geradezu ins Auge. Aber als Gegenteil eines Vorschlags, der zwangsläufig gegenteilige Folgen nach sich ziehen muß, ist es offenkundig, daß das sicherste Mittel, sich Gott zum Freund zu machen, darin besteht, die Armen so viel wie möglich auszuplündern. Wenn man so verfährt, kann man sicher sein, Gott auf seiner Seite zu haben, und darf sich von den ehrbaren Leuten bewundern lassen, was zu beweisen war.

LXXXIX. DIE BESTEN NEUIGKEITEN SIND GAR KEINE NEUIGKEITEN. Unter dem Datum des 23. Dezember 1889 finde ich folgendes in meinem Tagebuch:
»Die besten Neuigkeiten sind gar keine Neuigkeiten, sagt ein ewig gültiger Gemeinplatz. Ich unterschreibe diese Wendung mit Begeisterung. Indessen muß ich, wenn das Ausbleiben von Neuigkeiten von meinem Freund X auch bedeutet, daß bei ihm alles zum besten steht, doch zwangsläufig daraus schließen, daß eine Neuigkeit, selbst eine ausgezeichnete Neuigkeit von diesem mir sehr Lieben beweist, daß alles schlecht steht, und mehrere Neuigkeiten, gute oder schlechte, eine Katastrophe befürchten ließen.

Nichts Einleuchtenderes. Gleichwohl ist es kindisch, denn wenn die Neuigkeiten letztlich nur unter der Bedingung gut sein können, *daß es keine gibt,* weil mit diesem Gemeinplatz ja gesagt wird, daß die guten Neuigkeiten lediglich aus dem Nichts, dem Nichtvorhandensein aller Neuigkeiten entspringen, ist es nicht weniger absurd, schlechte für möglich zu halten, weil diese schlechten eben keine *Neuigkeiten* wären oder sein könnten — denn das Wesen, die eigentliche Essenz der Neuigkeiten besteht, wie man sich zu beweisen abrackert, doch gerade darin, nicht gut zu sein, weil man sie sonst unumgänglich verschweigen müßte; oder nicht schlecht zu sein, was einen dazu zwänge, sie kundzutun, eine strenggenommen unmögliche Aufgabe.

Zur Erhärtung meines Beweises füge ich hinzu, daß die kleinen Rinnsale die großen Ströme bilden, daß nicht die Kutte den Mönch macht, daß man doch, um zu leben, essen und mit den Wölfen heulen muß, daß noch nicht aller Tage Abend ist, daß es schließlich nie zu spät ist, Gutes zu tun«, usw.

Das alles ist sonnenklar, und man muß darauf verzichten, sich seines Verstandes zu bedienen, oder guten Glaubens folgern, daß bei den Toten alles zum besten steht, weil man von ihnen ja nie irgendwelche Neuigkeiten zu hören bekommt. Also ist es völlig sinnlos, für sie zu beten, und ebendas haben die Bürger genau begriffen. Sie werden mir sagen, daß es keinen Briefverkehr zwischen dieser und jener Welt gibt und folglich auch keinen Nachrichtenaustausch. Zweifellos; aber sieht man denn nicht, daß dieser Gemeinplatz, wenn es anders wäre, noch größere Überzeugungskraft besäße?

Wenn man beispielsweise erführe — ich weiß nicht, wie —, daß ein ehrbarer Mensch in den Flammen der Hölle gepeinigt würde, wie das im Lukasevangelium von einem gewissen Reichen erzählt wird, müßte man diese Neuigkeit, da sie schlecht und vor allem beunruhigend für die anderen, noch nicht bestatteten Ehrenmänner wäre, zwangsläufig für null und nichtig erklären: 1. um sie so gut wie möglich zu machen; 2. um die Unfehlbarkeit des Gemeinplatzes zu retten; 3. weil nirgendwo geschrieben steht, daß Ehrenmänner bevorzugtes Bratgut sind.

Noch einmal: Man stellt sich im allgemeinen nicht vor, daß die Toten Botschaften schicken. Eines schönen Winterabends zitterte ich bei mir zu Hause vor einem elenden Feuer, das gerade auszugehen drohte. Ich war ohne Holz, ohne Kohlen, ohne Geld, ohne irgendwelche Neuigkeiten, gleichgültig, von wem. Ich dämmerte in den schrecklichen Schlaf all derer hinüber, die an Kälte, Hunger und allen erdenklichen Kümmernissen leiden, als ich eine Lammkeule vor mir auftauchen sah, eine jener prächtigen, knoblauchgespickten Lammkeulen, wie man sie in meinem heimischen Périgord ißt, mit oder ohne Neuigkeiten von Abwesenden und Verstorbenen. Es war ein Traum, wenn Sie so wollen, aber dennoch war es nicht einfach nur ein Traum. Ich erkannte diese Lammkeule wieder. Es war die normannische Lammkeule, die vor fünfzehn Jahren einem großen Schriftsteller unter meinen Freunden an einer Steilküste der [normannischen] Halbinsel Cotentin serviert worden war. Nachdem dieser große Esser sich einige Scheiben davon abgeschnitten hatte, ohne einen Gedanken an die Bedürftigen zu verschwenden, warf er das gewaltige Fleischstück dem Hund des Gasthofes hin, um sich an der Verblüffung der in nächster Nachbarschaft sitzenden armen Leute zu weiden. Lange später noch lachte er darüber...

Ich habe ihn sterben sehen. In dem Augenblick, da er verschied, rannen ihm zwei dünne Tränenströme aus den Augen. Seit vierundzwanzig Jahren habe ich keinerlei Neuigkeiten von seiner armen Seele erfahren, und ich überlasse es Ihnen, darüber nachzudenken, ob dieses Schweigen mich beruhigt*.

XC. DIE AUFGEKLÄRTE RELIGION. Ein hervorragender Richter, ein schmutziger Gerichtsvollzieher, ein würdiger StaatsBÜRGER sagt mit Vorliebe: »Ich will meine Religion aufgeklärt, ich will mich nicht von ihr mißbrauchen lassen; Hanotaux hat sich von der Religion mißbrauchen lassen«, usw. Es gibt viele Dinge wie diese, die häufig gesagt werden und doch ganz unverständlich bleiben. Rechnen Sie nicht damit, daß ich Ihnen das hier erkläre. Alles, was geduldige Nachforschungen mir zu entwirren erlaubt haben, ist, daß eine Religion, die aufgeklärt und erhellt werden muß, eine Religion in der Finsternis ist und daß ebendiese allen Lichts beraubte Religion sich mißbrauchen läßt.

* Wahrscheinlich, aufgrund des Hinweises auf die Normandie und der Datierung der Tagebuchnotiz (1889), Jules Barbey d'Aurevilly (1808-1889).

Ich wünsche mir von ganzem Herzen, daß dieser Fund Sie zufriedenstellt, aber er ist weit davon entfernt, mir ausschlaggebend zu erscheinen. Als Mensch von äußerster Einfachheit, der ich bin, habe ich immer geglaubt, daß die Religion aufklärt, ohne selbst Aufklärung zu brauchen, und die dunkle Religion eines Friedensrichters oder eines Polizeikommissars, die man mißbrauchen kann, erscheint mir um so überraschender, als diese integren Persönlichkeiten sich sehr häufig für religionslos erklären. Also bin ich überhaupt nicht mehr im Bilde.

Ein ausgezeichnetes junges Mädchen meiner Bekanntschaft, das sich ihr Geld auf der Straße verdient, hat mir liebenswürdigerweise folgenden Kommentar geliefert: »In unserem Beruf sagen wir, wenn ein Freier uns Geld gibt, daß wir *aufgeklärt* sind, was uns nicht daran hindert, religiös zu sein, seien Sie versichert. Schreiben Sie das ganz einfach so hin, werter Herr, und lassen Sie sich keine grauen Haare mehr darüber wachsen. Wenn die großen, achtbaren Tiere, von denen Sie sprechen, aufrichtig wären, würden sie Ihnen ganz genau dasselbe sagen.«

XCI. ZWEI FLIEGEN MIT EINER KLAPPE SCHLAGEN. Höchstwahrscheinlich die Absicht eines jeden von denen, die den heiligen Stephanus steinigten. Eine Frage des Ineinandergreifens mehrerer Maßnahmen. Zwei Familien gleichzeitig durch eine einzige geschäftliche Transaktion ruinieren; gleichzeitig ein Ministerium und die Verwünschung der feinen Leute erhalten; die Barmherzigen Schwestern vertreiben und dadurch Alte und Gebresthafte zu einem Tod in Hunger und Elend verurteilen; ein Schulbuch veröffentlichen, das den Doppeleffekt hat, die Jugend zu vergiften und zu verdummen; eine abgeschmackte Schwarte schreiben, die erst unfehlbar mit einem akademischen Preis und unmittelbar danach mit der Bewunderung der Schwachköpfe bedacht wird; seine Seele und die der anderen durch das unfehlbare Verfahren der Scheidung töten — alle diese Praktiken und viele andere, die aufzuzählen verdrießlich wäre, bewirken das, was man nennt: zwei Fliegen mit einer Klappe schlagen oder mit einem Stein zwei Treffer oder sogar eine Vielzahl von Treffern landen, je nach der Geschicklichkeit des Steinigers.

XCII. ANTEIL AN JEMANDES TRAUER NEHMEN. Das ist die Rückkehr zu den frühesten Zeiten des Christentums. »Alle aber, die gläubig waren geworden, waren beieinander und hielten alle Dinge gemein. Ihre Güter und Habe verkauften sie und teilten sie aus unter alle, nach dem jedermann not war*.« So spricht Lukas im zweiten Kapitel der Apostelgeschichte.

Sie erleiden das schmerzliche Geschick, Ihre liebe Frau zu verlieren, was ja gelegentlich vorkommt. Alsbald versenden Sie Todesanzeigen, und auf der Stelle sehen Sie, wenn Sie in guter Beobachtungsposition im ersten Stock wohnen, von überall her tränenfeuchte Briefe ganzer Scharen von Freunden eintreffen, an die Sie gar nicht gedacht hatten und die erklären, daß sie *lebhaftesten Anteil* an Ihrem Schmerz nehmen. Da sie gleichzeitig die Versicherung ihrer absoluten Ergebenheit beteuern, hängt es nur von Ihnen ab, sich diese Ergebenheit stehenden Fußes zunutze zu machen, und Sie werden zweifellos Ihr blaues Wunder erleben.

Ich sage Ihnen, es ist die Rückkehr zu den apostolischen Zeiten. Man wird heute dermaßen von aller Welt geliebt, daß die Hand für so viele anteilnehmende Briefe gar nicht mehr ausreicht und Schreibmaschinen erfunden werden mußten, die in der Lage sind, all die von Herzen kommenden Gefühle zum Ausdruck zu bringen.

Wohnen Sie im siebten Stock, und brauchen Sie Geld? Der nächstwohnende Millionär, über Ihr Bedürfnis in Kenntnis gesetzt, wird seine Maschine in Gang setzen, und Sie werden ungesäumt wissen, daß er Anteil an Ihrer mißlichen Lage nimmt, unglaublich großen Anteil, und zwar so sehr, daß er

* Apostelgeschichte, II, 44-45.

von schwärzestem Kummer umdüstert wird, daß es ihm aber unmöglich ist, in materieller Hinsicht irgend etwas für Sie zu tun, gleichgültig, was, und sei es auch nur, daß er ein 10-Sous-Stück herausrückte, weil er am Vorabend gezwungen war, seinem Möbelhändler fünfundvierzigtausend Francs zu bezahlen. Dieses leidige Mißgeschick hindert ihn übrigens nicht, Sie herzlich zu grüßen, und der Schmerz, der ihm dabei widerfährt, soll Sie trösten.

Man wird Ihnen überall die gleiche Antwort geben, und auf diese Weise werden Sie den Beweis der gewaltigen Liebe erleben, die Sie umgibt. Sogar Ihr Hauswirt wird sich, mit Rücksicht auf seine wachsende Anteilnahme, beeilen, Ihre Miete zu erhöhen. Alles, was Ihres ist, alles, was Ihnen gehört, wird »gemein gehalten«, wobei jeder größten Anteil an Ihren Fetzen nimmt, und Sie werden sich inmitten der alten Urchristen glauben.

XCIII. IHNEN VON HERZEN ALLES GUTE! Wer vermöchte den gewaltigen Raum des Herzens in den verschiedenartigen Sprachformen der ehrbaren Leute zu ermessen? Ich habe weiter vorn das Herz aus Gold erwähnt, ein unschätzbares Privileg, und will nicht mehr darauf zurückkommen, weil mir das Thema ausgeschöpft zu sein scheint. In diesem Augenblick habe ich lediglich die obige Wendung vor Augen, die den Anschein einer banalen Etikettenformel erweckt, die aber doch so gut sagt, was sie sagen will, weil sie mit solcher Genauigkeit und so wenigen Worten die bewundernswerte Brüderlichkeit zum Audruck bringt, die uns verzehrt. Und das zutiefst Bewegende daran ist, daß ihr Gebrauch allgemein zu sein scheint und sie unter allen Umständen eingesetzt werden kann. Man kann sich ihrer beinahe nicht mehr erwehren, so liebevoll und herzlich sind die Seelen geworden! Ob Sie an Ihre Geliebte oder an Ihre Fußpflegerin schreiben, diese Worte werden sich ganz natürlich im Fluß Ihrer Feder einstellen, und es bedarf schon einer gehörigen Anstrengung der Phantasie, andere zu finden. Was für eine erhabene Epoche, in der keine andere soziale Situation existiert als die des Herzensfreundes oder des Herzensgeliebten aller Welt!

XCIV. VERSPRECHEN UND HALTEN IST ZWEIERLEI. »Zweierlei was?« fragt man mich. Eine gute Frage! Zwei Herzensregungen natürlich. Man macht ein Versprechen, um Vergnügen zu bereiten, um Hoffnung und Freude zu schenken, und auch deshalb, weil das manchmal Profit abwirft. Die Abgeordneten wissen das, und auch den Spekulanten ist es nicht fremd. All denen, die mit ihrem Geld zur patriotischen Erweiterung der Birnbaum-Kultur beitragen möchten, verspricht man hohe Dividenden. Ein ausgezeichnetes Geschäft für Baumwollstrümpfe und den Zufluß von Kapitalien. Die hoffnungsfrohen Aktionäre können die Ergebnisse unter der Ulme ihres Dorfes abwarten.

Die zweite Regung ist nicht weniger schön als die erste. Man *hält* sicherlich irgend etwas und achtet darauf, es nicht fahrenzulassen. Eher ließe man sich umbringen. Das ist die heroische Phase. Man ist Verwahrer dessen, was das Glück der anderen bildet, und wenn es sein muß, treibt man die Treue so weit, daß man bis ans Ende der Welt läuft, um den Schatz unberührt zu erhalten. Das geht nicht ohne Besorgnisse ab, aber das Gewissen ist lustvoll parfümiert, weil man ja, und sei es nur für ein paar Tage, einigen Menschen das Allerkostbarste geschenkt hat, was es gibt, nämlich die Hoffnung, die eine der drei theologischen Tugenden ist, durch die wir uns vergewissern, Gott zu besitzen.

XCV. SICH HOFFNUNGEN MACHEN. Das ist ein sehr merkwürdiger Plural, und ich werde wahrscheinlich manche Leute in Erstaunen setzen, wenn ich ihnen zur Kenntnis bringe, daß ein Mensch, der sich *Hoffnungen* macht, besser als die anderen in der Lage ist, das vierte Gebot zu erfüllen: »Du sollst Vater und Mutter ehren, solange sie leben.« Das ist doch ganz einfach.

Ihre alten Eltern sind begütert, und Sie sind ihr Erbe. Das ist es, was man in gehobener Sprache »sich Hoffnungen machen« nennt. Weil Sie sie zärtlich lieben und nicht mehr allzu viele Illusionen über dieses Jammertal haben, wünschen Sie sich natürlicherweise das Ende ihres Exils, in Anbetracht der Tatsache, daß es jetzt an Ihnen liegt, ihre Bürde zu tragen. Das ist nichts weiter als Kindespflicht. Gleichzeitig ehren Sie sie auf ausgezeichnete Weise, wenn Sie annehmen, jetzt sei für sie gerade der richtige Zeitpunkt für die Glückseligkeit und den Ruhm des Paradieses gekomen. Wenn es nicht so viele Vorurteile gäbe, so viele menschliche Hindernisse, deutlich gesagt: so viele Gesetze, würden Sie sich, aus Mitleid und karthagischer Uneigennützigkeit, dazu entschließen können, ihren Hingang zu beschleunigen, vorausgesetzt, Sie würden nach einem solchen Schlag zumindest hundert Jahre alt. Das wäre schön, würde aber sicher falsch verstanden.

Im Jahre 1870 erzählte mir ein braver Landpfarrer, bei dem ich wohnte, nicht ohne Grausen, daß in seiner und den benachbarten Pfarreien alle Bauern Elternmörder seien. Wenn ein Alter zu nichts mehr taugte, brachte man ihn gewaltlos ums Leben, indem man ihm nur noch verdorbene Sachen zu essen gab, indem man ihn großer Kälte und Hitze aussetzte, indem man ihm oben auf der Treppe eine morsche Stufe einsetzte, die dann zu einem plötzlichen Sturz führte: manchmal, wenn auch seltener, indem man an einem rostigen Nagel genau über seinem Bett eine scharfe Sense aufhängte. Das üblichste und gebräuchlichste Verfahren aber bestand darin, ihn einfach an Hunger und Kälte krepieren zu lassen. Der arme Priester hätte, entsetzt über derartige Dinge, nichts von meinen evangelischen Erklärungen verstanden, und ich sah davon ab, sie ihm zur Kenntnis zu bringen.

XCVI. EINES SCHÖNEN TODES STERBEN. Das gelehrteste unserer Wörterbücher versichert uns, das heiße: eines natürlichen Todes sterben. Damit sind wir schon sehr viel weiter gekommen! Das setzt nämlich ganz einfach voraus, daß es *übernatürliche* Todesfälle gibt, aber es erscheint schwierig, sie genauer zu bestimmen, vor allem in der bürgerlichen Gesellschaft, in der ich nie Gelegenheit gehabt habe, derartiges zu beobachten.

Gewöhnlich stirbt man da krankheitshalber, und bis zur Abschaffung des Sinnes dieses Wortes möchte ich glauben, daß jede körperliche Krankheit natürlich ist. Die Cholera, das Gelbfieber, die Tollwut und ausnahmslos alle Krankheiten, die den Tod herbeiführen können, sind vollkommen natürlich. Auch wenn Sie von einem Autobus überfahren werden oder Ihnen ein Kamin auf den Kopf fällt, ist es ganz natürlich, daß darauf der Tod folgt. Ebenso, wenn Sie vergiftet, mit einem Revolver erschossen, erdolcht, ertränkt oder guillotiniert werden. Ganz unmöglich, sich anders auszudrücken.

Also muß man zu dem Schluß kommen, daß jeder eines natürlichen Todes stirbt, das heißt eines schönen Todes, und daß alle Welt einen schönen Tod hat, Thiers, Opfer einer Bohnenblähung, ebenso wie unser in der Scheiße seiner Hunde krepierter Émile; und wenn Sie damit irgendwie im Absoluten sind, werden Sie erkennen, daß diese beiden erlauchten Verstorbenen des jeweils schönsten Todes gestorben sind, eines Todes, der ihren außergewöhnlichen Verdiensten als Denker und Historiker am meisten entsprach.

XCVII. SICH IN VERMUTUNGEN ERGEHEN.
Nach dem schönen Tod können die Leute, die genug Muße haben, sich in endlosen Vermutungen über das künftige oder bereits vollzogene Schicksal der Verstorbenen ergehen. Wenn man an ein Leben danach denkt, ist nichts leichter und vernünftiger, als es sich glorreich oder glückselig vorzustellen, wenn auch unter der Bedingung, daß der Verschiedene genug Geld verdient hatte, bevor er starb. Gleichwohl finden sich grämliche und rechthaberische Geister, um nicht zu sagen: Fanatiker, die ganz gemein vorgeben, dessen nicht so sicher zu sein, und sich in diesem Sinne in den abscheulichsten Vermutungen ergehen.

Lassen wir das und kommen wir auf die Erde zurück. Da ist die gewichtige Frage der materiellen Erbschaft, die bereits den voraussichtlichen Erben genug Kopfzerbrechen macht und den Notaren Gelegenheit gibt, zu ihrem eigenen Vorteil das stinkendste Papier zu schwärzen, das es auf der Welt gibt. Doch im Falle solcher »großer Leichen« wie Zola, Paul Bourget oder fünfzig anderer literarischer Kronzeugen stellt sich die zweifellos leichtere, aber immer noch gewichtige Frage der intellektuellen Nachfolge, und das gibt Anlaß zu Vermutungen, in denen man sich nur allzuleicht verlieren kann. Manche sind überzeugt, daß die Posse des Ruhmes dieser Autoren sich bis ins Unendliche fortsetzen wird. Andere, weniger ergebene, nehmen im Gegenteil an, daß alle diese gedruckten Autoren unverzüglich in die Latrinen oder zu den Feinkosthändlern wandern; was im Falle des großen Émile bereits Wirklichkeit geworden zu sein scheint. Wiederum andere, die sich, wie ich mir vorstelle, im Falle des literarischen Verständnisses bereits zur sicheren Ruhe begeben haben, werden von einer Auswahl träumen, die mit großer Gewißheit von allen Engeln des Lichts übersehen worden ist.

Alsbald wird man sich in Vermutungen ergehen, so, als stünde das Ende der Welt unmittelbar bevor, wenn all die bestürzten, vor Angst zerfließenden Bürger hin und her liefen und zu den Menschen und den unreinen Tieren sagten: »Was geht da vor, und was sollen wir tun? Wo sollen wir unser geliebtes Geld unterbringen, das so viele Tränen und manchmal so viel Blut der armen Idioten gekostet hat, die ihr Vertrauen in Gott setzten? Diese Berge, die auf uns herabzustürzen drohen, werden sie uns sichere Schlupfwinkel vor unserer Angst bieten, und können diese sich aufwölbenden Hügel, die vom Horizont herannahen, uns als Panzerschränke dienen? Wie sollen wir aus diesem Labyrinth von Vermutungen herausfinden?«

Vielleicht wird ihnen dann ein barmherziger Vulkan antworten: »Vertraut euch mir an und stürzt euch in meinen Krater, ich bin das Grab der Geheimnisse der Toten.«

XCVIII. GROSSE ÜBEL ERFORDERN GROSSE MITTEL. Alle ehrbaren Leute werden Ihnen sagen, daß die größten Übel der Ruin und der Verlust der Gesundheit sind, wohlgemerkt wenn man selbst davon betroffen ist. Im ersteren Falle muß man, koste es, was es wolle, *wieder auf die Beine kommen,* und dazu sind alle Mittel recht. Das weiß jedes Kind, zumal der ehrbare Mann nur durch eine hauchdünne Wand vom Zuchthaus getrennt ist, worauf ich andernorts bereits mehrfach hingewiesen habe. Im zweiten Falle, das heißt, wenn man paralytisch oder alterslahm geworden ist, hilft nur noch der Selbstmord. Ebendas nennen wir die großen Hilfsmittel. Die anderen Übel, welcher Art auch immer, sind vergleichsweise kleine Übel und erfordern nur kleine Hilfsmittel.

Was die — kleinen oder großen — Übel der anderen betrifft, so wäre es lächerlich, dabei an irgendwelche Hilfsmittel zu denken. Es gibt schließlich Besseres zu tun. Jeder für sich und Gott für uns alle. Manchmal ist es sogar von Vorteil, sie mit aller gebotenen Schlauheit zu verschlimmern. »Der Nutzen des einen ist der Schaden des anderen«, hat Montaigne gesagt, der ein Denker von unvergleichlicher Sicherheit war.

XCIX. DIE WISSENSCHAFT HAT IHR LETZTES WORT NOCH NICHT GESPROCHEN. Es wäre schwierig, die Epoche genau anzugeben, in der sie ihr erstes gesprochen hat. Man ist versucht zu glauben, daß das eine teuflisch alte Epoche gewesen sein muß, und das Wort *teuflisch,* mit dem die Erzählung der *Genesis* heraufbeschworen wird, ist hier wirklich am Platze. Die heutigen Gelehrten, die Moses wenig gewogen sind und sich von Zahlen nicht einschüchtern lassen, gehen mit sich für das annähernde Datum dieses ersten Wortes mit nachgerade mehreren Hunderttausenden von Jahren zu Rate, und für eine Bestätigung ihrer Berechnung ist das menschliche Leben zu kurz.

Unter uns gesagt, ich sähe es lieber, wenn die Wissenschaft nie ihr erstes Wort gesagt hätte, überzeugt, wie ich nun einmal bin, daß man dann heute sehr viel weniger unwissend und dumm wäre. Aber das ist eine ganz persönliche Meinung, die weder die Mitglieder des Institut de France noch die der Sorbonne etwas angeht. Was ich sehr viel mehr fürchte, ist das letzte *Wort* der Wissenschaft, weil ich von Natur aus einen unüberwindlichen Abscheu vor skatologischen Äußerungen habe.

C. ICH REDE JA NICHT AUFS GERATEWOHL*. Das wird gewöhnlich gesagt, wenn man eine abscheuliche Verleumdung mit dem Zeugnis seines Gewissens stützen will. Man gibt damit zu verstehen, daß man ganz genau weiß, woran man sich zu halten hat, und ganz genau sagt, was gesagt werden muß, ohne ein Wort zuviel oder zuwenig. In solchen Fällen ist man so nachhaltig vom großherzigen Gefühl einer gnadenlosen Gerechtigkeit beherrscht, daß man, ohne es zu merken, sogar den einzigen Gott lästert, der noch seine Anbeter hat: den allmächtigen, den ewigen, den unbegreiflichen Zufall, von dem alles kommt und dem alles zu verdanken ist, den glücklichen Zufall, den Zufall der Vorsehung, den Zufall der Schlachten, den Zufall des Spiels, den Zufall der Gabel, den strafenden, den belohnenden Zufall, kurzum, den *reinen Zufall*.

Mit einer Sicherheit und einer ruhigen Gottvergessenheit, die einen erbeben lassen, wird erklärt, daß man ja nicht aufs *Geratewohl* redet, und ebendas ist, genau charakterisiert, der Glaubensabfall.

Zu wem oder was, frage ich, wagt man denn zu sprechen, wenn nicht zum Zufall oder aufs Geratewohl? Was bliebe denn den parlamentarischen oder nichtparlamentarischen Rednern, den Fastenpredigern, den Advokaten, den Festrednern, den Professoren der Philosophie oder der Moral, den Gelehrten, den Medizinern, den Tierärzten, den Psychologen, den Soziologen, den Jahrmarktshanswursten oder schließlich gar den Journalisten, ohne die wir ja überhaupt nicht leben könnten?

* Frz. *parler au hasard,* das heißt »ins Blaue hinein reden«.

Nicht aufs Geratewohl reden!... Ich wollte, mir wäre die Macht beschieden, die ganze Ungeheuerlichkeit dieser Lästerung sichtbar zu machen.

CI. ICH BIN DOCH NICHT VON GESTERN. Ich bemerke die Häufigkeit dieser Behauptung bei den von Geburt an Schwachsinnigen. Sie wollen, daß man wissen soll, daß sie große Übung im Umgang mit den Dingen dieser Welt haben und daß man sie nicht so leicht um den Finger wickeln kann. Fragen Sie sie danach, was sie unter *gestern* verstehen, und sie werden Sie als Witzbold behandeln und mit Ihnen über Sonne und Mond reden. Weil sie Sie für naiv halten, werden sie Ihnen wahrscheinlich eine Karten- oder Billardpartie mit hohem Einsatz vorschlagen, um Sie mit ihrer Beschlagenheit in diesen fidelen Übungen zu blenden. Wenn es ihnen passiert, daß sie verlieren, werden sie das aufs Konto des Zufalls schreiben, der ihnen Kredit gibt, und nicht darauf bestehen, die Zeche zu bezahlen.

»Was heulst du denn da wie ein Kalb?« fragt der Feldhüter einen seiner Untergebenen, der schluchzend am Wegrand sitzt. — »Ich bin zum Hahnrei gemacht worden«, antwortet der Angeredete, nur noch stärker schluchzend. — »Ah! Und seit wann?« — »Seit acht Tagen.«

Der Feldhüter, der nicht von gestern ist und weiß, wie der Hase läuft, weil er Landbriefträger gewesen ist, hält ihm die folgende Ansprache: »Erst seit acht Tagen, und da heulst du! Ich, ich bin seit fünfunddreißig Jahren Hahnrei, die Jahreszeiten kommen und gehen, und was sind fünfunddreißig Jahre angesichts der Ewigkeit?«

CII. VERLORENE ZEIT KEHRT NIE ZURÜCK. Hier muß man achtgeben, wir betreten vermintes Gelände. Man hört häufig sagen: So einer gefällt mir nicht. Er hat einen Kopf, der mir nicht gefällt. Das bedeutet wahrscheinlich, daß man einen gewissen Abscheu vor seinem Gesicht hat und sich wünscht, er möge nicht wiederkommen, wenn er einmal weggegangen ist. Ist diese zierliche Redeweise auch auf die Vergangenheit anwendbar? Ich bin versucht, es zu glauben, wenn ich den unwiderruflichen Tonfall der trockenen Stimme unserer BÜRGER höre, die da sagen: »Was vorbei ist, ist vorbei. Reden wir nicht mehr darüber.« Die Vergangenheit ist ihnen üblicherweise sichtlich peinlich.

Zweifellos hat sie ihre guten Stunden gehabt, und sie können die Erinnerung an alte Schwänke wiederausgraben, die angenehm waren; im allgemeinen aber ziehen sie es vor, sich nicht umzuschauen. Ihr Gewissen mag zwar tot sein, gleichwohl schlägt und zuckt es noch ein wenig, wenn beispielsweise auf den Ursprung bestimmter Vermögen angespielt wird, wenn die Rede auf manche Tote kommt, die man sich schlecht bestattet zu haben erinnert, oder wenn dieses oder jenes gegenwärtige Ereignis allzu genau an andere erinnert. Man müßte das vergessen können. Die Gestalt des Vergangenen kehrt für die ehrbaren Leute nie zurück, und zwar ebendeshalb, weil sie zu deutlich für sie zurückkehrt. Gerade darum hat man sich so angestrengt bemüht, die Geschichte zu verfälschen und zu entstellen, weil die Vergangenheit der modernen Nationen ebenso lästig ist wie die Vergangenheit der Individuen.

»An eines Weges Biegung lag schändlich auf kieselübersätem Bett ein Aas«, sagt Baudelaire*. Ebendas hat man früher mit den schönsten Dingen gemacht. Da schließt man besser die Augen und hält sich die Nase zu. Mörder lieben die direkte Gegenüberstellung nicht, und dieses Aas taucht in all ihren Spiegeln auf. Gleichwohl sagt ihnen eine geheimnisvolle Stimme, daß das Vergangene immer bestehen bleibt, daß es sogar am Ende der Zeiten wiederkehrt, daß es *über sie* kommt, was sie auch tun mögen, nicht in Gestalt schrecklicher Verlassenheit und Schande, wie der Dichter vermutet, sondern in seiner wahren, unendlich erhabenen, gewichtigen und unversöhnlichen Gestalt, begleitet vom wunderbarerweise auferstandenen Gewissen der einen wie der anderen.

---

* »*Au détour d'un sentier une charogne infâme | Sur un lit semé de cailloux*« (*Les Fleurs du Mal; Spleen et Idéal*, XXIX).

CIII. SEIT ANBEGINN DER WELT... Welche Chronologie beschwört man denn herauf, wenn man so spricht, und welche Vorstellung macht man sich von einer Welt, die in jener unvordenklich alten, aber zwangsläufig ungenau bestimmten Zeit angefangen hätte? In jener Zeit, die jeder sich als den Ausgangs- und Anfangspunkt der Gedanken oder Gefühle vorstellt, die er zu haben glaubt. Seit Anbeginn der Welt, seit die Welt Welt ist, hat man immer dieses oder jenes getan, immer dieses oder jenes geglaubt. Es ist das geistige Niveau des Streckenwärters, der davon überzeugt ist, daß man von jeher auf allen Straßen der alten oder neuen Welt Steine so behauen hat wie er. Es ist die Vorstellung der Richters, der unfähig ist, sich einen Augenblick im Laufe der Zeiten vorzustellen, da man keine Strafgesetze und luziden Justizbeamte zu ihrer Anwendung gebraucht hätte. »Was man heute sieht, war schon immer sichtbar«, tönt es von der Spitze bis zum Fuße der Leiter, und dieser Gemeinplatz hat keinen anderen Sinn. Man schließt stillschweigend ein, daß es auch immer weiter so sein wird, weil Gott ja nicht die Erlaubnis hat, neue Dinge zu schaffen.

Sehr gut, aber wir wissen auch weiterhin nicht, was diese Welt ist, die immer noch Welt ist und von der auf so absolute Weise gesprochen wird. Das Evangelium sagt, daß »alsdann eine große Trübsal sein (wird), als nicht gewesen ist von Anfang der Welt bis her und als auch nicht werden wird*«. Dieses Wort verabschiedet die Streckenwärter und die Richter zwar nicht ausdrücklich, entkräftet aber ihr Zeugnis hinsichtlich der Dauerhaftigkeit und des *ne varietur* einer Welt, die in einem Augenblick umgestürzt werden und dann nichts und niemandes Gesicht mehr haben kann und wird.

Wenn ich mich aber daranmache, die bedrohliche und geheimnisvolle Lästigkeit dieser alten Vokabeln zu erwägen, die auf der Straße nach Theben verstreut liegen, wenn ich dumm und einfältig aus dem verlorenen Paradies zurückkehre, sage ich mir, daß die Erklärung dieses Gemeinplatzes ganz einfach ist, sofern man sich in Erinnerung ruft, daß die Welt

* Matthäus, XXIV, 21.

im mystischen Sinne das Reich des Teufels bezeichnet. Und augenblicklich wird alles klar.

»Seit der Teufel Teufel ist«, gibt es die weltlichen Pflichten, die Persönlichkeiten von Welt, die Schwachköpfe, die »in die Welt hinaus gehen«, das heißt *ausgehen*, und die Straße gehört aller Welt; es gibt die große Welt, die kleine Welt, die gelehrte Welt, die literarische Welt, die katholische Welt, die Halbwelt; es gibt sogar *Le Monde illustré,* und die Leute von Welt, die frei sind von Heldentum und Verdauungsstörungen, fühlen sich nicht sterben.

CIV. WOHIN GEHEN WIR? In neunundneunzig von hundert Fällen würde ich Ihnen mit Sicherheit antworten, daß wir alle zum Teufel gehen, und ich werde zweifellos nicht von der kleinen Zahl hergelaufener Meßner Lügen gestraft, die als Leute von Welt gelten möchten, indem sie gute Manieren zur Schau stellen. Ja, meine Freunde, wir gehen alle zum Teufel, und wir sitzen in einem Schnellzug. Die Reisenden können nicht zurückkehren, es gibt nur eine einzige Spur ohne Signale, und es ist keinerlei Zusammenstoß zu befürchten.

Ich kann der Versuchung nicht widerstehen, hier ein Bruchstück aus meinem 1887 veröffentlichten Roman *Der Verzweifelte* zu zitieren:

»Eine nicht genau einzuschätzende Buchhandlung in der Rue de Sèvres verkauft folgendes: *Indicateur de la ligne du Ciel* [Himmelsfahrplan]. Die erste Seite bietet den tröstlichen Anblick eines Eisenbahnzuges, der im Begriff ist, in einen Tunnel einzufahren, in einen Tunnel am Fuße eines kleinen, mit Gräbern übersäten Berges. Das ist der ›Tunnel des Todes‹, oberhalb dessen sich der ›Himmel‹ wölbt, ›die glückselige Ewigkeit, das *Fest* des Paradieses‹. Diese Dinge werden auf drei winzigen Seiten voll jenes klebrig-süßlichen Geschreibsels erklärt, das die Zeitschrift *Le Pèlerin* bis in die hintersten Winkel des Planeten verbreitet hat und das der letzte literarische Saft der speichelleckerischen Hinfälligkeit des Christentums zu sein scheint. Man kauft sich seine Fahrkarte *ohne Rückfahrt* am

Schalter der Bußfertigkeit, man zahlt in guten Werken, die gleichzeitig als Gepäck dienen; es gibt keinen Schlafwagen, und die schnellsten Züge sind ebendie, in denen es einem am schlechtesten wird. Schließlich zwei Lokomotiven: die *Liebe* vorn und die *Furcht* hinten. ›Alles einsteigen, Damen und Herren, alles einsteigen!‹«

Der kleine Auszug sagte nichts über die Damen, die man als erste eingestiegen glaubte. Heute ist das ungefähr dasselbe, aber die Streckenführung ist geändert worden, und der Bestimmungsort ist nicht mehr genau derselbe. Überdies hat man einige Veränderungen eingeführt. So ist das Abteil der alleinreisenden Damen infolge begründeter Klagen abgeschafft worden — und um einen Skandal zu vermeiden. Schlafwagen, in denen man sehr gut ruhte, sind als sinnlos ausgemustert worden. Man hat einen Gang geschaffen, in dem empfohlen wird, vollständig nackt zu wandeln, wenn die Hitze unerträglich wird, was den Kurzsichtigen erlaubt, die vorteilhafte Wirkung sportlichen Trainings auf die Verbesserung der Rasse in Augenschein zu nehmen. Die Zeitungen haben erst kürzlich die stolze Stattlichkeit der Turner von Seine-et-Oise und der Aeronauten des letzten Wettbewerbs hervorgehoben, die gemeinsam losfuhren, indem sie sich gegenseitig mit bewundernswert nachgeahmten Tierschreien anfeuerten. Schließlich hat man die absurde Lokomotive am Zugende fallenlassen, deren vollkommene Nutzlosigkeit seit langem erwiesen war.

So kann man heute ganz komfortabel zum Teufel fahren und sogar zu allen Teufeln. Man mag ruhig mehr und mehr Züge einsetzen, sie sind immer überfüllt, und bei allen Abfahrten ist man gezwungen, Reisende zurückzuweisen. Man hat mir sogar von einem außerordentlichen Kongreß erzählt, für den sich mehrere Bischöfe und Kardinäle vormerken ließen.

CV. GELD HABEN. Haben Sie *Le Consulat et l'Empire* von Adolphe Thiers gelesen? Was in dieser übrigens ungenauen Geschichte der größten Epoche der Welt den obersten Rang einnimmt, ist das Geld*. Die lästige finanzielle Frage tritt fortgesetzt dem Heroismus und dem Sieg auf die Füße.

Napoléon hatte Geld! Und er verstreute gewaltig viel davon unter seine häufig ungetreuen Diener. Das hypnotisiert Thiers, der eine Bilanz aller Summen aufmacht, die an jeden der Generäle der großen Armee nach der wunderbaren Campagne von 1805 ausgeschüttet wurden. Er weiß, an welche Leser er sich wendet, und bedient sie mit genau dem, was ihnen gefällt, weil er, mehr als sie selbst und aus persönlicher Erfahrung, kompetent die Geldmenge abzuschätzen weiß, mit der das Verdienst belohnt und der Ruhm aufgewogen zu werden vermag.

CVI. ICH KENNE NUR DAS GELD. Du möchtest zweifellos, schmieriger Krämer, daß das Geld nur Dich kennt. Aber es kennt viele andere Deinesgleichen, und Du bist zu dumm, um es in Deinem Geschäft einzusperren. Erfinde also irgend etwas, gleichgültig, was, eine Schuhwichse oder eine Salbe zum Einreiben für Gerichtsvollzieher und räudige Hunde. Bei guter Reklame kannst Du vielleicht etwas mehr Geld hereinkommen sehen, etwas mehr von diesem lieben Geld, von diesem geliebten Geld, das Du zu kennen glaubst, unter Ausschluß all dessen, was erkannt werden kann; mit dem Du ruhst, mit dem Du schläfst, dessen Vorstellung Deine unreinen Gedanken bevölkert und Dein ganzes schmutziges Herz erfüllt!

Ein Hungriger flehte Dich vor einigen Augenblicken an, ihm *um der Liebe Gottes willen* einige unverkäufliche Überreste zu geben, die ihn vielleicht vor dem sicheren Tode gerettet hätten. Du hast diesem Armen zur Antwort gegeben, daß Du nur das Geld kennst; Deine würdige Frau bedrohte ihn mit der Polizei, und er machte sich davon, Euch verfluchend. Dennoch spricht vieles dafür, daß es Jesus Christus war, in seiner

* Adolphe Thiers (1797–1877), frz. Staatsmann und Historiker, der u. a. mit Bismarck nach dem Krieg von 1870/71 den Frieden aushandelte und die Räumung Frankreichs von dt. Truppen bis 1873 durchsetzte. Seine zwanzigbändige *Histoire du Consulat et de l'Empire* erschien in den Jahren 1845 bis 1862.

üblichen Verkleidung, zumal er in der Heiligen Schrift durch das Silber-Geld symbolisiert wird. »Das Geld bin ich«, wird er Dir eines Tages sagen, »und ich kenne dich nicht.«

CVII. ICH SPUCKE NICHT AUFS GELD. Ist es also schwieriger, aufs Geld zu spucken, als dem Sohn Gottes ins Angesicht zu speien? Man möchte es glauben. Die Verzückten haben auf diesem Angesicht den schrecklichen Speichel der Kanaille Jerusalems rinnen sehen. Die Anbeter des Geldes haben niemals Speichel auf einem 100-Sous-Stück gesehen. Wenn ein solches Geldstück in den Schmutz fiele, würden sie es ehrfürchtig auflesen und respektvoll säubern. Vielleicht hauchten sie sogar noch einige Küsse darauf.

Ich habe gelesen, daß ein großer Herr des 18. Jahrhunderts in seinem Schloß so kostbar ausgestattete Zimmer hatte, daß man sich nicht anders zu helfen wußte, als dem Besitzer, wenn nötig, ins Gesicht zu spucken. Ebendas geschieht dem Wort, das Fleisch geworden ist. Es hat die Welt mit solcher Schönheit ausgestattet, daß zum Anspeien nur noch sein schmerzgepeinigtes Angesicht da ist. Warum also sollte man peinlich berührt sein? Alles in seinem Umkreis hat unschätzbaren Wert. Sogar der Misthaufen treibt Kartoffeln hervor, die Geld einbringen und zur Schweinemast geeigneter sind als die Erlösung. Könnte die Wahl also auch nur einen einzigen Augenblick schwerfallen?

Man erzählt sich, daß es früher merkwürdige Menschen gegeben hat, die sich zur Verachtung der Reichtümer bekannten, weil sie sie als Unrat betrachteten, und sich ihrer entledigten, wie man sich des Ungeziefers entledigt. Man versichert, daß es noch immer einige davon gibt. Was soll ich Ihnen sagen? Alles, was man tun kann, ist, sie auf dieselbe Weise anzuspeien wie DENJENIGEN, für dessen Schüler sie sich ausgeben und dessen Nachfolge sie anzutreten behaupten. Sie können sich also, so lange sie wollen, auf ihre Lumpen berufen und von ihrem Paradies träumen.

CVIII. ETWAS GELD BEISEITE LEGEN. Dieser Gemeinplatz ähnelt einer Kirche, in die alle Welt beten geht, jung oder alt, gut oder böse. Eine Wallfahrt mit unausbleiblichen Folgen, bei der die Bittstellerei ebenso sicher ist wie der Tod. Wer etwas Geld beiseite legt, ähnelt einem Menschen, der sich ein Grab in trockener Lage ausheben ließe, um vor Würmern sicher zu sein. Eine Maßnahme gegen die armen Mieter in den feuchten Häusern, die immer dazu neigen, die Unvorsichtigen aufzufressen. Jede kleine gesparte Summe ist also gleichsam ein Teilchen der Substanz, die ihr anvertraut ist und über die sie eines Tages Rechenschaft wird ablegen müssen. Wenn Sie etwas Geld beiseite legen, gestalten Sie Ihre Zukunft, und Sie geben den Armen ein ungleich wertvolleres Beispiel als alle Almosen.

Glauben Sie mir, auch wenn man noch so reich ist, muß man etwas Geld beiseite legen. Wenn Sie einem Armen, einem Hungers Sterbenden begegnen, den die Gabe von etwas Kleingeld retten würde, kann es sein — das Herz des Menschen ist ja so unberechenbar! —, daß Sie sich bewegt fühlen. Hüten Sie sich, das ist der Augenblick der Prüfung, das ist die Stunde der so schrecklichen Versuchung. Seien Sie standhaft und verweigern Sie sich mit aller Energie. Rufen Sie sich in Erinnerung, daß die erste Ihrer Pflichten darin besteht, etwas Geld beiseite zu legen, und daß der Schatten von Benjamin Franklin Sie dabei stumm überwacht.

Ich erinnere mich eines erhabenen BÜRGERS aus dem Département Indre oder Creuse, der, glaube ich, im direkten Steuerwesen tätig war und den Ruhm erntete zu krepieren, ohne jemals irgend jemandem einen Pfennig gegeben zu haben, weil er jeden Tag etwas Geld beiseite legte. Dieser heldenhafte Mann hatte drei Söhne. Er wollte, daß der erste Voltaire, der zweite Rousseau und der dritte Franklin heißen sollte, der, nach dem Tode seines Vaters, eine maßlose Prasserei veranstaltete. Solche Charaktere trifft man heutzutage nicht mehr.

CIX. MAN NIMMT JA DOCH NICHTS MIT HIN-ÜBER, WENN MAN STIRBT. Das sagt sich so leicht wie vieles andere, aber der BÜRGER täuscht sich da nicht. Ohne Zweifel weiß er, genau wie Sie und ich, daß er weder Gold noch Silber mit hinübernehmen kann. Er wird auch keine Banknoten noch Sofortwechsel auf die armen Teufel, noch gar Freikarten für irgendein beliebiges Schauspiel in der jenseitigen Welt mitnehmen. Aber der bösartige Schlingel, der er ist, nimmt doch seine *Anrechte* mit, den wahren Reichtum seiner Seele, seine nur ihm gehörigen Anrechte, die seine Erben ihm auf gar keine Weise abhandeln oder zu Geld machen könnten und die ihm unfehlbar einen Platz in der Ewigkeit sichern werden.

CX. DER LIEBE GOTT IST DAS GELD. Es ist mehr als vierzig Jahre her, aber diese Szene werde ich nie vergessen können. Es war in der Rue de Sèvres, etwa zur Zeit meiner Flitterwochen mit dem hinreißenden Elend, das mir zeitlebens treu geblieben ist.

Eine arme Alte, an eine Schubkarre geklammert, pries irgend etwas an, Fisch oder Gemüse. Eine bemerkenswerte BÜRGERIN bleibt stehen und beginnt zu feilschen, indem sie geradezu lachhafte Preise anbietet. »Gut, gut, Madame, reden wir gar nicht erst weiter«, sagt die Verkäuferin. »Sie bringen mich nur um meine Zeit. Der liebe Gott wird mir schon andere Kunden zu schicken wissen.« — »Der liebe Gott«, antwortet die BÜRGERIN hohnlachend, »der liebe Gott ist das 10-Sous-Stück!«

Die Wirkung dieser Redewendung kann ich nur mit der eines Stücks Holzkohle in einem Pulverfaß vergleichen. Die Alte verwandelte sich in eine furchterregende Furie.

»Und gerade mir gegenüber wagen Sie so zu reden!« schrie sie in höchster Wut und Empörung. »In Gegenwart einer Christin, die sich ihren Lebensunterhalt mit Anstand verdient, haben Sie die Kühnheit, den Gott der Armen zu beschimpfen, indem Sie Ausdrücke benutzen, über die sogar ein Straßenmädchen erröten würde! Sie verdienten es wahrlich, ausgepeitscht zu werden wie eine speckdreckige Nutte, und das sage ich allen Leuten, die mich hören können. Hier«, fügte sie hinzu, immer aufgeregter und mit drohender Hand in Richtung der Feindin wedelnd, die vergeblich versuchte, durch die in einem einzigen Augenblick zusammengeströmte Masse zu entkommen, »hier habt ihr eine Schlampe, die behauptet, daß der liebe Gott ein 10-Sous-Stück ist, das 10-Sous-Stück, das sie vielleicht mit ihren Gemeinheiten ergaunert hat, diese Nutte, die die Unverschämtheit hat, das mir zu sagen, im Glauben, ich würde ihr schon nicht herausgeben, weil ich eine arme Frau bin. Ich rufe alle Männer guten Willens auf, sie mit Fußtritten zu ihrem Macker zurückzuschicken«, usw.

So fuhr sie noch einige Zeit fort, zum sichtbaren Vergnügen der Zuschauer, die sich der Flucht des Opfers widersetzten, bei jedem Wort außer sich, bellend wie Hekuba und mit ihren Verwünschungen die ganze Straße erfüllend. Es bedurfte des Eingreifens der Schutzleute, um die vor Scham und Wut bereits halbtote Aufwieglerin aus der Meute zu befreien.

Das, ich wiederhole es, passierte vor mehr als vierzig Jahren, das heißt vor dem verhängnisvollen Krieg und der entwürdigenden Republik, zu einer Zeit also, da noch nicht alles zerstört war. Heute ist die gemeinste Lästerung der genaueste Ausdruck der allgemeinen Gefühlslage, und von der Menge angespien würde die arme Alte, die auf ihre Weise den Gott der Christen verteidigte und rächte.

CXI. DIE FARBE SEINES GELDES IST NICHT BEKANNT. Der Mensch, von dem das behauptet wird, ist auf die tiefste Stufe der Nichtswürdigkeit gesunken. Wenn man einfach sagte, man kenne sein Geld oder die Herkunft seines Geldes nicht, wäre das weit weniger schwerwiegend. Aber die *Farbe* seines Geldes, denken Sie doch!

Bekanntlich hat das Geld keinen Geruch, es stinkt nicht. Die feinfühligsten Leute, deren Geruchssinn von äußerster Zartheit ist, behaupten es jedenfalls. Aber man verlangt, es solle Farbe haben, und diese Farbe will man auch noch sehen. Können Sie sich etwas Schöneres vorstellen als ein 10-Sous-Stück in der Hand eines Negers? Und wo ist der BÜRGER, der in der Lage wäre, die dreißig schönen Silberlinge in der schmutzigen Klaue des Judas Ischariot mit Verachtung abzulehnen? Dieser liebenswerte und nicht mit Bruderküssen geizende Verräter, mit dem man so hart umgegangen ist, konnte wenigstens sagen, er kenne die Farbe des Geldes der Hohenpriester, weil er nicht zu jenen Trotteln gehörte, denen man einen Bären aufbinden kann.

Ich sehe von Zeit zu Zeit rötlich gefärbte Geldstücke, die aus der Hand eines Metzgers oder eines Mörders stammen müssen, und der Anblick dieser Münze verführt mich zum Träumen. Wenn ich an den wahrscheinlichen Ursprung dieses Zeichens des Reichtums denke, sage ich mir, daß dies seine wahre Farbe ist, die Farbe, die es haben sollte, die es haben *muß*, die Farbe, die zweifellos die Silberlinge des Judas annahmen, der sie daraufhin nicht mehr *wiedererkannte* und sie unverzüglich den ausgezeichneten Schurken zurückbrachte, von denen er sie erhalten hatte. Diese Schurken, die sie ihrerseits nicht wiedererkannten, wollten kein Geld von derart merkwürdiger Farbe in den Schatz des Tempels, den »Gotteskasten«, zurücklegen. Alle Welt weiß, daß sie es dazu benutzten, den *Blutacker* zu kaufen, ein Gattungsname, der, wie ich mir vorstelle, auf alle bürgerlichen Besitztümer anzuwenden ist — seit der Geißelung und Kreuzigung Christi.

CXII. KREDIT GEBEN, EINEN KREDIT ERÖFFNEN. Genau das werden Sie offensichtlich von niemandem bekommen, der nicht die Farbe Ihres Geldes kennt. Wenn Sie aber, weil Sie eine glaubhafte Farbe vorweisen können und kein Milliardär sind, irgendeinen Kredit erhalten, werden Sie sich in einer Lage finden, die sogar noch weit unter der der verachtetsten Galeerensklaven rangiert. Sie werden der Neger, der antike Sklave der widerwärtigen Händler sein, die Sie zur

Ader lassen, während sie Ihnen gleichzeitig Kredit gewähren, und sie werden sich Scheiben aus Ihrem Fleisch schneiden, wann immer es sie reizt. Der unbedeutendste Einzelhändler, der Ihnen Kredit gibt, ist Ihr Herr und Meister, so, wie der Teufel der Herr und Meister seiner Verdammten ist.

Derjenige, dem Kredit gewährt worden ist, darf sich wie in der Sommerfrische fühlen, das heißt einer Situation, die wir uns als frei von allem Unnötigen und Überflüssigen vorstellen müssen, in der Situation eines Menschen, der die Behaglichkeit seines Hauses verlassen hat und eine Zeitlang auf seine liebsten Gewohnheiten, seine Freunde, seine Arbeit verzichtet, nur um der enttäuschenden und schrecklich kostspieligen Illusion einer reineren Luft willen, und der sich plötzlich in den Fängen von ländlichen Ungeheuern sieht, die auf allen Wegen und Pfaden auf der Lauer liegen, entschlossen, ihn nur vollständig ausgeplündert, verzweifelt und halb tot ziehen zu lassen — übrigens steht außer Frage, daß ein unerklärliches Leidensbedürfnis ihn diesen Ungeheuern schon im nächsten Jahr erneut zutreiben wird.

Der Kredit ist ein überaus aufmerksamer Gärtner, der Sie so lange gießt und bewässert, wie er in Ihnen noch einen Rest von Leben vermutet, die Möglichkeit, erneut zu grünen und Früchte zu tragen. Wenn sich diese Hoffnung erschöpft, reißt er Sie aus — fürs Feuer oder für den Komposthaufen — und legt in aller Ruhe die Beete neu an.

CXIII. BIS ÜBER BEIDE OHREN IN SCHULDEN STECKEN. Wahrscheinlich ist das weder mein Fall noch Ihrer noch der von irgend jemand sonst; bekanntlich ist die Sache aber möglich, und das genügt. Ein Dichter, der ein vierpfündiges Brot, einige Zentner Kohle und zwei oder drei Dutzend Ries Papier schuldig ist, kann sehr wohl als ein Mensch gelten, der bis über beide Ohren in Schulden steckt. Das hat es immer gegeben und wird es auch weiterhin geben. Der Ausdruck ist übrigens merkwürdig, wenn auch schwer zu verstehen.

Wenn ich mich nicht irre, bedeutet »durchlöchert, bedeckt sein*« durchs Sieb gefallen sein oder, wenn man so will, aufgrund vieler Verletzungen einem Sieb ähneln — ein zweifellos übertriebenes Bild, das sich auf die Schulden, in denen man stecken kann, nicht anwenden läßt, die ja nur Löcher in die Börse des Gläubigers reißen. Der erste Fall entspricht der wohlbekannten Operation, die Hausfrauen an ihrem Herd vornehmen, wenn sie mittels eines Siebes die nutzlose Asche vom noch Brennbaren zu trennen versuchen. Bekanntlich bewies die auf diese Weise vom Propheten Daniel erhaltene Asche dem König von Babylon den gottlosen Betrug der Bel-Priester**. Durch Bedeutungserweiterung spricht man auch manchmal vom Sieb des Gewissens, einem schadhaften und unehrlichen Instrument, das allzu viele Dinge durchfallen läßt und mit einem jener alten durchbrochenen Körbe verglichen werden kann, deren man sich nur mit Vorsicht bedienen sollte. Es gibt auch das Sieb des Teufels, das im Evangelium erwähnt wird: »Der Satanas hat euer begehrt, daß er euch möchte sichten wie den Weizen«***, was Anlaß zur Unruhe gibt, weil Satan ja der schlechteste aller Ratgeber ist. Das alles aber erklärt nicht unseren Gemeinplatz.

Bedeutet er ganz einfach, daß man haufenweise Schulden hat und geradezu davon bedeckt ist? In diesem Falle könnte mich das heftige oder gegebenenfalls harmonisch-rhythmische Schütteln und Rütteln des Siebes vielleicht von diesem Staub befreien, sofern ich nicht selbst zusammen mit dem Staub durch eines der Löcher falle, was wenig wahrscheinlich ist. Letztlich verstehe ich überhaupt nichts mehr, es sei denn, daß es äußerst unangenehm ist, Schulden zu haben, und unendlich widerwärtig, sie bezahlen zu müssen.

CXIV. DAS GELD ZUM FENSTER HINAUSWERFEN. Zu welchem Zeitpunkt und unter welchen Umständen wirft man Geld zum Fenster hinaus? Hier handelt es

---
* Frz. *être criblé de dettes*.
** Das Buch Daniel, XIV. Die von den Bel-Priestern in der Asche hinterlassenen Fußspuren bewiesen ihren nächtlichen Raub der Opfergaben.
*** Lukas, XXII, 31.

sich um einen Aspekt bürgerlicher Kasuistik. Ein Unwissender könnte glauben, das sei in dem Augenblick, da man dem Steuererheber den Steuerbetrag für die Türen und Fenster* hinblättert, wobei man vergißt, daß hier nur die Rede von *Fenstern* ist und nicht von Türen oder Kellerfenstern, Katzen- oder Mauselöchern, durch die man besagte Geldstücke ebensogut werfen könnte.

Ich bitte diejenigen, die lernwillig sind, zu beachten, daß man niemals sagt: das *Gold* zum Fenster hinauswerfen. Diese Redeweise hätte in der Tat etwas Haarsträubendes. Solche lächerlichen sprachlichen Exzesse sollte man wirklich den Dichtern und anderen Leuten überlassen, denen Genauigkeit fremd ist. Es ist bereits ein gefährliches Zugeständnis an die Poesie, das Geld beim Namen zu nennen.

In Wirklichkeit wirft man das Geld zum Fenster hinaus, wenn man einem Armen einen Sou gibt. Das versteht sich von selbst und bedarf keines weiteren Beweises. Ein wahrer BÜRGER darf niemals geben. Aber es gibt viele andere Verfahrensweisen. Beispiele: Wenn Sie die Gelegenheit versäumen, einen Hosenknopf als 50-Centimes-Stück durchgehen zu lassen; wenn Sie idiotisch genug sind, einen Omnibusschaffner und Vater von acht Kindern darauf aufmerksam zu machen, daß er Ihnen auf ein 40-Sous-Stück zuviel herausgegeben hat; wenn Sie, und sei es für einen Spottpreis, ein literarisches Meisterwerk zu Ihrem Vergnügen oder ein Kunstwerk kaufen, das Sie nicht einmal weiterverschachern wollen; wenn Sie dummerweise einen armen Teufel, der Sie unter eigener Lebensgefahr aus einer bedrängten Lage gerettet hat, mit einer kleinen Summe beschenken, statt ihn von den Bullen einbuchten zu lassen, usw. Die Umstände, unter denen man der Gefahr ausgesetzt ist, Geld zum Fenster hinauszuwerfen, reichen bis ins Unendliche, und der ehrbare Mensch muß ihnen die ernsthafteste Aufmerksamkeit widmen.

---

* Hinweis auf die seit 1798 real existierende Tür- und Fenstersteuer, die vom Eigentümer auf die Mieter abgewälzt werden durfte — je nach deren Anteil an den Öffnungen.

CXV. SICH KÜMMERLICH DURCHSCHLA-
GEN*. Das ist das Symbol der Schlange, die sich in den
Schwanz beißt, das Symbol des Unendlichen in allen Zeiten
und Ländern. Das Unendliche ist gleichwohl nicht Gegenstand der Sorge des BÜRGERS. Aber hier hört er einmal auf,
es geringzuachten, weil der Gemeinplatz der beiden Enden
ihm als Gelegenheit erscheint, seine Gewitztheit unter Beweis
zu stellen, sich geradezu übermenschliches Profil zu geben.
Muß ich eigens sagen, daß es sich wie immer um Geld handelt?
Sie werden sehen, wie einfach das ist.

Man besitzt irgendein Vermögen, hunderttausend Francs,
oder hundert Millionen, wenn Sie das vorziehen. Da das
Kapital nicht angegriffen werden darf, handelt es sich darum,
von Jahresanfang bis Jahresende mit dem bloßen Zinsertrag auszukommen, bei dem man hinreichende Streckbarkeit voraussetzt. Das ist ein wirklicher Kraftakt, zu dem nur sehr wenige
Menschen fähig sind. Schlagen Sie das einem Schwärmer vor,
einem Träumer, einem Freigebigen, einem *Barmherzigen*.
Sogar die Kühnsten werden Ihnen versichern, daß sie dafür
nicht einstehen können. Manche, die vor solcher Lästerung
nicht zurückscheuen, werden so weit gehen, Ihnen zu sagen,
daß der Reichtum wie Mist verstreut sein sollte und die Unan-
greifbarkeit des dennoch — wie Gott — produktiven und
stets unerschöpflichen Kapitals ein Greuel sei.

Wenn der BÜRGER, hinreichend damit beschäftigt, die
Fäden der Geldspindel seines Jahres zu ziehen, Zeit zu verlieren hätte, würde er in aller Ruhe antworten, daß dieser Gott,
den man dem Kapital entgegenzusetzen die Kühnheit hat,
ein armer Gott sei, wenn er seinen Anbetern solche Gefühle
eingebe; daß er, der ehrbare und kapitalbesitzende BÜRGER,
sich nicht fürchte, mit diesem angeblichen Allmächtigen
darauf zu wetten, daß er nicht wisse, mit welchem Ende anzu-
fangen sei ...

Und auf der Stelle wird er, unerklärlicherweise, ein wütendes
und schäumendes Gebrüll anstimmen: »Ich bringe die beiden

---

* Frz. *joindre les deux bouts,* in genau demselben Sinne wie engl. *to make both ends meet.*

Enden zusammen, ich halte die beiden Enden, mein Geldschwanz steckt in meiner Geldkehle, und Ihr lieber Gott wird durch mein Kapital gekreuzigt. Ich bin ein ehrbarer Mann und kümmere mich einen Dreck um die Religion.«

Dann werden Sie an den Friedhof denken, der am *Ende* dieser schönen Tannenallee liegt, die bei dem Landhäuschen beginnt.

CXVI. EIN HEIDENGELD KOSTEN*. Ein Blinder sagte mir eines Tages, daß sein Hund ihn ein Heidengeld koste. Er war ein Blinder von der Académie française, der erblindet war, weil er zuviel Hanotaux und Paul Bourget gelesen hatte. Als ich mich wunderte, daß er nicht gleichzeitig auch zum Idioten geworden sei, hatte er ein überlegenes Lächeln auf den Lippen, das ich nicht gleich verstand.

Ich habe seither in Erfahrung gebracht, daß er nur gelegentlich und bedingt blind ist und sehr wohl die entwerteten Geldstücke von den anderen zu unterscheiden weiß, die auch von den wachsamsten BÜRGERN akzeptiert werden. Daraufhin glaubte ich zu erraten, was einen die Augen im Kopf kosten kann, das heißt das, was das Schwerste auf Erden ist, nämlich tiefer hinabzuschauen, als man selbst steht, wenn man ein Mitglied der Akademie ist.

CXVII. DIE ART DES GEBENS WIEGT MEHR ALS DAS, WAS MAN GIBT. Dieser Ausdruck ist vornehmer Herkunft. Es ist ein Vers des großen Corneille, und eine Ironie der Vorsehung hat es gefügt, daß dieser Vers einer der ersten aus dessen *Lügner*** ist. Der BÜRGER, hermetisch gegen alle Literatur abgeschottet, weiß das selbstredend nicht, aber er findet diesen Vers ganz nach seinem Geschmack und benutzt ihn, wenn er von sich selbst die höchste Vorstellung vermitteln möchte. Das ist zwar nur ein Hilfsmittel, aber man braucht Takt und Fingerspitzengefühl.

* Frz. *ce qui coûte les yeux de la tête.*
** Frz. »*La façon de donner vaut mieux que ce qu'on donne*«(*Le Menteur,* I, 4).

Ich habe einen majestätischen Kunsthändler gekannt, der sich mit einem bescheidenen Profit von 500 bis 1500 Prozent begnügte. Er wurde vor einigen Jahren zum Gönner eines sehr armen Malers, dessen Bilder aber bereits gesucht waren. Dieser geschickte Mensch nutzte gerissen die schreiende Notlage des Künstlers aus, kaufte ihm die erstaunlichsten Skizzen zu einem Spottpreis ab, verschacherte sie unendlich teuer an Sammler seines Kundenkreises weiter und machte so ganz loyal beträchtliche Gewinne.

Das ging auf die herzlichste Weise der Welt vonstatten. Ebenso schirmherrschaftlich wie gerecht, machte dieser gute Händler manchmal liebenswerte Überraschungen, überraschend sogar noch für sein altes Haut- und Knochengebilde: einen Beutel Bonbons für die Kinder, eine alte Hose, ein Päckchen Tabak, einen *Geldbeutel* für 2,50 Francs! Zweifellos konnte man nicht sagen, daß das irgend etwas Großartiges war, aber das Herz war dabei, und was für ein Herz! Und welches Lächeln, und was für sanfte Händedrücke! »Die Art des Gebens wiegt mehr als das, was man gibt«, dachte er, sein Messer wetzend. Er sagte es nicht ausdrücklich, weil er viel Takt hatte, aber es war auf seinem leutseligen Gesicht zu lesen! ... Leider muß ich hinzufügen, daß er mit der schwärzesten Undankbarkeit belohnt wurde und daß dieses Epos mit schallenden Ohrfeigen endete.

Nicht weniger bewundert habe ich einen anderen Wohltäter aus derselben Schule. Er war kein Geschäftsmann, sondern ein auf Ruhm versessener Millionär, der sich eines Tages entschloß, den Ruf eines großen Schriftstellers zu erwerben. Mit gutem Gespür hatte er einen Bedürftigen ausfindig gemacht, einen Bedürftigen von starkem Talent, der ihm für sein Vorhaben geeignet erschien. Zehn Jahre lang führte dieser Goldkrüppel den Unglücklichen am Bändel, indem er von ihm für ganz geringe Summen Arbeiten erhielt, die auch mit der Hälfte seines Reichtums nicht zu hoch bezahlt gewesen wären — selbst wenn man die Haut seiner Frau draufgelegt hätte —, vollständig ausgearbeitete, erfundene, *realisierte* Werke, die er nicht verfehlte, mit seiner schwachköpfigen Schreibe zu verhunzen, damit man nicht sagen konnte, er habe gar nichts dazu getan, die ihm aber eine beträchtliche Bekanntheit und Entlohnungen in *klingender Münze* einbrachten. Heute ist er in der Académie française, Offizier der Ehrenlegion und von einigen Monarchen mit Orden dekoriert. Schließlich glaubte er sogar selbst, Talent zu besitzen, und wurde gar nicht mehr nüchtern.

Der wirkliche Autor, immer armseliger geworden, preisgegeben und vergessen, wird enden, so gut er eben kann. Solange man ihn brauchte, wurde er, auch er, mit entzückenden kleinen Geschenken überschüttet, die mit jener reizenden Feinfühligkeit verteilt wurden, über deren Geheimnis die hilfsbereiten Reichen und die wütenden Nilpferde zu verfügen scheinen. Es gibt ja so köstliche Weisen, Höllenqualen zu verordnen!

CXVIII. GUTER RUF GEHT ÜBER REICHTUM*.

Wenn die Metapher des goldenen Gürtels, den Interpreten zufolge, Reichtum bedeutet, darf man sich zu Recht fragen, warum und wie das angebliche gute Ansehen mehr wert sein kann, weil es ja, in Wirklichkeit und dem Anschein nach, genau dasselbe ist. Es gibt kein Beispiel dafür, daß ein Reicher nicht auch hohes Ansehen genossen hätte. Alles andere wäre haarsträubend und zutiefst amoralisch, weil der Reichtum ja das Achtbarste auf Erden ist.

Dennoch muß man da eine Unterscheidung treffen, denn die Gemeinplätze sind unfehlbar. Bekanntlich hat das — gute oder schlechte — Ansehen Posaunen und Flügel, alle Rhetorikprofessoren werden Ihnen das bestätigen, dazu bedarf es keines Gürtels. Die Überlegenheit liegt auf der Hand. Also könnte man auf diese Weise die seltsame Geste einer hübschen Frau erklären, wenn sie ihren — vergoldeten oder nichtvergoldeten — Gürtel ablegt oder sogar ganz darauf verzichtet, um sich Ansehen zu erwerben, um sich Flügel anzuheften und sich von einer Fanfare begleiten oder führen zu lassen. Der abge-

* Frz. *bonne renommée vaut mieux que ceinture dorée.*

legte Gürtel schmückte sich natürlich nicht von selbst. Ich kann nicht mehr tun, als darüber zu brüten. Die Gemeinplätze enthüllen sich nur denen, die sie in aller Bescheidenheit und mit großer Herzenseinfalt studieren.

CXIX. ICH HABE NOCH NICHT ABGERECHNET, KASSENSTURZ GEMACHT. Wir sind in Tours, einer der Städte Frankreichs, wo der Gemeinplatz am meisten in Ehren steht. Zwar machen sich mehrere andere Städte den Ruhm streitig, ihn ins Leben gerufen zu haben. Aber seine Wiege muß Tours gewesen sein. Das Descartes-Denkmal sei mein Zeuge*.

Ein Fremder, der sich belehren zu lassen gekommen war, tritt in eine Kirche ein, nachdem er zuvor dem Stammbettler ein Almosen gegeben hat. Im Banne irgendeiner — ich weiß nicht, welcher — Gedankenarbeit, die ihn in Anspruch nimmt, hat er zwanzig Francs gegeben, im Glauben, es sei nur ein Sou gewesen, und den Irrtum erst sehr viel später bemerkt. Er kehrt spornstreichs zur Kirche zurück, aber der Bettler ist schon weggegangen. Also legt er den Fall dem Küster dar, der ihn beruhigt, indem er ihm versichert, daß dieser Bettler, dessen Adresse er ihm auf der Stelle gibt, einer der ehrbarsten Mitbrüder sei und ihm das 20-Francs-Stück gewissenhaft zurückerstatten werde — unter der Bedingung eines neuen geringfügigen Almosens.

Der Reisende langt bei einem sehr stattlichen Haus an, in dem er alsbald mit aller Höflichkeit von einer schicklich gekleideten Person empfangen wird, in der er mit einiger Mühe seinen Bettler wiedererkennt. »Lieber Herr«, sagt der, »machen Sie sich keine Gedanken. Diese Irrtümer kommen in unserem Beruf schon einmal vor. Aber *ich habe noch nicht abgerechnet*. Machen Sie sich also die Mühe und nehmen Sie Platz.« Eine Viertelstunde später war das Geldstück wiedergefunden und wurde mit Entschuldigungen zurückerstattet.

* Descartes wurde 1596 in La Haye in der Touraine geboren.

Ich habe diese Geschichte, wie man verstehen wird, nur deshalb völlig wahrheitsgetreu erzählt, um einer schätzenswerten Zunft Gerechtigkeit widerfahren zu lassen, zumal sie häufig von den BÜRGERN verleumdet wird, die ebenfalls mit aller Aufmerksamkeit abrechnen, ohne allerdings je etwas zurückzugeben, und jede Verbundenheit mit den Bettlern ablehnen, so, als ob sie nicht selbst im spirituellen Sinne Zerlumpte wären, Gangster, Bettelsäcke, Elende, Hungerleider, Topflecker, Lauser, Nacktschläfer unter den Eselsbrücken des universalen Bettlertums, beklagenswerte Wohlfahrtsempfänger der modernen Dummheit und Niedertracht, wie sie von den Gemeinplätzen zum Ausdruck gebracht werden, deren sie sich bedienen — in Wirklichkeit die jüngeren und kleineren Brüder dieser armen Teufel mit der ausgestreckten Hand, die sie verachten, weil sie die letzten sind, die uns jedenfalls noch etwas, ein kleines bißchen vom erlösenden Bettlertum des Sohnes Gottes vor Augen führen!

CXX. IRRTUM VORBEHALTEN. Das war, wie man gesehen hat, die Meinung des Bettlers von Tours. Dieser arglose Gewerbetreibende hielt genaue Überprüfung für geboten. Auch alle anderen Geschäftsleute halten sie für geboten, aber weil sie weniger arglos sind und man sich ja nicht ruinieren sollte, verstehen sie das Ganze auf andere Weise. Sie möchten, auch sie selbstredend, genaue Abrechnungen, auf ihre Weise, ohne jeden Irrtum. Nichts leichter als das, wenn man etwas Arithmetik beherrscht, einen gesunden Magen und eine dicke Haut hat. Das Gesetz steht übrigens auf ihrer Seite, weil es ja sagt, daß ihre Bücher, wie das Evangelium, *Beweiskraft* haben.

Sie bestellen bei Ihrem Krämer, der zu den Achtbarsten der Achtbaren gehört, ein Kilo Zucker, ein Pfund Kaffee und sechs Flaschen Wein. Er liefert Ihnen das alles ganz ehrlich, schreibt aber insgeheim und als Geschäftsmann *zwölf* Flaschen, *zwei* Pfund Kaffee und *zwei* Kilo Zucker an. Dann macht er eine genaue Abrechnung, wobei er dafür sorgt, daß er sich in der Auflistung auch nicht um einen Centime zu seinen eigenen

Ungunsten verrechnet. So kann er Sie später mit seiner Gewissenhaftigkeit erbauen, indem er vor Ihnen diesen unmerklichen Irrtum berichtigt, gesetzt den Fall, Sie wären versucht, die Rechnung zu prüfen. »Irrtum vorbehalten«, wird er mit honigsüßem Lächeln sagen. Und wenn es zu Reibungen kommt, wird er vielleicht hinzufügen: »*Errare humanum est*«, und sein Lächeln wird noch breiter werden. Und Sie werden sich zufriedengeben, etwas erstaunt über das unvorhergesehene Ausmaß Ihrer Ausgaben, gleichwohl aber berührt von der minutiösen Rechtschaffenheit dieses Geschäftsmannes, der sich lieber der Gefahr aussetzt, einige Sous zu verlieren, als Ihnen den geringsten Schaden anzurechnen.

Ich habe einen Krämer dieser moralischen Statur gekannt, und zwar zu Zeiten meiner bekannten Gefangenschaft in Cochons-sur-Marne. Eines Tages, als die Gesamtsumme seiner Auflistungen mir den Atem verschlug, bot er mir ganz loyal an, Einblick in seine Bücher zu nehmen. »Ich werde Ihre Bücher lesen«, antwortete ich, »wenn Sie meine gelesen haben«, und schickte mich ins Zahlen. Manchmal habe ich mich voller Unruhe gefragt, ob ich an jenem Tage nicht, ohne es zu wollen, einer literarischen Berufung zum Ausbruch verholfen habe. Dieser Mensch ist vielleicht Preisträger der Académie Goncourt geworden.

CXXI. SICH AUS DER SCHLINGE ZIEHEN. Man zieht sich aus der Schlinge, wenn man ganz zwanglos und ungesäumt ein junges Mädchen sitzenläßt, das man verführt hat. Ich sage das ohne jede pornographische Absicht, wie man mir bitte glauben möge. Aber es gibt viele andere Weisen, sich aus der Schlinge zu ziehen. Im allgemeinen handelt es sich darum, daß man sich zu helfen weiß und ein pfiffiger Bursche ist.

Wenn Sie einen alten Rentner ermorden, nachdem Sie ihn nutzbringend bestohlen haben, stellen Sie es so an, daß die *Beweisstücke* beim Steuererheber oder beim Friedensrichter gefunden werden; dazu führen Sie, ohne sich die geringste

Blöße zu geben, die Justiz geschickt auf die eine oder die andere dieser beiden Spuren. Wenn Sie Geschäftsmann sind, richten Sie es so ein, daß Ihre Kapitalien an einem bestimmten Punkt im Raum vereint sind, den Sie, wenn Sie wollen, Ihre Kasse nennen können; rüsten Sie sich im voraus mit allen nützlichen Fahrplänen aus, und wenn der rechte Augenblick gekommen ist, schwingen Sie sich mit Kondorflügeln auf und machen sich in aller Stille davon, nachdem Sie alle Brücken so weit wie möglich hinter sich abgebrochen haben. Ihre Kompagnons oder Geschäftspartner werden sich ihrerseits, so gut sie können, selbst zu helfen wissen bei einer Buchführung, die Sie so völlig unentwirrbar gemacht haben wie einen jungfräulichen Urwald im Amazonasgebiet oder am Oberlauf des Kongo.

Ich erlasse Ihnen weitere Ratschläge aus meinem reichen Erfahrungsschatz, diese summarischen Hinweise sollten genügen. Darüber hinaus brauchen Sie nur die zeitgenössische Geschichte zu studieren. Die diplomatischen Strategiespiele, die heutigentags ausgeheckt werden, sollten Sie hervorragend ins Bild setzen.

CXXII. SICH AUS DEM GESCHÄFTSLEBEN ZURÜCKZIEHEN. Das ist eine gemeine und schäbige Weise, sich endgültig aus der Schlinge zu ziehen. Überflüssig zu betonen, daß man sich erst aus dem Geschäftsleben zurückziehen sollte, nachdem man seinen »Schnitt« gemacht hat. Andernfalls hieße es das Schlachtfeld vor dem Sieg verlassen, das heißt sich aus dem Staube machen. »Ich habe so viel verdient«, sagen Sie mir, »daß ich ein ruhiges Leben auf dem Lande führen kann, und ziehe mich von den Geschäften zurück. Ich habe genug von eurem schmutzigen Schacher. Ich will meinen Garten bestellen und angeln.«

Nun gut! Ich räume, ohne zu zögern, ein, daß Sie ein Idiot und Renegat sind. Sie sind wie ein schlechter Priester, der den Altar verabscheut. Sie haben nämlich nie begriffen, Elender, daß der Mensch nur fürs Geschäftsleben existiert, daß die Geschäfte sein letztes Ziel und das einzig Wahre sind. Was wollen Sie denn werden? Sind Sie Dichter oder Frömmler, um in der Einsamkeit hausen oder auf das herzstärkende Leben im Kontor verzichten zu können? Sie sind unfähig, zu denken, zu träumen, zu lieben. Die schönste Landschaft wird für Sie nur das sein, was sie für eine Kuh oder ein Maultier ist. Jede andere Lektüre als die von Katalogen, Marktberichten oder Börsennotierungen ist Ihnen unmöglich. Bis heute sind Sie immer nur niederträchtig gewesen, Sie werden unendlich dumm werden, und schon lange vor Ihrem schmutzigen Tode wird man Sie für einen altersschwachsinnigen Esel halten.

Wie können Sie all diesen mutigen Kaufleuten und Industriellen gleichgültig gegenüberstehen, die standhaft kämpfen — wie früher die Märtyrer — und großherzig ihr Leben für die Geschäfte in die Schanze schlagen, ohne jemals in Versuchung zu geraten, sie zu verleugnen? Sie sind doch Zeuge des erhabenen Endes des großen Chauchard* gewesen, der bis zur letzten Minute kämpfte und dessen wunderbarliches Gerippe von einer ganzen schluchzenden Völkerschar zum Friedhof geleitet wurde. Heute sehen Sie den übermenschlichen Pierpont Morgan, wie er mit seiner dicken Plauze auf einem Milliardenparkett krepiert**. Finden Sie in den Epopöen der Geschichte oder im Leben der berühmtesten Heiligen etwas ihnen Vergleichbares?

Ah! Lästern wir nie die Geschäfte, die heiligen Geschäfte! Irgendwann könnten sie sich auch von uns zurückziehen, wegen unserer Unwürdigkeit oder aufgrund irgendeines sehr geheimnisvollen Mißgeschicks, aber man darf sich nicht von ihnen zurückziehen, wenn man ein Mensch ist.

Als ich eben sagte, man dürfe das, nachdem man seinen Schnitt gemacht hat, habe ich mich an die Schwachen gewendet. Die Starken verstehen diese Sprache nicht. Für sie gibt es

---

* Vgl. S. 253 des vorliegenden Bandes.
** John Pierpont Morgan (1837–1913), der Begründer der Morgan-Dynastie mit gewaltigen Stahl- und Schiffahrtstrusts, die im Zweiten Weltkrieg dann die Alliierten und besonders Frankreich unterstützte.

weder einen Schnitt noch ein Glück, das man gemacht hat, es gibt nicht einmal Glück. Es gibt die Geschäfte, die Geschäfte und weiter nichts, das heißt die einzige Realität, die einzigartige Pracht, der man sein Leben opfern darf — und vor allem das der anderen — seit dem Erlöschen des Christentums.

CXXIII. KOPFÜBER IN DEN GRABEN. NACH UNS DIE SINTFLUT.

Wenn der BÜRGER eine dieser beiden Wendungen ausspricht, hüten Sie sich zu glauben, daß Sie einen Verzweifelten vor sich hätten, der sich in die schlimmsten Katastrophen schickt, im Gegenteil: Er freut sich, genau zu wissen, daß es nichts dergleichen gibt, daß *er* ihnen nicht zum Opfer fallen wird. Er *weiß* im tiefsten Inneren: Wenn die ganze Welt zugrunde gehen sollte, würde er allein in einer Arche gerettet werden, wie Noah der Gerechte mit seinen Tieren. Worum sollte er sich also Sorgen machen? Hat die blasse, schweigende Mehrzahl der Menschenwesen anderes zu tun, als für ihn zu zahlen, für ihn zu leiden, für alles, was er zu leiden und zu zahlen haben kann?

Ich glaube, noch niemand ist darauf gekommen, daß das erhabene Schicksal des BÜRGERS das genaue Gegenteil oder Widerspiel der Erlösung ist, wie sie sich die Christen vorstellen. Er allein ist es, für den das Menschengeschlecht gekreuzigt werden müßte. Sie verstehen mich, *für ihn allein.*

Der Sohn Gottes, sagt man, mußte Fleisch werden, mußte unter Pontius Pilatus leiden und am Kreuz sterben, damit alle Menschen erlöst wurden. Hier ist das Gegenteil der Fall. Es ist unerläßlich, es ist unabdingbar, absolut und bis in alle Ewigkeit notwendig, daß die Gesamtheit der Kreaturen sich freiwillig oder unfreiwillig opfert, damit der BÜRGER in Ruhe verdauen kann, damit er den Frieden seiner Kaldaunen und Nieren genießen kann, damit man weiß, daß er der wahre Gott und alles für ihn geschaffen ist.

Sie können sich nach alledem Verteidigungsreden überlegen, sich Beweise für die Göttlichkeit des Christentums ausdenken; der BÜRGER setzt sich darüber hinweg, und Sie werden es sein, der kopfüber in den Graben stürzt und in der Sintflut seiner Ausscheidungen ertrinkt.

CXXIV. DER SCHÖNSTE TAG DES LEBENS.
Hier ist Zögern am Platze. Es gibt zwei verschiedene Zeugnisse. Der zweite Vikar der Pfarrei versichert, es sei der Tag der Erstkommunion, und M. Prudhomme sagt mit beunruhigender Sicherheit, es sei der Tag des Säbels. »Dieser Säbel schenkte mir den schönsten Tag meines Lebens.« Wem soll man glauben?

Wenn man mir die Ehre erwiese, mich zu Rate zu ziehen, würde ich sagen, daß es der Tag ist, an dem man zum erstenmal ein Flugzeug gesehen hat. — Schon möglich, würden auf der Stelle die deutschen Militärs erwidern, aber ein Luftschiff »putzt« mehr.

CXXV. SEIN EIGENES LEBEN LEBEN. Dieser Gemeinplatz meint eigentlich, den anderen das Leben zu rauben. Das ist das Grundgefühl unserer schätzenswertesten Anarchisten. Die Vampire wüßten auch nichts Besseres zu sagen. Ein anständiger Mensch, ein Heiliger, wenn Sie darauf bestehen, lebt nicht sein Leben, lebt überhaupt nicht, um genau zu sein. Man kann nicht einmal behaupten, daß er dahinvegetiert. Er ist inexistent.

Glauben Sie gleichwohl nicht, daß es, um sein eigenes Leben zu leben, unerläßlich ist, BÜRGER zu massakrieren, ein zweifellos angenehmer, aber fahrlässiger Sport, der überdies die Nebenwirkung hat, die Heiterkeit der Landschaften zu stören, weil man Pioniere und Artilleristen mobilisiert. Man liefe sogar Gefahr, als Held zu gelten — eine romantische Kinderei. Sinnlos, noch weiter zu gehen.

Man lebt sein eigenes Leben, wenn man in felsenfester Gewißheit ignoriert, daß es Männer gibt, die leiden, Frauen am Rande der Verzweiflung, Kinder, die sterben, und wenn man in der Lage ist, von alledem lustvoll zu profitieren. Man lebt sein eigenes Leben, wenn man einzig und allein das tut, was die Sinne reizt, ohne überhaupt noch wissen zu wollen, daß es Seelen gibt in dieser weiten Welt und daß man selbst eine ganz armselige kleine Seele hat mit seltsamen und schrecklichen Überraschungen.

Dieser Ausdruck ist übrigens ein Sprachschnitzer, und diejenigen, die sich seiner bedienen, sind ihrerseits Menschenschnitzer, die dem trostbringenden Engel des Todeskampfes keinerlei Interesse abnötigen und die zu späterer Stunde keinerlei Mitleid *heimholen* wird.

CXXVI. DEM TOD INS ANGESICHT SEHEN. Alle Helden der Feuilleton-Romane sind es gewohnt, dem Tod ins Angesicht zu sehen. Soll man also glauben, daß ihn noch niemand von ihnen im Profil gesehen hat? Das ist vielleicht noch schrecklicher. Aber so etwas zu sagen, heißt gar nichts sagen. Wo ist der Geschäftsinhaber, der an den Tod glaubt? Ich habe nie einen dieser Art getroffen. Niemand glaubt an den Tod. Ein Gerichtsvollzieher, der Arschtritte bekommen hat und dem Tod ins Angesicht geblickt haben muß, wird niemanden beeindrucken.

Zweifellos ist bekannt, daß der Friedhof nicht für die Hunde da ist, wenn es auch in der Nähe von Asnières einen gibt, auf dem diese Tiere Gräber mit Epitaphien haben und die Kadaver von BÜRGERN nicht zugelassen sind. Ja, man weiß das und noch vieles mehr, aber die *Realität* des Todes existiert nicht für Leute, die von ihren Zinsen leben oder im Geschäftsleben stehen.

Der Friedhof ist ein Garten, in den man einmal jährlich Blumen bringt. Eine Gelegenheit zu sentimentalen Besäufnissen, manchmal auch eine Gelegenheit, etwas Reklame für sich zu machen oder ein Geschäft einzufädeln, weil die Gräber ja die beste Umgebung sind, über das Stinkende und Vergängliche zu sprechen. Und das ist alles. Keiner dieser Besucher wird auf seinem Schwachkopf- oder Judas-Antlitz die Spur irgendwelcher Todesfinger tragen oder die noch so vagen ersten Anzeichen einer Diarrhöe, die ihn warnend darauf hinweist, daß er eines Tages abtreten muß. Höchstens wird er bei der dritten Flasche dazu aufgelegt sein, eine Kartenlegerin oder einen genealogisch versierten Advokaten zu befragen, um herauszubekommen, ob Anlaß besteht, eine ihm bislang unbekannte Erbschaftsmöglichkeit einzufordern.

Mußt Du denn aber, lieber Hauswirt, blind sein, um mir nicht ins Gesicht sehen zu können, so wie ich bin, ich, Dein geliebter Mieter, der den Tod darstellt, wenn ich ihn Dir alle drei Monate in Erinnerung rufe! Aber Du hast nur Augen für das Geld, das ich Dir bringe. Aufmerksam zählst Du die 20-Francs- oder 100-Sous-Stücke, die das Blut meiner Kinder oder mein eigenes sind, das ich Tropfen für Tropfen vergieße, und Du verstehst nicht, daß Du sie mir allmählich in Gestalt Deines armseligen Wanzenlebens wiedergeben mußt, dem dieses allzu großzügig ausgeteilte Blut den Tod bringen wird.

An die Toten denkst Du kaum, nicht wahr? Gleichwohl bist Du nicht mehr jung, und wenn Du nicht völlig blöde bist, hast Du die erstaunliche Ähnlichkeit wahrnehmen müssen, die, in dem Maße, wie man sich von den unsteten Illusionen der Jugend entfernt, alle menschlichen Gestalten in den Augen eines Greises annehmen — gleichsam als genauere Bestätigung der universalen Identität. Man kommt schließlich so weit, in allen Menschen nur noch einen einzigen zu sehen, wenn man sich dem Grabe nähert.

So ist es in der ungeheuren Welt der Toten, die sich allesamt ähneln und denen auch Du mehr und mehr ähnelst, mein lieber Croesus. Sie umringen Dich ja bereits. Sie sind um Deine Tafel versammelt, um Deine Kasse, um Dein Bett, und wenn Dein altes Herz Ohren hätte, würdest Du hören, wie sie untereinander tuscheln: »Wie es uns ähnelt, dieses Gespenst, das das Geld der Armen zählt! Warum zögert er so lange herzukommen?«

CXXVII. UND SONST NOCH MANCHES ANDERE*... das ich auslasse.

Denn man könnte nicht ganz ohne Gefahr einfach weitermachen. Die ständige Handhabung und der fortgesetzte Umgang mit diesen Gegenständen erfordert einen eisernen Schädel und einen steinernen Magen, die mir unglücklicherweise versagt sind. Überdies geht man die sehr große Gefahr des endlosen Wiederkäuens ein, weil die Gemeinplätze nicht so verschiedenartig sind, wie man glauben möchte. Die *besten,* wenn man sich so ausdrücken kann, sind diejenigen, die ohne die unerforschten Tiefen funktionieren, eben gerade die dümmsten, diejenigen, die am besten geeignet sind, die Verblödung zu beschleunigen.

Also habe ich mich entschlossen, hier innezuhalten. Ich will hoffen, daß die Zeitgenossen die manchmal etwas heroischen Anstrengungen zu würdigen wissen, die ich auf den vorliegenden Seiten unternommen habe, zumal ich eine Lehre für sie entworfen zu haben glaube, die von niemandem sonst geboten wird und nach der ein spürbares Bedürfnis besteht.

*

Post-scripta. — Wenn sich ein Mensch fände, der mutig genug wäre, eine Fortsetzung meiner *Auslegung* in Angriff zu nehmen, hier einige ziemlich wichtige Gemeinplätze, die ich auf meinem Teller liegengelassen habe und die ihn eine Zeitlang ernähren könnten.

In der Académie française sein; bekannt sein wie ein bunter Hund; es sich mit niemandem verderben wollen; alle Hebel in Bewegung setzen; Eroberungen machen; auf alles und jedes eine Antwort wissen; zur rechten Zeit kommen und den Kelch bis zur Neige austrinken, dann nichts mehr von sich hören lassen und blutige Tränen weinen. Nützlich und sogar dringlich wäre es auch, von Grund auf den Grabstichel der Geschichte zu behandeln; den Schwanengesang; den Korpsgeist; die öffentliche Meinung; den fairen Kampf; die seriöse Presse; wobei darauf aufmerksam zu machen wäre, daß Adel ver-

---

* Frz. *J'en passe et des meilleurs.*

pflichtet; daß kein Rauch ohne Feuer ist; daß ein Keil den anderen treibt; daß es immer die Guten sind, die von uns gehen; daß es fürs Lernen nie zu spät ist; daß man schließlich und endlich mit Speck Mäuse fängt und die Schneider selbst die schlechtesten Kleider anhaben.

Diese neue und interessante Folge könnte den Titel KASPERLES GEHEIMNIS* tragen.

---

* Frz. *le secret de Polichinelle*, das heißt: Das pfeifen die Spatzen von allen Dächern.

SCHLUSS

Benedictionibus abyssi jacentis deorsum.
Genesis, XLIX, 25*.

HÄUFIG HAT man sich gefragt, wo wohl das Irdische Paradies liegen mag. Platon und mein gelehrter Freund vom Institut de France, Pierre Termier**, haben mir die Mittel an die Hand gegeben, seine Lage zu identifizieren.

Das Irdische Paradies, das leuchtende Eden, aus dem unsere Vorfahren vertrieben wurden, war und konnte nichts anderes sein als Atlantis***.

Ich weiß, daß dies bereits von irgendwelchen Amerikanern behauptet worden ist, die glauben machen möchten, daß dieser seit so vielen Jahrhunderten verschwundene Kontinent früher ein beträchtlicher Teil *ihres* Erdteiles gewesen sei und daß das gegenwärtige Amerika auf diese Weise durch alle Zeiten den biblischen Garten der Wonne verkörpere und fortsetze. Es genügt, und sei es nur im Vorbeigehen, das sogenannte glückselige Imperium des Dollars gesehen zu haben, um zu wissen, was von dieser Behauptung zu halten ist. Sie fügen aber steif und fest hinzu, daß die für weltweit gehaltene Sintflut hinreichend erklärt wird durch den Untergang des einen und einzigen Atlantis und die gleichzeitige Zerstörung des ersten Eden. Ich höre also auf, diesen Protestanten mit ihren Scheinwahrheiten Gehör zu schenken, und kehre zum göttlichen Platon zurück, der nichts vom Irdischen Paradies wußte, aber der unwiderlegliche Zeuge einer erzprofanen Tradition gewesen zu sein scheint.

In seinem bewundernswerten Vortrag im Ozeanographischen Institut hat Pierre Termier am 30. November 1912

---

* [... und von dem Allmächtigen bist du gesegnet] mit Segen von der Tiefe, die unten liegt.
** Der Geologe Termier (1859–1930) mit seiner neuen Theorie der »Erdkrusten« war seit 1906 ein enger Freund von Bloy.
*** Vgl. den Hinweis auf den Vortrag von Termier (S. 368), der Bloy zu diesen Gedankengängen angeregt hat.

anhand der jüngsten Befunde der geographischen Wissenschaft glanzvoll die Glaubwürdigkeit und Wahrhaftigkeit des großen Philosophen bewiesen, der in seinen *Dialogen** seit fast zweieinhalb Jahrtausenden unerschütterlich die Geschichte von Atlantis erzählt.

»Geologisch gesehen«, sagt Termier, »ist diese platonische Geschichte äußerst wahrscheinlich. Die Liebhaber der schönen Legenden können daran glauben. Sogar die Wissenschaft, die allermodernste Wissenschaft, lädt sie durch mich dazu ein. Sie selbst nimmt sie bei der Hand, führt sie ans Ufer des schiffbruchreichen Ozeans und läßt vor ihren Augen — mit Tausenden von manövrierunfähigen, untergegangenen, zu Strandgut verrotteten Schiffen — die zahllosen auf den Grund der Tiefen versunkenen Kontinente und Inseln auftauchen.«

*

Es ist wunderbar und etwas beängstigend, unserem Geologen auf die vom Meer verborgenen Bergeshöhen oder in die Täler des Ozeans zu folgen, die er einen Augenblick lang völlig von ihren Gewässern freimacht, indem er die undurchdringliche Finsternis der Tiefe durch das Licht des Tages ersetzt. Welch unvorstellbare Vision!

Man hat, von seiner Hand gezeichnet, die Reliefkarte des Atlantikbettes vor Augen, mit seinen mehr als 6000 Meter tiefen Gräben, seinen steilen Hängen, seinen unfruchtbaren Anhöhen, die, kahl wie die Hölle, einen Dante hätten erschauern lassen, mit seinen Schreckenskreisen, seinen unbekannten Alpen und ihren bisher unvorstellbaren Ketten, Ausläufern, Berggipfeln, ihren ungezähmten Rücken, ihren Felsspornen, ihren Steilhängen und ihren schrecklichen Schluchten, von unbekannten Monstren belebt, deren bloßer Anblick einen ersterben läßt; hier und da schließlich Pyramiden oder wun-

---

* Platon erzählt im *Kritias* die Geschichte der Insel, die bei der unter den Göttern angestellten Verlosung des Weltraumes Poseidon zufiel, der sie bewässerte und bewohnbar machte und mit zehn Zwillingspaaren besiedelte, aus deren Nachkommenschaft später ein mächtiges Herrschergeschlecht erwuchs.

derbare Pfeiler, die lichtumflossene und dichtbegrünte Inseln tragen, auf denen vergnügte oder freudlose Menschen leben, ohne zu ahnen, daß sie in Wirklichkeit die äußerste Spitze einer Nadel bewohnen, die das leichteste Erdbeben schon morgen zerbrechen kann; denn in der Tiefe brodeln die Vulkane, in den gewaltigen Tälern, die wahrscheinlich vom einen Pol zum andern reichen, ganz zu schweigen von den enormen transversalen, mediterranen oder anderen Senken, die bisher noch kaum bekannt sind.

Das alles ist für die Seele Anlaß zu tiefer Unruhe. Man fühlt sich unendlich unsicher und elend. Man sieht, daß diese Erde ein Traum ist, der Traum eines Traumes, und daß es absurd ist, darauf zu bauen. »Wahnsinniger, noch heute nacht wird man Dir Deine Seele abfordern.« Diese schreckliche Drohung gilt nicht nur für die Menschen; sie gilt auch für die Inseln, für die Kontinente, für die ganze Erde.

Der gigantische Schiffbruch von Atlantis ist keine isolierte Überlieferung. Zu einer unendlich weniger fernen Zeit, gegen Ende des 4. Jahrhunderts, wurde ein beträchtliches Stück unserer Bretagne vom Meer verschlungen. Die glänzende und mächtige Stadt Is, in der König Grallon herrschte, verschwand in einer einzigen Nacht mit all ihren Menschen und Reichtümern, und der Ort dieses schrecklichen Geschehens heißt heute die Bucht von Douarnenez. Man zeigt noch jetzt, wie man mir gesagt hat, einige Reste und Spuren des gepflasterten Weges, der von der berühmten Abtei von Landévénec zu der versunkenen Stadt führte. Man sieht sie unter den Wassern aufschimmern und sich verlieren ...

*

Platon, der hier lediglich eine Tradition weiterführt, die man sich sehr alt vorstellen muß, drückt sich natürlich auf symbolische Weise aus, nach dem Beispiel aller Dichter, die — mit oder ohne Symbolik — immer nur das verlorene Paradies besingen konnten oder können werden, die einzige Sorge oder Verzweiflung der gefallenen Menschheit. Dank einer überlegenen Einbildungskraft und ohne irgend etwas von diesem Paradies zu wissen, sieht Platon es in Atlantis verkörpert, »eine Insel, größer als Asien und Libyen zusammengenommen«, sagt er, um seinen Hörern eine Vorstellung von ihrem gewaltigen Ausmaß zu vermitteln. Es war ein Ort der Wonnen und die fruchtbarste aller Ebenen, auf der »eine große, wundervolle Macht von Königen« herrschte, die zahlreiche wohlhabende und dichtbevölkerte Dörfer unter sich hatten*, vor allem aber eine prächtige Stadt, deren Paläste und Tempel aus Steinen von dreierlei Farben bestanden — »teils weiße, teils schwarze, teils auch rote«** mit jeweils sehr geheimnisvoller Bedeutung ... Termier erklärt diese drei Farben als Geologe, unbeschadet der symbolischen Erklärung, für die bisher noch kein christlicher oder heidnischer Ödipus aufgetreten ist.

All diese Bilder, die den verworrenen Resten eines schönen Traumes ähneln, lassen sich mit der nahezu völlig verblaßten Überlieferung des biblischen Gartens in Einklang bringen, in den Gott seine wunderbaren Kinder gesetzt hatte, die Menschen, die ihn nicht mehr wiederfinden konnten, nachdem sie ihn verlassen hatten, um sich über die ganze Erde zu verstreuen. Unbestritten aber ist die gewaltige Verbreitung dieser legendenhaften Reminiszenz in der ganzen antiken Welt, und es gibt kein Anzeichen dafür, daß die heidnische Unruhe den Ursprung der uranfänglichen Katastrophe anderswo gesucht hätte.

*

Man ist also berechtigt, das Irdische Paradies in diesem zweifellos verschwundenen, aber nicht *verlorenen* Atlantis zu situieren. Viele Heilige, ja, sogar die Kirche selbst, haben an den Fortbestand dieses »Gartens der Wonne« geglaubt. Manche, so der erhabene Christoph Kolumbus, machten sich auf die Suche danach in der noch unerforschten Welt. Man mochte nicht

---

* *Timaios,* 25 a.
** *Kritias,* 116 a.

gelten lassen, daß eine derart göttliche Schöpfung zugrunde gegangen sein sollte. Zweifellos existiert sie noch, und sogar *an derselben Stelle*, aber auf eine Art und Weise, die man nicht kennt.

»*Hodie mecum eris in paradiso.* Wahrlich, ich sage dir: Heute wirst du mit mir im Paradiese sein.« So spricht, unmittelbar vor seinem Tode, Christus am Kreuz zum heiligen Dismas*, dem guten Schächer und Gefährten seiner Marter, um die sechste Stunde, als eine Finsternis ward über das ganze Land bis an die neunte Stunde. Im Paradies, und sogar noch heute! Was bedeutet dieses Wort? Jesus darf erst vierzig Tage später zum Himmel auffahren und in sein Himmlisches Paradies eingehen, das heißt nach der Auferstehung. Zuvor muß er, auch heute noch, in die Hölle »absteigen«. Das wird förmlich im Glaubensbekenntnis ausgesprochen. Damit die unfehlbare Verheißung des sterbenden Christus erfüllt wird, bleibt also nur mehr das *Irdische Paradies*.

Dieses Paradies aber war seit der Vertreibung ebenso verschlossen wie unauffindbar und hat sich erst bei der Ankunft dieses wunderbaren Diebes wieder geöffnet, der die gerettete Menschheit auf dem Kalvarienberg repräsentierte und dessen Gedenkfeier die Kirche auf den 24. April gelegt hat. Es war die Überzeugung der alten Brüder, vor und nach dem heiligen Cyrillus von Jerusalem, der im 4. Jahrhundert starb, daß die Seelen der Verstorbenen unmittelbar nach dem Fegefeuer ins *Paradies von Adam* geleitet werden, den unabdingbaren Vorhof des Irdischen Paradieses, wo immer auf Erden es liegen mochte, und daß der gute Schächer die Aufgabe und das Privileg hat, die Seelen dorthin zu führen; der Patriarch Henoch und der Prophet Elias, die einzigen Menschen, denen der Tod erspart blieb, waren die beiden alleinigen Bewohner dieser Einöde der Glückseligkeit — ganz verschieden von der unaussprechlichen Nekropole des Limbus, die lediglich als oberstes Stockwerk des Purgatoriums galt —, solange der Tod des Erlösers nicht deren Türen und Tore geöffnet hatte. Das haben der

---

* Lukas, XXIII, 43. Dismas oder Dimas ist in der Tat der Name, den die Überlieferung dem »guten« Schächer zuschreibt.

heilige Justinus, der heilige Irenäus, der heilige Hilarius von Poitiers und eine Menge anderer geglaubt. Der heilige Dismas hat die Schlüssel des Irdischen Paradieses erhalten, so, wie der heilige Petrus die Schlüssel zum Himmelreich erhalten hat.

*

Ein außergewöhnliches Geschöpf sagte mir eines Tages: »Was Gott verbergen will, verbirgt er *im Hause des Diebes**.«

Seit mehr als dreißig Jahren lebe ich mit diesem Satz, der mir derart viele Dinge erhellt hat. Das Irdische Paradies suchen heißt den guten Schächer suchen. Aber wo ihn suchen, wenn nicht an ebender Stelle, wo er verschwunden ist, das heißt auf dem Grunde des Schlundes, in dem Atlantis versunken ist? Auch der Garten der Wonne mußte dort hinabfahren, wie Jesus, ganz in die Nähe der Hölle, bis zu der Stelle, die auch die ehrgeizigsten Lotungen nicht erreichen können. Er ist herniedergefahren mit seinem glorreichen Licht, mit seinen übernatürlichen Flammen, die ihn umgeben wie ein Festungswall und gegen die weder die Finsternisse noch die gewaltigen Wasser bestehen können. *Ignis in aqua valebat supra suam virtutem et aqua extinguentis naturae obliviscebatur,* wie es geschrieben steht in der *Weisheit Salomos***. Die Wunder kümmern den Herrn nicht.

*

Und jetzt, was sollen wir jetzt anfangen mit unserem armen BÜRGER und seinen Gemeinplätzen, von denen wir uns so wunderbar weit entfernt haben? Sollen wir ihn da wiederaufgreifen, wo wir ihn haben liegenlassen? Würden die Engel und Gesandten der Gnade, die unsere Hüter sind, dem zustimmen, und welche von ihnen erhielten vom lebendigen Gott die Erlaubnis, uns zu begleiten?

---

* Bloy gibt hier zweifellos eine Reflexion von Anne-Marie Roulé wieder (der Véronique aus *Le Désespéré*).
** »Das Feuer war mächtig im Wasser über seine Kraft, und das Wasser vergaß seine Kraft, zu löschen« (XIX, 19).

Gesetzt den Fall, es wäre möglich, ihn hierherzugeleiten, ihn dorthin zu stellen, wo wir sind, in der göttlichen Morgendämmerung, in der wir vor Liebe erbeben: Würde er nicht flugs wieder seinen ihm teuren Unrat einfordern, indem er uns mit seiner unreinen Weisheit beschmutzte? Er würde uns auf diese oder jene Weise zu verstehen geben, daß das Irdische Paradies er selbst sei und daß er keinem Schächer rate, auch nur den Versuch zu machen, sich dort einzuschleichen, weil die Pforten seiner Intelligenz und die Pforten seines Herzens bewundernswert fest verschlossen seien. Er würde uns sagen, daß sein eigenes Licht ihm genüge und er keiner anderen übernatürlichen Erleuchtung bedürfe; daß Atlantis überdies ein lächerliches Fabelwesen sei und man, wenn es denn ein Irdisches Paradies gäbe, das sicher schon wüßte. Was die Seelen betrifft, würde er hinzufügen, so habe nie jemand welche gesehen, und wenn man tot sei, so sei man eben tot. Und was Ihre Vulkane und Ihre Erdzuckungen angeht, so ist das nur weiterer blühender Unsinn. Die Gelehrten können sagen, was sie wollen. Es ist nun einmal ihr Beruf, der armen Welt Angst einzujagen, aber ich warne sie, mir den Appetit zu verderben, usw.

»Deine Blitze leuchteten auf dem Erdboden; das Erdreich regete sich, und bebete davon. Dein Weg war im Meer, und Dein Pfad in großen Wassern, und man spürte doch Deinen Fuß nicht*.« Zweifellos, o BÜRGER, diese Worte des Psalmisten bedeuten nicht viel für Dich, sie bedeuten Dir sogar noch weniger als nichts. Wenn es sich aber fügte, daß Dein Notar sie aussprächen, Dein plötzlich unvorstellbar erleuchteter Notar, und Dir enthüllte, daß Du selbst ein Abgrund bist, in dem, wenn es ihm beliebt, der Herr und Eigner aller Abgründe einherschreitet, ja wirklich, wenn dieses Wunder geschähe, was würdest Du sagen, und was würde aus Deinem Appetit?

Denk also nach! Ein Abgrund, wie er im Buch der Bücher beschrieben wird, dessen Tiefe niemand ermißt und den zu durchdringen einzig die Augen des Herrn fähig sind, *lucidores*

---

* Psalm LXXVII, 19, 20.

super solem*. Du, der unbescholtene und geschätzte Geschäftsmann, Du wärest die Tiefe Hiobs, wenn sie spricht: »Sie [die Weisheit] ist in mir nicht«**. Du wärest der Abgrund, der den Abgrund beschwört — und wie oft vergeblich! —, wenn DER, den Du nicht kennen willst, Dir die Quittung für deine Abgrundsmiete präsentieren wird.

Dennoch muß man daran denken, armer Schwachkopf, und beim Nachdenken darüber seiner Dummheit und seiner Sucht, die Unglücklichen leiden zu machen, etwas Einhalt gebieten. Denn wir beide, Du und ich, wir sind Abgründe — und nichts anderes.

Bourg-la-Reine, 18. April 1913.

---

* Das Buch Jesus Sirach, XXIII, 28: »... tausendmal heller denn die Sonne ...«
** Hiob, XXVIII, 14.

BIO-BIBLIOGRAPHISCHE NOTIZ

I. Chronologischer Lebensabriß

1846 11. Juli: Geburt von Léon-Henri-Marie Bloy als zweiter von sieben Söhnen von Jean-Baptiste Bloy (*1814) und Marie-Anne Careau in Périgueux. Der Vater ist Beamter in der Administration des Ponts et Chaussées und republikanischer und antiklerikaler Freimaurer, die Mutter christlich und fromm, mit einem beträchtlichen Anteil spanischen Blutes.

1860 Verweis L.B.s vom Lycée von Périgueux, das er seit 1856 besucht hatte, und zwar wegen eines mysteriösen Messerangriffs auf einen Mitschüler. Vom Vater in die Administration des Ponts et Chaussées geschickt, lernt er Geometrie und technisches Zeichnen.

1864 L. B. geht achtzehnjährig nach Paris, wo er schon bald (1867) die — lebenslang währende — Bekanntschaft des katholischen und monarchistischen Dichters Barbey d'Aurevilly macht. L. B. arbeitet als Büroangestellter.

1870 Kriegserklärung Napoléons III. an Preußen. L. B. wird dem *3e bataillon du 22e régiment de marche* zugeteilt, kommt aber nicht zum Kampfeinsatz; er hält den Krieg gegen die »protestantische Lepra« für einen echten »Kreuzzug«. — Seit 1869 und unter dem Einfluß Barbeys förmlich konvertiert, geht L. B. nach Périgueux zurück, liest und liebt Poe, Barbey und Victor Hugo.

1873 3. Mai: Rückkehr nach Paris, in der Absicht, Karriere im katholischen Journalismus zu machen. Erste Artikel und Rezensionen im katholischen *L'Univers,* dessen Chefredakteur, L. Veuillot, sich aber bald von ihm trennt. — L. B. schlägt sich als Kopist beim Enregistrement durch. — Seit Dezember tägliche Messe und Kommunion in der Église Notre-Dame-des-Victoires.

1876 L. B. wird technischer Zeichner bei der Société des Chemins de Fer du Nord. — Er bezieht eine Bleibe in der rue Rousselet, in unmittelbarer Nähe von Barbey, bei dem er die Bekanntschaft des Bretonen Ernest Hello, der den Manoir von Kéroman bei Lorient bewohnt, und Arthur de Gobineaus macht. — Bekanntschaft mit Anne-Marie Roulé, der späteren Heldin (Véronique) von Le Désespéré, einem bretonischen Straßenmädchen, das beim Denkmal von Maréchal Ney »auf den Strich« geht. — Erste ernsthafte literarische Versuche, darunter La Méduse-Astruc, ein Gedicht auf Barbey. — 24. Mai. Tod des Vaters von L. B. — September: Nach schwerer psychischer Krise Rückzug ins Trappistenkloster von Soligny. — Niederschrift von La Chevalière de la Mort. — November: Tod der Mutter von L. B., der wieder nach Paris zurückkehrt und Heiratspläne schmiedet.

1878 Aufgabe seines Postens bei der Société des Chemins de Fer du Nord und erneuter Aufenthalt im Trappistenkloster von Soligny. — August: Rückkehr nach Paris.

1879 Erste Wallfahrt zur Montagne de La Salette bei Grenoble, wo am 19. September 1846 den beiden savoyardischen Schäfern Mélanie und Maximin eine Marien-Erscheinung zuteil geworden war. Niederschrift von Le Symbolisme de l'Apparition, einem Werk, das erst posthum veröffentlicht wird.

1880 Zweite Wallfahrt nach La Salette zusammen mit Anne-Marie.

1881 Arbeit als Kopist in den Archives du Ministère des Affaires étrangères (Bekanntschaft mit Hanotaux) und für die Bibliothèque nationale.

1882 Erste Anzeichen von folie (Demenz) bei Anne-Marie. Sie wird, »atteinte du délire de la persécution et de monomanie religieuse«, am 30. Juni in Sainte-Anne hospitalisiert, später in der Maison du Bon-Sauveur in Caën, wo sie noch fünfundzwanzig Jahre lebt. — Beginn von L. B.s Mitarbeit beim cabaret littéraire du Chat noir (hrsg. von Rodolphe de Salis), zusammen mit Alphonse Allais,

Jean Moréas, den Brüdern Cros, Louis de Chardonnel u. a. — Ende November: Rückzug in die *Grande Chartreuse;* seither entschlossene Übernahme der Bettlerrolle als Lebensprinzip.

1884 Bekanntschaft mit Berthe Dumont, die für sich und ihre Mutter bettelt. »Es ist sicher, daß sie eine Vergangenheit als Halb-Prostituierte hatte« (Jean Steinmann). — Kontaktaufnahme mit dem Verleger Santon, bei dem am 1. Februar seine Essays über Kolumbus erscheinen, und zwar unter dem Titel *Le Révélateur du Globe.* — Als 1884 Huysmans' *A Rebours* erscheint, begrüßt L. B. das Buch am 14. Juni mit einer begeisterten Rezension — »Les Représailles du Sphinx« — in *Le Chat noir.* — Gelegentliche Mitarbeit beim *Figaro.* — Veröffentlichung der *Propos d'un Entrepreneur de Démolitions,* seiner Essays für *Le Chat noir.* — L. B. zieht nach Asnières, wenig später zusammen mit Berthe Dumont, der Clotilde seines Romans *La Femme pauvre.* — Beginn der Freundschaft mit Villiers de L'Isle-Adam.

1885 Veröffentlichung der von L. B. geleiteten Zeitschrift *Le Pal,* die aber nicht über vier Nummern hinausgelangt. — 11. Mai: Tod der morphiumsüchtigen Berthe Dumont. — L. B. beginnt mit der Arbeit an *Le Désespéré* (Oktober).

1887 15. Januar: Publikation von *Le Désespéré* bei Soirat in einer Auflage von 2000 Exemplaren. — Enge Bindung an Huysmans und Villiers. — L. B. schlägt sich als *expéditionnaire auxiliaire à la mairie du Ve arrondissement* durch.

1888 Mitarbeit bei *Le Gil Blas.* — 4. Juli: Geburt von Maurice Bloy, einem unehelichen Kind von L. B. mit einer mittellosen Arbeiterin aus Montrouge.

1889 24. März: Tod von Barbey. — 18. August: Tod von Villiers de L'Isle-Adam. — L. B. begegnet bei Barbeys Haushälterin Louise Read Johanne [Jeanne] Charlotte Molbech aus Dänemark, der Tochter eines Professors für skandinavische Literatur an der Universität Kiel.

1890 Konversion der Protestantin Johanne Molbech zum Katholizismus. — 27. Mai: Hochzeit in der Église Saint-Lambert in Vaugirard. — Veröffentlichung von *Christophe Colomb devant les Taureaux*. — Mitarbeit bei *La Plume*.
1891 Veröffentlichung von *La Chevalière de la Mort*. — Erster Dänemark-Aufenthalt in Bagsvaerd (in der Nähe von Kopenhagen). — 16. Juni: Geburt der Tochter Véronique. — Bruch mit Huysmans. — Im Herbst Rückkehr nach Frankreich: »*Liquidation générale des amis douteux.*«
1892 Veröffentlichung von *Le Salut par les Juifs*. — Wiederaufnahme der Mitarbeit beim *Gil Blas*. — Erste Sammelbände mit kurzen Erzählungen, *Sueur de Sang* und *Histoires désobligeantes* (1893 und 1894).
1894 12. Februar: Geburt des Sohnes André († Januar 1895). — Beginn der Dreyfus-Affäre.
1895 Juli 1895 bis Oktober 1898: Wohnung in Montrouge. — Bruch mit und Polemik gegen Drumont, Barrès und Bourget. — Vorübergehende Einweisung von Jeanne in ein psychiatrisches Krankenhaus. — 24. September: Geburt von Pierre Bloy († 10. Dezember). — Beginn der Arbeit an *La Femme pauvre*.
1897 9. März: Geburt von Madeleine. — Veröffentlichung von *La Femme pauvre*.
1898 Veröffentlichung von *Le Mendiant ingrat*, dem ersten Band seines insgesamt achtbändigen Tagebuchwerkes.
1899 6. Januar: Abreise zum zweiten Dänemark-Aufenthalt (insgesamt 17 Monate) in Kolding. — Freundschaft mit Johannes Jörgensen, dem künftigen Biographen von Franz von Assisi und Katharina von Siena. — Veröffentlichung von *Je m'accuse* und *Le Fils du Louis XVI*.
1900 Rückkehr nach Frankreich (13. Juni). Umzug nach Lagny (bis 1904), 28 km von Paris (das spätere »Cochons-sur-Marne«, i.e. »Sauheim an der Marne«). — Bruch mit Henry de Groux, seit zehn Jahren der letzte »Freund« von L. B. — Weltausstellung in Paris.
1901 Beginn der Freundschaft mit René Martineau.

1902 Veröffentlichung der *Exégèse des lieux communs,* deren zweiter Teil erst 1913 erscheint.
1903 Veröffentlichung von *Les dernières Colonnes de l'Église* als ironische Abrechnung mit Coppée, Pater Didon, Brunetière, Huysmans, Bourget, Rictus u. a.
1904 Umzug zur Butte Montmartre, mit ungezählten Wohnungswechseln an dem seinerzeit noch fast »naturbelassenen« Hügel, an dem sogar noch Weinbau betrieben wird. — Bekanntschaft mit Malern wie Georges Rouault, Léon Bonhomme und Georges Desvallières.
1905 Bekanntschaft mit Jacques und Raïssa Maritain (die L. B. als russische Jüdin mit ihrem Mann zum Katholizismus bekehrt). — Publikation des Tagebuch-Folgebandes *Quatre ans de captivité à Cochons-sur-Marne* und von *Belluaires et Porchers,* einer Sammlung seiner älteren Artikel und Essays.
1906 Wallfahrt mit dem Geographen Pierre Termier nach La Salette mit dem Ziel einer kirchlichen Anerkennung des Wallfahrtsortes.
1907 12. Mai: Tod von Huysmans.
1908 Veröffentlichung von *Celle qui pleure* als Huldigung an Notre Dame de la Salette, das ihm den Tadel des späteren Bischofs von Versailles einträgt, Roland-Gosselin.
1909 Weitere Wallfahrten nach La Salette, zusammen mit dem inzwischen mit ihm befreundeten Abbé Cornuau.
1911 Umzug nach Bourg-la-Reine, seinem definitiven »Alterssitz«. — Publikation der Folgebände des Tagebuchwerkes, *L'Invendable* und *Le Pèlerin de l'Absolu.*
1914 4. August: Ausbruch des Ersten Weltkrieges. — L. B. zieht sich zunächst nach Mévoisins (Beauce) zurück, dann nach Rennes und Vannes; Ende September wieder in Bourg.
1915 Veröffentlichung von *Jeanne d'Arc et l'Allemagne,* in dem er, als wütender Deutschenhasser, die Engländer mit den Deutschen von 1914 vergleicht — *»le plus sale peuple de la terre«.* — Bezieht als letzte Wohnung das Haus Nr. 7, rue André-Theuriet, in dem früher Péguy ansässig war.

1916 Weitere Folgebände des Tagebuches — *Au Seuil de l'Apocalypse* und *Méditations d'un solitaire en 1916*. — L. B. haßt Deutschland mit einem Ungestüm, in dem einer seiner Biographen, Jean Steinmann, hinsichtlich des Zweiten Weltkrieges ein *délire prophétique* am Werke sieht.

1917 3. November: Tod von L. B. — Seine Witwe Jeanne betreut die Publikation seines posthumen Werkes, insbesondere vieler Briefausgaben.

II. a.) Selbständige Originalpublikationen

1884 *Le Révélateur du globe. Christophe Colomb et sa béatification future*, Paris: Santon.
  – *Propos d'un Entrepreneur de Démolitions*, Paris: Tresse.
1887 *Le Désespéré*, Paris: Soirat.
1889 *Un Brelan d'excommuniés* [*L'Enfant Terrible; Le Fou; Le Lépreux*], Paris: Savine.
1890 *Christophe Colomb devant les Taureaux*, Paris: Santon.
  – *Lettre encyclyque à tous les Évêques de France* (Sonderdruck, 4 S.).
1891 *La Chevalière de la Mort*, Paris: Siffer.
  – *Les Funérailles du Naturalisme*, Kopenhagen.
1892 *Le Salut par les juifs*, Paris: Adrien Demay.
1893 *Sueur de Sang*, Paris: Dentu.
1894 *Histoires désobligeantes*, Paris: Dentu.
  – *Léon Bloy devant les cochons*, Paris: Chamuel.
  – *Les Vendanges*, Paris: Éd. L. Estampe.
1895 *Ici on assassine les grands hommes*, Paris: Mercure de France.
1896 *La Chevalière de la Mort*, Paris: Stock (erweiterte Neuausgabe).
1897 *La Femme pauvre*, Paris: Mercure de France.
1898 *Le Mendiant ingrat* [= *Journal*, Bd. I], Paris: Mercure de France.
1900 *Le Fils de Louis XVI*, Paris: Mercure de France.
  – *Je m'accuse*, Paris: La Maison d'Art.

1902 *Exégèse des lieux communs,* Paris: Mercure de France.
1903 *Les dernières Colonnes de l'Église* [Coppée, Pater Didon Brunetière, Huysmans, Bourget, Rictus...], Paris: Mercure de France.
1904 *Mon Journal. Dix-sept mois en Danemark,* Paris: Mercure de France [= *Journal,* Bd. II].
1905 *Belluaires et Porchers,* Paris: Stock.
– *Quatre ans de captivité à Cochons-sur-Marne,* Paris: Mercure de France [= *Journal,* Bd. III].
1906 *L'Épopée byzantine et Gustave Schlumberger,* Paris: Blaizot.
– *Le Salut par les juifs,* Paris: Victorion.
1907 *La Résurrection de Villiers de L'Isle-Adam,* Paris: Blaizot.
1908 *Celle qui pleure,* Paris: Mercure de France.
1909 *L'Invendable* [= *Journal,* Bd. IV], Paris: Mercure de France.
– *Le Sang du pauvre,* Paris: Juven.
1911 *Le Vieux de la montagne,* Paris: Mercure de France.
1912 *L'Ame de Napoléon,* Paris: Mercure de France.
– *La Vie de Mélanie, Bergère de La Salette,* Paris: Mercure de France.
1913 *Exégèse des lieux communs. Nouvelle série,* Paris: Mercure de France.
– *Sur la Tombe de Huysmans,* Paris: Curiosités Litt.
1914 *Le Pèlerin de l'Absolu,* Paris: Mercure de France.
– *Je m'accuse* (erweiterte Neuausgabe), Paris: Bibl. d. Lettres fr.
1915 *Jeanne d'Arc et l'Allemagne,* Paris: Crès.
– *Nous ne sommes pas en état de guerre,* Paris: Maison du Livre.
1916 *Au Seuil de l'Apocalypse,* Paris: Mercure de France.
1917 *Médidations d'un solitaire en 1916,* Paris: Mercure de France.
– *Constantinople et Byzance* [erweiterte Neuausgabe von *L'Épopée byzantine*...], Paris: Crès.
1918 *Dans les Ténèbres,* Paris: Mercure de France.
1920 *La Porte des Humbles,* Paris: Mercure de France.
1922 *Lettres à sa fiancée,* Paris: Stock.

1925 *Le Symbolisme de l'Apparition* [unveröffentlicht; geschrieben 1879–1880], Paris: Lemercier.
1926 *Lettres à l'abbé Cornuau et au frère Dacien*, Paris: Le Divan.
1927 *Lettres à Jean de La Laurencie et à Frédéric Brou*, Paris: Bloud et Gay.
– *Lettres à Pierre Termier* (1906–1917), Paris: Stock.
– *Fragments inédits sur Barbey d'Aurevilly*, La Rochelle: Éditions Les Cahiers Léon Bloy.
1928 *Lettres à ses filleuls, J. Maritain et P. van der Meer de Walcheren*, Paris: Delamain.
1929 *Poèmes en prose*, Paris: Éd. de la Grille.
1933 *Lettres à René Martineau (1901–1917)*, Paris: Éditions de la Madeleine (mit einem Vorwort von Hector Talvart).
1936 *Lettres à Véronique*, Paris: Desclée, de Brouwer (mit einem Vorwort von Jacques Maritain).
1937 *Lettres à Ph. Raoux*, Paris: Desclée, de Brouwer.
1947 *Lettres à H. de Groux*, Paris: Grasset.
1947/48 *L'Œuvre complète de Léon Bloy (1846–1917)*, Paris: Bernouard, 15 Bde. in 5.
1968–75 *Œuvres de Léon Bloy*, hrsg. von Jacques Petit und Joseph Bollery, 15 Bde., Paris: Mercure de France.

b.) Deutsche Übersetzungen

1931 L. B. *Briefe an seine Braut*. Übers. und mit einem Kapitel »Ein Dokument der Liebe« von Karl Pfleger, Salzburg/Leipzig: Pustet.
– *Clotilde Maréchal*. Übers. von H. Jacob, Leipzig; erneut unter dem Titel *Das Wrack der Finsternis: Clotilde Maréchal*, Wien 1933.
1936 *Das Blut des Armen*. Eingel. durch ein Kapitel »Das Mysterium der Armut bei Léon Bloy« von Karl Pfleger. Übers. von Clemens ten Holder, Salzburg/Leipzig: Pustet.
1948 *Briefe an Veronika* [i.e. Anne-Marie Roulé]. Mit einem Vorwort von Jacques Maritain. Nachwort von Karl

Pfleger. Übers. von Rosemarie von Jankó, Wien: Herder.

1949 *Die Tagebücher.* Übers. von P. A. Roesicke, Nürnberg: Stock und Lutz;
Bd. I: *Der undankbare Bettler* (1892–1895), dt. 1949.
Bd. II: *Die heilsame Verfolgung* (1896–1900), dt. 1958.
Bd. III: *Vier Jahre Gefangenschaft in Cochons-sur-Marne* (1900–1904), dt. 1951. Unvollständig: keine Fortsetzung.

1950 *Die Armut und die Gier.* »Eine zeitgenössische Episode.« [*i.e. La Femme pauvre*]. Übers. und mit Nachwort versehen von Clemens ten Holder, Stuttgart: Ernst Klett.

1951 *Die Stimme, die aus der Wüste ruft.* Ausgewählte Texte aus Werken L. B.s; hrsg. und eingel. von Helene Kuhlmann, Recklinghausen: Paulus Verlag.

1953 *Das Heil durch die Juden.* Übers. von Clemens ten Holder, Heidelberg: Kerle.

– *Das Heil und die Armut. Das Blut des Armen* und *Das Heil durch die Juden.* Übers. von Clemens ten Holder. Mit Beitrag von Georges Bernanos, Raïssa Maritain und Karl Pfleger, Heidelberg: Kerle.

– *Der beständige Zeuge Gottes.* Auswahl, übers. von Henriette und Wolfgang Kühne. Hrsg. von Raïssa Maritain, eingel. von Jacques Maritain, Salzburg: O. Müller.

1954 *Der Verzweifelte.* Übers. von Alastair (*i.e.* H. von Voigt), Heidelberg: Kerle.

– *Die Seele Napoleons.* Übers. von Gregor Stein, Heidelberg: Kerle.

1983 *Unliebsame Geschichten.* Übers. von Elke Wehr, Stuttgart: Edition Weitbrecht [= *Die Bibliothek von Babel*, Bd. 4, hrsg. von Jorge Luis Borges].

H.-H. H.

Léon Bloys Auslegung der Gemeinplätze ist im April 1995 als einhundertvierundzwanzigster Band der Anderen Bibliothek im Eichborn Verlag, Frankfurt am Main, erschienen.

Das französische Original hat der Autor in zwei Teilen, 1902 und 1913, unter dem Titel *Exégèse des lieux communs* veröffentlicht, und zwar im Pariser Verlag des *Mercure de France*.

Die vorliegende erste deutsche Übersetzung stammt von Hans-Horst Henschen, der auf der Grundlage der von Jacques Petit und Joseph Bollery besorgten Ausgabe der *Œuvres* von Léon Bloy (Paris: Mercure de France, 1968–1975, Bd. VIII) gearbeitet hat. Lektorat Michael Bischoff, Korrektur Klaus-Dieter Baumann.

Dieses Buch wurde in der Buchdruckerei Greno in Nördlingen aus der Korpus Bembo Monotype gesetzt und auf einer Condor-Schnellpresse gedruckt. Das holz- und säurefreie mattgeglättete 100g/qm Bücherpapier stammt aus der Papierfabrik Niefern. Den Einband besorgte die Buchbinderei G. Lachenmaier in Reutlingen.

1. bis 6. Tausend, April 1995. Einmalige, limitierte Ausgabe im Buchdruck vom Bleisatz.

ISBN 3-8218-4124-9. Printed in Germany.

Von jedem Band der Anderen Bibliothek gibt es eine Vorzugsausgabe mit den Nummern 1–999.

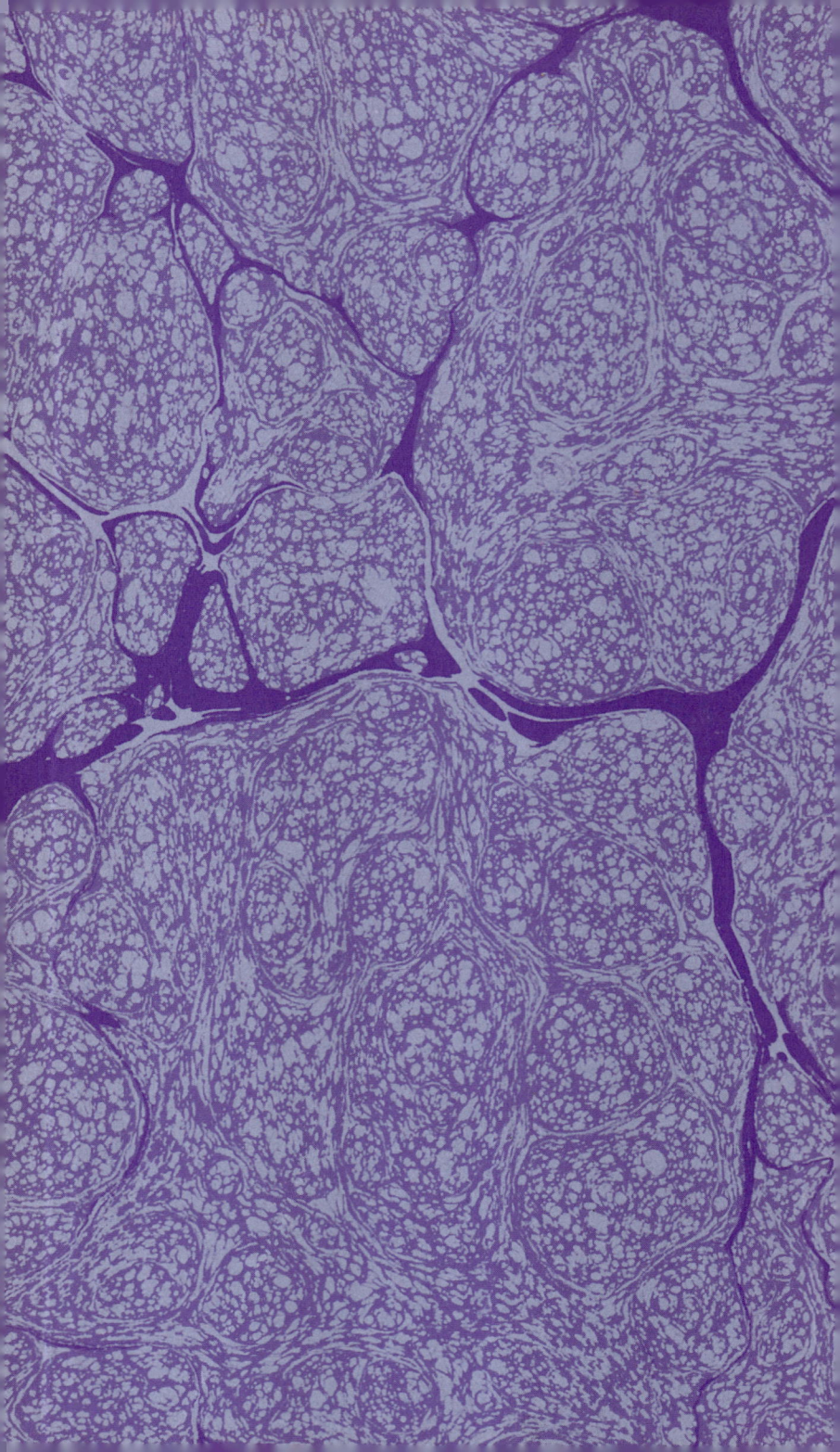